中文社会科学引文索引（CSSCI）来源集刊（2016—2017）

元史及民族与边疆研究

集刊

（第三十一辑）

刘迎胜/主编

高荣盛 华 涛 姚大力/副主编

南京大学元史研究室／民族与边疆研究中心
中国南海研究协同创新中心 主办

上海古籍出版社

目　　录

《元史》会注考证

《元史·地理志·江浙行省》会注考证（上） …………………… 杨晓春（ 1 ）

元史研究

名开榷场，实修堡垒——宋元襄樊战役元军筑堡年代考 …………… 洪学东（ 39 ）

元代阿速卫研究两则 ………………………………………… 蔡晶晶（ 46 ）

论元代的人口籍没 …………………………………………… 乔志勇（ 54 ）

1324—1332 年陕西行省特大旱灾探究 …………… 张瑞霞　葛昊福（ 67 ）

成吉思汗宣差刘仲禄生平拾遗 …………………………… 黄太勇（ 80 ）

高丽文臣李齐贤元代江南之行 …………………… 郑叶凡　乌云高娃（ 87 ）

《马可·波罗行纪》与高丽史料对勘三则 ………………………… 舒　健（ 98 ）

海疆与海洋活动史研究

中国帆船による東アジア海域交流 …………………………… 松浦章（106）

中国帆船与东亚海域交流 ………………………（日）松浦章 撰　杨　蕾 译（123）

《元史·日本传》会注 ………………………………………… 于　磊（138）

《混一疆理历代国都之图》南洋地名的五个系统 …………… 周运中（160）

安南莫朝范子仪之乱与中越关系 …………………………… 叶少飞（172）

第一次世界大战前后的日本海运业 …………………………… 杨　蕾（185）

民族、宗教与边疆研究

关于清初蒙古伊苏特部 ……………………………………… N. 哈斯巴根（195）

清末新疆学堂教育行政机构研究 …………………………… 王启明（202）

心战与兵战：谈作为"治边经验"的"七擒七纵" ………………刘砚月（211）

读书札记

《元史·刘宣传》勘误一则 …………………………………… 常　莹（218）

译　文

蒙古帝国成吉思汗先世的六世系

　　………………………………（美）艾骛德（Christopher P. Atwood）撰　罗　玮 译（221）

乌珠穆沁某些民间故事的历史根源

　　——关于民间故事和历史研究的关系问题………… 乌云毕力格 撰　曹金成 译（265）

《元史·地理志·江浙行省》会注考证（上）

杨晓春

江浙等处行中书省，为路三十、府一、州二，属州二十六，属县一百四十三。[1]**本省陆站一百八十处，水站八十二处。**[2]

[1] 李金铭《〈元史·地理志〉州县数字的舛误及影响》（《徐州师范学院学报》1985年第1期）指出：根据《地理志》实际列举的统计，江浙行省共有县一百四十四，《地理志》概述部分少算一个。拿《元一统志》和《元史·地理志》互相补充进行核算，也可得出一百四十四县之数。

[2] 江浙行省陆站、水站情况，可参《永乐大典》引《经世大典》残卷及《析津志·天下站名》，尤其是前者。前者所载为各路下站赤的具体情况，后者所载为驿道的情况。按《永乐大典》卷一万九千四百二十二"站"字"站赤"引《经世大典》：

> 江浙等处行中书省所辖，总计二百六十二处。马站一百三十四处，马五千一百二十三匹。轿站三十五处，轿一百四十八乘。步站一十一处，递运夫三千三十二户。水站八十二处，船一千六百二十七只。（中华书局影印线装本第一百四十七册，第十四叶）

《地理志》所载数量与之完全相同。按《大元一统志》不载驿站情况，《元史·地理志》有关各行省驿站的总体状况，当即从《经世大典》而来。又可知《地理志》所谓陆站指马站、轿站、步站三者而言。

《元史》卷一百一《兵志四·站赤》所载江浙行省站赤数量同《经世大典》。（中华书局校点本，第2592页）

江南浙西道肃政廉访司。[1]

[1]《元史》卷八十六《百官志二》载：国初，立提刑按察司四道。至元十三年，罢按察司。十四年复置，增立八道，其中有江南浙西道。二十八年，改按察司曰肃政廉访司。（第2180页）又《南台备要》"八道按察司道分"条载："江南浙西道，临安府置司。"（《宪台通纪（外三种）》，王晓欣点校，浙江古籍出版社，2002年，第159页）可知治所在杭州。"临安府"问题，参见后文。

方回撰《江南浙西道肃政廉访司题名记》曰："至元二十八年春更化，夏，诸道提刑按察司更名曰肃政廉访司。……司置使二人、副二人、金事四人，以分司一员，监临各路。三十年春正月，中奉大夫、大使东平徐公尝任中司，参大政，自吴门移治于杭，以总各路分司之政，书司官姓名于石，后之览者，将因名以求其实云。"（［元］方回《桐江续集》卷三十五，《景印文渊阁四库全书》第 1193 册，第 697—698 页）中司即御史台下设之殿中司，东平徐公即徐琰。徐琰撰《文正公祠记》开篇曰："至元壬辰（二十九年），予奉命廉访浙西，莅吴中。"（载［明］钱穀辑《吴都文粹续集》卷十四《祠庙》，《景印文渊阁四库全书》第 1385 册，第 342 页）《吴都文粹续集》所载当为石刻本，其文末署："至元三十一年正月廿日中奉大夫、江南浙西道肃政廉访使徐琰撰。"则《江南浙西道肃政廉访司题名记》所云至元三十年正月徐琰"自吴门移治于杭"，似指江南浙西道肃政廉访司先治平江、后迁杭州。

江南浙西道肃政廉访司辖地，《至正金陵新志》卷一《地理图考·南台按治三省十道图考》载："江南浙西道，治杭州、平江、湖州、常州、镇江、建德、嘉兴诸路并松江府、江阴州，置司杭州。"（［元］张铉《至正金陵新志》，田崇点校，南京出版社，1991 年，第 9 页）

杭州路，上。[1] 唐初为杭州，后改余杭郡，又仍为杭州。五代钱镠据两浙，号吴越国。宋高宗南渡，都之，为临安府。[2] 元至元十三年，平江南，立两浙都督府，又改为安抚司。十五年，改为杭州路总管府。二十一年，[3] 自扬州迁江淮行省来治于杭，改曰江浙行省。[4] 本路户三十六万八百五十，口一百八十三万四千七百一十。至元二十七年抄籍数。[5] 领司二、县八、州一。[6]

[1]　元至顺建安椿庄书院刻本《新编纂图增类群书类要事林广记》前集卷四《郡邑类》（中华书局，1963 年影印本）和后至元六年郑氏积诚堂刻本《纂图增新群书类要事林广记》癸集卷上《郡邑类》（1999 年中华书局影印本《事林广记》，第 242 页）所载"定夺上下路县"一段公文：

至元二十年十一月初七日，中书礼部奉中书省札付该：来呈补注各处缺员去处，不见上中下路州县三等，有碍铨注，乞照详。得此，都省拟到下项等级体例，合下仰依上承此。

一、路分州县
路　十万之上为上路　十万之下为下路

《元史·百官志》载："（至元）二十年，定十万户之上者为上路，十万户之下者为下路。"（第 2316 页）与上引公文全同。

至元二十七年杭州路户数达三十六万八百五十，至元十五年改路时当相去不远，故得为上路。

[2]　乾道《临安志》卷二《历代沿革》载："建炎三年，翠华巡幸，是年十一月三日，升杭州为临安府。"（《南宋临安两志》，浙江人民出版社，1983 年，第 17 页）

[3]　《本证》卷九《证误九》："案《百官志》七，迁杭州在二十一年，改江浙在二十二年。"（按，《纪》在二十八年）（［清］汪辉祖《元史本证》，姚景安点校，中华书局，2004 年，第 77 页。括号中按语，为点校者所加。本文引用，标点有所简化）

[4]　《本证》卷二十六《证遗三》："案《纪》至元十三年二月，立浙东西宣慰司于临安；六月，罢两浙大都督府，立行尚书省于临安。二十一年，徙江淮行省于杭州。（《志》

有）二十三年，徙江淮行省于扬州。二十四年，复改江浙省为江淮行省。二十六年，徙江淮省治杭州。二十八年，改江淮行省为江浙等处行中书省。"（按，《元史》卷九《世祖纪》至元十四年十一月，"命中书省檄谕中外，江南既平，宋宜曰亡宋，行在宜曰杭州"。卷一三《世祖纪》至元二十一年闰五月，"行御史台自扬州迁于杭州"；二十二年二月，行御史台自杭州徙江州；五月，"行御史台复徙于杭州"。卷一四《世祖纪》至元二十三年四月，"行御史台自杭州徙建康"，《志》同；十月，"徙浙西按察司治杭州"。卷一六《世祖纪》至元二十八年九月，"立行宣政院，治杭州"。卷九二《百官志》元统二年正月，置行宣政院于杭州。卷二六《仁宗纪》延祐五年九月，"立行宣政院于杭州"。卷四四《顺帝纪》至正十六年三月，"立行枢密院于杭州"，《百官志》同）（第286—287页）按《本证》与点校者所言皆有据，然相关省名省治变迁颇为剧烈，请参下条辨析。

《地理志》此段叙述，主要涉及两浙都督府、杭州路（安抚司、杭州路总管府）、江淮行省（江浙行省）三事，多有需要辨析之处，《本证》言之而未尽（并补立浙东西宣慰司于临安事，点校者又补立行御史台、行宣政院、行枢密院事），以下分别考述。

第一，两浙都督府问题。

《元史·世祖本纪》载："（至元十三年二月）庚子，行省承制以临安为两浙大都督府，都督忙古带、范文虎入城视事。"（第178页）"戊申，立浙东西宣慰司于临安。"（第179页）"（五月）己亥，伯颜请罢两浙宣慰司，以忙古带、范文虎仍行两浙大都督府事，从之。"（第182页）"（六月）壬申，罢两浙大都督府。立行尚书省于鄂州、临安。"（第183页）则两浙都督府当作两浙大都督府。又不久设行尚书省于临安。

又《世祖本纪》载："（至元十二年）二月癸卯，大军次安庆府，宋殿前都指挥使、知安庆府范文虎以城降，伯颜承制授文虎两浙大都督。"（第160—161页）范文虎即设两浙大都督府后之两大都督之一。可知先有两浙大都督之官职，然后有两浙大都督府之设置。

而授范文虎为两浙大都督之后，曾设两浙大都督府于平江。洪武《苏州府志》卷一《沿革》载："元至元十二年十二月，丞相伯颜至平江，以府治为江淮行省，以提刑司为两浙大都督府，置浙西路军民宣抚司。"（《中国方志丛书·华中地方》第432号影明洪武十二年钞本，台北：成文出版社有限公司，1983年，第98页）

两浙大都督府所辖，亦可参《世祖本纪》："（至元十三年二月）辛丑，伯颜令张惠、阿剌罕、董文炳、左右司官石天麟、杨晦等入城，取军民钱谷之数，阅实仓库，收百官诰命符印，悉罢宋官府，散免侍卫禁军。宋主㬎遣其右丞相贾余庆等充祈请使，诣阙请命，右丞相命吴坚、文天祥同行。行中书省右丞相伯颜等，以宋主㬎举国内附，具表称贺。两浙路得府八、州六、军一、县八十一，户二百九十八万三千六百七十二，口五百六十九万二千六百五十。"（第178页）所辖当即北宋之两浙路（南宋之两浙西路与两浙东路），领临安府、绍兴府、平江府、镇江府、湖州、婺州、庆元府、常州、江阴军、瑞安府、台州、处州、衢州、建德府、嘉兴府。（排序据《宋史·地理志》）

第二，杭州路之设置问题。

《世祖本纪》载："（至元十三年二月）戊申，立浙东西宣慰司于临安，以户部尚书麦归、秘书监焦友直为宣慰使，吏部侍郎杨居宽同知宣慰司事，并兼知临安府事。"（第179页）则临安府仍设。

又《世祖本纪》至元十三年冬十月纪事，有两浙宣抚使、临安府安抚使，（第185、186

页）则《地理志》所载"又改为安抚司"当指临安府改临安府安抚司。

《地理志》此段叙述，先言两浙都督府，后言（临安府）安抚司，前后不伦。

至元十五年改为杭州路总管府，暂未见其他记载。

第三，江淮行省（江浙行省）问题。

此处牵涉元灭南宋后江淮行省、江浙行省省名和治所之频繁变迁。《地理志》所述只是其中的一个片段。《本证》已经注意及此，并引录了《元史·世祖本纪》的相关记载，只是未作辨析。

江淮行省设置时间，《世祖本纪》无明文，提及江淮行省的最早的纪事则为至元十七年江淮行省左丞夏贵请老事。（第222页）《百官志》则明载："至元十三年，初置江淮行省，治扬州。"（第2306页）又《元史续编》卷一载："（至元十三年十二月），置江淮行省。（治扬州）"（［明］胡粹中《元史续编》，《景印文渊阁四库全书》第334册，第455页）

有关江淮行省、江浙行省省名和治所的变迁，《世祖本纪》相关记事如下：

至元十五年十一月丁未，"（江淮）行中书省自扬州移治杭州"。（第206页）

至元二十一年二月戊申，"徙江淮行省于杭州。……漳州盗起，命江浙行省调兵进讨"。（第265页）（按此处用"江浙行省"，似说明徙杭州后行省名亦改为江浙行省，然而参照下条纪事，又似乎省名改动尚在下一年十月，似不至一年多的时间省名两度变化）

至元二十二年十月戊午，"以江淮行省平章忙兀带为江浙省左丞相"。（第280页）

至元二十三年七月庚午，"江淮行省忙兀带言：'今置省杭州，两淮、江东诸路财赋军实，皆南输又复北上，不便。扬州地控江海，宜置省，宿重兵镇之，且转输无往返之劳。行省徙扬州便。'从之"。（第290—291页）（按上年以江淮行省平章忙兀带为江浙省左丞相，此年则称江淮行省，难道已经改名？参酌下条纪事，似乎此条江淮行省当作江浙行省。同样，不至一年多的时间省名两度变化）

至元二十四年春正月丁亥，"复改江浙省为江淮行省"。（第295页）

至元二十六年二月癸亥，"徙江淮省治杭州"。（第320页）

至元二十八年十二月庚辰，"改江淮行省为江浙等处行中书省，治杭州"。（第353页）

刘如臻《元代江浙行省研究》（载《元史论丛》第六辑，中国社会科学出版社，1997年，第95—117页）收集了《元史·世祖本纪》中的记载，并补充说明了《世祖本纪》缺载的至元十二年（当为十五年）至二十一年间的一次江淮行省省治自杭州迁徙扬州的情况。

［5］ 有关元代杭州路户口数，可参成化《杭州府志》卷十七《风土·户口》：

> 《咸淳志》：主客户叁拾玖万壹千贰百伍拾玖、口壹百贰拾肆万柒百陆拾。
>
> 元至元二十七年：户叁拾陆万捌百伍拾、口壹百捌拾叁万肆千柒百壹拾。
>
> 皇朝洪武九年：军民匠灶籍户壹拾玖万叁千肆百捌拾伍、口柒拾贰万伍百陆拾柒。（《四库全书存目丛书》史部第175册影明成化刻本，第251页。万历《杭州府志》卷二十八《户口》所载同）

其中南宋末咸淳间户口，同今本咸淳《临安志》（《宋元方志丛刊》第4册影清道光十年钱塘汪氏振绮堂刻本，中华书局，2006年，第3869页）；元代户口数，或即据《元史·地理志》。比较这两组数据，可知元军下临安，对其户口数的影响不大，也即造成的社会动荡不大。

成化《杭州府志》另载至元二十七年杭州路下辖四县户口，亦录于此：

海宁县，"户伍万捌千玖百壹拾柒、口叁拾叁万陆千贰百捌拾贰"。（第253页）

富阳县，"户贰万陆千伍百贰拾、口壹拾肆万壹千壹百贰拾壹"。（第255页）

於潜县，"户玖千陆百贰、口肆万贰千壹百叁拾叁"。（第257页）

昌化县，"户壹万贰千壹拾壹"。（第258页）

［6］ 所领二司八县一州，即宋临安府所领之钱塘、仁和、余杭、临安、富阳、於潜、新城、盐官、昌化九县。（所列宋代州府军所领诸县状况，包括县名及次序，多据《宋史·地理志》所载，后文不再一一出注）乾道《临安志》卷二《历代沿革》载南宋初状况（第17页）、南宋末咸淳《临安志》所载均同此九县。

左、右录事司。宋高宗建炎三年，迁都杭州，设九厢。[1]元至元十四年，分为四隅录事司。[2]泰定二年，并为左右二录事司。[3]

［1］ 咸淳《临安志》卷十九《疆域四·厢界》记在城九厢分别为：宫城厢、左一南厢、左一北厢、左二厢、左三厢、右一厢、右二厢、右三厢、右四厢。（第3540—3541页）

［2］ 任士林撰《杭州路重建总管府记》载："杭为郡自五代迄今，不受兵革之患，故生齿日繁，庐井蚁附，城内外居者无虑数十万家。旧以两县置城西北隅，以听城以外之治；四录事司分置城四隅，以听城以内之治。"（［元］任士林《松乡集》卷一，《景印文渊阁四库全书》第1196册，第492页）知四隅录事司之得名系其分置城之四隅之故。此文约撰于大德八年杭州路总管府重建成之时。

成化《杭州府志》卷十三《公署》："四隅录事司在府治前。"（第190页）则在一处。

四隅录事司的名称，当分别为东北（隅）、东南（隅）、西南（隅）、西北（隅）录事司。文献中的实例，有山西太原崇善寺藏本《普宁藏》抱腹山印本天字函《大般若经》卷二大德八年印经题记作"杭州路东南录事司如家坊瑞安巷"。（李富华、何梅《汉文佛教大藏经研究》，宗教文化出版社，2003年，第342页）

［3］ 《本证》卷二十六《证遗三》："案《纪》元统二年，复立杭州四隅录事司。"（第286页）似指由泰定二年之二录事司改为四录事司。

赵汸《江浙省都镇抚哈密公纪功之碑》记至正十三年三月元军进讨徽州红巾，得黟县后，"以杭州路西南隅录事司达噜噶齐伊而苏克为黟县达噜噶齐"，（《东山存稿》卷五，《景印文渊阁四库全书》第1221册，第317页。伊而苏克，《全元文》第54册第552页作亦思哈）则可确证二录事司后曾改为四录事司。而四隅录事司之名，当分别为东北隅、东南隅、西南隅、西北隅录事司。文献中的实例，还有至正二十三年管主八之子辇真吃剌将其父所刊二十八函秘密经的经板舍入碛砂延圣寺大藏经坊后，于多字函《大乘理趣六波罗蜜多经》卷七之末所作刊记谓"杭州路东北录事司安国坊太平巷"。（李富华、何梅《汉文佛教大藏经研究》，第295页）

《元史·百官志》载："若城市民少，则不置司，归之倚郭县。在两京，则为警巡院。独杭州置四司，后省为左、右两司。"（第2317页）未能全记杭州路录事司的变迁全貌。

县八

钱塘，上。仁和，上。与钱塘分治城下。[1]余杭，中。临安，中。新城，中。富阳，中。[2]於潜，中。[3] **昌化**。中。[4]

[1] 陈基撰《杭州路重修仁和县记》载："杭属县附郭者二，仁和与钱唐也。仁和在吴越时为钱江县，宋兴国初，始易今名。县故在余杭门之内，绍兴间，县令孙廷直尝徙治招贤坊。其迁丽大府之南左偏，而与钱唐县、四隅录事司并列为东西序，则皇朝大德之际也。"（[元]陈基《夷白斋稿》卷三十，《四部丛刊三编》影常熟瞿氏铁琴铜剑楼藏明钞本，第二叶。)《地理志》所谓"分治城下"，即附郭也。此处谓仁和县、钱唐县衙门与四隅录事司衙门并列，则四隅录事司在一处，同上引成化《杭州府志》。

[2] 元至顺建安椿庄书院刻本《新编纂图增类群书类要事林广记》前集卷四《郡邑类》（1963 年中华书局影印本）和后至元六年郑氏积诚堂刻本《纂图增新群书类要事林广记》癸集卷上《郡邑类》（1999 年中华书局影印本《事林广记》，第 242 页）所载"定夺上下路县"一段公文：

> 至元二十年十一月初七日，中书礼部奉中书省札付该：来呈补注各处缺员去处，不见上中下路州县三等，有碍铨注，乞照详。得此，都省拟到下项等级体例，合下仰依上承此。
>
> 一、路分州县
> 路　十万之上为上路　十万之下为下路
> 州　五万之上为上州　三万之上为中州　二万之下为下州
> 县　二万之上为上县　万之上为中县　一万之下为下县

《元史》卷九十一《百官志七》载："（至元）二十年，定十万户之上者为上路，十万户之下者为下路。""江南既平，（至元）二十年，又定其地五万户之上者为上州，三万户之上者为中州，不及三万户者为下州。""（至元）二十年，又定江淮以南，三万户之上者为上县，一万户之上者为中县，一万户之下者为下县。"（第 2316、2317、2318 页）与上引公文为一事，知针对南方各县等第而言。不过其中有一处重要的不同，上县《事林广记》作二万以上，而《百官志》作三万以上。从《事林广记》"三万之上为中州，二万之下为下州"不相衔接看，其中的州县两处"二万"似均可修正为"三万"。后文关于诸县等第的讨论，亦均以《元史·百官志》为准。而一些可知户数与等第的实例，也可以说明三万之上为上县。

据前引成化《杭州府志》，至元二十七年富阳县户贰万陆千伍百贰拾，依照《元史·百官志》，当为中县，与《地理志》同。

[3] 据前引成化《杭州府志》，至元二十七年於潜县户玖千陆百贰，当为下县，《地理志》或误。当然，亦有至元二十年至二十七年户数略有变化的可能。

[4] 据前引成化《杭州府志》，至元二十七年昌化县户壹万贰千壹拾壹，当为中县，同《地理志》。

州一

海宁州，中。[1] 唐以来为盐官县。元元贞元年，以户口繁多，升为盐官州。是年，升江南平阳等县为州,以户为差,户至四万五万者为下州,五万至十万者为中州。凡为中州者二十八,下州者十五。[2]泰定四年,海圮盐官。[3]天历二年,改海宁州。海宁东南皆滨巨海,自唐、宋常有水患,大德、延祐间亦尝被其害。[4]泰定四年春,其害尤甚,[5]命都水少监张仲仁往治之,沿海三十余里下石囤四十四万三千三百有奇,木柜四百七十余,工役万人。[6]文宗即位,水势始平,乃罢役,故改曰海宁云。[7]

[1] 据前引成化《杭州府志》,至元二十七年海宁县户伍万捌千玖百壹拾柒,在五万以上,故得升为中州。

后文关于元贞元年江南诸县升州等第的讨论,均以《地理志》此条注文"以户为差,户至四万五万者为下州,五万至十万者为中州"为准。

[2] 有关元元贞元年升县为州之事,《元史·成宗本纪》所载(第393页)与《元史·地理志》江浙行省海宁州条注文全同,均为中州者二十八、下州者十五,合为四十三州。而《地理志》明确记载的元贞元年升州的条目,统计可得中州二十五、下州十七,不过尚有宜兴州可确定为确系元贞元年升为中州者,则可得中州二十六、下州十七。虽然总数相同,但是中州、下州的具体数量却有所不同。但是,元人张伯淳《余干升州记》则云:"皇帝践祚之明年(按即元贞元年),诏江南诸县户口及若干者升为州,中若下凡四十有四,余干其一也。"([元]张伯淳《养蒙文集》卷三,《元代珍本文集汇刊》影台北"中央"图书馆藏钞本,第113页。《全元文》第11册第228页,系据明宣德七年重印元刻本《养蒙先生文集》卷五)四十四州之数,与前述记载不同。还有一些零星的记载,也显示升县为州者的等第与《元史·地理志》有所不同,则更增加了问题的复杂性。

东湖《元元贞元年江南升州考》(《中国历史地理论丛》1991年第1期,第178页)在张伯淳《余干升州记》所记四十四州的启发下重新分析《地理志》的记载,并肯定了四十四州的说法,但未及解释《元史·成宗本纪》及《地理志》海宁州条注"中州者二十八,下州者十五"出现的原因。(杨晓春《〈元史〉元贞元年升县为州记载辨正》(《文史》2014年第2辑)则通过《事林广记》所载"上县改立州治"一段公文作四十四州(1999年中华书局影印本《事林广记》,第242页),进一步肯定了四十四州这一数据的可取,还就《元史·百官志》中的相关记载作了辨析,并初步解释了《元史·成宗本纪》及《地理志》海宁州条注总体数据的实质与可能的来源。

[3] "泰定四年,海圮盐官"事,《元史·河渠志》"盐官州海塘"条言之详实:"泰定即位之四年二月间,风潮大作,冲捍海小塘,坏州郭四里。"(第1639页)

[4] 大德、延祐间被害事,《元史·河渠志》"盐官州海塘"条载:"成宗大德三年,塘岸崩,都省委礼部郎中游中顺,洎本省官相视。虚沙复涨,难于施力。至仁宗延祐己未、庚申间,海汛失度,累坏民居,陷地三十余里。"(第1639页)

[5] 《元史》卷三十《泰定帝本纪》载:"(泰定四年正月戊午),盐官州海水溢,坏捍海堤二千余步。"(第676页)也即《地理志》前文所谓"泰定四年,海圮盐官"事。

[6] 《元史》卷三十《泰定帝本纪》载:"(泰定四年四月)癸未,盐官州海水溢,侵地十九里,命都水少监张仲仁及行省官发工匠二万余人,以竹落木栅实石塞之,不止。"(第678页)所载工匠人数与《地理志》不同。另外记载了修治的具体时间为四月,修治结果为"不止"。

泰定四年事,《元史·河渠志》"盐官州海塘"条亦有详细的记载,可以与都水少监张仲仁事互补："至泰定即位之四年二月间,风潮大作,冲捍海小塘,坏州郭四里。杭州路言:'与都水庸田司议,欲于北地筑塘四十余里,而工费浩大,莫若先修咸塘,增其高阔,填塞沟港,且浚深近北备塘濠堑,用桩密钉,庶可护御。'江浙省准下本路修治。都水庸田司又言:'宜速差丁夫,当水入冲堵闭,其不敷工役,于仁和、钱塘及嘉兴附近州县诸色人户内斟酌差倩,即目沦没不已,旦夕诚为可虑。'工部议:'海岸崩摧重事也,宜移文江浙行省,督催庸田使司、盐运司及有司发丁夫修治,毋致侵犯城郭,贻害居民。'五月五日,平章秃满迭儿、茶乃、史参政等奏:'江浙省四月内,潮水冲破盐官州海岸,令庸田司官征夫修堵,又令僧人诵经,复差人令天师致祭。臣等集议,世祖时海岸尝崩,遣使命天师祈祀,潮即退,今可令直省舍人伯颜奉御香,令天师依前例祈祀。'制曰'可'。既而杭州路又言:'八月以来,秋潮汹涌,水势愈大,见筑沙地塘岸,东西八十余步,造木柜石囤以塞其要处。本省左丞相脱欢等议,安置石囤四千九百六十,抵御锼啮,以救其急,拟比浙江立石塘,可为久远。计工物,用钞七十九万四千余锭,粮四万六千三百余石,接续兴修。'"(第1639—1640页)

下石囤、木柜之法,可参有关浙西海塘修筑的技术研究,如郑肇经、查一民《江浙潮灾与海塘结构技术演变》(《农业考古》1984年第2期),称"石囤和木柜可用作塘基和塘身,亦可护坦,柜外钉关柜木桩,防止潮流卷拔。石囤木柜塘的结构与吴越钱氏的竹笼木桩塘大致相似,木桩(疑为柜之误)比竹笼坚固稳定,但造价较高"。

[7] 文宗时盐官州海塘事,《元史·河渠志》"盐官州海塘"条亦有更详实的记载:"文宗天历元年十一月,都水庸田司言:'八月十日至十九日,正当大汛,潮势不高,风平水稳。十四日,祈请天妃入庙,自本州岛岳庙东海北护岸鳞鳞相接。十五日至十九日,海岸沙涨,东西长七里余,南北广或三十步、或数十百步,渐见南北相接。西至石囤,已及五都,修筑捍海塘与盐塘相连,直抵岩门,障御石囤。东至十一都六十里塘,东至东大尖山嘉兴、平湖三路所修处海口。自八月一日至二日,探海二丈五尺。至十九日、二十日探之,先二丈者今一丈五尺,先一丈五尺者今一丈。西自六都仁和县界赭山、雷山为首,添涨沙涂,已过五都四都,盐官州廊东西二都,沙土流行,水势俱浅。二十日,复巡视自东至西岸脚涨沙,比之八月十七日渐增高阔。二十七日至九月四日大汛,本州岛岳庙东西,水势俱浅,涨沙东过钱家桥海岸,元下石囤木植,并无颓圮,水息民安。'于是改盐官州曰海宁州。"(第1641页)具体地说明了"水势渐平"的情况。

湖州路,上。唐改吴兴郡,又改湖州。宋改安吉州。[1]至元十三年,升湖州路。[2]户二十五万四千三百四十五。抄籍户口数阙,用至顺钱粮数。[3]领司一、县五、州一。[4]

[1] 《宋史·地理志》载:"宝庆元年,改安吉州。"(中华书局校点本,第2175页)《永乐大典》册二一卷二二七五页十三引《吴兴续志》:"宝庆元年,改安吉州。"(马蓉、陈抗、钟文、栾贵明、张忱石点校《永乐大典方志辑佚》第2册,中华书局,2004年,第708页)《宋史地理志汇释》引《宋史地理志考异》、《〈宋史·地理志〉补正》,据《舆地纪胜》、《宋史·理宗纪》等均以为当作宝庆二年。(郭黎安《宋史地理志汇释》,安徽教育出版社,2003年,第131页)

[2] 万历《湖州府志》卷一《郡建》载:"元世祖至元十三年,改安吉州为湖州路按抚司,仍置安吉县。十四年,改湖州路达鲁花赤总管府。……隶浙江行省。"(《四库全书存

目丛书》史部第 191 册影明万历刻本,第 16 页)按抚司当作安抚司,浙江行省当作江浙行省。然可知《地理志》所述不够全面。

《永乐大典》册二一卷二二七五页十三引《吴兴续志》:"至正十六年,高邮张士诚窃据,改吴兴郡,仅得德清、武康、乌程、归安四县之地,罢录事司,以西南厢隶乌程。东北厢隶归安。至正十七年,归于元,仍复湖州路总管府,而录事司不复再设。丙午年,守将以城归附。"(《永乐大典方志辑佚》第 2 册,第 708 页)万历《湖州府志》卷一《郡建》载:"(至正)十六年,张士诚据湖州四县之地:乌程、归安、武康、德清,易号吴兴郡,以其党潘原明镇之。"(第 16 页)可补元末沿革状况。

［3］ 元代湖州路户口,可参《永乐大典》册二一卷二二七七页二引《吴兴续志》:"元至元二十七年,籍户得二十五万五千八百二十八,南人户二十五万四千三百四十五,北人户一千四百九十三户。"《吴兴续志》并详载所属乌程、归安、长兴、武康、德清、安吉六县至元二十七年户数,(《永乐大典方志辑佚》第 2 册,第 744—748 页)列表如下:

	户数	南人户数	北人户数
乌程县	68437	68341	96
归安县	49894	49866	28
长兴县	54151	54048	103
武康县	17261	17220	41
德清县	31465	31389	76
安吉县	25298	25246	52
合 计	246506	246110	396

以上六县的数据,统计结果与《吴兴续志》所载总数不同,当是另有录事司户口未计入的缘故。

有关元代湖州路户口数,还可参成化《湖州府志》卷八《户口》:

淳熙九年,主客户二十万六百六户、口五十五万九千七百五十二口,客户三千九百八十八户、口一万二千六十口。

至元二十七年,湖州路南北人户二十三万六千五百七十七。

国朝洪武二十四年本府所辖乌程等县计户二十万四十八、口八十一万二百四十四。(《日本藏中国罕见地方志丛刊》影明成化刻本,书目文献出版社,1991 年,第 99 页)

万历《湖州府志》卷五《户口》所载同。(第 98 页)成化《湖州府志》还记载下辖乌程、归安、长兴、安吉、武康五县总户数及南北人户数的具体数据。(德清县原阙)不过与明初《吴兴续志》所载户数亦有所不同。

按《地理志》所记户口数,多注明为"至元二十七年抄籍数",此处湖州路注"抄籍户口数阙",《吴兴续志》、成化《湖州府志》所载至元二十七年户数恰可作补充。

吴松弟《中国人口史》第 3 卷《辽宋金元时期》引《永乐大典》所引《吴兴续志》的数据和雍正《浙江通志》引嘉靖通志的南北人户 236577。对于两种数据的差异,认为《吴兴续志》可能包括军户和匠户故而户数较多。另外还据松江府的事例(即至顺钱粮户数只是纳税户,不是全部户数)指出,湖州路的至顺钱粮户可能也没有将某种人户计算在内;还指出:《吴兴续志》提到'皇朝抄籍六县军户民户之数',共得户220256,口929253。如果可以将明初的抄籍数理解成元朝末年的数字,则此两个数字是湖州路的元末户口数。"(复旦大学出版社,2000年,第318页)按雍正《浙江通志》的数据同前引成化《湖州府志》。

　　[4]　所领一司五县一州,即宋安吉州所领之乌程、归安、安吉、长兴、德清、武康六县。

录事司。旧设东西南北四厢。[1]至元十三年,立总督四厢。十四年,改录事司。[2]

　　[1]　据嘉泰《吴兴志》卷二《坊巷·州治》,四厢为:左一厢、左二厢、右一厢、右二厢。(《宋元方志丛刊》第5册影民国三年《吴兴丛书》本,第4689页)

　　[2]　万历《湖州府志》卷一《郡建》载:"(至元)十四年,改湖州路达鲁花赤总管府。……以郭内四厢之地置录事司。"(第16页)即《地理志》"十四年,改录事司"事。崇祯《吴兴备志》卷十九《战守征》载:"元平江南,以禁厢八营并为四,领以录事司,隶江浙行省。"(《景印文渊阁四库全书》第494册,第486页。)似即《地理志》"至元十三年,立总督四厢"事。

　　又万历《湖州府志》卷一《郡建》载:"(至正)十六年,张士诚据湖州四县之地:乌程、归安、武康、德清,易号吴兴郡,以其党潘原明镇之。罢录事司,四厢分属乌程、归安二县。"(第16页)崇祯《吴兴备志》卷十九《战守征》载:"伪吴罢录事司,以禁厢分属二县:乌程、归安。"(第486页)可补元末沿革状况。

县五
乌程,上。**归安**,上。与乌程皆为倚郭。**安吉**,中。**德清**,中。**武康**。中。[1]

　　[1]　《永乐大典》册二一卷二二七五页十三引《吴兴续志》:"元贞元年,升长兴为州,以乌程、归安为上县,德清、安吉为中县,武康为下县,长兴为中州。"(《永乐大典方志辑佚》第2册,第709页)其中武康县等第与《地理志》不同。

　　前文杭州路条注,已指出《事林广记》引至元二十年公文节文和《元史·百官志》关于至元二十年诸县等地的户数标准略有不同,肯定了《百官志》三万之上为上县的记载。

　　然而前引《永乐大典》引《吴兴续志》载至元二十七年湖州路各县户数,德清超过三万,当作上县,而《地理志》作中县。不相吻合。

州一
长兴州,中。[1]唐为绥州,又更名雉州,又为长城县。朱梁改曰长兴。宋因之。元元贞元年,升为州。[2]

　　[1]　据前引《永乐大典》引《吴兴续志》,长兴县户数在五万以上,故元贞元年升州时得为中州。

　　[2]　万历《湖州府志》卷一《郡建》载:"成宗元贞二年,升长兴为州。"(第16页)

嘉兴路，[1]上。**唐为嘉兴县。石晋置秀州。宋为嘉禾郡，**[2]**又升嘉兴府。**[3]户四十二万六千六百五十六，口二百二十四万五千七百四十二。[4]领司一、县一、州二。[5]

[1] "嘉兴"，元刻本《元典章》作"加兴"。按作"加兴"，当为俗写。嘉兴得名，《至元嘉禾志》卷一《沿革》云："宁宗庆元元年，以是郡为孝宗毓圣之地，升为嘉兴府。"（[元]单庆修、徐硕纂，嘉兴市地方志办公室编校《至元嘉禾志》，上海古籍出版社，2010年，第1页）

[2]《考异》卷八十九《元史四》："案：秀州吴越王钱元璙置，宋亦为秀州，兼立嘉禾郡名，非改州为郡也。"（[清]钱大昕《廿二史考异》，方诗铭、周殿杰点校，上海古籍出版社，2000年，第1243页）

[3]《本证》卷九《证误九》："案失书元升路事。"（第77页）

查《至元嘉禾志》卷一《沿革》载："圣朝至元十三年正月，改为嘉兴府安抚司。至元十四年三月，改为嘉兴路总管府，领府一、县三、司一。录事司，城以内隶焉。"（第1页）

[4]《地理志》所载户口数未说明时代。《至元嘉禾志》卷六《户口》载至元后期嘉兴路及所辖司、府、县户数如下：

嘉兴路，"四十五万九千三百七十七户"。

录事司，"六千五百八十户"。

松江府，"二十三万四千四百七十户"。

嘉兴县，"一十二万七百四十二户"。

海盐县，"四万二千二百五户"。

崇德县，"五万五千四百户"。（第47—48页）

又弘治《嘉兴府志》卷二《户口》载："元，户四十二万六千五十六户，口二百二十四万五千七百四十二口。国朝洪武间，户三十二万七千五百三十二户，口一百一十一万二千一百二十一口。"（《四库全书存目丛书》史部第179册影上海图书馆藏明弘治刻本，第24页）所载元代户口数与《地理志》几乎完全相同，或系因袭《地理志》而来。

另一版本弘治《嘉兴府志》卷五《户口》载："大明洪武初年，本府户叁拾贰万柒千伍百叁拾贰户、口壹佰壹拾壹万贰千壹佰贰拾壹口。"（《中国方志丛书·华中地方》第505号影明万历刻本，台北：成文出版社有限公司，1983年，第243页）未载元代户口数。

吴松弟《中国人口史》第3卷《辽宋金元时期》认为《地理志》所载为至元二十七年的数据。并引《至元嘉禾志》，认为《地理志》的数据包括了划出去的松江府的户口数，如果将松江府户数扣除，则嘉兴路只有224927户。又指出《至元嘉禾志》所载户口数显然系转抄南宋末年的数字，因此探讨至元二十七年嘉兴路的户口还需加上南宋末年以来十余年的人口自然增长，估计该年约有户24万左右。（第318—319页）

[5] 所领一司一县二州，即宋嘉兴府所领之嘉兴、海盐、崇德三县。

录事司。旧置厢官，元初改为兵马司。至元十四年，置录事司。[1]

[1]《至元嘉禾志》卷一《沿革》载："宋置南、北、西三厢。圣朝至元十三年废，遂置兵马司。至元十四年，改为录事司。"（第1页）按兵马司仍为宋代旧制，为兵马钤辖司之简称。

（参考龚延明编著《宋代官制辞典》"兵马钤辖司"条,中华书局,1997年,第447—448页）

县一

嘉兴。上。倚郭。

州二

海盐州,中。[1]唐为县,宋因之。元元贞元年升州。

[1] 据前引《至元嘉禾志》至元后期海盐县四万二千二百五户,或许至元贞元年,户数有所增加而达五万,故升为中州。

崇德州,中。[1]石晋置,[2]宋因之。元元贞元年升州。[3]

[1] 据前引《至元嘉禾志》至元后期崇德县五万五千四百户,元贞江南诸县升州时,"五万至十万者为中州",故崇德县得升为中州。

[2]《本证》卷九《证误九》:"案《纪》至元十三年正月,军次崇德县,此石晋置。下脱县字。"（第77页）

[3]《大元大一统志》卷七百九十一残卷:"《嘉禾志》云:石晋天福三年析崇德等七乡置县,四年置秀州,以县隶焉。宋改州为嘉兴府,而崇德县如故来属。归附国朝因之。元贞元年升为州,仍隶嘉兴路。"（[元]孛兰肹等撰、赵万里校辑《元一统志》,中华书局,1966年,第578页）查《嘉禾志》,知宋改州为嘉兴府以下为《大元大一统志》语。升州时间,与《地理志》同。

平江路,上。唐初为苏州,又改吴郡,又仍为苏州。宋为平江府。元至元十三年升平江路。[1]户四十六万六千一百五十八,口二百四十三万三千七百。[2]领司一、县二、州四。[3]

[1]《大元大一统志》卷七百六十三残卷载:"国朝至元十三年收附以后,升为平江路,领一司六县,今改四县为州而属焉。"（赵万里校辑《元一统志》,第568页）所述沿革颇简略。

洪武《苏州府志》卷一《沿革》载:"元至元十二年十二月,丞相伯颜至平江,以府治为江淮行省,以提刑司为两浙大都督府,置浙西路军民宣抚司。十四年,改军抚司为平江路总管府,浙西路为浙西道,而属江淮行省,在城四厢设置录事司以治之,领县六:吴、长洲、吴江、常熟、昆山、嘉定。十八年,升为平江路达鲁花赤总管府。二十六年,江淮行省改江浙行省,移杭州。元贞二年,升常熟、昆山、吴江、嘉定四县为州。至正十六年,淮东张士诚据之,改为隆平府。十七年,复为平江路。"（第98页）

正德《姑苏志》卷一《郡邑沿革表》载:"（至元十二年）十二月,伯颜至平江,守将王邦杰、通判王矩之降,元将游显入城抚谕,以府治为江淮行省,提刑司为两浙大都督府,置浙西路军民宣抚司。"（至元十四年）,改宣抚司为平江路总管府,浙西路为浙西道,属江淮行省,置四厢录事司,领县如故。"（至元十八年）,升平江路达鲁花赤总管府。"（元贞二年），升常熟、昆山、吴江、嘉定四县为州。"（《天一阁藏明代方志选刊续编》第 11 册影明正德刻本，第 69—72 页）卷七《沿革》载："元至元十二年，以府治为江淮行省，以提刑司为两浙大都督府，置浙西路军民宣抚司。十四年，改宣抚司为平江路总管府，浙西路为浙西道，属江淮行省，在城四厢设置录事司以治之。十八年，升平江路达鲁花赤总管府。二十六年，改江淮行省为江浙行省，移治杭州。至正十六年，张士诚据之，改隆平府。十七年，复为平江路。"（第 618 页）

嘉靖《吴邑志》卷一《建置沿革》载："元世祖至元十四年，设平江路总管府，在城四厢设录事司，领县六，如宋旧。"（《天一阁藏明代方志选刊续编》第 10 册影明嘉靖刻本，第 728 页。按卷一系钞补）则平江路设置时间为至元十四年，先领六县。常熟、昆山、吴江、嘉定四县升州时间为元贞二年，与《地理志》不同。又元末沿革可补。

不知平江路总管府、平江路达鲁花赤总管府有何不同？洪武《苏州府志》、正德《姑苏志》均用一"升"字。平江路达鲁花赤总管府或即有达鲁花赤设置之谓。

《本证》卷二十六《证遗三》："案《纪》至元二十一年，徙浙西宣慰司于平江。"（第 286 页）

［2］ 洪武《苏州府志》卷十《户口》载："元朝至元二十七年，始括户口至四十六万六千一百五十八户，而僧道亦不与焉。本朝洪武四年，抄籍本府所辖长洲等六县计四十七万三千八百六十二户，一百九十四万七千八百七十一口。"（第 421 页）

正德《姑苏志》卷十四《户口》载："元至元二十七年，始括户口至四十六万六千一百有奇。（僧道亦不与）国朝洪武四年，抄籍计户四十七万三千八百有奇，口一百九十四万七千八百有奇，实在户五十万六千五百有奇，口一百一十六万四百有奇。"（第 918 页）按"始括户口"之"口"字衍。

洪武《苏州府志》所载至元二十七年之数与《地理志》所载全同，《地理志》未记时间，据此知当即至元二十七年时。按《地理志》通常注明至元二十七年抄籍数，此处偶漏。

吴松弟《中国人口史》第 3 卷《辽宋金元时期》引正德《姑苏志》所载至元二十七年户数和洪武四年抄籍数户 473800，口 1947800 有奇，并指出所载至元二十七年户数与《地理志》大致相等，而洪武四年抄籍数估计是元末的户口。（第 319 页）

［3］ 所领一司二县四州，即宋平江府所领之吴、长洲、昆山、常熟、吴江、嘉定六县。

录事司。[1]

［1］《大元大一统志》卷七百六十三残卷载："录事司，本在城地，旧设四厢以领民事。归附国朝之初，设四厢。至元十四年改立录事司，以在城民户属之。"（赵万里校辑《元一统志》，第 568 页）

县二
吴县，上。长洲。上。[1]与吴县并为倚郭。

［1］ 嘉靖《吴邑志》卷一《建置沿革》："元贞二年，升吴江、常熟、昆山、嘉定为州，而吴、长洲为上县。"（第 728 页）似乎县分上、中、下亦在元贞二年，按《事林广记》所载

"定夺上下路县"公文，在至元二十年。（后至元六年郑氏积诚堂刻本《纂图增新群书类要事林广记》癸集卷上《郡邑类》，1999年中华书局影印本《事林广记》，第242页）

州四
昆山州，中。唐以来为县，元元贞元年升州。[1]

[1] 昆山县升州时间，除了上引洪武《苏州府志》、正德《姑苏志》、嘉靖《吴邑志》，嘉靖《昆山县志》卷一《沿革》、卷二《官署》亦均作元贞二年。（《天一阁藏明代方志选刊》第9册影明嘉靖刻本，第二叶、第一叶。）

《考异》卷八十九《元史四》："案：皇庆二年十月，徙州治太仓，即今太仓州也；至正十七年，复故治，《志》皆失书。"（第1243页）

《本证》卷二十六《证遗三》："案《纪》皇庆二年，徙昆山州治于太仓。"（第286页）

常熟州，中。[1]唐以来为县，元元贞元年升州。[2]

[1] 弘治《常熟县志》卷三《户口》："元至正二十七年，县户六万一百九十四，口二十四万九百九十五。国朝洪武四年，县户六万二千二百八十五，口二十四万七千一百四。"（《四库全书存目丛书》史部第185册影上海图书馆藏清钞本，第159页）嘉靖《常熟县志》卷二《户口志》所载同。（《北京图书馆古籍珍本丛刊》第27册影明嘉靖刻本，第993页）颇疑其中"至正"为"至元"之误。

又弘治《常熟县志》卷三《县令》"常熟州达鲁花赤火失哈儿"条引泰定三年汤弥昌撰《士民立去思碑》云："吴郡统州四，惟常熟甲诸州，封域广袤，亘湖并海，户版近十万。"（第116页）此则户数又有所增加。

元贞江南诸县升州时，"五万至十万者为中州"，常熟在元初已达六万多户，此后又多有增长，故得升为中州。

[2] 弘治《常熟县志》卷一《建制沿革》："元升常熟为中州，属平江路。"并注："按郡志：世祖十四年改平江府为平江路。成宗元贞二年升县为中州。"（第11页）

吴江州，中。[1]唐以来为县，元元贞元年升州。[2]

[1] 弘治《吴江志》卷二《户口》（目录中作版籍）："元至元二十七年八万四千三百户，三十二万八百五十二口。内该民户七万八千九百九十，儒户一百二十，医户四十三，弓手户一百九，海船稍水户五，财赋佃户三千九十九，水站户二百七十九，马站户一百五十，递运站户三十九，铺兵户九十，织染匠户六百十一，杂造匠户二百九，盐军户一百，新附军户一百六十九，僧寺一千八十一，道观二十五。洪武四年八万三百八十四户，三十六万六百十六口。"（《中国方志丛书·华中地方》第446号影明弘治元年刻本，台北：成文出版社有限公司，1983年，第107页）

元贞江南诸县升州时，"五万至十万者为中州"，吴江在元初已达八万多户，故得升为中州。

[2] 弘治《吴江志》卷二《沿革》："（至元）十八年，属平江路。成宗元贞二年，以户口计升为州。"（第6页）

正德《姑苏志》卷二十四《学校》吴江县学条："元贞二年，升县为州，改州学。"（《天一阁藏明代方志选刊续编》第12册，第403页）

均作元贞二年。

嘉定州，中。本昆山县地，宋置县，元元贞元年升州。[1]

[1] 元至顺三年智玉成撰《嘉定州重建庙学记》碑："嘉定为吴壮邑，皇朝元贞初祀，例升中州。"（《江苏金石志·元》，收入张廷银、朱玉麒主编《缪荃孙全集·金石》第3册，凤凰出版社，2012年，第716页）

常州路，上。唐初为常州，又改晋陵郡，又复为常州，宋因之。元至元十四年升为路。[1]**户二十万九千七百三十二，口一百二万一十一。**[2]**领司一、县二、州二。**[3]

[1]《大元大一统志》卷七百九十二常州路条："绍兴间（常州）割出江阴县为军，止领县四（引者按：指晋陵、武进、无锡、宜兴四县）。国朝至元十三年收附之初因之。十四年升为常州路总管府。十五年升宜兴县为宜兴府，二十年废府。二十一年复置宜兴府，并设宜兴县以来属。二十八年罢府入县，又降江阴路为州来隶。元贞元年升宜兴、无锡二县俱为中州。后割江阴州径隶行省。今领州二、司一、县二。"（赵万里校辑《元一统志》，第593页）成化《重修毗陵志》卷一《地理·建置沿革》载："德佑元年，元兵陷常州。元至元十四年，改为路，以晋陵、武进、宜兴、无锡四县属之，置录事司以莅城内之民。……元贞初，升宜兴、无锡二县为州，属常州路。"（《天一阁藏明代方志选刊续编》第21册影明成化刻本，第8—9页）

洪武《常州府志》卷二《地理》："《泰定毗陵志》：自圣朝混一以来，立常州路，设总管府，辖诸州县，纲举目张，规摹宏远矣。 叙路 本路至元十三年正月伯颜丞相檄委行省都事马坦之招民复业，立安抚司。公命帐前把总陈用部领新附军民收瘗遗骸瓦砾，复创城池，辖晋陵、武进、宜兴、无锡四县，在城立司候司。至元十四年，立常州路总管府，在城立录事司。 叙州 在城晋陵、武进县、录事司，在外无锡县、宜兴县。至元十四年，改宜兴县为宜兴府，仍隶本路。至元十九年，罢府为县。至元二十一年，复立府事。至元二十八年，罢府为县。元贞二年，通列上县改立为州，至是宜兴、无锡并升为中州。"（《上海图书馆藏稀见方志丛刊》第46册影清嘉庆钞本，国家图书馆出版社，2011年，第111—112页）

《大元大一统志》与《泰定毗陵志》所载略有不同。不过，常州路先领四县，至元十四年（或作十五年）后宜兴县升为府、罢府为县、复立为县、复立为府、再罢府为县的情况，均可补《地理志》。

[2] 有关元代常州路及下辖各县、州户口，洪武《常州府志》卷四《户口》详引《大德毗陵志》、《泰定毗陵志》等元代志书，有系统的记载，转录于此：

《泰定毗陵志》：登多稼亭，喜田畴之日辟，较抄户数，知生齿之繁。本郡兵火后，至元十二年冬招到在城土居人户仅数十家，四方之人，陆续来居者众。至庚寅，抄定户口，延祐乙卯，经理田土，自版籍秩然可考矣。

《毗陵续志》：本府取勘洪武十年户口，总计所隶四县户一十四万三千九十六，口六十二万三千四百二。……

《大德毗陵志》：……淳熙中主户一十六万八十（千）七百六十一，客户十万九千四百七十八。大元至元二十七年钦奉圣旨抄数江南户口，本路所辖州县总计二十二万五百户，诸色户计二十一万九千九百一十三户，僧道寺观庵庙七百八十七处，录事司诸色户计六千五十七户。

《泰定毗陵志》：本路抄数籍定诸色户计总计二十一万一千六百五十二户，一百九万九千一百六十三口。南人诸色户二十万七千六百九十户，一百万四千二百二十五口，南人录事司四千二百二十三户，二万一千八百口，北人户三千九百六十二户，一万四千九百三十八口，北人录事司一千六百三十四户，五千二百四十口。

《九域志》……

《郡县志》……

武进县。

《毗陵续志》：今实有户四万二千七百六十一，口一十七万八千一百一十三。 永乐元年人户四万八千八百一十，口二十五万六千八百三十七。

《大德毗陵志》：诸色户晋陵计三万五千五百七户，武进计二万三千户。

《泰定毗陵志》：南人晋陵三万五千一百一十户，计二十五万六千六百五十九口；武进二万一千六百九十九户，计一十万九千二百三十二口。北人晋陵四十户，三百五十九口；武进二十九户，二百七十九口。

宜兴县。

《毗陵续志》：元户八万一百一十九。今实有户三万七千八百九，口一十七万三千一百八十八。永乐元年人户四万一千七百四十八，丁二十万九千八百七十六。

《大德毗陵志》：诸色户计七万九千八百八十户。

《泰定毗陵志》：南人七万六千五百三十八户，三十四万八千六百三十一口；北人二百一十七户，二百一十口。

《宜兴风土旧志》……

无锡。

《毗陵续志》：无锡州元户七万二百四十二口，三十四万八千五百一十三。无锡县今实有户三万三千三百九十八，口一十三万八千五十六。 永乐元年人户三万六千七百二十四，人丁一十九万八千二百二十九。

《大德毗陵志》：诸色户计七万五千四百六十二户。

《泰定毗陵志》：南人七万一百二十户，三十四万七千九百三口。北人二千四十二户，七千八百五十口。

《无锡志》：按地志无锡户口之数，自晋宋至唐，率统郡以计，不得其详。……淳祐间，诏计天下民数，无锡得三万七千九百一十六户，二十三万五百六十八口。元兵南下，残掳之余，十去其四。既又大歼于疫，存者仅十分而五。厥后平治既久，生聚日繁。至元二十七年，天下郡县上板籍，无锡得户七万二百四十二，上之。其数盖已三倍矣，常所统县五，户口之美，皆有不逮矣，不既庶矣乎。

江阴县。

《毗陵续志》：元户五万四千一百二十五，口三十万四千六百七十三。今实有户二万九千一百八十二，口一十三万三千九百四十五。 永乐元年人户四万九百一十九，人丁二十四万四千一百九十五。

《江阴志》……（第 298—306 页）

江阴明代属常州府，一并录此。以上所载，与《地理志》均有不同。

此外，成化《重修毗陵志》卷七《食货·户口》载："至元庚寅，常州路领州二、县二并录事司，户二十一万一千六百五十二、口一百九万九千一百六十三。"（第 472 页）至元庚寅为二十七年。成化《重修毗陵志》并详录元代常州路属晋陵县、武进县、录事司、无锡州、宜兴州户口数，并附江阴州（明代改属常州府）户口数："内晋陵县户三万五千一百五十，口二十五万七千一十八。武进县户二万一千七百二十八，口一十万九千五百一十。录事司户五千八百五十七，口二万七千四十。无锡州户七万二千一百六十二，口三十五万五千七百五十四。宜兴州户七万六千七百五十五，口三十四万九千八百四十一。江阴州（附）户五万四千一百二十五，口三十四万四千六百七十二。"（第 472—473 页）与前引洪武《常州府志》引《泰定毗陵志》同。

吴松弟《中国人口史》第 3 卷《辽宋金元时期》引成化《重修毗陵志》所载至元二十七年户口数，指出"较《地理志》所载分别多 0.9% 和 0.8%，但此两数字均和各县合计数相等，不应视为有错，估计是两志的登记范围略有不同"。（第 319 页）

［3］ 所领一司二县二州，即宋常州所领之晋陵、武进、宜兴、无锡四县。

录事司。[1]

［1］《大元大一统志》卷七百九十二残卷："录事司 本在城地。国朝收附初，置司候司。至元十五年改置录事司，领在城民事。"（赵万里校辑《元一统志》，第 594 页）前引洪武《常州府志》引《泰定毗陵志》，立司候司在至元十三年，立录事司在至元十四年。

县二

晋陵，中。倚郭。武进。中。倚郭。

州二

宜兴州，中。[1]唐义兴县。宋改义为宜。〔元〕至元十五年，升宜兴府。二十年，仍为县。二十一年，复升为府，仍置宜兴县以隶之。（元）元贞元年，府县俱废，[2]止立宜兴州。[3]

　　[1]　据前引洪武《常州府志》引《大德毗陵志》，大德间宜兴户数近八万，元贞江南诸县升州时，"五万至十万者为中州"，升州之时当相去不远，故得升为中州。

　　[2]　中华书局校点本校勘记〔一〕："〔元〕至元十五年升宜兴府至（元）元贞元年府县俱废　'元'字错倒，今改正。《新编》已校。"（第1519页）

　　[3]　《元史》卷十六《世祖本纪十三》："（至元二十八年七月）己未，降江阴路为州、宜兴府为县，并隶常州路。"（第349页）又据前引《大元大一统志》，"（至元）二十八年罢（宜兴）府入县"，则不得如《地理志》云"元贞元年，府县俱废，止立宜兴州"，当先有至元二十八年废府存县之举，后有元贞元年升县为州之举。

　　前引洪武《常州府志》引《大德毗陵志》详记宜兴县沿革，与《大元大一统志》略有不同。相较《地理志》，《大德毗陵志》记升宜兴府在至元十四年，府改县在至元十九年，均早一年。

无锡州，中。[1]唐无锡县。元元贞元年升州。[2]

　　[1]　据前引洪武《常州府志》引《无锡志》，至元二十七年无锡县户七万二百四十二，故得升为中州。

　　[2]　元至顺三年俞真卿撰《无锡州官题名记》碑："无锡号称上县旧矣。皇元混一区宇，奄有四海，以其地广大，户口繁伙，元贞二年升为州。"（《江苏金石志·元》，收入张廷银、朱玉麒主编《缪荃孙全集·金石》第3册，第787页）

　　无锡县升州时间，洪武《常州府志》引《大德毗陵志》、《无锡志》卷一《邑里》、成化《重修毗陵志》卷一《地理·建置沿革》均作元贞二年，《四库提要》曾据《无锡志》所载说明《地理志》之误。（[清]纪昀、陆锡熊、孙士毅等，四库全书研究所整理《钦定四库全书总目（整理本）》"无锡县志"条，中华书局，1997年，第946页）又《无锡志》（《无锡县志》）卷四下所载大德四年（1300）李晦撰《无锡升州记》云："元贞元年夏五，被诏升为中州，名仍其旧，存古也。明年正月之吉，开藩。"（《宋元方志丛刊》第3册影《四库全书》本，第2300页。"元贞元年夏五"，康熙《常州府志》卷三十四《艺文·记》所载《无锡升州记》作"元贞元年夏五月"，《中国地方志集成·江苏府县志辑》第36册影清三十四年刻本，第754页）则元年当为诏下之时，二年为州立之时。

镇江路，下。[1]唐润州，又改丹阳郡，又为镇海军。宋为镇江府。元至元十三年，升为镇江路。[2]户一十万三千三百一十五，口六十二万三千六百四十四。[3]领司一、县三。[4]

　　[1]　前引至元二十年定诸路等第，十万户以上为上路，镇江路户数据《地理志》此条所载已超过十万，其等第标明为"下"，不知何故。或许可以说明此非元初户口数据。按

后文所引至顺年间户数，较《地理志》此条数据增加不多，似乎也有助于说明《地理志》此条并非元初户口数据。

［2］《至顺镇江志》卷首《郡县表》载，至元十二年三月置江阴镇江安抚司，至元十三年十二月改镇江府路总管府，至元二十年正月改镇江路总管府。（［元］俞希鲁《至顺镇江志》，杨积庆、贾秀英等点校，江苏古籍出版社，1999 年，第 11 页）卷一《地理·叙郡》所载略同，只改镇江路总管府时间作至元二十六年。（第 1 页）所述较《地理志》详，且述先改镇江府路，再改镇江路。又《至顺镇江志》卷九《僧寺》"大兴国寺"条引梁相撰《记》云："（至元）十四年，（马薛里吉思）钦受宣命虎符、怀远大将军、镇江府路总管府副达鲁花赤。"（第 365 页）卷十五《刺守》分设"镇江府路总管府"条、"镇江路总管府"条，前一条注"至元十三年十二月，改江阴镇江安抚使司为镇江府路总管府"，后一条注"至元二十六年正月，改镇江府路总管府为镇江路总管府"。（第 594、596 页）此皆可以补正《地理志》。

［3］《至顺镇江志》卷三《户口》记镇江路户口数甚详，且分各色户计甚繁，（第 86—98 页）列表如下：

	户　计	户	口	躯（口数）
		100,065	613,578	222
土著	民	84,083	469,109	67
	儒	337	3,123	38
	医	300	2,388	2
	马站	2,955	41,819	59
	水站	761	10,384	2
	递运站	31	305	1
	急递铺	204	2,240	
	弓手	292	3,663	
	财赋	4,485	31,902	4
	海道梢水	374	3,299	
	匠	3,586	34,337	
	军	2,165	10,106	47
	乐人	90	599	（缺）
	龙华会善友	2	304	
侨寓		3,845	10,555	2,946
	蒙古	29	163	429
	畏兀儿	14	93	107
	回回	59	374	310
	也里可温	23	106	109
	河西	3	35	19
	契丹	21	116	75
	女真	25	261	224
	汉人	3,671	9,407	1,675
	民	（缺）		

（续表）

户　计		户	口	躯（口数）
侨寓	儒	8		
	阴阳	1		
	站	26		
	急递铺	2		
	打捕	14		
	匠	18		
	军	3,367		
	怯怜口	23		
	□	9		
	乐人	4		
客		5,753	（缺）	1,241
	民	5,169		1,210
	儒	92		3
	医	2		
	马站	7		
	□□	（缺）		
	□□	（缺）		
	财赋	9		1
	梢水	1		
	匠	19		
	军	201		27
	乐人	2		
单贫		4,104	11,479	16
	民	3,378	10,419	
	儒	2	7	
	医	5	15	
	弓手	1	2	
	财赋	36	110	
	梢水	1	3	
	匠	7	47	
	军	360	861	
	乐人	3	13	
僧		310	2403	
	僧行		2,027	
	尼行		316	
	俗人		60	
道		141	570	
	道		465	
	女冠		64	
	俗人		41	

《地理志》所记江浙行省各地户口数，多注明为"至元二十七年抄籍数"，或注明为"至顺钱粮数"，或无注，不详所出。镇江路所记户口数，即是不详所出之一例。所谓抄籍户口数、至顺钱粮数均应为国家所能控制的编户齐民之数。那么，可以用《至顺镇江志》所记民户数来作比较，统计上表土著、侨寓（汉人民户缺，但可以计算，为99户）、客、单贫四类下民户数，共为92,729户，与《地理志》有一定的差异。

　　[4]　所领一司三县，即宋镇江府所领之丹徒、丹阳、金坛三县。

录事司。

县三

丹徒，中。倚郭。丹阳，中。金坛。中。[1]

　　[1]　《至顺镇江志》卷三《户口》载各县户数："丹徒县，二万八千四百六十二。丹阳县，二万九千二百十四。金坛县，三万二千五百一十六。"（第86页）其中金坛县已超过三万，这是至顺年间的户数，元初时户数应较此为少。

建德路，上。唐睦州，又为严州，又改新定郡。[1]**宋为建德军，又为遂安军，**[2]**后升建德府。**[3]**元至元十三年，改建德府安抚司。十四年，改建德路。户一十万三千四百八十一，口五十万四千二百六十四。**[4]**领司一、县六。**[5]

　　[1]　施和金《新旧〈元史·地理志〉补校考》称：《元史》如此行文，容易给人错觉，似先为睦州，后又改为严州。魏源《元史新编》云："唐睦州，又别置严州，寻废，又改睦州为新定郡。"（卷七四）如此叙述，较为妥当。（载施和金《中国历史地理研究（续集）》，中华书局，2009年，第120页）

　　[2]　《考异》卷八十九《元史四》："案：唐时为睦州，天宝初为新定郡，乾元初仍为睦州。宋初亦为睦州，宣和中平方腊之乱，始改睦为严。《志》云唐为严州，误之甚矣。建德、遂安，皆节镇军额。"（第1244页）

　　[3]　淳熙《严州图经》卷一《历代沿革》载："政和八年，诏升（睦州）为建德军节度。宣和三年平方腊，改曰遂安军，改州曰严州，而县改青溪曰淳安，中兴因之。"（《宋元方志丛刊》第5册影清光绪二十二年《渐西村舍汇刊》本，第4286页）《宋史·地理志》载："建德府，本严州，新定郡，遂安军节度。本睦州，军事。宣和元年，升建德军节度。三年，改州名，军额。咸淳元年，升府。"（第2177页）景定《严州续志》卷一录有《升建德府省札》、《升建德府制可》。（《宋元方志丛刊》第5册影清光绪二十二年《渐西村舍汇刊》本，第4354页）

　　弘治《严州府志》卷一《沿革》："至元十三年，下江南。明年改为建德路总管府。"（《上海图书馆藏稀见方志丛刊》第81册影明弘治六年刻嘉靖增补本，第33页）

　　[4]　弘治《严州府志》卷三《户口》不载元代户口，录与元代接近的两个数据："（宋）景定壬戌，一十一万九千二百六十七。国朝洪武二十四年，七万四百七十九。"（第248—249页）万历《严州府志》卷八《食货志·户口》所载同。（《日本藏中国罕见地方志丛刊》

影万历刻本,书目文献出版社,1990年,第169页）

　　[5]　所领一司六县,即宋建德府所领之建德、淳安、桐庐、分水、遂安、寿昌六县。

录事司。

县六

建德,中。倚郭。淳安,中。遂安,下。桐庐,中。分水,中。寿昌。中。

松江府,唐为苏州属邑。宋为秀州属邑。元至元十四年,升为华亭府。十五年,改松江府,仍置华亭县以隶之。[1]户一十六万三千九百三十一。[2]至顺钱粮数。领县二:

　　[1]　华亭县升府状况,《至元嘉禾志》卷一《沿革》载:"华亭民物稍繁庶,圣朝至元十四年,升为华亭府,至元十五年,改为松江府。"(第2页)正德《松江府志》卷一《沿革》载:"至元十四年,升华亭府。时以县五万户者为州,华亭户登二十三万,故立为府。十五年,改松江府,以吴淞江名。属江浙行省嘉兴路。"(《天一阁藏明代方志选刊续编》第5册影明正德刻本,第26页)正德《华亭县志》卷一《沿革》载:"元至元十四年,时以县五万户者为州,华亭户登二十三万,故立为府,升华亭府。十五年,改松江府,以吴淞江名,属江浙行省嘉兴路。"(载上海市地方志办公室、上海市松江区地方志办公室编《上海府县旧志集成·松江县卷》(上),上海古籍出版社,2011年,第91页)升府、改名时间均同《地理志》。惟《地理志》未明言升府后仍属嘉兴路。

　　正德《华亭县志》"元至元十四年,时以县五万户者为州"云云,似不确,当为元贞元年江南诸县升州的标准。

　　华亭县升府时间,正德《松江府志》卷二十二《守令题名》引至正十三年(1353)陆居仁撰《(松江府)题名记》同《地理志》,(第279页)而同卷引至正十三年(1353)俞焯撰《(华亭县)题名记》则作至元十九年。(第312页)

　　松江府直隶江浙行省时间,正德《松江府志》卷一《沿革》载:"(至元)二十九年,割华亭东北五乡为上海县,(松江府)直隶省府。"(第26页)则在至元二十九年。

　　至元后松江府之沿革,正德《松江府志》卷一《沿革》有云:"泰定三年,罢,以两县属嘉兴路,立都水庸田使司于府治。天历元年,罢司复府。元末,张士诚据之。至正二十七年春正月,知府王立中归附,直隶京师,仍领县二,曰华亭,曰上海。"(第26—27页)而陆居仁《(松江府)题名记》则云:"天历改元,革府名,复旧县。明年己巳,复府。"(第279页)与正德《松江府志》略异。然均可补充《地理志》。总之,松江府曾一度废止,主要的原因应是设都水庸田使司以便于吴淞江水利的治理。

　　有关元代都水庸田使司的沿革,《元史》本纪有比较系统的记载:

　　大德二年二月乙丑,"立浙西都水庸田司,专主水利"。(第417页)

　　大德七年二月壬午,"罢江南都水庸田司"。(第448页)

　　泰定二年闰月壬申,"罢松江都水庸田使司,命州县正官领之,仍加兼知渠堰事"。(第654页)

　　泰定二年六月丁未,"立都水庸田使司,浚吴、松二江"。(第657页)

泰定三年正月壬子，"置都水庸田司于松江，掌江南河渠水利"。（第667页）

泰定四年十月辛亥，"监察御史亦怯列台卜答言都水庸田使司扰民，请罢之"。（第682页）

后至元二年正月，"置都水庸田使司于平江"。（第833页）

后至元五年十二月辛卯，"复立都水庸田使司于平江。先是尝置而罢，至是复立"。（第853页）

至正十二年，"海运不通，立都水庸田使司于汴梁，掌种植之事"。（第903页）

中间当有所缺漏。又《元史·百官志》载："都水庸田使司。至元二年正月，置都水庸田使司于平江，既而罢之。至五年，复立。至正十二年，因海运不通，京师阙食，诏河南洼下水泊之地，置屯田八处，于汴梁添立都水庸田使司，正三品，掌种植稻田之事。"只记载了元代晚期的情况。而任仁发《水利集》、《大元官制杂记》更有详细的记载。此外，还可参杨维桢《东维子文集》卷十二《新建都水庸田使司记》。

从《元史》本纪明确记载泰定三年置都水庸田司于松江看，正德《松江府志》所载似乎较《题名记》为可信。

［2］ 元代松江府户口数，可参《至元嘉禾志》卷六《户口》：

> 松江府 总计二十三万四千四百七十户。儒一百九十二户。僧一千三百七十二户。尼七十户。道一十二户。民二十三万二千八百二十三户。此至元十三年报省民数。中更兵难，户口减半，今实管仅一十二万余户而已。（第47—48页）

又正德《松江府志》卷六《户口》载：

> 至元十三年，户二十三万四千四百七十一。儒户一百九十三，僧一千三百七十二，尼七十二，道一十二，民二十三万二千八百二十三。此报省数也，中罹兵难，实管仅一十二万余户。
>
> 至元二十七年，实在户一十六万三千九百二十六，口八十八万八千五十一。
>
> 至正中，户一十七万七千三百四十八。南人户一十六万九千二百二十六，民一十三万五千三百五十八，儒一百八十六，医八十三，军三千五百七十四，站四百二十三，灶三千二百六十二，匠五百七十九，弓手二十九，乐人一十三，海船舶商稍水五千六百七十五，铺兵二十九，财赋二万一十五。北人户一千六十二，色目三十一，汉人一千三十一。僧道寺观六百七十七处、六千五百六十六名，僧尼寺院六百一处，僧六千七十二名，道士宫观七十六处，道四百九十四名。华亭县户九万七千七百八十六，上海县户七万二千五百二。（第260—261页）

又正德《华亭县志》卷四《户口》载：

> 至元十三年，户二十三万四千四百七十一。儒户一百九十三，僧一千三百七十二，尼七十二，道一十二，民二十三万二千八百二十三。此报省数也，中罹兵难，实管仅一十二万余户。至元二十七年，实在户一十六万三千九百二十六，口八十八万八千五十一。至正中，户一十七万七千三百四十八，南人户一十六万九千二百二十六，民

一十三万五千三百五十八，儒一百八十六，医八十三，军三千五百七十四，站四百二十三，灶三千二百六十二，匠五百七十九，弓手二十九，乐人一千三，海船舶商稍水五千六百七十五，铺兵二十九，财赋二万一十五。北人户一千六十二。色目三十一，汉人一千三十一。（第118—119页）

其中"乐人一千三"，"千"当为"十"之误。

按正德《松江府志》对《至元嘉禾志》有所沿用，只是数字小异，当是文献传承中所致之讹误。正德《华亭县志》所载，与正德《松江府志》略同，其至元二十七年、至正中两组数据均为松江府数据，大误。而至元十三年之松江府实即未升府前之华亭县，故正德《松江府志》所载可采。《至元嘉禾志》前冠至元戊子（二十五年）序，可知所载"中更兵难，户口减半，今实管仅一十二万余户而已"即此时数据。

《松江府重建庙学记》载："逮皇朝奄有南土，凡五万户之县，悉置为州，惟华亭户数增多，□二十三万，特建散府，号曰松江，而仍以华亭为县隶焉。"（《江苏金石志·元》，第748页）钱大昕《潜研堂金石文跋尾》"《松江府重建庙学记》（至正三年八月）"条云：

> 碑称："皇朝奄有南上凡五万户之县，悉置为州。惟华亭户数增多至二十三万，特置散府，号曰松江，而仍以华亭为县隶焉。"案：史载至顺钱粮数，松江府户一十六万三千九百三十一，距立府之始，五十余年休养生息，户口当益繁，而民数之减于旧者，几及三分之一，殊不可解。恐史有误文也。（[清]钱大昕著，陈文和主编《嘉定钱大昕全集》第六册，江苏古籍出版社，1997年，第536页）

据碑中所云华亭户数增多至二十三万而设府，而史载至顺钱粮数松江府户一十六万三千九百三十一，不增反减，故以为史文或误。所谓史载即指《地理志》。按据前引正德《松江府志》、正德《华亭县志》，知二十三万户为元兵初下华亭时报省数，中罹兵难，实管仅一十二万余户，至顺时十六万户，较元初实有所增加。

吴松弟《中国人口史》第3卷《辽宋金元时期》引《至元嘉禾志》至元十三年松江府有234470户（并谓此后"中更兵难，户口减半，今实管仅一十二万余户而已"，不确，23万多户为至元十三年报省数，12万多户为此时实在数）和正德《松江府志》至元二十七年实在户163926、至正中有177348户，指出"自至元二十五年以后本府的户数一直呈上升趋势，而《地理志》所载的'至顺钱粮户'的户数却没有增加，而是与此前40年的至元二十七年的户数几乎相等。这足可以证明，'至顺钱粮户'不是全部户口，而是需要向政府缴纳赋税的那部分户口。"（第319—320页）

可以估计，经过元军下江南的战争的损耗后，松江的承担赋税的户数经过了调整，减为大约12万多户，这一户数作为赋役单位是变动较小的，至至顺年间也只有16万多户，此数到元末至正年间仍大略保持。

华亭，上。倚郭。**上海**。上。本华亭县地，至元二十七年，以户口繁多，置上海县，属松江府。[1]

[1]《本证》卷九《证误九》："案《纪》在至元二十八年。"（第77页）

上海县始置时间，《本证》卷九已指出《本纪》作二十八年。按大德七年（1303）唐时措撰《（上海）县治记》曰："至元壬辰（二十九年）春，圣天子以华亭地大民众难理，命分高昌、长人、北亭、海隅、新江五乡凡二十六保立县，上海因以名，隶松江府。"（弘治《上海志》卷五《建设志·公署》引，《天一阁藏明代方志选刊续编》第7册影明弘治刻本，第159页；正德《松江府志》卷十一《官署》引，第555页）大德九年（1305）赵孟頫撰《（上海）建学记》曰："至元辛卯（二十八年），割华亭东北五乡立县。"（正德《松江府志》卷十三引，第691页）弘治《上海志》卷一《疆域志·沿革》载："上海县旧名华亭海。当宋时，蕃商辐辏，乃以镇名，市舶提举司及榷货场在焉。至元二十九年，以民物繁庶，始割华亭东北五乡立县于镇，隶松江府。"（第26页）正德《松江府志》卷一《沿革》载："（至元）二十九年，割华亭东北五乡为上海县，（松江府）直隶省府。"（第26页）则有二十七年、二十八年、二十九年三说。疑《地理志》二十七年说误，而二十八年为诏下之时，二十九年为正式设立之时。

弘治《上海志》卷一《疆域志·沿革》又载："泰定三年罢府，隶嘉兴路。天历元年复府，仍以隶之。其名上海者，地居海之上洋故也。元末，张士诚据有其地。至正二十七年丁未春正月，知府王立中归附国朝。"（第26—27页）于松江罢府后上海县沿革，可补《地理志》。

至于上海县户口，弘治《上海志》卷三《田赋志·户口》只载元时"本县人户七万二千五百二"（第110页），未说明具体时间。前引正德《松江府志》则记至正中户七万二千五百二，数据与弘治《上海志》同。而前引唐时措撰《记》，记升县之时"领户四万六千有畸"。

江阴州，上。[1] 唐初为暨州，后为江阴县，隶常州。宋为军。元至元十二年，依旧置军，行安抚司事。十四年，升为江阴路总管府，今降为江阴州。[2] 户五万三千八百二十一，口三十万一百七十七。[3]

[1] 据前引《元史·百官志》载"江南既平，（至元）二十年，又定其地五万户之上者为上州，三万户之上者为中州，不及三万户者为下州。"江阴改州在其后，而其州之等第确定盖仍据至元二十年时之标准。而据后引《江阴改州记》，则其时"户不满七万"。

[2] 《考异》卷八十九《元史四》："案：《世祖纪》至元二十八年，降江阴路为州，隶常州路。《志》不系之常州路，而与松江府并列在直隶行省之数，未审何时改隶也。"（第1244页）

《本证》卷二十六《证遗三》："案《纪》至元二十八年，降江阴路为州，隶常州路。今江阴直隶省，未知何时所改。"（第286页）

《世祖本纪》载至元二十八年七月己未降江阴路为州，隶常州路。成化《重修毗陵志》卷一《地理·建置沿革》载："元至元十三年，升为江阴路，领江阴县。二十八年，改为州，隶常州路。民厌烦扰，州达鲁花赤元鲁失不花等言之省宪，请于朝，为上州，隶行省。"（第15—16页）又载："（至元）二十八年，以江阴州来属（常州路），寻升为上州，并常州路属江浙行中书省。"（第9页）嘉靖《江阴县志》卷一《建置记·沿革》载："恭帝德佑元年，元兵取本军，行安抚司事。元世祖至元十三年升军为江阴路总管府。二十八年，降路为江阴州。寻以为上州，隶江浙行中书省。"（《天一阁藏明代方志选刊》第13册影明嘉靖刻本，第二叶）江阴州（此时当为中州）曾隶常州路，略可补《地理志》。又升路时间，成化《重修毗陵志》、嘉靖《江阴县志》均作至元十三年，与《地理志》不同。改作上州直隶江浙行省时间，则在至元二十八年后不久。

元贞二年陆文圭撰《江阴改州记》详记至元二十八年降江阴路为州及不久改属行省之史实：

> 至元二十八年秋七月二十三日，江淮行中书省参知政事臣公楠奏："暨阳与毗陵郡壤地相接，户不满七万，设立总府非便，请改州治，隶毗陵。管内省并司县各一，减官吏俸数十，于事理便。"制曰："可。"是岁十二月擢奉直大夫前常州路治中兀鲁失不花为州监，佩印之任。始至，问民疾苦，皆曰："江乡土狭民瘠，介在一隅，以故无大征役。今以属州事统府，其情不吾察，奈何？"侯曰："第安之，吾在，毋恐。"既而符移数下，调发无虚日，溯流供给，回远几二百里，兵廪不时，狱报淹留，民疲于奔命。侯慨然曰："吾受命作牧，民愈即吾愈也。"时廉访使者适至，侯具言其不便，率州之士庶请以州隶行省，事得直达。既而转上于朝，报下如章。士庶嚄舞，恩若更生。会至尊新登宝位，勤恤民隐，宰执复条具以闻上，可其奏。侯闻之喜曰："今而后，得专治吾民矣。"治之三年，政平讼简，州以无事，颂谣载路。秩满，迁常州路同知总管府事，常民喜侯之复来，而暨民惜其骤去也。于是述置州之颠末，谨刻诸石，俾来者有考云。（嘉靖《江阴县志》卷一《建置记·沿革》引，第四至五叶。又载［元］陆文圭《墙东类稿》卷七，《景印文渊阁四库全书》第1194册，第606—607页。《四库》本与嘉靖《江阴县志》所引文句多有不同，且改"兀鲁失不花"为"乌噜克锡布哈"，故此据嘉靖《江阴县志》转引）

既云"会至尊新登宝位"，则改作上州当在元贞元年，此可补《地理志》。

又"今降为江阴州"为《地理志》所据史料原来用语，编纂时当改。

［3］据上引陆文圭撰《江阴改州记》，江阴废路改州之时，"户不满七万"，此一户数与《地理志》差别明显。

据前引洪武《常州府志》引《毗陵续志》，江阴州"元户五万四千一百二十五，口三十万四千六百七十三"。

据前引成化《重修毗陵志》，元代江阴州"户五万四千一百二十五，口三十四万四千六百七十二"。

又嘉靖《江阴县志》卷五《食货记·户口》载："绍定三年，户六万四千三十五，口一十万五千八百一十二。绍熙五年，大甲五百一十一，小甲六千七百八十三。元，户五万四千一百二十五，口三十万四千六百七十二。国朝洪武十年，户二万九千一百二十八，口一十三万三千六百四十五。"（第一叶）

三书所载元代户口数同，且与宋绍熙五年户口数同。其中成化《重修毗陵志》所载注明为至元二十七户口数，盖元初袭用旧有统计资料之故。这一数据与《地理志》略有不同。

吴松弟《中国人口史》第3卷《辽宋金元时期》引成化《重修毗陵志》、嘉靖《江阴县志》均载至元二十七年户54125，口304672，指出"较《地理志》户口分别多出0.6%和15%。估计也和常州路一样，两志的统计范围略有不同"。又引陆文圭《江阴改州记》，指出"江阴改路为州载至元二十八年，但至元二十八年与至元二十七年仅一年之隔，为何户数要多 30% 左右？今已无从考证"。（第 320 页）

按从 54125 户为宋代数据的沿用来看，当是作为赋役单位的户口数，则《江阴改州记》所载七万户或为实在户数。

浙东道宣慰司都元帅府。[1]**元治婺州，大德六年移治庆元。**[2]

[1] 浙东道宣慰司都元帅府辖地，包括庆元、衢州、婺州、绍兴、温州、台州、处州七路，即南宋两浙东路所辖三府、四州之地。

[2] 延祐《四明志》卷一《沿革考》："高宗驻跸吴会，明、婺俱为要郡，而明州控扼海道，绍兴三年置沿海制置使以镇之。宁宗在藩邸，领明州观察使。即位，改元庆元，升州为府，因以名之。皇元混一，改府为路，罢制置使，立浙东宣慰使司于绍兴，后徙处，复徙婺。至元十六年，以正使赵孟传、副使刘良分治于庆元，寻并于婺。大德七年，岛夷厐杂，宜用重臣镇服海口，遂立浙东都元帅府，即旧府治为之。"（《宋元方志丛刊》第 6 册影清咸丰四年《宋元四明六志》本，第 6135 页）卷二《职官考》亦明确记浙东道宣慰司都元帅府立于大德七年。（第 6159 页）又至正《四明续志》卷一《职官》录有后至元元年（1335）况逵撰《题名记》曰："至元十二年岁在乙亥，天兵南平宋都，以其地置江浙行省。省视浙东为东南藩屏，因前代观察制置故治立宣慰使司以镇之，治于越、于处，继迁婺。大德六年十月四日中书奏升为都元帅府，七郡兵民之政悉隶总裁，命重臣浑忽图佩金虎符开都元帅府事。明年，徙治，命于四明。"（《宋元方志丛刊》第 7 册影清咸丰四年《宋元四明六志》本，第 6447—6448 页）可知先设浙东（道）宣慰（使）司，先后治于绍兴、处州、婺州等地，大德七年改置为浙东道宣慰司都元帅府，治庆元。《地理志》所书大德六年当为中书省上奏及命下之时。

《本证》卷二十六《证遗三》："案《纪》至元十六年，移绍兴宣慰司于处州。至正十六年，迁江南行御史台治绍兴。"（按，《元史》卷一八八《迈里古思传》至正十六年后，江浙省臣乃承制授行枢密院判官，分院治绍兴）（第 286 页）前引延祐《四明志》，未载移治处州、婺州的具体时间，只载至元十六年于庆元设分治，寻并于婺。据《元史·世祖本纪》，则知移治处州的具体时间为至元十六年。

又《元史·世祖本纪》载：至元十九年二月己酉，"徙浙东宣慰司于温州"。（第 240 页）似乎可以理解为浙东宣慰司迁婺州后又曾徙温州。

浙东宣慰司先设于婺州的情况，还可参明人顾清撰《金华府察院重修记》曰："按金华在宋为婺州，今察院即故州廨地，元初于此立浙东宣慰司。大德间改肃政廉访司。"（［明］顾清《东江家藏集》卷三十八，《景印文渊阁四库全书》第 1261 册，第 810 页）

又《元史·世祖本纪》载至元十三年二月戊申，"立浙东西宣慰司于临安"。（第 179 页）不久后，于五月罢去浙东西宣慰司（又称两浙宣慰司），六月又于临安设行省，故于庆元分置浙东宣慰使司。

庆元路，上。[1]**唐为鄞州，又为明州，又为余姚郡。宋升庆元府。元至元十三年，改置宣慰司。**[2]**十四年，改为庆元路总管府。**[3]**户二十四万一千四百五十七，口**

五十一万一千一百一十三。[4]领司一、县四、州二。[5]

[1]　至正《四明续志》卷一《沿革》录后至元六年（1340）柳贯撰《题名记》曰："今即其州为庆元路，置上路总管府，统二州、四县，而治于鄞。"（第6452页）

[2]　改置宣慰司之时间，上引延祐《四明志》及况逵撰《题名记》均未明言。据况逵撰《题名记》，则在至元十二年或之后不久。大德《昌国州志》卷一《叙州·沿革》载："德佑二年丙子三月，圣朝混一，令中书左丞行浙东道宣慰使哈巴岱提师压境，遂归附焉，是为至元十三年，县仍旧。至元十五年二月，朝廷谓海道险要，升县为州，以重其任。"（《宋元方志丛刊》第6册影清咸丰四年《宋元四明六志》本，第6064页）则至元十三年似已设宣慰司，与《地理志》同。而初设时治于绍兴，则与庆元无涉，《地理志》此处叙述似应删。

[3]　延祐《四明志》卷二《职官考》"庆元路总管府"条下记总管第一人为洪模，"至元十三年八月以广南宣慰使（之任），兼府尹"。（第6163页）似乎至元十三年已有庆元路总管府之设。

《本证》卷二十六《证遗三》："案《纪》至治三年，置庆元路峄山县。《志》无峄山名。"（第286页）查延祐《四明志》、至正《四明续志》均未载峄山县或峄山，知名的峄山在山东邹城，然山东亦无峄山县，《本纪》或误。

[4]　此处户口数未注明时间。延祐《四明志》、至正《四明续志》均未记户口数。嘉靖《宁波府志》卷十一《物土志·户口》亦不载元代户口数，载明洪武二十四年"本府户二十万九千五百二十八，口七十三万八百二"。（《中国方志丛书·华中地方》第495号影明嘉靖三十九年刻本，台北：成文出版社有限公司，1983年，第1069页）

江浙行省有数路的户口比为1:3左右，不合中国古代一般户口比1:5的常规数，而庆元路则达到接近1:2，因而学者对这类户口数据多有怀疑。吴松弟《中国人口史》第3卷《辽宋金元时期》指出《地理志》所载每户平均口数2.1，而元《昌国州志》卷3记至元二十年通抄数每户平均有口5.57，《地理志》的口数可能只是承担赋役的一部分人口。（第320页）温海清《元代庆元路口数考实——以盐课与人口之关系为中心》（《中国史研究》2004年第3期）利用延祐《四明志》卷十二《赋役考·盐课》记载相当详备的盐课数额，结合到元代在江浙行省的"计口食盐"政策，人均日食盐量为0.418两，估测元代庆元路口数为下表：

地　名	岁办食盐额	估测人口
录事司	1516引192斤11两4钱8分	64497
奉化州	5297引186斤12两5钱5分6厘	225304
昌国州	2112引138斤11两8钱6分4厘	89839
鄞县	3764引246斤4两9钱	160111
定海县	2713引7斤5两1钱5分	115386
象山县	1369引294斤1两2钱	58255
慈溪县	4492引298斤15两1钱	191079
庆元路	21266引164斤14两2钱5分	904473

并认为"录事司等七个州县单位合计数（904471口）与庆元路数（904473口），只两口差距，这是计算中出现的小数问题引起的，几可不计。可以认为，分县数据之和等于庆元路总数。《延祐四明志》的数据记载是认真和准确的"。还推测"此数应该是至元二十七年或之后某一年的统计在册的部分人口数"。接着考虑盐户食盐不在岁办课额之内，"两浙有盐场三十四个，庆元路有十个，占三分之一左右；且其产量约为八万引，约占两浙地区岁办额盐的近五分之一。按两浙地区最多盐户数一万七千，并依盐场数占三分之一算，该路有盐户五千。以户均口数为4计，人口数当为二万"。综合推测"元至元二十七年或稍后庆元路的在籍人口数为924473"。

〔5〕 所领一司四县二州，即宋庆元府所领之鄞、奉化、慈溪、定海、象山、昌国六县。

录事司。[1]

〔1〕 延祐《四明志》卷八《城邑考》："录事司，在西南隅迎凤坊宋府院故址。"（第6261页）至正《四明续志》卷三《城邑》："录事司，在西南隅迎凤坊，元系宋府院基，归附后设置衙宇。"（第6479页）

县四
鄞县，上。倚郭。象山，中。慈溪，中。定海。中。

州二
奉化州，下。唐析鄞县地置奉化县，隶明州。元元贞元年，升为奉化州，隶庆元。[1]

〔1〕 延祐《四明志》卷一《沿革考》载："元贞元年，奉化县以户口及格，升为下州。"然目录奉化州下注曰："元贞二年，升县为州。"（第6135、6109页）元贞二年当仍是奉化州实际设立的时间。

昌国州，下。[1]宋置昌国县。元至元十四年，升为州，仍置昌国县以隶之。后止立昌国州，隶庆元。[2]

〔1〕 大德《昌国州志》卷二《叙赋·户口》载："归附后至元二十七年通抄数：概管户二万二千六百四十，民户二万一千六百零六，内僧人户四十三。儒户五十八，灶户七百零二，医户四十三，匠户五十四，军户一百七十一，打捕户六；口一十二万六千零五；僧道四十三处计口一千三百五十八。僧道往来不常，未可指为定数。"（《宋元方志丛刊》第6册影清咸丰四年《宋元四明六志》本，第6078页）

《元史·百官志》载："江南既平，（至元）二十年，又定其地五万户之上者为上州，三万户之上者为中州，不及三万户者为下州。"（第2317页）昌国州户不及三万，故为下州。

〔2〕 大德《昌国州志》卷一《叙州·沿革》载："德祐二年丙子三月，圣朝混一，令中书左丞行浙东道宣慰使哈巴岱提师压境，遂归附焉，是为至元十三年，县仍旧。至元十五

年二月，朝廷谓海道险要，升县为州，以重其任。"（第 6064 页）延祐《四明志》卷一《沿革考》载："至元十五年，以昌国升州。"（第 6135 页）升州时间与《地理志》不同。

又大德《昌国州志》卷一《叙州·沿革》载："至元十七年，复置县，隶于州。二十七年，县仍废，止单州焉。"（第 6064 页）则初升州之时县废，至元十七年置县隶州，二十七年废县，均可补正《地理志》。

衢州路，上。本太末地，唐析婺州之西境置衢州，又改信安郡，又改为衢州。[1]元至元十三年，改衢州路总管府。户一十万八千五百六十七，口五十四万三千六百六十。[2]领司一、县五。[3]

[1] 此处沿革的叙述未及宋代。查《太平寰宇记》卷九十七《江南东道》"衢州"条载："按《舆地志》云：'后汉献帝初平三年，分太末立新安县。晋太康元年以弘农有新安，改名为信安。'地土所属，与婺州同。唐武德四年，平李子通，析婺州之西境，仍于信安县置衢州。州西有三衢山，因以为名。七年陷辅公祐，因废。至垂拱二年，又分婺州之信安、隆丘县置衢州，取武德废州为名。天宝元年改为信安郡。乾元元年复为衢州，又割常山入信州。"（[宋]乐史《太平寰宇记》第 4 册，王文楚点校，中华书局，2008 年，第 1944 页）查《舆地广记》卷二十三《两浙路下》"衢州"条载："自隋以前地理与婺州同。唐武德四年平李子通，析婺州之信安置衢州，以州西三衢山为名。七年，陷辅公祐，乃废。垂拱二年复置，天宝元年曰信安郡。皇朝因之。"（[宋]欧阳忞《舆地广记》，李勇先、王小红校注，四川大学出版社，2003 年，第 665 页）知《地理志》所述"又改信安郡，又改为衢州"均为唐代史事。按《地理志》叙述前代沿革，通常记唐、宋二代，若宋代无所改易，称"宋因之"，如本卷"常州"条，则此处当补"宋因之"三字。

[2] 弘治《衢州府志》卷二《户口》详载南宋末端平间、元至大间、明洪武二十四年府县户口，（《天一阁藏明代方志选刊续编》第 31 册影明弘治刻本，第 75—84 页）列表如下：

		衢州府	西安县	龙游县	江山县	常山县	开化县
宋端平间	户数	125992	26527	34350	21□42	25435	18538
	口数	253677	38991	74683	50953	35385	53925
元至大间	户数	109525	33963	28656	10853	10788	25165
	口数	525950	151122	137921	59053	58421	127534
明洪武二十四年	户数	123089	24846	27780	21227	15856	23280
	口数	58252□	111678	137921	119909	86819	1241□8

其中衢州府部分多有缺字，据天启《衢州府志》卷八《国计志》补。只是天启《衢州府志》不载各县户口数。（《中国方志丛书·华中地方》第 582 号影明天启二年刻本，第 809 页。《中国方志丛书·华中地方》第 602 号影明天启二年钞本，第 715—716 页。两本内容相同，后引据刻本。不解的是，其中洪武二十四年口数作 536960）

嘉靖《衢州府志》卷十三《食货纪·户口》："至大户一十九万九千五百二十五，口五十二万五千九百五十二。西安县户三万三千九百六十三，口一十五万一千一百二十二。

龙游县户二万八千六百五十八，口一十三万七千九百二十一。江山县户一万八百五十三，口五万九百五十三。常山县户一万七百八十八，口五万八千四百二十一。开化县户二万五千二百六十五，口一十二万七千五百三十四。"（衢州市地方志办公室编《衢州府志集成》，韩章训标点，西泠印社出版社，2009 年，第 319 页）总户数相较弘治志及天启志有较大的差别，一作十万，一作十九万，其一当有文字讹误。参酌《地理志》，似乎嘉靖志十九万有误。

康熙《衢州府志》卷二十一《户口》引嘉靖《衢州府志》所载宋端平、元至大户口数，并引《元史·地理志》所载户口数，以为至元时，且作按语如下："按至元时才经兵火，户口亦更少于端平，今考《元史》所志，户比崇宁增六百三十六口，比天宝增十万三千二百四十九。及考赵志所载至大户口，宜比至元时稍增而其口乃反不及，则历代户口，其又乌足为据耶。"（《中国方志丛书·华中地方》第 195 号影清光绪八年刻本，台北：成文出版社有限公司，1983 年，第 1476 页）

吴松弟《中国人口史》第 3 卷《辽宋金元时期》引弘治《衢州府志》所载至大间户口数，指出"户数稍增于至元二十七年，口数略有不及"。（第 320 页）

　［3］　所领一司五县，即南宋衢州所领之西安、礼贤、龙游、信安、开化五县。入元后县名有所改易，参本条后注。

录事司。[1]

　［1］　天启《衢州府志》卷一《舆地志·沿革》："元至元十三年，改衢州路，置录事司。"（第 144 页）

县五

西安，中。[1]倚郭。龙游，上。江山，[2]下。常山，下。宋改信安，今复旧名。[3]开化。中。

　［1］　据前引弘治《衢州府志》，至大间西安县户三万三千九百六十三，较龙游县户二万八千六百五十八为多，西安县等第似不得低于龙游县。

　［2］　据《宋史·地理志》，北宋设江山县，南渡后改礼贤。（第 2177 页）天启《衢州府志》卷一《舆地志·沿革》："元至元十三年，复称江山。"（第 151 页）

　［3］　据《宋史·地理志》，北宋常山县，南宋咸淳三年改信安。（第 2177 页）天启《衢州府志》卷一《舆地志·沿革》："元至元十三年，复称常山。"（第 152 页）

浙东海右道肃政廉访司。[1]

　［1］　浙东海右道肃政廉访司辖地，《至正金陵新志》卷一《地理图考·南台按治三省十道图考》载："浙东海右道，按治浙东宣慰司都元帅府及婺州、绍兴、处、衢、温、台、庆元诸路，置司婺州。"（第 9 页）

《地理志》如此排列，很容易给人误解，以为此下婺州、绍兴、温州、台州、处州五路方是浙东海右道肃政廉访司所辖，实则此前所列庆元、衢州二路亦是浙东海右道肃政廉访司所辖。只是因为浙东海右道肃政廉访司置司婺州，才将"浙东海右道肃政廉访司"一目置于婺州路条前。通常所列各行省、行台及宣慰司、肃政廉访司各目，均在所辖诸路府州之前。

婺州路，上。唐初为婺州，又改东阳郡。宋为保宁军。[1]元至元十三年，改婺州路。[2]户二十二万一千一百一十八，口一百七万七千五百四十。[3]领司一、县六、州一。[4]

[1]《考异》卷八十九《元史四》："保宁亦节镇军额。"（第1244页）

[2] 黄溍撰《婺州路新城记》载："婺在吴为东阳郡，在梁为金华郡，隋肇置婺州，国朝即州建路，设总管府。"（[元]黄溍《金华黄先生文集》卷九，《中华再造善本》影元刻本，第十三叶）又黄溍撰《婺州路重建府治记》载："婺为郡二百九十有四年，郡始为州，又七百一十有八年，而江南之版图归于职方，州始为路，建总管府所，领为司、县者七，为州者一，以其地居浙水东一都会。"（《金华黄先生文集》卷九，第四至五叶）

万历《金华府志》卷一《建置沿革》："元至元十四年，改为婺州路。"（《四库全书存目丛书》史部第176册影明万历刻本，第463页）与《地理志》不同。

[3] 万历《金华府志》卷五《户口》："元至元廿七年，南北户二十一万六千二百二十八，南北口一百八万八千五百六十九。"（第536页）与《地理志》略有不同。《地理志》未注户口时间，或即至元二十七年之时。

[4] 所领一司六县一州，即宋婺州所领之金华、义乌、永康、武义、浦江、兰溪、东阳七县。

录事司。[1]

[1] 万历《金华府志》卷一《建置沿革》："金华县……元割大云乡置录事司。"（第464页）

县六
金华，上。倚郭。[1]**东阳**，上。**义乌**，上。[2]**永康**，中。[3]**武义**，中。[4]**浦江**。中。[5]

[1] 万历《金华府志》卷一《建置沿革》："金华县……（元）定为上县。"（第464页）

[2] 万历《金华府志》卷一《建置沿革》："义乌县……元定为上县。"（第465页）

[3] 万历《金华府志》卷一《建置沿革》："永康县……元为中县。"（第465页）

[4] 万历《金华府志》卷一《建置沿革》："武义县……元为下县。"（第465页）与《地理志》不同。

[5]《中国行政区划通史·元代卷》引《浦江县官题名记》（《柳待制集》卷十七）："入国朝稽合户版，宜为中县。置达鲁花赤、县尹，皆正七品，主簿品亦从八。"并引证与《元史》卷九十一《百官志七》中县设官品级一致作进一步说明。（第16页）

万历《金华府志》卷一《建置沿革》："浦江县……元为下县。"（第465页）与《地理志》不同。

州一

兰溪州，下。 本金华之西部三河戍，唐析置兰溪县，宋因之。元元贞元年，升州。[1]

[1] 万历《金华府志》卷一《建置沿革》："兰溪县……孙吴时此地为金华之西部三河戍。唐咸亨五年八月，始即其戍地而置兰溪县，以隶于婺州。天宝十三年，又析兰溪北乡之地以附于浦阳。大历十二年正月，升为紧县。宋升为望县。元升县为州，隶婺州路总管府。"（第 464 页）

绍兴路，上。 唐初为越州，又改会稽郡，又仍为越州。宋为绍兴府。元至元十三年，改绍兴路。[1] 户一十五万一千二百三十四，口五十二万一千五百八十八。[2] 领司一、县六、州二。[3]

[1] 万历《绍兴府志》卷一《疆域志·沿革》："元世祖至元十六年，为绍兴路。"（《中国方志丛书·华中地方》第 520 号影明万历十五年刻本，台北：成文出版社有限公司，1983 年，第 57 页）与《地理志》不同。

[2] 万历《绍兴府志》卷十四《田赋志·户口》：

> 嘉泰元年绍兴府主客户二十七万三千三百四十三，丁三十三万四千二十，中小老幼残疾不成丁一十万七千七十二。……
> 元至元籍绍兴路户三十万一百四十八，口八十五万四千八百四十七。
> 泰定籍绍兴路户二十二万二千六百五十七，口五十四万八千八百六十九。
> 皇明洪武籍绍兴府户二十六万七千七十四，口一百三万八千五十九。（第 1055、1057 页）

吴松弟《中国人口史》第 3 卷《辽宋金元时期》引雍正《浙江通志》卷七十一《户口》引万历《绍兴府志》至元、泰定两组户口数，指出："此志户口远多于《地理志》，户数增加一倍，口数几半倍。未知此'至元籍'是何年，按至元只有三十一年，没有证据表明至元二十七年后的四年间元在江南搞过户口调查。如果同是二十七年户口，为何相差这么大？ 又同一方志的泰定户数，较其所载至元籍数又少了 26%，口数也少了 36%，为何会少这么多？ 殊难理解。如果计算增长率，则《地理志》所载的至元二十七年户口至《浙江通志》所载的泰定户口的年平均增长率，分别为 10.2‰和 1.3‰，户数增长率略高，口数增长率过少，而《浙江通志》所载的至元户口至泰定户口的年平均增长率则分别为 −8.5‰和 12.6‰。当时绍兴路并没有发生足以导致人口急剧下降的严重战乱、瘟疫和病害，疑后一组数据有误，而前一组数据要合理得多。因此，至元二十七年户口只能取《地理志》的数据。（第 320—321 页）

考虑到余姚、诸暨二州系元贞元年由县升州，并为下州，合计户数已近十万（详后文），《地理志》所载绍兴路户口数显然太少，万历《绍兴府志》所载至元户数似更为可信。

[3] 所领一司六县二州，即宋绍兴府所领之会稽、山阴、嵊、诸暨、余姚、上虞、萧山、

新昌八县。

录事司。

县六

山阴，上。[1] 会稽，中。与山阴俱倚郭。有会稽山为南镇。[2] 上虞，上。[3] 萧山，中。[4] 嵊县，上。[5] 新昌。中。[6]

[1] 《永乐大典》卷七千九百六十三兴字引《大元大一统志》："自元至元十三年收附后，定为上。"（赵万里校辑《元一统志》，第 604 页）

[2] 万历《会稽县志》卷二《地书二·山川》："南镇会稽山，在县东南一十二里。"（《中国方志丛书·华中地方》第 550 号影明万历三年刻本，台北：成文出版社有限公司，1983 年，第 55 页）

隋祀四镇，其中有南镇会稽山。（《通典》卷四十六《礼典六·沿革六·吉礼五·山川》，王文锦等点校，中华书局，1988 年，第 1282 页）元大德三年，五镇山加封，南镇会稽山曰昭德顺应王。（王构《五镇山加封诏》，《国朝文类》卷九，《四部丛刊》景元至正本，第八叶。皇庆元年《皇元重建南镇庙碑》，[清]阮元《两浙金石志》卷十五，《石刻史料新编》第 1 辑第 14 册影清道光四年李楘刻本，第 10552 页。《元史》则作"大德二年"，见《元史》卷十九《成宗本纪二》大德二年四月壬子条，《元史》卷七十六《祭祀志五》"岳镇海渎"条）

关于元代南镇会稽山，有马晓林的专门研究。（《地方社会中官方祠庙的经济问题：以元代会稽山南镇庙为中心》，《中国社会经济史研究》2011 年第 3 期）

[3] 《永乐大典》卷七千九百六十三兴字引《大元大一统志》："自元至元十三年收附后，定为中。"（赵万里校辑《元一统志》，第 604 页）与《地理志》不同。

[4] 《永乐大典》卷七千九百六十三兴字引《大元大一统志》："自元至元十三年收附后，定为中。"（赵万里校辑《元一统志》，第 605 页）

[5] 《永乐大典》卷七千九百六十三兴字引《大元一大统志》："元至元十三年收附后，定为上。"（赵万里校辑《元一统志》，第 605 页）

[6] 《永乐大典》卷七千九百六十三兴字引《大元大一统志》："元至元十三年收附后，定为中。"（赵万里校辑《元一统志》，第 605 页）

《地理志》江浙行省诸县等第与方志所载多有不相吻合者，而此处绍兴路六县与《大元大一统志》完全吻合，或许可以推测《地理志》此类信息主要来自于《大元大一统志》。

州二

余姚州，下。唐余姚县，宋因之。元元贞元年，升州。[1]

[1] 《永乐大典》卷七千九百六十三兴字引《大元大一统志》："元定为上，属绍兴路。"（赵万里校辑《元一统志》，第 605 页）按此所谓"定为上"，当指上县。

《永乐大典》册八八卷七九六三页二十四引《绍兴府志》"余姚县"条："元元贞元年，

以余姚之户余四万,升为州。"(《永乐大典方志辑佚》第 2 册,第 894 页)据户数,当升为下州。

又万历《绍兴府志》卷十四《田赋志·户口》载嘉泰元年余姚"户三万八百八十三,丁三万二千一百四十五,不成丁一万二百三十四"。(第 1056 页)

诸暨州,下。宋诸暨县。元元贞元年,升州。[1]

[1]《永乐大典》卷七千九百六十三兴字引《大元大一统志》:"元定为上,属绍兴路。"(赵万里校辑《元一统志》,第 605 页)按此"上"指上县。

《永乐大典》册八八卷七九六三页二十四引《绍兴府志》"诸暨县"条:"元因各邑户计五万三千九百七十八户,升为州。"(《永乐大典方志辑佚》第 2 册,第 894 页)乾隆《诸暨县志》卷十《赋役·户口》引隆庆骆《志》所载同。(《中国方志丛书·华中地方》第 598 号影清乾隆三十八年刻本,台北:成文出版社有限公司,1983 年,第 434 页)据户数,则应升为中州,《地理志》或误。不过亦有元贞元年之时尚不足五万户的可能。

又万历《绍兴府志》卷十四《田赋志·户口》载嘉泰元年诸暨"户四万二千四百二十四,丁五万六千四百二十一,不成丁一万八千五百二十七"。(第 1056 页)

温州路,上。唐初为东嘉州,又改永嘉郡,又为温州。宋升瑞安府。[1]元至元十三年,置温州路。[2]户一十八万七千四百三,口四十九万七千八百四十八。[3]领司一、县二、州二。[4]

[1]《宋史·地理志》载:"政和七年,(温州)升应道军节度。建炎三年,罢军额。咸淳元年,以度宗潜邸,升(瑞安)府。"(第 2176 页)

[2]《元史·世祖本纪》载:至元十三年十二月庚寅,"瑞安府仍为温州"。(第 187 页)中华书局校点本校勘记〔一二〕云:"按本书卷六二《地理志》,至元十三年置温州路。此处'温州'下疑脱'路'字。"(第 195 页)今按此处《本纪》原文有一"仍"字,似指由瑞安府改回温州旧名,未必脱"路"字。又按弘治《温州府志》卷一《建置沿革》载:"元至元十三年正月,平宋,十一月,瑞安府降。十四年三月,改为温州路总管府,统永嘉、瑞安、平阳、乐清四县,城内别立录事司,属浙东道宣慰司。"(《天一阁藏明代方志选刊续编》第 32 册影明弘治刻本,第 30 页)万历《温州府志》卷一《舆地志》载:"元至元十三年,平宋。十四年,改为温州路总管府,统永嘉、瑞安、平阳、乐清四县,城内别立录事司,属浙东道宣慰司。"(第 476 页)同作十四年。又万历《温州府志》卷十八《杂志》"宋附元"条详载:"(至元十四年)三月,改瑞安府为温州路,命同知崔履谦总管佩印之任。"(《四库全书存目丛书》史部第 211 册影明万历刻本,第 243 页)当有所据。

《本证》卷二十六《证遗三》:"案《纪》至元十九年,徙浙东宣慰司于温州。"(第 286 页)

[3] 弘治《温州府志》卷七《户口》未载元代户口数,只载明代户一十万四千九百七十六,口三十五万一千八十一。(第 243 页)

嘉靖《温州府志》卷一《户口》未载元代户口数,只记明代有户十万六千二百三十有八,口三十五万二千三百七十有六。(《天一阁藏明代方志选刊》第 17 册影明嘉靖刻本,第一叶)

万历《温州府志》卷五《食货志·户口》载："温州府，宋淳熙户一十七万三十五，口九十一万六百五十七。元至元户一十八万九千二百七十八，口无考。皇明洪武二十四年户一十七万八千五百九十九，口五十九万九千六十八。"（《四库全书存目丛书》史部第210 册影明万历刻本，第 555 页）所载元代户数与《地理志》十分接近。又详载元代温州路下辖各县户口数：

> 永嘉县，元户六万五千七十七，口无考。
> 瑞安县，元户三万三百三十四，口无考。
> 乐清县，元户二万八百一十，口一十万六千七百二十四。
> 平阳县，元至元户五万七千三百七十七，口无考。

又永乐《乐清县志》卷三《户口》载元有"户贰万捌百玖户，口无考"。（《天一阁藏明代方志选刊》第 20 册影明永乐刻本，第十八叶）

吴松弟《中国人口史》第 3 卷《辽宋金元时期》引乾隆《温州府志》引旧《浙江通志》至元间户 119278，口无考，指出其户数较《地理志》户数少 36%，而南宋淳熙间（1174—1189）温州户数已达 170035，口数已达 910657（雍正《浙江通志》卷 71《户口》引万历《温州府志》所载），嘉熙年间更达几二十万家（吴泳《鹤林集》卷一六《知温州到任谢表》），而宋元之际温州并未发生导致人口减半的残酷战争和严重自然灾害，因疑《通志》所载 119278 户不可靠，《地理志》可靠。另据温州属县的元代户数相加约为 19.6 万户，进一步指出《地理志》户数不误。（第 321—322 页）按据前引万历《温州府志》，可知其中所引乾隆《温州府志》的数据当系文字讹误，将"十八万"写作"十一万"。陈彩云《元代温州路研究》则认为宋元易代对温州破坏不小，人口大量损失。（暨南大学博士学位论文，2009 年，第 49 页）

　　〔4〕 所领一司二县二州，即南宋瑞安府所领之永嘉、平阳、瑞安、乐清四县。

录事司。[1]

　　〔1〕 据前引弘治、万历《温州府志》，设录事司在至元十四年。

县二
永嘉，上。倚郭。乐清。下。[1]

　　〔1〕 永乐《乐清县志》卷一《建置沿革》："后梁开平二年，钱氏以避梁祖讳，改乐清。宋因之，为上县。元至元间，验户数，为下县。"（第一叶）
　　而据前引万历《温州府志》，至元间户数达二万以上，则又不当为下县。

州二
瑞安州，下。唐瑞安县，宋因之。元元贞元年，升州。[1]

　　〔1〕 据前引万历《温州府志》，至元间户数尚不足四万，盖元贞元年之时已增至

四万,得以升州。

《元史》卷一百二十三《哈八儿秃传》载:"十三年,中书省檄为瑞安县达鲁花赤。始至,招集逃移民十万余户。"(第3039页)吴松弟《中国人口史》第3卷《辽宋金元时期》认为:"文中'十万余户'数字过大,或者瑞安县为瑞安府(南宋后期以温州改名)之误,即使对于一府而言,逃移民'十万余户'这一数字也是很大的。"(第256页)按"十万余户"显然不可能是至元十三年瑞安县的逃移民,不过似乎也不太可能与南宋末年的瑞安府相混淆,至元十三年,已有温州路之设。或许这一"十万余户"只是纪事中强调哈八儿秃招集逃移民的政绩,对于数字的夸张而已,并无深意。

平阳州,下。唐平阳县,宋因之。元元贞元年,升州。[1]

[1] 元大德十一年(1307年)林景熙撰《平阳州志序》:"元贞元年,以县五万有奇户升中州,仍隶于温。"([宋]林景熙《霁山先生集·拾遗》,《知不足斋丛书》本,第三叶)前引万历《温州府志》卷五《食货志·户口》则详载:"元至元户五万七千三百七十七。"(第555页)顺治《平阳县志》卷三《食货·户口》则载元至元二十七年"各色人户五万三千六十二",(《南京图书馆藏稀见方志丛刊》第88册影清顺治八年刻增修本,第2页)与万历《温州府志》大略相同。据前引《事林广记》载元贞元年五月二十七日公文"江南州治少,有四万户之上到五万户计的交做下州,五万户之上至十万户有余的交做中州",平阳"五万有奇户",则升中州是。《事林广记》同作中州。(元至顺建安椿庄书院刻本《新编纂图增类群书类要事林广记》前集卷四《郡邑类》,1963年中华书局影印本;后至元六年郑氏积诚堂刻本《纂图增新群书类要事林广记》癸集卷上《郡邑类》,1999年中华书局影印本《事林广记》,第242页)《地理志》作下州,误。

台州路,上。唐初为海州,复改台州,又改临海郡,又为德化军,宋因之。[1]**元至元十三年,置安抚司。十四年,改台州路总管府。户一十九万六千四百一十五,口一百万三千八百三十三。**[2]**领司一、县四、州一。**[3]

[1] 《考异》卷八十九《元史四》:"案:宋因唐制,仍为台州,何尝有德化军之名乎!唐、宋时,台州皆不建节度,《志》云唐为德化军,真无稽之谈矣。考《宋史·吴越世家》,钱惟治为德化军使,迁检校太保、台州团练使,或吴越有国时,台州有德化军之称,因误以为唐制乎?"(第1244页)

[2] 弘治《赤城新志》卷五《版籍》:"(元)本路总计南北诸色户一十九万九千九百七十四,单身五百七十六,录事司南人户计三千四百七十,又单身五百二十。"(《四库全书存目丛书》史部第177册影明弘治刻嘉靖天启递修本,第231页)与《地理志》户数略同。

吴松弟《中国人口史》第3卷《辽宋金元时期》引弘治《赤城新志》。(第322页)

[3] 所领一司四县一州,即宋台州所领之临海、黄岩、宁海、天台、仙居五县。

录事司。

县四

临海，上。倚郭。仙居，上。宁海，上。天台。中。

州一

黄岩州，下。唐为县，宋因之。元元贞元年，升州。

处州路，上。唐初为括州，又改缙云郡，又为处州，宋因之。元至元十三年，立处州路总管府。户一十三万二千七百五十四，口四十九万三千六百九十二。[1]领司一、县七。[2]

　　[1]　雍正《处州府志》卷四《赋役志·丁口》不载前朝户口数。(国图数字方志)光绪《处州府志》卷十一《赋役志下·户口》同。(《中国方志丛书·华中地方》第193号影清光绪三年刻本，台北：成文出版社有限公司，1974年)现存成化、崇祯二种《处州府志》待查。

　　[2]　所领一司七县，即南宋处州所领之丽水、龙泉、松阳、遂昌、缙云、青田、庆元七县。

录事司。

县七

丽水，中。倚郭。龙泉，中。松阳，中。遂昌，中。青田，中。缙云，中。庆元。中。

（本文作者为南京大学历史学院教授）

名开榷场，实修堡垒

——宋元襄樊战役元军筑堡年代考

洪学东

提　要： 襄樊战役为宋元战争中旷日持久、意义重大的一役。忽必烈改变了蒙哥时期重点进攻四川的方略，主攻襄阳，战术以筑堡围困为主。1267 年，元军将领刘整重贿南宋吕文德，开展互市，以保护榷场之名开始修筑城堡，同年修成白河城堡，并在 1268 年进一步加固。《宋季三朝政要》《通鉴续编》等史料所记载 1263 年筑堡说，实为系年错误。白河城堡筑成之后，元军随后修成鹿门山、百丈山、万山等系列堡垒，阻绝了南宋对襄樊的援救。襄樊二城内，守军日益减少，物资耗尽，终于走向陷落。

关键词： 宋元战争　襄樊　白河　筑堡

13 世纪初，蒙古崛起，兵锋横扫欧亚大陆大部。自 1234 年蒙古灭金以后，南宋成为蒙元政权在东亚最大的对手。窝阔台、蒙哥、忽必烈三位统治者在位期间，都发动了对南宋的大规模进攻，到 1279 年厓山之役，元军消灭南宋残部，彻底灭亡南宋。在宋元战争中，襄樊战役尤为关键。南宋经营襄樊多年，城池坚固，兵甲充足，舟师雄壮；而蒙元在襄樊调集重兵，兴修堡垒，演练水军，辅以西域回回炮，可谓倾举国之力。一俟襄樊陷落，南宋大门洞开，元军挥师南下，南宋的崩溃无可挽回。

襄樊战役作为宋元战争中的重大战役，因其耗时之长，意义之大，向来颇受学界关注，[①] 然而，作为这一宏大围攻之始，元军何时始在襄樊二城外筑城堡，南宋方面有何反应，前后有何曲折？诸史料中多有不同，研究者们多对史料不加辨析，未作详解。就元军筑城之起始年代，笔者拟一窥究竟。

---

① 专题研究蒙（元）宋襄樊战役的论著，包括周宝珠《南宋抗蒙的襄樊保卫战》（载《史学月刊》1982 年第 6 期），匡裕彻《浅析宋元襄樊战役胜败的原因》（载《历史教学》1984 年第 4 期），黄宽重《宋元襄樊之战》（原刊《大陆杂志》第 43 卷第四期，1971 年；修订后收录于同氏《南宋史研究集》，新文丰出版公司，1985 年），方震华《贾似道与襄樊之战》（载《大陆杂志》第 90 卷第 4 期，1995 年），吴彦勤《十三世纪中叶蒙元与南宋在襄樊的军事斗争研究》（云南师范大学硕士论文，2000 年），郭伟《宋蒙（元）钓鱼城之战与襄樊之战比较研究》（载《重庆科技学院学报（社会科学版）》2010 年第 9 期）等，此外，着眼于蒙（元）宋战争全局的专著如《宋元战史》（李天鸣著，食货出版社，1988 年）、《宋元战争史》（陈世松、匡裕彻、朱清泽、李鹏贵著，四川省社会科学出版社，1988 年）和《宋蒙（元）关系研究》（胡昭曦、邹重华著，四川大学出版社，1989 年），对襄樊战役也有较为详尽的论述。日本学者杉山正明在其《忽必烈的挑战——蒙古帝国与世界历史的大转向》（周俊宇译，社会科学文献出版社，2013 年）一书第三部的"系统化的战争"节下，也对襄樊战役的经过进行了叙述和评论。

一、 1268年说：并不完整的记录

襄阳城、樊城为汉水中流南北两岸的双子城。靖康之变后，宋室南迁，宋金南北对峙中，襄樊一直是南宋防线上的重镇、荆襄防线的支撑点。金亡，蒙宋交战，襄樊几度易手。蒙古虽一度占据襄樊，又弃而不守。1251年，李曾伯、高达恢复襄阳，努力经营，重铸防线。忽必烈即位以后，改变蒙哥重点攻蜀的方略，决心以襄樊为突破点，派遣阿术、刘整等率军围困襄樊。对襄樊的攻略，主要以修筑城堡，切断南宋援救的方式进行。

依据《元史》的记载，元军在襄樊之外筑堡，起始于至元五年（1268）。

《元史·世祖三》载："（至元五年秋七月）以刘整为都元帅，与都元帅阿术同议军事。整至军中，议筑白河口、鹿门山，遣使以闻，许之。"[1]言筑城出自刘整之建议，在至元五年（南宋咸淳四年）。同卷又载："（至元六年三月）筑堡鹿门山。"[2]言次年筑鹿门山堡。

参与襄樊之战的元军将领的传记，可为佐证。如《元史·刘整传》中载："（至元五年）九月，（刘整）偕都元帅阿术督诸军，围襄阳，城鹿门堡及白河口。"[3]《元朝名臣事略》载："初，公（阿术）过襄阳，驻马虎头山，指顾汉东白河口谓诸将曰：'若筑垒于此，以断饷道，襄阳可图也。'议闻于朝，许焉。（元）五年九月，筑鹿门、新城、白河等堡。"[4]《高闹儿传》："（至元）五年，从元帅阿术修立白河口、新城、鹿门山等处城堡，围襄樊。"[5]《齐秉节传》："（至元）五年，从伐宋，筑新城、白河口堡、鹿门山。"[6]《赵贲亨传》："至元五年，总管山东诸翼军，征宋，攻襄樊。贲亨出抄蕲、黄，以五百人拔野人原写山寨，修白河、新城。"[7]

据南宋资料修成的《宋史》中载："（咸淳四年）九月癸未，太白昼见。大元兵筑白河城，始围襄、樊。"[8]言咸淳四年围困开始。"（咸淳五年）三月丙午，北帅阿术自白河以兵围樊城。……大元兵城鹿门。辛酉，京湖都统张世杰率马步舟师援襄、樊，战于赤滩圃。"[9]言鹿门堡修成，张世杰驰援襄樊。如是，1268年九月元军筑白河城，次年三月筑鹿门城堡，与《元史》是完全吻合的。

《宋史》中又载："（咸淳四年春正月）己丑，吕文德言知襄阳府兼京西安抚副使吕文焕、荆鄂都统制唐永坚蜡书报白河口、万山、鹿门山北帅兴筑城堡，檄知郢州翟贵、两淮都统张世杰申严备御。"[10]言1268年正月七日，吕文德得吕文焕、唐永坚报告，说元军兴修城堡，即向临安发出预警。既然1268年初南宋就已发现元军筑堡，那么筑堡不会晚于这一时间。

① ［明］宋濂等撰《元史》卷六《世祖三》，中华书局，1977年，第119页。
② 《元史》卷六《世祖三》，第121页。
③ 《元史》卷一六一《刘整传》，第3786—3787页。
④ ［元］苏天爵辑撰，姚景安点校《元朝名臣事略》卷二《丞相河南武定王》，中华书局，1996年，第26页。
⑤ 《元史》卷一五一《高闹儿传》，第3564页。
⑥ 《元史》卷一六五《齐秉节传》，第3897页。点校本中作"筑新城白河口堡鹿门山"，因新城、白河口、鹿门山为三个地名，所以应断开为宜。
⑦ 《元史》卷一五一《赵贲亨传》，第3584页。点校本中作"修白河新城"，应断开，理由同上注。
⑧ ［元］脱脱等撰《宋史》卷四六《度宗》，中华书局，1977年，第901页。
⑨ 《宋史》卷四六《度宗》，第902页。
⑩ 同上书，第899页。

《至正金陵新志》记载："咸淳丁卯春，安抚使刘雄飞觉城中气色有异，又谍知刘左丞整献取襄之策，忧惧遣使诣朝廷祈代。贾似道以文焕代守襄，至则北兵已筑白河互市堡，兵自北来，穰穰不绝。"[①] 此处言，吕文焕到襄阳之时，元军已有白河互市堡。吕文焕系咸淳三年（1267）十二月"依旧带行御器械，改知襄阳府兼京西安抚副使"，[②] 这证实筑堡在1267年十二月以前。

因此，上引《元史》及《元朝名臣事略》中至元五年筑城的记载当并不完全。1268年九月和1269年三月应是白河城和鹿门堡先后筑成的时间。而在1268年之前，元军就有了筑城的举动。

二、 1263年说：流传甚广的误解

关于筑堡，元人赵一清撰《钱塘遗事》、元佚名撰《宋季三朝政要》及元末明初陈桱撰《通鉴续编》均有叙述，记载类似，文字接近。其中以《宋季三朝政要》卷三理宗癸亥景定四年（1263）条[③] 中，记载最为详细：

> 泸州太守刘整叛。……吕文德复泸州。文德号"黑灰团"，整叛，遂献言曰："南人惟恃一黑灰团，可以利诱也。"乃遣使献玉带于文德，求置榷场于襄城外，[④] 文德许之。使曰："南人无信，安丰等处榷场每为盗所掠，愿筑土墙，以护货物。"文德不许，使辞去。或谓文德曰："榷场成，我之利也，且可因以通和好。"文德以为然，追使者不及矣。既而使者至，复申前议，文德遂许焉，为请于朝，开榷场于樊城外。筑土墙于鹿门山。外通互市，内筑堡。文焕知被欺，凡两申制置司，为亲吏陈文彬匿之。北人又于白鹤城增筑第二堡，文焕再申方达。文德大惊，顿足曰："误朝廷者，我也。"即自请赴援，会病卒。（段A）

同书卷四度宗丙寅咸淳二年（1266）条[⑤] 又载：

> 襄阳自开互市以来，北兵因互市，筑城置堡，江心起万人台，立撒星桥，以遏南兵之援。乙丑、丙寅年间，时出师哨略襄、樊城外，兵威渐振。未几，文德死，文焕代守襄阳。（段B）

《宋季三朝政要》这两段文字，从逻辑上理解，1263年元军以互市为名开始筑堡，1265—1266年（"乙丑、丙寅年间"）依靠堡垒对襄樊地区攻势日隆，前后看似颇有关联，合乎情理，因而多为研究者引用。《宋元战史》、《宋蒙（元）关系研究》等，均依据段A的

---

① ［元］张铉撰《至正金陵新志》卷十三上之中《节义》，文渊阁四库全书本。
② 《宋史》卷四六《度宗》，第899页。
③ ［元］佚名撰，王瑞来笺证《宋季三朝政要笺证》，中华书局，2010年，第302—304页。
④ 王瑞来据《钱塘遗事》卷四《刘整北叛》中作"樊城"，且下文"开榷场于樊城外"，考此处"襄城"应为"樊城"之误。
⑤ 《宋季三朝政要笺证》，第326页。

文字,认为元军早在 1263 年就已开始筑堡,1268 年筑堡是 1263 年筑堡的延续。

实际上,《宋季三朝政要》这两段文字的纪年很值得怀疑。关于段 A 载刘整叛宋之事,据《宋史》卷四五《理宗五》"(景定二年)秋七月甲子(四日),蜀帅俞兴奏守泸州刘整率所部兵北降",[①] 及《元史》卷四《世祖一》"(中统二年六月)庚申(二十八日),宋泸州安抚使刘整举城降",[②] 刘整叛宋应当在景定二年(中统二年,1261),而非《宋季三朝政要》中的景定四年。[③] 另外,吕文德死于 1269 年,也非景定四年。

除了上述两个错误之外,段 A 编年仍有两个疑问:第一,《钱塘遗事》在"襄阳受围"条中写道:"(刘)整初至襄阳,与少保吕文德借地开互市。互市既置,因筑城筑堡。"[④] 言刘整至襄樊前线以后,蒙军方才筑堡。而刘整 1263 年远在四川潼川。刘整 1261 年北叛后,南宋调集军队进攻泸州,迫使他从泸州撤出。自 1262 年七月起刘整任四川潼川都元帅,1263 年宋军进攻成都,他驰援成都,并在锦江击退宋军。《元史·刘整传》中没有记载刘整此后数年的活动,但从 1264 年他率军在泸州紫云城(今四川犍为县东南)作战,[⑤] 1266 年在云顶山(今四川金堂县南)作战[⑥] 的事迹来看,他北叛后在四川战区活动是没有疑问的。1266 年六月,刘整被任命为南京路宣抚使。[⑦] 元初,南京路领归德府、延、许、裕、唐、陈、亳、邓、汝、颍、徐、邳、嵩、宿、申、郑、钧、睢、蔡、息、卢氏行襄樊二十州,[⑧] 向南到达襄樊地区。也就是说,1266 年刘整方到襄樊前线,既然如此,他如何能实地操纵 1263 年的筑堡计谋?

第二,即便认为刘整仅仅献策,而非亲自指挥,文中所记的吕文焕上书吕文德一事也仍让人费解。吕文焕上书报告,吕文德置之不理,当确有其事。据《续资治通鉴》,得知元军筑堡之后,"吕文焕大惧,遣人以蜡书告吕文德。文德怒且詈曰:'汝妄言邀功。设有之,亦假城耳。襄、樊城池坚深,兵储支十年,令吕六坚守。果整妄作,春水下,吾往取之,比至,恐遁去耳。'"[⑨] 从语境上看,时间正是冬季,春水未下之时。但吕文焕 1267 年知襄阳府兼京西安抚副使,1263 年樊城即便有警,也应该是由樊城守将发出,不该从吕文焕处。如若不然,倘若 1263 年元军业已修筑城堡,数年之间,南宋方面竟毫无敌情意识,视而不见,听而不闻,一直等到 1267 年底,吕文焕上任之后火急火燎地两次上书警报,吕文德方才恍然大悟,急忙向南宋朝廷报告,南宋朝廷方才下令加以防范,这就更难解释了。

对于段 B,文中所称乙丑、丙寅年,分别为 1265 年和 1266 年。考此时蒙军的攻势,1265 年八月甲午,"大元元帅阿术帅大军至庐州及安庆,诸路统制范胜、统领张林、正将高兴、副将孟兴逆战",[⑩] 蒙、宋战于庐州、安庆;次年八月,"阿术略地蕲、黄,俘获以万计",[⑪]

---

① 《宋史》卷四五《理宗五》,第 877 页。

② 《元史》卷四《世祖一》,第 71 页。

③ 《宋季三朝政要笺证》,第 304 页笺证六。

④ [元]刘一清撰《钱塘遗事》卷六《襄阳受困》,上海古籍出版社,1985 年,第 124 页。

⑤ 参见王茂华、刘冬青《虞集〈刘垓神道碑〉考析》,《河北大学学报》2007 年第 6 期。

⑥ 《元史》卷一三二《沙全传》,第 3218 页。

⑦ 《元史》卷一六一《刘整传》,第 3786 页。

⑧ 《元史》卷五九《地理二》,第 1401 页。

⑨ [清]毕沅编著《续资治通鉴》卷一七八,上海古籍出版社,1987 年,第 1002 页。

⑩ 《宋史》卷四六《度宗》,第 895 页。

⑪ 《元史》卷六《世祖三》,第 112 页。

战于蕲州、黄州。战事集中在襄樊之东。襄樊本身无大的战事。直到 1267 年，元军方才大举攻襄樊，八月，"阿术略地至襄阳，俘生口五万，马五千。宋人遣步骑来拒，阿术率骑兵败之"。[①] 南宋方面因"边报紧急"，"诏吕文德等申严防遏"。[②] 因而"乙丑、丙寅年间，时出师哨略襄、樊城外，兵威渐振"同样有纪年偏差之误。

综合对上引两段文字的分析，段 A 并非记载 1263 年一年中的事，而是将 1261—1269 年间包括刘整北叛、筑堡襄阳在内，刘整参与的事件数年累加，汇于同一条目之下。元军筑堡不当在 1263 年开始，对襄樊的大规模攻略也应该在 1267 年起始。

三、咸淳某年说：遗失的日期

在南宋遗民郑思肖著《心史》[③] 中，对襄樊战役也有记载。郑思肖本人反元立场坚定，自称"不与北人密，不入北地游"，[④] 甚至"或于朋友坐上见有语音异者，便引去"，[⑤] 因信息来源有限，感情色彩浓郁，所著《心史》中，对于蒙古、回回风俗、宗教、北方人文、气候等的叙述，以道听途说为主。不过，他早年曾为南宋太学生，多年在南方活动，又以极大的热忱关心国事，《心史》中对于蒙宋战争，尤其南宋方面的叙述，仍有一定的参考价值。在《心史》所收《大义略叙》中，郑思肖简述了蒙古兴起，攻灭南宋，统治江南的过程，其中对襄樊战役的叙述，为我们寻找筑堡时间提供了线索。

《大义略叙》中将筑堡记为咸淳年间："吕文德私意既杀良将曹世雄，又抑刘整功，复谮整有跋扈意。似道欲杀之。有密报整者，整遂叛。整说鞑任责取江南，谓一得襄阳，则江南唾手可得。鞑遂注意谋襄阳。整亦有将才，似道尝命文德俾间谍入虏，赍物赐整，密唤其仍归，赦罪复爵。整心疑而不回，但为鞑谋，悠扬其答。整素知似道好玉带，鞑密遣使贡玉带于文德，求转达似道。彼言：'襄阳旧有互市场，不开久矣。南北物货俱绝，鞑人欲借白河之地为互市场，通南北货物。我固知官府蔽护商旅，但白河荒野，商旅各有财本，惧为盗贼所劫。鞑人又欲就白河筑小小家基寨，防拓以蔽商旅。'似道纳玉带，诺其请。咸淳□年□月，鞑据白河筑城，围大九里余，实非小小家基寨。襄阳守臣吕文焕达于文德，竟不答。明年，鞑以重兵屯白河城，鞑又筑鹿门山城，又筑万山城，又筑小堡寨十四所，又于汉江下撒星钉，又建万人敌台，脉络相应，死陌襄阳水陆路。及文德详知其故，遣援军，竟莫能前。文德愤为贼计所绐，感忧病死。"[⑥]

单就筑城而言，刘整献计取襄阳，贿赂吕文德，借口开互市而修白河城，吕文焕上书，元军工事扩大，吕文德追悔莫及等，《大义略叙》与《宋季三朝政要》叙述类似。关于白河堡垒的大小，记载更为详细：元军起初请求筑"小小家基寨"，后"鞑据白河筑城，围大九里余"，从此看，白河城堡当具有相当规模。

---

①　《元史》卷六《世祖三》，第 115 页。

②　《宋史》卷四六《度宗》，第 896 页。

③　关于《心史》真伪辩论的综述，可参见陈福康《论心史绝非伪托之书》，收于《郑思肖集》附录五，第 389—415 页。

④　［宋］郑思肖著，陈福康校点《郑思肖集》，上海古籍出版社，1991 年，第 184 页。

⑤　［元］陶宗仪撰《南村辍耕录》卷二〇《狷洁》，历代史料笔记丛刊·元明史料笔记，中华书局，2004 年，第 247 页。

⑥　《郑思肖集》，第 160 页。

此外，有几处细节与其他史料有出入，或为其他史料所未见。如记载刘整北叛后，贾似道试图诱降，派吕文德遣间谍与刘整接触，这一记载是其他史料中所没有的。如记载南宋受贿者不单有吕文德，还有贾似道。贾似道向以贪鄙而恶名昭著，"素知似道好玉带"一句，使人不禁联想到《宋史》中称贾似道"酷嗜宝玩"，"闻余玠有玉带，求之，已徇葬矣，发其塚取之"[①]的劣迹，但又因无一旁证，无从判断其真伪。

引文中，筑城时间"咸淳□年□月"最值得注意。虽有缺漏，但即便为咸淳元年（1265），也与《宋季三朝政要》所系景定四年（1263）相差两年。下句"明年，辄以重兵屯白河城"，应该是指《宋史》、《元史》中 1268 年白河口筑城成，驻守重兵，并加以扩展的事件。因而，此处所缺很可能为"咸淳三年□月"（1267 年某月）。

故而，按照时间排序，1267 年八月，阿术掠地至襄阳、江陵，俘获五万余人，马牛五千，开始进攻襄樊。刘整前一年起任南京路宣抚使，1267 年十一月，向忽必烈进平宋之策，"奏攻宋方略，宜先从事襄阳"，[②]并得忽必烈支持，元军积极备战。刘整与吕文德相识，重贿后者，借机修建白河城。吕文焕在年底至襄阳，至时，白河城已有规模。吕文焕上书报告，报告起初被吕文德驳回，但吕文德此后不久即察觉中计，于 1268 年一月向南宋朝廷报告。南宋严加防守。1268 年九月，刘整与阿术统兵包围襄阳，进一步修建白河城，夺取襄阳附近金刚台寨等地。十一月，宋军自襄阳出击，进攻蒙军沿山诸寨，被元军击败。1269 年三月，阿术自白河围樊城，鹿门山城筑成，南宋张世杰增援襄樊，被元军击退。如此排序，时间相符，主要人物的活动也一一吻合，因而我们可以认为，元军在樊城外借互市之名修筑城堡，即在 1267 年。

四、结　语

经过以上的讨论，笔者以为：

一、襄樊战役中，元军于 1267 年开始借互市之名修筑白河城、鹿门山堡。这一策略由刘整策划并亲自实施，他重贿吕文德，最后达到目的。《宋季三朝政要》、《钱塘遗事》、《心史》等都记载了这一事件，其中，1263 年一说错置了事件发生的时间，误导了部分研究者。

二、还原了筑堡的真实时间之后，我们可以看到，南宋对元军筑堡行动并非毫无觉察，而是有所提防，不仅如此，在此后的战役期间，南宋确有主动出击和屡屡救援之举。宋人兴叹"今朝廷竭天下财力，以援一州而不能"，[③]虽是叹息救援未成，也从侧面反映了南宋对襄樊确实竭尽所能。回视《宋季三朝政要》、《钱塘遗事》等书中的描绘：吕文德上当四年方才察觉；贾似道隐瞒战局，朝野噤若寒蝉，度宗一无所知。这些描绘夸大了南宋统治者的昏庸无能，背离了历史的真实。

对元军来说，自 1267 年开始进攻襄樊，蒙元倾全国之力，耗时数年，至 1273 年年初才攻破樊城，逼降吕文焕，尽取襄樊，此战役在蒙元征服史中实为一场绝无仅有的苦战。白

---

①　《宋史》卷四七四《贾似道传》，第 13784 页。

②　《元史》卷六《世祖三》，第 116 页。

③　[宋]周密撰，吴企明点校《癸辛杂识》别集下《襄阳始末》，历代史料笔记丛刊·唐宋史料笔记，中华书局，1988 年，第 308 页。

河筑堡是襄樊围困的开始，但是一堡的筑就并不意味着整个战局已经胜券在握。白河、鹿门二城筑毕，元军又修筑万山、一字城、新城等堡垒，形成合围之势；从后方调集大军，积攒进攻力量；严格训练水军，弥补水战劣势。可以说，蒙元获胜的关键，不仅是"名开権场，实修城垒"计策的成功，更在于对筑城围困战术的坚持，在于军中多族群将士的坚韧、勇猛和忽必烈为核心的领导集团一统全国的坚定决心。

The Date of the Construction of Forts in the Battle of Xiangfan between the Mongols and the Song

Hong Xuedong, Institute of Asian Studies, Nanjing University

Abstract: The battle of Xiang-fan was one of the most long-lasting and significant battles in Song-Yuan war. At the time of Möngke Qaɣan, the main strategy was through invading the Sichuan Basin. However, Qubilai Qaɣan changed the attacking route to lay siege on Xiang-fan, the twin cities divided by the Han River. In 1267 A.D, Lu Wende, the military commissioner of the Jinghu region (nowadays Hubei and Hunan Province) of Song, was bribed by Liu Zheng, a Commander-in-chief of Mongol army. Consequently, frontier trade was resumed and then Mongols built walls to protect merchants and marketplace. Baihe Fort was built in the same year and was reinforced by Mongols in 1268. This paper argues that Baihe Fort was constructed in 1267, rather than 1263, which was recorded in *Songji Sanchao Zhengyao* and *Tongjian Xubian*. After the construction of Baihe Fort, other fortifications were successively built, including Lumen Fort, Baizhangshan Fort, Wanshan Fort. The forts cut off the reinforcement and supplies from South Song, making Xiangfan besieged and isolated. Finally in 1273, the twin cities were occupied by Mongols.

Key Words: Song-Yuan war；Xiangfan；Baihe；fort

（本文作者为南京大学历史学院博士研究生）

元代阿速卫研究两则

蔡晶晶

提　要： 本文主要研究两个问题，一是元代中后期阿速卫的员额；一是威武阿速卫。通过研究《元典章》的规定并结合拉丁文史料的记载，笔者推测元代中后期阿速卫的员额当在两万上下。《元史》中仅一见的威武阿速卫，条下无任何相关内容。元末权臣伯颜曾任威武阿速卫达鲁花赤，本文从伯颜的履历入手，研究与威武阿速卫相关的问题。

关键词： 阿速卫　员额　威武阿速卫　伯颜

阿速，在西方被称为阿兰，地处高加索山以北，里海和黑海之间，早在汉代就以奄蔡之名出现在《史记》中。太宗年间阿速地区被蒙古征服，一部分阿速人投降贵由和蒙哥，被编入蒙古军队。至大二年（1309），武宗设左阿速卫和右阿速卫。左、右阿速卫主要由阿速人组成。元代有多少兵力是个不解之谜，所谓"有国百年，而内外兵数之多寡，人莫有知之者"。[①] 阿速卫的兵力汉文史籍阙载；域外史籍则为解决这一问题提供了线索。

一、元代中后期阿速卫人数考

（一）　刺桐主教佩里格林的信

公元 1305 年和 1306 年，方济会（Franciscan）教士孟德高维奴向教廷发回两封信，记述了他在大都的活动并请求教廷派出教士协助他传教。1307 年，托伦蒂诺人托马斯（Lat.: Thomas de Tolentino）从波斯将信件带回教廷。时任教皇的克雷芒五世（Pope Clemens V）决定派遣七位教士前往大都，最后只有佩里格林（Lat.: Peregrinus）、安德鲁（Lat.: Andreas de Perusio）和哲拉德（Lat.: Gerardo Albuini）三人到达大都。

不同于瓦丁（Wadding）将佩里格林等人抵达大都的时间定为 1308 年，穆勒（A.C.Moule）指出，佩里格林一行人大约在 1313 年左右到达大都。陈得芝教授也指出，朱德润《存复斋文集》卷五《异域说》记载的"延祐间……时有佛㦬国使来朝"[②] 一事中，使臣就是佩里格林等人。虽然 1313 年是仁宗皇庆二年，但皇庆二年与延祐年间（1314—1320 年）相去不远，且朱德润的《异域说》是相关人员在二十多年后追忆的，"延祐间"是笼统的说法。[③]

哲拉德在三人中最早出任刺桐（泉州）主教。哲拉德去世后，佩里格林继任刺桐主

---

① 《元史》卷九八《兵志一》，中华书局点校本，第 2509 页。

② ［元］朱德润《存复斋文集》卷五《异域说》，常熟瞿氏铁琴铜剑楼藏明刊本。

③ 陈得芝《元仁宗时教皇使者来华的一条汉文资料》，《蒙元史研究丛稿》，人民出版社，2005 年，第 524—528 页。

教。佩里格林去世后,安德鲁接任。佩里格林现存的唯一一封信就是他在刺桐城写就的,时间是公元 1317 年年底或 1318 年年初。[①] 不同于孟德高维奴和安德鲁两人从中国寄回教廷的信件,佩里格林的信在三百多年间一直沉睡在罗马 Chigi 图书馆浩繁的故纸堆中,直到 20 世纪初被方济会历史学家戈卢博维奇（Jerome Golubovich）发现。佩里格林的信一度被认为是伪造的,因为该信只有一份抄本存世,且属于伪造家阿方索·塞卡雷利（Alfonso Ceccarelli）所有。[②] 穆勒指出,造假者知道孟德高维奴、安德鲁、阔里吉思王等人的事迹不足为奇,但必须阅读大量的资料才能够发现信中提到的佛罗伦萨人彼得（Lat.: Petrus de Florentia）的信息,此人很少被提及,但确实曾在 1317 年到 1318 年间在汗八里活动。这封信的确包含了真实的材料,现今多数学者已经不再将其视为伪造品。[③]

在佩里格林等人抵达汗八里以前,原本笃信东正教的阿速人已在孟德高维奴的劝说下改宗天主教。佩里格林等人留居大都之时,与他们有过接触。佩里格林是其中唯一一位在信中提到阿速人的传教士,他记录的元代阿速人的情况,是孟德高维奴和安德鲁的信中所没有的。

（二） 阿速卫的员额

元代中期阿速人的数目在中国史书中没有记载。然而在拉丁文的资料中仍可找到元中后期阿速人数目的记录。一是 1318 年佩里格林的信件,一是 1342 年（顺帝至正二年）秋来到中国的马黎诺里的记录。穆勒在 1921 年发表的《中国方济会》（The Minor Friars in China）刊写了佩里格林信件的拉丁文原件。有关阿速人的一段,原文如下:

Item Quidam xristiani boni qui dicuntur alani pro xx milibus a rege maximo stipendia accipientes, ipsi,& familie eorum ad fratrem Johannem recurrunt.[④]

这段史料有穆勒和道森（Christopher Dawson）的两种英译。关于阿速人的数目,两个译本相差极大:

穆勒的英译: Moreover certain good Christians who are called Alani, receiving pay from

---

① 穆勒刊写的佩里格林的信末时间为 "datum in Zayton iij kal ianuarii anno domini 1.318",而在他 1920 年的 The Early Franciscan Mission in China 一文中,注原文为 "iii kal ian anno domini, 1318" 译为 "Dated in Zaitun, 30 December,1317." 即 1317 年 12 月 30 日。穆勒并未解释为何将 1318 年 1 月 3 日译为 1317 年 12 月 30 日。在《一五五〇年前的中国基督教史》一书中,他将时间译为 "Dated in Zaitun（Zayton）, iij calends of January in the year of the Lord 1318." 即 1318 年 1 月 3 日。但在文后的注释中,他则指写信时间可能是 12 月 30 日,或者是 12 月 27 日（uj kal.）,同样没有给出原因。参见 A. C. Moule, "The Minor Friars in China", *Journal of the Royal Asiatic Society of Great Britain and Ireland*, No.1（Jan., 1921）, p.112; A. C. Moule, The Early Franciscan Mission in China, *New China Review*, Vol. Ⅱ , No.6, December, 1920, p.542, p.542 n.2; A. C. Moule, *Christians in China Before the Year 1550*, London: Society for Promoting Christian Knowledge, 1930 , p. 210, p.211 n.68;（英）阿·克·穆尔著,郝镇华译《一五五〇年前的中国基督教史》,中华书局,1984 年,第 237 页。

② （英）阿·克·穆尔著,郝镇华译《一五五〇年前的中国基督教史》第 237 页;（英）道森编,吕浦译《出使蒙古记》,中国社会科学出版社,1983 年,第 261 页。

③ Moule, The Minor Friars in China, 1921, p.110;（英）阿·克·穆尔著,郝镇华译《一五五〇年前的中国基督教史》,第 237 页注 1。

④ 同上书, p.111.

the most great king for 20000 persons, themselves and their families come to Brother John.

郝镇华据穆勒英译的汉译：此外，有些信仰很好的基督教徒被称为阿速人，他们从至尊国王得到两万人的费用后，携带家属来到约翰修士处。

道森的翻译则是：Likewise there are good Christians, called Alans, 30,000 of whom are in the great king's pay, and these men with their families come to Brother John.

吕浦据道森英译的汉译：同样的，另外还有称为阿兰人（其中有三万人为伟大国王所雇用）的好基督教徒，这些人带着他们的家属来到教友约翰那里。①

根据拉丁文本，本段可以直译为："一些好的基督教徒，他们是阿兰人，有两万人从伟大的国王那里得到薪金，他们和他们的家人到兄弟约翰那里去。"②

穆勒的英译根据拉丁文本直接译出，只要穆勒对拉丁文本的刊写没有错误，xx milibus 译为"两万"是无可置疑的：延祐年间的阿速人的数目在两万左右。但是道森的译本却指阿速人的人数有三万。在拉丁文本中，尤其是当一份信件有多个抄本时，混淆 XXX（30）和 XX（20）的情况并不鲜见。穆勒在对比了孟德高维奴等方济会修士的信件后，曾指出：信件的契吉手稿（Chigi MS.）和巴黎手稿（MS. Latin 5006）间最大的不同之一是将 XXX（30）写作 XX（20）。③然而佩里格林的信仅有一份，别无其他抄本可做佐证。因此，难以断定佩里格林的信是否像契吉手稿和巴黎手稿一样，混淆了 xx 和 xxx。道森和穆勒肯定使用了同一份《佩里格林信件》，却在细节上出现差讹。道森的文章中未对此做出说明。伯希和撰写《马可波罗注》的阿兰词条时，也提到阿速人有三万之多。伯希和与道森的三万人之说并非毫无依据，可能与另一份拉丁文史料有关。

这份拉丁文史料就是《马黎诺里游记》。马黎诺里在至正二年（1342）秋来到中国，留居四五年方才回国。亨利·裕尔（Henry Yule）和穆勒都曾将《游记》翻译为英文。关于元末的阿速人，《游记》的拉丁原文作：Summi eciam principes sui Imperii tocius, plus quam triginta millia, qui vocantur Alani, & totum gubernant imperium orientis, sunt *Christiani*, re vel nomine, & dicunt se *Sclavos Pape*, parati mori pro *franquis*, sic enim vocant nos, non a *francia*, sed a *franquia*.④

Triginta millia 即三万。该句裕尔译为：Moreover the chief princes of the whole empire, more than thirty thousand in number, who are called Alans, and govern the whole Orient, are Christians either in fact or in name, calling themselves *the Pope's slaves*, and ready to die for the *Franks*. For so they term us, not indeed from France, but from Frank-land.⑤穆

---

① （英）阿·克·穆尔著，郝镇华译《一五五〇年前的中国基督教史》，第 235 页；（英）道森编，吕浦译《出使蒙古记》，第 271 页。

② 关于这个问题，我曾请教澳大利亚 Mcquarie University 的 Mr. Graeme Ford，他在 2013 年 3 月 31 日回复，xx milibus 即 20,000。道森的翻译可能有误。

③ Moule, The Minor Friars in China, 1921, p.106, n. 1.

④ A. C. Moule, The Minor Friars in China, *Journal of the Royal Asiatic Society of Great Britain and Ireland*,（Jan., 1917），p. 27.

⑤ Henry Yule & Henri Cordier, *Cathay and the Way Thither: Being a Collection of Medieval Notices of China*, Vol.3, New Delhi: Asian Educational Services, New Ed, 2005, p. 210.

勒的英译与之相仿。[①]

张星烺据裕尔英译的汉译为:"国内诸大酋长,号阿兰人者,有三万之众,管理东方全部。其人皆崇奉基督教,或出于诚心,或由于名义。亦上书教皇,自称教皇之奴隶,并言愿为法兰克人效死。盖其人称吾辈为法兰克人,非自法兰西(France),乃原于佛兰克国(Frank-land)也。"[②]从佩里格林来华到马黎诺里来华的三十年间,阿速人的数目已经从两万增加到了三万。

汉文史书虽然没有提到阿速卫的人数,但是根据《元史》及《元典章》中的相关记载,仍可以略做推测。《元典章·定夺军官品级》规定"上万户府,七千军之上。达鲁花赤一员,万户一员,副万户一员。—— 前件,达鲁花赤、万户俱作正三品、虎符,副万户作从三品、虎符"。[③]《百官志》谓右阿速卫"定置达鲁花赤一员,正三品;都指挥使三员,正三品;副都指挥使二员,从三品;佥事二员,正四品;经历二员,从七品;知事二员,承发架阁照磨一员,从八品;令史七人,译史、通事、知印各一人。镇抚二员"。[④]左阿速卫设官大致与右阿速卫相同,只是未载品级。对比《元典章》与《百官志》的记载,基本可以看出,左、右阿速卫的规模基本与上万户府相同。《元典章》规定上万户府在七千军以上,其人数当在七千到一万间浮动,左、右阿速卫的员额当在一万四千人至两万人间。

右卫、左卫等侍卫亲军和左右阿速卫品级相同,都是正三品,而机构的品级与最高长官的品级又是一致的。《食货志》列出了右卫属官的俸禄,而"左卫、前卫、后卫、中卫、武卫、左阿速卫、右阿速卫、左都威卫、右都威卫、左钦察卫、右钦察卫、左卫率府、宗仁卫、西域司、唐兀司、贵赤司并同右卫例"。[⑤]这些侍卫亲军属官的俸禄相同,品级应当是相同的,部门的品级亦当相同。考察诸侍卫亲军,列出的千户所下如果附上了千户所的品级,基本是正五品。只有右都威卫使司行军千户所,秩正四品,与大多数侍卫亲军下辖的千户所级别不同;隆镇卫下有四个千户所"秩五品",未系正从。[⑥]千户秩正五品,对比《元典章·定夺军官品级》,当等同中千户府的规模。《定夺军官品级》规定,上千户"军七百之上",中千户"五百军之上",则左、右阿速卫每个千户的人数在五百到七百之间。

左阿速卫有十三个千户,总人数当在七千人到九千一百人之间。右阿速卫仅有九个千户所,按每千户七百人计,共有六千三百人,难以达到上万户府"七千人以上"的规定。可能右阿速卫的千户所不止九个,或者右阿速卫的千户所达到了上千户所的规模,每个千户所的人数在七百人以上。《百官志》没有记载右阿速卫所辖千户所的品级,不排除右阿速卫九个千户所等同上千户府、每千户人数在七百到一千之间,总人数在七千到九千人的可能性。左、右阿速卫人数相加,其员额在一万四千与一万八千一百之间。

---

① 裕尔的 France 即原文之 *francia*,Frank-land 即原文之 *franquia*. 穆勒译为 they call us not from Francia but from Franquia. 对 *francia* 和 *franquia* 的翻译,穆勒的研究参见 Moule, "The Minor Friars in China", 1917, p. 3 n.2. 穆勒的英译参见 Moule, "The Minor Friars in China", 1917, p. 3.

② 张星烺编著,朱杰勤校订《中西交通史料汇编》(第一册),中华书局,1977 年,第 248 页。

③ 陈高华等点校《元典章》,中华书局、天津古籍出版社,2011 年,第 286 页。

④ 《元史》卷八六《百官志二》,第 2167 页。

⑤ 《元史》卷九六《食货志四》,第 2454—2455 页。

⑥ 《元史》卷八六《百官志二》,第 2164 页;《元史》卷八九《百官志五》,第 2249 页。

来华的阿速人基本都被编入左阿速卫和右阿速卫中，但阿速卫不仅仅包括阿速人。佩里格林所说的阿速人应当是泛指阿速卫中虔信天主教的人，他记录的人数应当就是当时阿速卫的员额。

佩里格林曾到过汗八里，与天主教汗八里教区主教孟德高维奴的信件落款时间为1318年，此时他已经到达泉州，阿速人的情况属于事后追忆。1313年距1318年不过五年，阿速卫的人口不可能暴增或者骤减。两万人是一个较符合实际情况的数字。从1318年到1342年只有二十四年，阿速卫不可能由两万人猛增至三万。但是在《兵志》中，还有另一个以阿速命名的侍卫亲军：威武阿速卫。阿速卫的人数变化是否与威武阿速卫有关？这一问题需要通过研究威武阿速卫解决。

二、 威武阿速卫考

除了左、右阿速卫，《元史·兵志》记录的另一个与阿速有关的机构名为"威武阿速卫亲军都指挥使司"。这一机构下没有任何相关记载。[①]近代以来学者的研究已证实《经世大典》是《元史》中诸志的主要史源。成书于元顺帝至正年间的《六条政类》是《元史》诸志的另一重要史源。由于《经世大典》是在元文宗至顺二年（1331）修成的，《元史》诸志涉及文宗以后的部分，基本来源于《六条政类》。[②]

开设史局之初朱元璋定下了《元史》的修纂原则，"即旧志为书，凡笔削悉取睿断，不以其所不能为诸生罪"。[③]因此在修编《元史》诸志的过程中，史官大量地摘抄、引用了《经世大典》和《六条政类》的内容。《兵志》也是抄录自上述两部政书。"威武阿速卫亲军都指挥使司"在《经世大典》或《六条政类》中应有记载。《兵志》中的威武阿速卫仅存其名，可能是在编写《元史》的时候，其相关资料就已经缺失。

搜检史料，唯有元末权臣伯颜的职衔中出现了"威武阿速卫亲军都指挥使司"。伯颜曾任该卫达鲁花赤。顺帝至元五年（1339）五月，伯颜的职衔长达二百四十六字。杨瑀《山居新语》记载：

> 伯颜太师所署官衔曰"元德上辅广忠宣义正节振武佐运功臣，太师、开府仪同三司、秦王、答剌罕、中书右丞相、上柱国、录军国重事、监修国史，兼徽政院侍正、昭功万户府都总使、虎符威武阿速卫亲军都指挥使司达鲁花赤、忠翊侍卫亲军都指挥使、奎章阁大学士，领学士院知经筵事，太史院宣政院事，也可千户哈必陈千户达鲁花赤、宣忠斡罗思扈卫亲军都指挥使司达鲁花赤，提调回回汉人司天监群牧监广惠司内史府左都威卫使司事、钦察亲军都指挥使司事、宫相都总管府，领太禧宗禋院兼都典制神

---

① 《元史》卷九九《兵志二》，第2530页。萧启庆教授在制作《元代卫军组成表》时将威武阿速卫列入其中。建立年代定为1334年［1334下有"（？）"］，组成人员种族为阿速人，其余不明，用问号指代。参见 Ch'i-ch'ing Hsiao, *The Military Establishment of the Yuan Dynasty*, Cambridge & London: Harvard University, 1978, p. 49.

② 陈高华《〈元史〉纂修考》，《历史研究》1990年第4期，第125—126页；陈得芝《蒙元史研究导论》，南京大学出版社，2012年，第7—9页。

③ ［元］赵汸《东山存稿》卷二《送操公琬先生归番阳序》，文渊阁四库全书补配文津阁四库全书本。

御殿事、中政院事,宣镇侍卫亲军都指挥使司达鲁花赤、提调宗仁蒙古侍卫亲军都指挥使司事,提调哈剌赤也不干察儿,领隆祥使司事",计二百四十六字。此系至元五年五月所署之衔也。①

《山居新语》的记载证实最晚在后至元五年五月前,威武阿速卫已成立。

1982 年在云南省图书馆发现的元代官刻《大藏经》中保存了一份附在《大慧普觉禅师住径山能仁禅院语录》卷一卷末的负责刻经事务的职官名录(方广锠《元史考证两篇》简称《云南录》)。职名录的领衔者正是伯颜,其头衔占了五行:②

> 1. 开府仪同三司秦王答剌太师中书右丞相上柱国录军国重事监修国史兼徽政院使侍正昭功万
> 2. 户都总使虎符威武阿速卫亲军都指挥司达鲁花赤忠翊侍卫亲军都指挥使奎章阁
> 3. 大学士领学士院经筵事太史院宣政院事也可千户哈必陈千户达鲁花赤宣忠斡罗思扈卫
> 4. 亲军都指挥司达鲁花赤提调回回汉人司天监群牧监广惠司内史府左都威卫使司钦察
> 5. 亲军都指挥使司宫相都总管府事领太禧宗禋院兼都典制神御殿事　伯颜③

据方广锠先生考证,《云南录》的时间可以限定在后至元二年(1336)七月到三年(1337)四月之间。日本小野玄妙著《佛教经典总论》载有于镰仓一带发现的一份职名录(方文简称《镰仓录》),其中伯颜的官衔与在云南发现的职名录完全相同。据《云南录》和《镰仓录》中附于《菩提场庄严陀罗尼经》卷首的后至元二年四月太皇太后施印愿文及两份《职名录》所录的伯颜和其他官员的职务推断,《镰仓录》的时间可以定为后至元二年四月。④据此推测,最晚在后至元二年四月,威武阿速卫就已经成立,伯颜担任该卫达鲁花赤。

《元史·顺帝纪》、《元史·伯颜传》以及马祖常元统二年(1334)撰写的《敕赐太师秦王佐命元勋之碑》记录了伯颜从大德十一年起担任的职务。⑤都没有提及威武阿速卫。由于威武阿速卫就只有《山居新语》和《云南录》才有记载,而《秦王元勋碑》的记载止于

---

①　[元]杨瑀撰、余大钧点校《山居新语》,中华书局,2006 年,第 213—214 页。

②　童玮、方广锠、金志良《元代官刻大藏经考证》,《世界宗教研究》1986 年第 3 期,第 51 页;方广锠《元史考证两篇》,《文史》(第二十九辑),中华书局,1988 年,第 241—243 页。此处伯颜的官衔据《元元史考证两篇》所录。参见方广锠《元史考证两篇》,第 241 页。

③　第二列《元代官刻大藏经考证》作"亲军都指挥使司",《元史考证两篇》作"亲军都指挥司"。第四列《元代官刻大藏经考证》作"亲军都指挥使司",《元史考证两篇》作"亲军都指挥司"。参见童玮、方广锠、金志良《元代官刻大藏经考证》,第 51 页;方广锠《元史考证两篇》,第 241 页。

④　方广锠《元史考证两篇》,第 250 页。

⑤　参见[元]马祖常《石田文集》卷一四《敕赐太师秦王佐命元勋之碑》,元至元五年扬州路儒学刻本。

元统二年，不妨推断威武阿速卫是在元统二年以后才成立的。它的成立时间可限定为元统二年到后至元二年四月之间。

根据《伯颜传》记载，元统元年八月，伯颜兼领"威武、阿速诸卫"。[①]中华书局点校本将威武和阿速断开不无道理。两个卫以上才能称之为诸卫。元统元年八月伯颜当是兼领威武卫和阿速卫，而非威武阿速卫。《秦王元勋碑》记载：元统二年正月，伯颜任"威武卫亲军都指挥使"。[②]这与《顺帝纪》元统元年十二月伯颜提调彰德威武卫的记载并不冲突。[③]威武卫可能是彰德威武卫的简称，伯颜出任威武卫都指挥使事在元统元年八月，正式任命则在元统元年十二月或元统二年正月。

史卫民先生提出：伯颜提调的彰德威武卫就是威武阿速卫，其兵源来自何处史无明证，可能与伯颜在河南扈从文宗北上时"别募勇士五千人"有关；《析津志辑佚》记载的忠武卫当为威武阿速卫。[④]

从泰定三年（1326）到致和元年（1328）七月，伯颜任河南行省平章政事，两都之战中他以实际行动表示对文宗的支持："会计仓廪、府库、谷粟、金帛之数，乘舆供御、牢饩膳羞、徒旅委积、土马刍糗供亿之须，以及赏赉犒劳之用，靡不备至。……征发民丁，增置驿马，补城橹，浚濠池，修战守之具，严徼逻斥堠，日被坚执锐，与僚佐曹掾筹其便宜。……伯颜别募勇士五千人以迎帝于南，而躬勒兵以俟。……怀王至河南，伯颜属橐鞬，擐甲胄，与百官父老导入，咸俯伏称万岁，即上前叩头劝进。……明日扈从北行。"[⑤]

当时伯颜的势力范围只限于河南一省，募集的五千勇士也是出自河南，而元代的彰德路则属中书省，并不在当时伯颜的治下，这五千人并非招募自彰德路。《元史》没有记载这五千人的下落，但两都之战结束后，这批人可能被编入了伯颜管领的军队中。但这支军队是否就是彰德威武卫？现有史料无法证明。彰德威武卫可能是因它的驻地设在彰德路而得名。职名录记载的伯颜头衔，既无威武卫也无彰德威武卫，可能该卫或已改名，或被撤销，或与其他军队合并。它是不是威武阿速卫无法从现存史料中找到答案。因为史料的缺失，目前还无从证明《析津志辑佚》的忠武卫与威武阿速卫的关系。

顺帝至元六年（1340）二月，伯颜被逐出中央，"所有元领诸卫亲军并怯薛丹人等，诏书到时，即许散还"，[⑥]威武阿速卫当在此时废置。威武阿速卫在元统二年到后至元二年四月之间成立，后至元六年二月随着伯颜势力的瓦解而消失，存在时间只有四到六年。

因为史料的缺失，目前不能解决有关威武阿速卫的许多问题：威武阿速卫建立的确切时间？它的规模多大，下辖几个千户所？它的千户所从何而来，有哪些职能，有哪些人曾在该卫任职？威武阿速卫与阿速人有什么关系？威武阿速卫是不是由阿速人组成的？如果不是，为何这一支侍卫亲军要以威武阿速为名？为何伯颜已经成为阿速卫都指挥使

① 《元史》卷一三八《伯颜传》，第 3337 页。

② ［元］马祖常《石田文集》卷一四《敕赐太师秦王佐命元勋之碑》。

③ 《元史》卷三八《顺帝纪一》，第 819 页。

④ 史卫民《元代侍卫亲军建置沿革考述》，元史研究会编《元史论丛》第四辑，中华书局，1992 年，第 98—99 页；史卫民《中国军事通史第十四卷：元代军事史》，军事科学出版社，1998 年，第 400 页。

⑤ 《元史》卷一三八《伯颜传》，第 3336 页。

⑥ 《元史》卷四〇《顺帝纪三》，第 854 页。

且身兼多个侍卫亲军的都指挥使或达鲁花赤,还要创立威武阿速卫? 如果是因为伯颜曾与诸阿速将领一起扶持武宗、文宗登基而私交甚笃,有意扩张阿速人的势力,为何又找不到阿速人与威武阿速卫的联系? 这些问题或许只有出现新资料才能解答。

1342 年马黎诺里来华之时,威武阿速卫已经解散。如果他见到了三万阿速人是实,可能是伯颜死后解散的侍卫亲军中有不少军士被编入了左右阿速卫。马黎诺里说三万阿兰人自称教皇的奴隶,愿为法兰克人效死自然是夸张之词,他可能夸大了阿速人的数目,然而随着元中后期阿速人屡建军功,阿速卫的势力随之扩张却是不争的事实。

Studies of Two Issues on the Asud Guards of the Yuan Dynasty

Cai Jingjing, Institute of Asian Studies, Nanjing University

Abstract: This article studied on two issues. One is the number of Asud Guards; the other is about the Weiwu Asud Guard. According to *Codes of Yuan Dynasty* and Latin sources of Catholic missionary, the author estimates that the number of Asud was 20,000. The Weiwu Asud Guard was only once mentioned in *The History of the Yuan Dynasty* and without any relevant content. This article studies Weiwu Asud Guard starting from Bayan's resume who had held Daruyači of the Guard.

Key Words: Asud Guards; staff number; Weiwu Asud Guard; Bayan

(本文作者为南京大学历史学院博士后)

论元代的人口籍没

乔志勇

提 要：人口籍没之刑在元代使用面颇广，上至政治斗争中失败的大臣，下至非法放鹰或私自酿酒的百姓，均有可能受这一刑罚的制裁。在人口籍没之刑中，罪犯本人通常处以死刑、流刑或者配役，但也有可能仅仅是罢职不叙。罪犯家人或奴婢籍没之后成为贱民性质的"官口"，或长期留在官府机构中，或被赐给他人，成为私奴婢，后一种情况在当时应该更为普遍。

关键词：元代 籍没 奴婢

元代的人口籍没在史料中常有记载，而将籍没人口充当赏赐之资更是元代中后期政治史上的特色，当时儒臣为此屡屡上言，要求禁止，史不绝书，当代学者亦曾撰文讨论元代籍没女性的命运。[①] 不过，一般而言，人口籍没之刑在当时适用于哪几种"罪行"，籍没人口的去向及身份性质等问题还没有总体性的研究。拙作便对这些问题进行探讨，同时根据对籍没人口去向的研究，说明这种籍没之刑在刑罚之外的作用。

一、 适用人口籍没之刑的"罪行"种类

笔者首先按照这种刑罚对应哪几种罪行的思路，概括出当时需要处以籍没人口之刑的罪行种类。不过，某一政权内部的政治斗争所导致的某些残酷刑罚的使用，常常没有客观的标准可循，更多的是取决于皇帝、执政大臣或者其他权势人物的意志。后一种情况，笔者单独列出，共分两大类，概述、分析如下。

（一）

（1）反叛

包含两种情况，一是图谋、组织或参与武力对抗现政权的行为，二是与现政权的敌人暗通款曲。因为反叛行为针对政权本身，所以统治者的惩治手段必然残酷，除对其中重要人物处以死刑之外，另外对其他参与者乃至被胁从者的家属，都要以籍没的方式处置。

首先看一下上述第一种情况，组织或参与武力对抗国家政权则是其中比较典型的类型。1234 年蒙古灭金之后，有过数次首领化名为"李佛儿"的反叛事件，[②] 参与其中的民众与其家人被断没为奴。至元八年（1271）颁布的户口条画规定，若乙未（1235）括户时

---

① 杨印民《元代籍没妇女的命运与籍没妻孥法的行废》，《史学月刊》2007 年第 10 期。
② 参见刘晓《李佛儿小议》，《中国史研究》2006 年第 4 期。

属于良民而后又沦为驱口（奴婢）之人，基本恢复良民身份，即使是在壬子（1252）括户中被当成驱口的，户口条画颁布之后也恢复良民身份，但是"为李佛儿断没之人"却是例外，即便在乙未户计时曾经属于良民，仍不在放良之列。[①] 因为户口条画考虑的是地方上有势力者擅自压良为奴的情况，而将涉及反叛之人断没为奴本身就出于官方意志。李佛儿为民间起事者，到元末乱离之际，亦有官员"从逆"反叛，范静善为南宋降将范文虎之孙，元末任钱唐县尹，至正十二年（1352），红巾军进攻杭州，范静善"从逆劫官库"，元军克复杭州后，范静善伏诛，"田地房舍皆没入官"，当时人孔齐称其妻"以庆元袁日严所谋，幸免其祸"，孔齐云："范之妻，日严异母姊也。日严以同父之故，痛其犯刑，乃以重赂赎之。"[②] 范静善谋叛伏诛，按法律当财产、人口全部籍没，其妻若无他人行贿营救，必将籍没为奴。

上述"李佛儿"的造反起事，及元末范静善"从逆"劫官库，其对抗政权的事迹均为已然发生。不过，即使只是图谋起事，其处置方式仍是死刑加上籍没人口，从元朝惩治"妖言"案件的事例中可见一斑。大德年间有"逆贼段丑厮辈，贯穿数州，恣行扇惑，无人盘诘"。[③] 段丑厮等"恣行扇惑"之地当在河南，大德五年（1301）七月，中书省接到河南行省咨文，咨文云："追问到贼人段丑厮等，诈称神异，妄造妖言，虚说兵马，扇惑人众。"中书省下令："除将为首及信从并知情不首者并行处斩，妻子籍没入官，首捉人张德林等别行迁官给赏外，今后若有似此诈妄之人，闻者随即捕送赴官，依上理赏。其信从及不首者，准上断罪。都省咨请多出文榜禁治，及遍行合属，排门粉壁，晓谕施行。"[④] 八月，成宗诏书内一款云："近获贼人段丑厮等，妄造妖言，扇惑人众，已将同情及闻知不首之人并行处斩，妻子籍没，首捉事人各与官赏讫。其使排门粉壁晓谕，告捕者有赏，不告者有刑，仍令社长、里正、主首、各处官司、肃政廉访司常加体察，毋致愚民冒触刑宪。"[⑤] "诈称神异，妄造妖言，虚说兵马，扇惑人众"，在政府看来，即是以民间宗教为号召，图谋造反，因此朝廷对犯者处以极刑，其妻儿籍没入官，并以此案的裁决作为今后处理类似案件的通例，要求地方严加防范。

其次，并无武力对抗政权的图谋与显迹，而是与政权的敌对方暗通款曲，相应的惩治手段亦为处死犯人加上籍没其家属。宋室降元之后，南方一时兵火未息，元朝官兵借镇压反叛之机籍没人口。王道任福建行省左右司郎中时，行省"柄用者"专尚威猛，当地宦族"赵知府"等六十三家被"诬与山贼通"，官府"拟梃杀之，意在籍没，掩利余赀"，幸亏王道抗言，反对以暧昧之故，"一概奴戮"，这六十三家得以幸免。[⑥] "奴戮"即屠戮犯人并将其妻儿籍没为奴，可知上述"籍没"并非单就财物而言。若非王道的直言，被诬宦族的妻儿难免此种命运。可知，如果确实是与敌方暗通款曲，其妻儿的命运就是籍没为奴。类似的诬陷在元代并不鲜见，《元史·张九思传》云："九思讨贼时，右卫指挥使颜进在行，中

———————————

① 《通制条格》卷二《户令》，方龄贵校注本，中华书局，2001 年，第 20 页。

② ［元］孔齐《至正直记》卷二《宋末叛臣》，庄敏、顾新点校，上海古籍出版社，第 79 页。

③ 《元典章》卷三二《户部九·农桑·立社·社长不管余事》，陈高华、张帆、刘晓、党宝海点校，中华书局、天津古籍出版社，2011 年，第 926 页。

④ 《元典章》卷四一《刑部三·诸恶·大逆·妖言虚说兵马》，第 1404—1405 页。

⑤ 《元典章》卷三《圣政二·明政刑》，第 112 页。

⑥ ［元］王恽《秋涧先生大全文集》卷五五《大元故中顺大夫徽州路总管兼管内农事王公神道碑铭》，《四部丛刊》影印明弘治刻本。

流矢卒。怨家诬为贼党。将籍其孥，九思力辩之，得不坐。"①《元史·乌古孙良桢传》："有恶少年诬知宜兴州张复通贼之罪，中书将籍其孥，吏抱案请署。良桢曰：'手可断，案不可署。'"②此处"籍其孥"指拘禁被告子女，等案件定谳之后籍没为奴。大德十年（1306）中书省公文转引宁国路库大使黄镒的牒文，黄镒指出当时政府搜检诬陷官员的私人文书，他反对此类行为，认为："倘有虚写诸人有犯十恶谋叛以上罪名，拷讯承伏，枉遭刑宪，死者不复生，父子不相保，妻子配隶，家资籍没，冤枉无由所伸。"③"配隶"即籍没入官，"谋叛"累及家人，故官员对有可能发生此类诬告这点特别在意。

　　需要补充说明的是，在发生内战的情况下，某些出于被迫的自保之举，也会被内战中一方认定为叛变之举，而施以籍没之刑。如果某大臣明确站在某一方，那在另一方看来更是叛逆无疑。致和元年（1328）泰定帝死于上都，大都、上都各立朝廷，元朝随之发生内战。当时梁王王禅为上都朝廷作战，"缙山县民十人尝为王禅向导"，大都朝廷事后"诛其为首者四人，余杖一百七，籍其家赀，妻子分赐守关军士"。④缙山县民为上都军队充当向导，很可能是胁从、被迫之举，但从大都朝廷的角度看，为敌军带路无疑是通敌行为，故籍没其妻儿，然后赏给士兵。内战之际，不独普通百姓遭此厄运，因求自保而与溃兵发生冲突的官僚地主亦不能免。是年十月，上都军夺取紫荆关，大都官兵"溃卒南走保定，因肆剽掠"，"武昌万户"张景武等率民协助地方官击杀溃兵数百人。⑤张景武的曾祖是金末投靠蒙古的世侯张柔，祖父张弘范是元朝灭宋的功臣，父亲张珪在泰定朝官至平章政事，张景武自己也当过军官，但在两军激战之时、政权存亡之际，他的官宦家世并不管用，稍后，大都政权宣徽使也先捏"以军至保定"，杀张景武兄弟五人，"并取其家赀"。⑥上都投降之后，文宗"以张珪女归也先捏"，⑦后来御史台大臣为张家鸣冤，说："设使珪子有罪，珪之妻女又何罪焉！今既籍其家，又以其女妻也先捏，诚非国家待遇勋臣之意。"⑧可知张景武兄弟被杀之后，不光是家赀为也先捏所夺，其家属亦为朝廷籍没，所以文宗能将张珪之女赐给也先捏，大都朝廷一度因为张景武击杀己方溃兵而将其当作叛逆来处理，直至御史台大臣鸣冤之后，文宗才下令改正。上述两例背后的原因：一是内战时任何一方对自身政权的安危比平时更为敏感，不惜以籍没人口的酷刑来树立自身的权威；二是为了用子女玉帛犒赏官兵，激励士气，所以先借籍没之刑获得用以赏赐的人口。

　　缙山县民及张景武所为出于被迫或者自保，不得已而为之，若明确为一方效力，与另一方为敌，其家属若落在敌方手中，更难免于被籍没的命运。两都之战爆发后，有"詹事钦察"为上都效力，天历元年（1328）八月，大都方面阿速卫指挥使脱脱木儿与"上都诸王失剌、平章政事乃马台、詹事钦察战于宜兴，斩钦察于阵"，⑨此"宜兴"为上都的宜兴县，在

①　《元史》卷一六九《张九思传》，中华书局点校本，第 3980 页。
②　《元史》卷一八七《乌古孙良桢传》，第 4289 页。
③　《元典章》卷五三《刑部十五·诉讼·禁例·禁搜草检簿籍事》，第 1794 页。
④　《元史》卷三二《文宗纪一》，第 714—715 页。
⑤　同上书，第 713 页。
⑥　同上书，第 714 页。
⑦　同上书，第 715 页。
⑧　同上书，第 717 页。
⑨　同上书，第 706 页。

脱脱木儿是役获胜后升格为州。天历二年(1329)年正月,中书省臣言:"近籍没钦察家,其子年十六,请令与其母同居;仍请继今臣僚有罪致籍没者,其妻有子,他人不得陈乞,亦不得没为官口。"① 文宗从之。可知,大都政权因钦察站在上都一侧,故籍没其家,而后文宗又听从中书省臣之言,大臣子嗣的生母免于籍没,大臣的子嗣当然也免于籍没。

(2)上匿名书告事

至元二十年(1283)正月,中书右丞相和礼霍孙要求杜绝百姓上匿名书,和礼霍孙言:"其敢以匿名书告事,重者处死,轻者流远方,能发其事者,给犯人妻子,仍以钞赏之。"世祖从之。② 大德七年(1303)正月成宗"诏凡为匿名书,辞语重者诛之,轻者流配,首告人赏钞有差,皆籍没其妻子充赏"。③ 若官府接受匿名书告事,很有可能干扰正常的行政秩序,而地方上与官员交通往来之人亦可以掌握官员阴私来挟制官员,把持官府,所以元朝要禁止匿名书告事。元末"有胡僧持官府柄,横甚",湖广行省平章政事星吉"捕其妻妾十有八人,籍于官,置僧于法"。④ 星吉籍没胡僧妻妾的做法,与成宗圣旨所言一致。不过,元朝虽然禁止百姓上匿名书告事,但这并不妨碍官府主动搜查记载官吏贪赃劣迹而无"作者"姓名的私人文书。大德十年(1306)中书省公文转引宁国路库大使黄镒的牒文,黄镒向上司明言当时省台部院、百司官吏经常搜检各种私家文簿、状草、检目,这些私人文书只记载"官吏人等取受钱物",没有"元告姓名",其实质"与匿名书无异"。上司依据这些书状"非法拷打",而官吏"惧怕凌辱,虚招赃钞,罢职不叙,冤屈无伸"。黄镒认为"理合钦依圣旨事意,指陈实事,经由系籍书状,真写净本甘结抵罪反坐罪犯,明白告论"。⑤ 黄镒对成宗圣旨的解释未必准确:圣旨所禁的是百姓以匿名书告事,而黄镒反对的是官府主动搜查私人的无名文书,并以此为依据审讯无名文书中涉及的官吏,两者并非一事;黄镒害怕的是会有"把持官府、凶徒恶党之人,窥伺上司搜检文簿、状草",杜撰一些陷害人的材料,写在这些文书里,"专候搜检待对",这种情况与投匿名书告事在性质上有相通之处,但仍不能等同为一事。黄镒的"库大使"是个正六品小官,他的真实目的在于保护像他这样的低级官吏的利益,他要求"民告官"只有实名上告,且预先保证诬告的话要抵罪反坐,这样上级长官或监察部门才能审查这些被告官吏,政府不能主动搜查无责任人姓名的私人文书,并以此为据审讯这些低级官吏。而政府借无名文书审讯这些低级官吏的目的,无非是要他们承认并吐出"赃款",增加财政收入而已。性质与世祖朝理财大臣的"理算"、"钩考"并无二致,亦可想见黄镒这类与财政关系密切的仓库官很容易受到此类政策的波及,难怪其对政府的此类行为非常敏感,硬要曲解成宗圣旨。尽管《元典章》所载文书内中书省同意黄镒所请,但仍有两点问题:一是元代监察系统与行政系统存在矛盾,监察系统应该不会接受黄镒所说。按黄镒所说,监察系统几乎就不能主动调查,丧失监察功能。二是恐怕只要元朝遇到财政压力,在行政系统内,黄镒反对的那套做法也会死

---

① 《元史》卷三三《文宗纪二》,第 728 页。

② 《元史》卷一二《世祖纪九》,第 250 页。

③ 《元史》卷二一《成宗纪四》,第 447 页。

④ [明]宋濂《宋濂全集》卷五四《元赠开府仪同三司上柱国录军国重事江西等处行中书省丞相追封咸宁王谥忠肃星吉公神道碑铭》,黄灵庚点校,人民文学出版社,2014 年,第 1283 页。

⑤ 《元典章》卷五三《刑部十五·诉讼·禁例·禁搜草检簿籍事》,中华书局、天津古籍出版社,2011 年,第 1793 页。

灰复燃。因为元代人将官府主动搜查无名文书与百姓投匿名书告事牵连起来，所以笔者此处不得不辨析两者，施加籍没人口之刑者是投匿名书告事，与官府搜查私人无名文书无涉。

（3）官员职务犯罪

官员违背当时的行政法规，甚至严重失职，也有可能遭到籍没人口的处罚，这是因职务犯罪而导致的籍没。元朝在涉及军人逃亡、歇役以及官员矫制时会对官员采用籍没之刑。

军人逃亡是元朝非常重视的问题：如果是军官（及其他在军人驻所的官员）役使、骚扰军人导致军人逃亡、歇役的，对这些官员处以籍没人口、财产之刑；奥鲁官将逃亡实情隐蔽欺瞒的，亦处以同样刑罚。《元典章》载：

> 至元十五年（1278）十月，钦奉圣旨：
> 据枢密院奏"先为军前多有逃亡事故、歇役军人，奏奉圣旨，差官与各路奥鲁官吏一同磨问，其间若有欺弊隐匿，定到奥鲁官吏罪名，罢职，断没人口、财产。如此严切起补去讫。如到军前，管军官不肯用心抚治，依前占破搔扰，再交逃亡歇役，又来奥鲁官起补，转致损坏军马生受，乞降圣旨禁约"事。准奏。道与各路行省、行院、都元帅、各卫指挥使、招讨、万户并已下大小军官、首领官、镇抚人等：您是专一管军底官人，不度军力难易，其间指名占破，不依体例行事，搔扰军人不安，因此逃亡歇役，致令奥鲁官吏作弊。这罪过，都在您军官每身上有。然此已行圣旨，分头差官，再行起补去也。若到军前，须要各各安贴当役，不致依前占破搔扰。今交枢密院遍行省谕禁治，更令提刑按察司官常切用心体究。如不用心抚治，依前作弊占破搔扰，再有逃亡歇役者，军官、首领官、镇抚，依着奥鲁官体例罢职，人口、财产断没一半，再不叙用……①

据枢密院所奏，在至元十五年之前，朝廷已发觉有奥鲁官故意隐瞒军人逃亡现象。忽必烈已对此下圣旨，对这些奥鲁官要籍没人口、财产作为处罚。"奥鲁"意为"老小营"，即军人家属所在之地。奥鲁官是管理军户的官员，至元元年（1264）以后，汉军的奥鲁官由地方官兼任，蒙古军、探马赤军仍有单独的奥鲁官，而元灭南宋后从南方征集的新附军是没有奥鲁官的，因此该公文针对的是户籍在北方的蒙古军、探马赤军及汉军。至元十五年

---

① 《元典章》卷三四《兵部一·军役·逃亡·处断逃军等例》，第1193—1194页。引文开头"至元十五年"，点校本原文作"至元五年"，校勘记云："时间疑误。本卷前文《正军·省谕军人条画》系此圣旨于至元十五年三月。"笔者认为此处"至元五年"当为"至元十五年"之误，除校勘记所引《处断逃军等例》条外，《高丽史》亦可证，故引文及笔者行文径作"至元十五年"。《高丽史》忠烈王六年（即至元十七年）十月纪事："元行中书省移牒征东军事。牒曰：'钦奉圣旨，征收日本国。会验至元十五年奉到枢密院札付：'先为军前多有逃亡事故、歇役军人，奏奉圣旨，差官与各路奥鲁官吏一同磨问，其间若有欺弊隐匿，定到奥鲁官吏罪名，罢职，断没人口、财产。如此严切起补……'"[（朝鲜）郑麟趾《高丽史》卷二九《忠烈王世家二》，延世大学校东方学研究所影印本，1955年，第595页下]知至元十五年三月（或稍前）忽必烈有"差官与各路奥鲁官吏一同磨问"的圣旨，其后，枢密院在发给元行中书省的札付中引用这一圣旨，行中书省给高丽的牒文再引用枢密院札付。

（1278）五月忽必烈再下圣旨时，他已经意识到问题的源头不在军人户籍、家属所在之地，而在军人驻扎之地，由于军官（及军人驻所的首领官、镇抚等）私自占用、役使军人，以致军人不安，逃亡歇役，这些官员为逃避责任，使奥鲁官通同作弊，掩盖真相，蒙混过关。圣旨内"这罪过，都在您军官每身上有"一句，已道出了此前奥鲁官隐瞒军人逃亡现象的背后原因。所以新圣旨特意提到"再有逃亡歇役者，军官、首领官、镇抚，依着奥鲁官体例罢职，人口、财产断没一半"，军官、首领官、镇抚连同奥鲁官一同受罚，但断没的人口、财产减少到总额的一半。元朝军队屯驻的地方设立万户府，镇抚一般设于各种万户府内，管理军政，首领官应当也是就万户府之内者而言。

官员矫制，当籍"孥产之半"，即人口、财产的一半。中统四年（1263）五月，南京路总管刘克兴"以矫制获罪，当籍孥产之半"，刘克兴家的奴隶本来是其掳掠来的良民，中书省右司掾袁裕言于中书，最终"止籍其家，奴隶得复为民者数百"，① 即由于袁裕的进言，这些"奴隶"被政府承认是良民，不算在刘家的依附人口之内。

（4）百姓放鹰捕猎

放鹰捕猎被蒙古统治者视为自己的特权，禁止回回、汉人百姓捕捉、出售鹰，违禁者籍没其妻子。至元十年（1273）中书省兵刑部引用公文内引用圣旨，云："道与断事官、达鲁花赤官人每：'回回、汉儿诸色人等，今后拆么诸般鹰鹞，都休放者。东至滦州，南至河间府，西至中山府，北至宣德府，已前得上司言语来底，休放者。若有违犯底人呵，将他媳妇孩儿每、头匹、事产，都断没也者。'"② 元代的诸色户计中有打捕鹰房户，以放鹰捕猎为生，对这类人自然不能一概禁止其放鹰打猎。至元八年（1271）十一月尚书省公文中引用的圣旨禁止打捕鹰房户捕捉"天鹅、鸳鸰、仙鹤、鸦鹘"等珍贵猎物，如有"私下卖的"，"不拣谁，拿住呵，卖的人底媳妇、孩儿每，便与拿住的人者"。公文引用的中书省咨文中还有一条圣旨，云："天鹅、鸳鸰、鸦鹘，好生禁断者。除这的以外，鸭、雁其余飞禽，诸人得打捕者。"③ 可见打捕鹰房户可以猎取野鸭、大雁等一般飞禽。总之，打捕鹰房户以外一般回回、汉人百姓禁止放鹰捕猎，违禁者籍没妻子、财产，而打捕鹰房户则允许猎捕一般飞禽，但不能猎捕天鹅等名贵鸟类，否则也要籍没妻子，赏给捉拿违禁者。

（5）某些损害国家财政的行为

至元二十年（1283）四月，元朝"申严酒禁，有私造者，财产、女子没官，犯人配役"，④ 元朝为保证造酒方面的国家垄断，对私自酿造者处以籍没之刑，根本上还是为了保障国家的财政收入。大德六年（1302）发生朱清、张瑄一案，案件背后有元朝宫廷掠夺朱、张两家财富的因素，因此"民间以匿朱、张财物多无辜坐逮者"，幸亏平江吏徐泰亨"力为辨析，免男女为奴婢者若干人"。⑤ 可知朝廷对隐匿朱、张财物者也用籍没为奴的刑罚，目的还是保证其对朱、张财产的占有，以充实府库。

---

① 《元史》卷一七〇《袁裕传》，第 3998 页。刘克兴以矫制获罪的时间据《元史》卷五《世祖纪二》，第 92 页。

② 《元典章》卷三八《兵部五·捕猎·违例·禁地内放鹰》，第 1324 页。

③ 《元典章》卷三八《兵部五·捕猎·打捕·禁捕鸳鸰鹅鹘》，第 1315 页。

④ 《元史》卷一二《世祖纪九》，第 253 页。

⑤ ［元］黄溍《金华黄先生文集》卷三四《青阳县尹徐君墓志铭》，《四部丛刊》影印元刻本。

（二）

上述几种情况，当时统治者视为罪行，即使现在来看，仍有相对客观的标准可以据以判定是否适用人口籍没之刑。但是在元朝上层的政治斗争中，官员失势倒台甚至触怒执政大臣，便可能遭到这一刑罚的处置，很难去归纳具体哪些"罪行"适用人口籍没之刑，这里面更多的是取决于君主、执政大臣或其他权势人物的意志。下文先概述此类事例，再做分析。

至元二十四年（1287）世祖恢复尚书省建置，桑哥任平章政事，实际掌握尚书省。桑哥打击政敌，钩考中书省，不遗余力。对其政敌也采用死刑加籍没妻子的刑罚。《元史·桑哥传》："台吏王良弼，尝与人议尚书省政事，又言：'尚书钩校中书不遗余力，他日我曹得发尚书奸利，其诛籍无难。'桑哥闻之，捕良弼至。与中书台院札鲁忽赤鞫问，款服，谓此曹诽谤，不诛无以惩后。遂诛良弼，籍其家。有吴德者，尝为江宁县达鲁花赤，求仕不遂，私与人非议时政。又言：'尚书今日核正中书之弊，他日复为中书所核，汝独不死也耶。'或以告桑哥，亟捕德，按问，杀之，没其妻子入官。"[①]王良弼、吴德均因反对尚书省钩考而横遭极刑，妻子籍没，其罪名不过是"诽谤"或"非议时政"，其加罪取决于桑哥的意志。《元史·崔彧传》："又言昔行御史台监察御史周祚，劾尚书省官忙兀带、教化的、纳速剌丁灭里奸赃。纳速剌丁灭里反诬祚以罪，遣人诣尚书省告桑哥。桑哥暧昧以闻，流祚于憨答孙，妻子家财并没入官。祚至和林遇乱，走还京师。桑哥又遣诣云南理算钱谷，以赎其罪。今自云南回，臣与省臣阅其伏词，为罪甚微，宜复其妻子。"世祖从之。[②]周祚和林遇乱，当与至元二十五（1288）至二十九年（1292）间窝阔台后王海都进攻漠北有关。[③]

至元二十八年（1291）桑哥被诛，其党羽亦受籍没之刑，下场与当初被桑哥打击之政敌无异。桑哥败后，世祖"敕没入琏真加、沙不丁、乌马儿妻，并遣诣京师"，[④]琏真加即杨琏真加，河西僧人，元朝占领临安的第二年（至元十四年，1277）被任命为管理南方佛教的"江南总摄"。[⑤]至元二十一年（1284）发掘南宋诸陵，横行江南。[⑥]与回回人沙不丁、乌马儿皆党附桑哥。河西僧人可以结婚，所以杨琏真加有妻室。另有孙民献党附桑哥而遭籍没，《元史·世祖本纪》至元三十年（1293）十一月纪事："孙民献尝附桑哥，助要束木为恶，及同知上都留守司事，又受赇减诸从臣粮，诏籍其家赀、妻奴。"[⑦]《至顺镇江志》载有营州人孙民献，至元十七年（1280）至二十年（1283）间任镇江府路总管府总管兼府尹，[⑧]当即《本纪》所载党附桑哥者。

---

① 《元史》卷二〇五《奸臣·桑哥传》，第4571—4572页。

② 《元史》卷一七三《崔彧传》，第4042页。

③ 参见陈得芝《元岭北行省建置考》（中），收入陈得芝《蒙元史研究丛稿》，人民出版社，第167—169页；刘迎胜《察合台汗国史研究》，上海古籍出版社，2011年，第287至288页。

④ 《元史》卷一六《世祖纪十三》，第352页。

⑤ 参见陈高华《再论元代河西僧人杨琏真加》，收入陈高华《元朝史事新证》，兰州大学出版社，2010年，第143—144页。

⑥ 杨琏真加横行江南之事及其政治背景，可参见陈高华《略论杨琏真加与杨暗普父子》，收入陈高华《元史研究论稿》，中华书局，1991年。

⑦ 《元史》卷一四《世祖纪十》，第374页。

⑧ ［元］脱因修、［元］俞希鲁纂《至顺镇江志》卷一五《刺守》，杨积庆等点校，江苏古籍出版社，1999年，第595页。

上文提到的朱清、张瑄案中，大德七年（1303）正月"命御史台、宗正府委官遣发朱清、张瑄妻子来京师"。① 元朝对朱、张"籍其家，没入诸子女，或窜之漠北"，当时"诸王有欲奴朱、张后者"。张瑄之孙张天麟"泣诉将作使忻都"，忻都"为奏占匠户，诸女亦入绣局"，张氏后人赖忻都之奏，成为系官工匠，张天麟"对此犹以为冤"。大德九年（1305）张天麟向成宗求情，成宗召还"窜之漠北"者，使其父张文龙"董日本贾舶"，武宗即位后将张文龙"超迁都水监，仍俾治海漕"，而张氏一门的匠户、绣女由"大司徒大顺公奏免"，② "大司徒大顺公"是"世典内膳"的契丹人"石抹明里"。③ 武宗令张文龙治海漕在至大三年（1310）十一月，④ 则据王逢《张孝子》诗序的叙事，张氏一门匠户、绣女的奏免在至大三年十一月之后。若没有张天麟的努力及忻都的同情，张瑄家人极有可能被籍没并沦为诸王的奴婢，系官匠户的待遇应当好于奴婢，但仍是一种依附人口，所以张天麟还要继续奔走呼告。朱清的家人中，文献所载有其儿媳茅氏，为子朱虎之妻，《元史》记载"吏录送茅氏及二子赴京师，太医提点师甲乞归家，欲妻之，誓死不从。母子三人以裾相结连，昼夜倚抱号哭，形貌销毁。师知不可夺，释之。茅氏托居永明尼寺，忧愤不食卒"。⑤ 而据《至正昆山郡志》，茅氏为朱虎故旧"王大卿、刘万户、张院判、拙庵长老"等出钞赎出，⑥ 并非该太医自愿放弃。

文宗以政变即位，紧接着就是两都内战及明宗、文宗的帝位之争，故文宗朝政治斗争一度极为残酷，因此，失势大臣的家属遭籍没现象也非常普遍，从当时大臣的上奏中就可见一斑。天历元年（1328）十月，中书省臣言："凡有罪者，既籍其家赀，又没其妻子，非古者罪人不孥之意。今后请勿没人妻子。"文宗"制可"。⑦ "制可"云云，其实并不落实，所以此后不断有反对籍没大臣家属并赐给他人的上奏，下文将详细论之。顺帝时枢密院都事逯鲁曾上言："前伯颜专杀大臣，其党利其妻女，巧诬以罪。今大小官及诸人有罪，止坐其身，不得籍其妻女。"⑧ 可知顺帝初年伯颜擅权时期，其党对政敌采用处死并籍没家人之法。

此外，还有身死之后遭到籍没人口处分的例子。平章政事阿合马在至元十九年（1282）被刺杀之后，忽必烈开始追究阿合马身前之罪，诏戮其尸，穷治其党。《史集》载阿合马家人的遭遇，云："他的妻子滕哲哈敦被杀，他的所有的另外四十个妻子和四百个妾被分配了，他的财产和家具都充了公，活剥了他的儿子异密哈散和异密忽辛的皮，他的其余子女和后裔则被宽恕了。"⑨ 所谓"分配"，是先籍没为官奴婢后再赐给他人。

① 《元史》卷二一《成宗纪四》，第447页。

② ［元］王逢《梧溪集》卷四《张孝子》序，《中华再造善本》影印元至正明洪武间刻景泰七年陈敏政重修本，北京图书馆出版社，2005年。

③ 《元史》卷一六九《石抹明里传》，第3976页。传载武宗封石抹明里"荣禄大夫、大司徒"，其妻梅仙封"顺国夫人"（第3977页），可知王逢《梧溪集》所谓"大司徒大顺公"当是石抹明里。

④ 《元史》卷二三《武宗纪二》："以朱清子虎、张瑄子文龙往治海漕，以所籍宅一区、田百顷给之。"（第530页）事在至大三年（1310）十一月。

⑤ 《元史》卷二〇〇《列女一·朱虎妻传》，第4490页。

⑥ ［元］杨谭纂修《至正昆山郡志》卷六《神灵》，《宋元方志丛刊》第一册影印清宣统元年（1909）《汇刻太仓旧志五种》本，中华书局，1990年，第1140页下。

⑦ 《元史》卷三二《文宗纪一》，第716页。

⑧ 《元史》卷一八七《逯鲁曾传》，第4293页。

⑨ ［波斯］拉施特《史集》第二卷，余大钧、周建奇译，商务印书馆，1985年，第346页。

上述事例中，阿合马身后获罪与桑哥的失势，两人《元史》本传的记载都是其"奸诈"为忽必烈所知，[①]《史集》所载忽必烈对两人不满的过程更加具体且有轶事色彩。[②] 本人或者党羽遭到籍没人口的处罚，这最终是受君主意志的决定。朱清、张瑄两人从忽必烈晚年开始，不断有人告发，但朝廷并不问罪，两人仕途顺畅，直到大德六年（1302）有江南僧人告其"不法十事"，[③]朝廷下令惩治。据王逢《张孝子》诗序所云"成宗嗣位未几，疾，后专政，枢密断事官曹拾得以隙踵前诬，后信，辄收之"，[④] 则籍没两家的决断出于成宗皇后的意志。虽然说有"不法十事"，但与其说有一个"法"标准可以说明为何如此处置，不如说是权力核心的意志导致这一结局。一般官员得罪执政大臣而遭籍没的，亦无明确的法定标准可循。一个朝廷内部政治斗争导致的籍没刑罚的使用，肯定是政治因素直接主导，而不应用某种罪行对应某种刑罚的思路去考虑。在两个朝廷并立的情况下，为某一方效力，或者对抗另一方，因而被另一方视作叛逆，处以籍没之刑，这种情况当然也是政治因素主导，但仍有与罪刑相对应的客观行为、事实，比如前面所说两都之战中钦察的例子，笔者仍将此种情况放在第一类。

值得注意的是，在籍没大臣家属时，其子嗣容易被免于籍没，而妻妾则不易被免，上面阿合马的例子就颇为典型。此外，桑哥倒台时，忽必烈只是"敕没入琏真加、沙不丁、乌马儿妻"，而不涉及其后代。朱清、张瑄案中，王逢《张孝子》诗序谓："泣诉将作使忻都，为奏占匠户，诸女亦入绣局。"[⑤]似乎张氏后人均是男为匠户，女入绣局，但张瑄之孙张天麟，在朝廷"籍其家"后，一直奔走请托，忻都"为奏占匠户"之后，于大德九年（1305）四月在上都"拜辇道左"，"又伏东华门"，使皇帝同情并召还其家"窜之漠北者"，知张天麟不在最初籍没之列，也没有成为系官匠户，所以能奔走请托，拦驾求情。而天麟之父文龙在石抹明里奏免张氏匠户、绣女前就已经"改董日本贾舶"了。上文引用过的天历二年（1329）正月中书省臣上言，要求"臣僚有罪致籍没者"，其子嗣的生母免于籍没，文宗从其请。中书省臣的上言自然也是从臣僚子嗣的角度考虑，因此要免其生母，不论省臣上言的落实程度如何，至少可以看到在人口籍没的案子中，臣僚的子嗣容易受到特殊的照顾。子嗣之所以比妻妾更容易免于籍没，主要还是黄金家族在严惩大臣的时候，也会考虑其后人将来仍旧有用，如张瑄之子在朱、张案后以航海经验继续为黄金家族效力。如果被治罪的大臣对于黄金家族有某种人身依附性质，甚至就是黄金氏族的世仆、世臣，那么对皇帝来说，杀其父而免其子也是很自然的考虑，如阿合马是世祖察必皇后的从嫁人（一种依附人口），[⑥]其后代除哈散、忽辛之外均被宽恕。

---

① 《元史》卷二〇五《奸臣·阿合马传》："阿合马死，世祖犹不深知其奸，令中书毋问其妻子。及询孛罗，乃尽得其罪恶……"（第 4564 页）同卷《桑哥传》载也里审班、也先帖木儿、彻里、不忽木及贺伯颜等大臣言其奸诈，"久而言者益众，世祖始决意诛之"（第 4575 页）。

② 《史集》记忽必烈获知阿合马侵吞商人献给自己的钻石，加上太子真金的影响，使得忽必烈仇恨阿合马，见《史集》第二卷，第 345—346 页。《史集》所记桑哥的垮台，是忽必烈得知商人献给自己的珍宝远远不如与献给桑哥的，质问桑哥时因其态度粗鲁而将其处死。见《史集》第二卷，第 349 页。

③ 《元史》卷二〇《成宗纪三》，第 439 页。

④ ［元］王逢《梧溪集》卷四《张孝子》序。

⑤ 同上注。

⑥ 参见刘迎胜《从阿合马的身份谈起》，《元史论丛》第九辑，中国广播电视出版社，2004 年。

上述(一)、(二)部分中人口籍没的意义有所不同,大致可以归为两类:一类是与死刑、流刑或配役(强制苦役)配套使用,犯人本身处以死刑、流刑或者配役,再对他们处以附加的刑罚,即籍没其家属为奴;另一类,犯人本人并不处以刑罚,最典型的是擅自役使军人导致军人逃亡、歇役的军官、首领官、镇抚等官员,其本人罢职、永不叙用,不过是降为一般平民,并损失一半资产,至于籍没其家一半的人口,元代北方官僚地主以及军官家庭占有大量驱口的现象非常普遍,[①]算断没一半的话应当轮不到本人或家中的其他良民(妻妾子女),断没的结果很可能只是失去原有的驱口而已。绝大多数籍没人口的刑罚都是第一类。泛言籍没,有籍没人口与籍没财产之别,如果人口全被籍没,资产自不能保,反之则不然。前辈学者指出:"凡是'没妻子'的,同时也必然籍没资产。"[②]可见官员职务犯罪中籍没一半人口、资产的做法,在人口籍没之刑中是比较特殊的,并不是"没妻子"。

二、 籍没人口的身份性质与去向

前引天历二年(1329)正月中书省臣上言,要求对臣僚有罪致籍没者,其有子之妻"他人不得陈乞,亦不得没为官口",说明籍没人口有两种出路,一是赐予他人,二是留在官府机构,即成为所谓的"官口"。其实被陈乞者的身份也是"官口",因为陈乞的对象就是朝廷、官府。省臣所谓"不得没为官口"是专指没有赏赐出去、最后终身留在官府机构的官奴婢。官口即是官奴婢,"人"、"口"对言则有别,"同居亲属曰人,役使驱贱曰口"。[③]可见一经籍没,原先的良民变为奴婢贱口。以下按赐予他人与留在官府机构两类,说明籍没人口的去向。

(一)赐予他人

朝廷将籍没人口赐予他人之举,有时史料中写明是出于官员主动陈乞,如朱清、张瑄案中朱虎之妻茅氏,被押解到大都后,"太医提点师甲乞归家,欲妻之"。又如文宗即位后,人口籍没案件增多,"近侍争求籍没妻孥货产",参知政事王结上言:"古者罪人不孥,没入家赀者,所以彰有罪也。未有利人妻孥货产而并杀其人者也。"近侍"闻之益怒,潜诋日甚"。[④]中书省臣"他人不得陈乞"之说,说明籍没的妻女财产被部分官员视为自己的福利,可以向朝廷指名索取。

当然,朝廷也可主动将籍没人口赏赐他人。两都之战中为上都军队带路的缙山县民,其妻儿籍没之后被大都政权给予守关士兵,作为犒赏。文宗以张珪之女"归也先捏"前,已命也先捏为知行枢密院事,向潼关进军,与支持上都政权的陕西行省的军队作战,[⑤]可见名臣之后亦沦为赏赐之资,作鼓励士气之用。上匿名书告事者,"皆籍没其妻子充赏",赏给首告者。打捕鹰房户捕捉、出售天鹅等珍禽,其"媳妇、孩儿"赏给捉拿之人。政治斗争中的失败者、被陷害者,其女眷被籍没后通常也被赏赐给他人。阿合马的妻妾除了媵哲

① 如《胡祗遹集》卷二二《杂著·军政·又八合并偏重之弊》提到北方富裕军户谓其有"地数十顷,亲驱数十丁,又有门面营运"(魏崇武、周思成点校,吉林文史出版社,2008年,第481页)。

② 陈高华、史卫民《中国政治制度通史》,人民出版社,1996年,第333页。

③ 徐元瑞《吏学指南》卷六《人口》,第103页。

④ 苏天爵《滋溪文稿》卷二三《元故资政大夫中书左丞知经筵事王公行状》,陈高华、孟繁清点校,中华书局,1997年,第385页。

⑤ 《元史》卷三二《文宗纪一》,第715页。

哈敦被杀以外，其余均被赏给他人，这些人的命运《元史》有所记载。《元臣传》："十九年（1282），帝以所籍入权臣家妇赐之。元臣辞曰：'臣家世清素，不敢自污。'"[①]这儿的权臣就是阿合马，忽必烈抄他家就在这一年。

元代政治中，官员家属（尤其是女眷）被籍没之后赐给他人的情况极为常见，两都之战后尤为显著，当时大臣要求废止这种做法的言论，载于文献者颇为不少。天历二年（1329）六月，陕西行台御史孔思迪言："人伦之中，夫妇为重。比见内外大臣得罪就刑者，其妻妾即断付他人，似与国朝旌表贞节之旨不侔、夫亡终制之令相反。况以失节之妇配有功之人，又与前贤所谓'娶失节者以配身是己失节'之意不同。今后凡负国之臣，籍没奴婢、财产，不必罪其妻子。当典刑者，则孥戮之，不必断付他人，庶使妇人均得守节，请著为令。"[②]是年，海北海南道廉访使经历聂以道建议"没大官不当没其命妇为人妻孥，益励守节者"，"语闻，著为甲令"。聂以道在文宗即位前与之有一面之旧，后者在英宗朝被迫远徙海南，在海南召见过聂以道，并"赐宴加劳"。[③]顺帝初年伯颜专权时继续有籍没大臣妻孥之事，逯鲁曾为此上言。后至元六年（1340）九月顺帝"诏今后有罪者毋籍其妻女以配人"。[④]顺帝时铁木儿塔识建言："近岁大臣获罪重者族灭，轻者籍其妻孥。祖宗圣训，父子罪不相及，请除之。"顺帝"著为令"。铁木儿塔识的建言是在顺帝"总揽权纲"，即除掉伯颜后不久，[⑤]此"著为令"很可能就是指后至元六年顺帝下诏一事。杀其父而用其子，在元朝并不罕见，铁木儿塔识提及"父子罪不相及"的"祖宗圣训"。所谓"圣训"当是成吉思汗的札撒，指人尽其才，不因其父而废其子。但文宗朝以来官僚上言的重点其实在于籍没妻女，配给他人，违背儒教。铁木儿塔识亦受儒教的影响，而用祖宗圣训缘饰其想法。自天历元年（1328）两都之战爆发到后至元六年（1340）顺帝除掉伯颜，亲自掌权，期间政治斗争不断，儒臣屡屡上奏，反对将籍没的官员家属赐予他人，反映这种做法实际上并未终止，皇帝虽同意儒臣所请，但其落实程度大可置疑。

（二）留在官府机构

罪犯家人籍没后留在官府机构的例子不多，比较典型的如上述张瑄后人成为贱民性质的系官匠户。元代系官匠户的性质不能一概而论，有良有贱，且其中贱口、奴婢的比重不大。[⑥]不过，人口籍没入官，便是"官口"，"役使驱贱曰口"，张瑄后人所成为的系官匠户应是贱民、奴婢性质。《张孝子》诗序说"诸王有欲奴朱、张后者"，张氏后人由于张天麟的请托，张氏一门的男性多数成为匠户，"诸女亦入绣局"，这些匠户及绣女均为奴婢性质的系官匠户。如果成为诸王的私奴婢，等于是诸王的私产，一般来说要求他人放弃私产的阻力总比要求官府机构放免官奴婢的阻力大，系官匠户即便是一种财产，也并不属于具体某一个人，将来要求情放免也比较容易；此外，私奴婢中的女性难免沦为诸王淫乐之用。从这两点看，忻都确实帮了张天麟大忙。关于身份属于贱民的系官匠户，《通制条格》卷

---

① 《元史》卷一四九《移剌捏儿传附元臣传》，第 3531 页。

② 《元史》卷三三《文宗纪二》，第 735 页。

③ ［元］刘岳申《申斋集》卷八《元故中顺大夫广东道宣慰副使聂以道墓志铭》，《元代珍本文集汇刊》影印清抄本，"中央"图书馆（台北），1970 年，第 387 页。

④ 《元史》卷四○《顺帝纪三》，第 858 页。

⑤ ［元］黄溍《金华黄先生文集》卷二八《敕赐康里氏先茔碑》。

⑥ 参见高荣盛《元代匠户散论》，收入高荣盛《元史浅识》，凤凰出版社，2010 年，第 372 页。

三《户令·良嫁官户》所记更能说明其法律等级与人身依附性：

> 至元十二年（1275）三月，中书省。户部呈："尚衣局申：'齐世荣告故兄女粉梅，为亡讫父母，于张伯松家住坐，本人暗地主婚，接受系官财钱柒拾伍两，聘与甲局童男张得安为妻。张得安身故，齐世荣自愿出钞柒拾伍两，收赎侄女粉梅归宗。'本部议得，童男张得安身死，其妻粉梅别无收继之人，伊叔齐世荣愿备元财收赎，拟准所告相应。"省准。①

内容中"甲局童男"，在标题中被称为官户，"甲局"是造铠甲的官府手工业机构，隶属尚衣局。标题"良嫁官户"，说明该"甲局童男"的法律上的等级身份是良民的对立面，当为官奴婢。官户并非元代制度中的正式名称，而是金代官奴婢的一种，这里是沿袭旧称，也说明这里的甲局童男就是官奴婢。这种甲局童男的来源很可能是人口籍没，因金代官户亦是籍没而来。甲局童男张得安的婚姻全由官府安排，聘妻之钞七十五两为"系官钱财"，即由官府所出。因此当张得安身故之后，他妻子的叔父齐世荣还必须向官府偿还原价来赎回侄女。至元六年（1269）颁布的"蒙古军驱条画"中将使长为驱口"配与妻室"作为判定驱口身份的标准之一，②足见使长为其驱口花钱娶妻是元代北方社会中的常见现象。官府花钱为官奴婢娶妻，其性质与使长花钱为私奴婢娶妻类似，都是一种使自己的奴婢安心生产并繁衍后代的"投资行为"。"良嫁官户"说明这种婚姻是跨法律等级的婚姻，并非常态。张瑄后人所成为的匠户、绣女，亦是此种官奴婢，因此张天麟还要奔走求情，使其亲人成为良民。

有时籍没的女性即便服侍他人，亦保留官奴婢的身份。《元史·崔彧传》："运使张庸，尝献其妹于阿合马，有宠；阿合马既没，以官婢事桑哥，复有宠。"③张庸之妹原为阿合马之妾，因籍没而沦为官婢，又以官婢的身份侍奉桑哥。此种"官婢"似兼有"官妓"的性质，名分上还是官奴婢，并非桑哥私人所有。

三、余　论

上述两种去向的籍没人口，其人数比例是多少，这个问题现在没有充分的史料可以推算。不过，仍可推测最终留在官府机构的情况是比较少的，被私人占有的情况占多数。这一方面是因为史料中出现籍没人口长期留在官府机构的情况很少，典型的只有张瑄后人成为匠户、绣女的例子，连名分是"官婢"的张庸之妹，实际上也被桑哥私人占有。另一方面，关于不阑奚人口的材料可以从侧面印证笔者的推测。《通制条格》卷二八《杂令·阑遗》："应到监不阑奚人口，为无官给衣粮，分寄诸人收养，既非眷属，未免饥寒。少壮得用者，尚不聊生，老弱残患者，岂能自保。积年既久，其弊滋深。男被佣雇，不胜劬劳，女被欺淫，以至生育。""不阑奚"或作"孛阑奚"，"不阑奚人口"指逃亡流散人口，不阑奚人口中多是逃亡无主的奴婢。不阑奚人口被官府发现后由宣徽院下的阑遗监拘收，引文中"应

---

① 方龄贵《通制条格校注》，第152—153页。
② 《元典章》卷三四《兵部一·军役·军驱·蒙古军驱条画》，第1187页。
③ 《元史》卷一七三《崔彧传》，第4044页。

到监"的"监"就是阑遗监。引文内容是皇庆元年（1312）阑遗监所呈关于管理不阑奚人口方面的问题，长期没有主人识认的不阑奚人口，政府缺乏供给能力，因此将负担转嫁给民间，"分寄诸人收养"，收养者与这些不阑奚人口非亲非故，却平添负担，以致虐待、凌辱被收养人口的事情时有发生。针对该问题的处理方式是无主人口超过半年没人识认的，就由阑遗监"匹配成户，发付有司，收系当差"，即成为一般当差的编户齐民。政府能否提供基本衣食保障是问题的关键点。如果政府将籍没人口最终留在官府机构中，政府也会碰到基本衣食保障方面的棘手问题，而将籍没人口转化为创造财富的系官工匠是经济上合算的选择，但系官工匠本身有世袭性，其人口可以靠自身繁衍来提供。因此，在元代大部分时间，将籍没人口当作赏赐之物是很自然的选择。因此，可以说人口籍没之刑在元代的意义更多的是为以人口充赏作准备，而非增加官奴婢。

On the Punishment of Forcing Criminal's Family Members to be Slaves of Government during the Yuan Dynasty

Qiao Zhiyong, College of Humanities, Shanghai Jiao Tong University

Abstract: Forcing a criminal's family members to be slaves of the government was a kind of punishment in ancient China. The government of the Yuan Dynasty often used this punishment to consolidate its rule and protect the order of the society. The criminals from high officials beaten in political struggles to the ordinary people who illegally hunted or produced private alcohol would be handled with such punishment. The criminal himself would be usually killed or banished, but in few circumstances he was just deprived of the official post forever. The criminal's family members would be forced to be slaves of the government, and usually they were soon given to some officials or generals who were close with the Emperor.

Key Words: Yuan dynasty; Confiscation; Slave

（本文作者为暨南大学文学院中外关系研究所讲师）

1324—1332年陕西行省特大旱灾探究

张瑞霞　葛昊福

提　要：有元一朝,自然灾害频繁发生,对社会各个方面都产生了很大的影响。灾害史研究提供了一个了解这段历史的新视角。本文就泰定、文宗朝陕西行省的特大旱灾进行分析,探讨面对如此严重的灾情,元朝各方力量是如何齐心协力抗旱救灾的,从而反映当时民众的生活状态和社会的运行机制。

关键词：旱灾　赈灾　陕西行省　泰定　文宗

有元一朝,为自然灾害的多发时期。邓云特先生指出："元代之灾况,较其前之任何朝代,皆严重多矣。"[1]灾害史研究,有助于更全面地解读这段历史。目前,学界对元朝灾害的研究成果颇丰,苏力在《近年来元代灾害史研究概况》[2]中已详细介绍,兹不赘述。但关于泰定、文宗时期陕西行省(关于陕西行省的范围,《元史》载：陕西等处行中书省,为路四、府五、州二十七,属州十二,属县八十八。[3]其中4路为奉元路、延安路、兴元路和河州路,5府为凤翔府、平凉府、巩昌府、临洮府和庆阳府。管辖地区大体为今天的陕西全境及甘肃南部、四川北部和内蒙古中西部的部分地区)的特大旱灾,笔者尚未见专门研究,只在一些论文[4]中简单提及。本文拟对此次灾害进行分析,探讨面对如此严重的灾情,元朝中央政府和地方社会的应对之策,进而展现当时民众的生活状况,反映社会的运行机制。

一、旱灾形成原因及其影响

陕西行省此次旱灾历时约九年,正好为泰定、文宗两皇帝在位期间。泰定帝于英宗至治三年九月继位,在位约五年,致和元年七月,泰定帝病死,文宗夺取帝位,改元天历(二年),后又改元至顺(三年)。此次旱灾贯穿泰定、文宗两朝,时人揭傒斯写到："泰定之际,关陕连岁大旱,父子相食,死徙者十九。"[5]《元史·文宗纪》记载："陕西自泰定二年至是岁(即天历元年)不雨,大饥,民相食。"[6]此外,文宗天历二年(1329)到至顺二年(1331)间

---

① 邓云特《中国救荒史》,上海书店出版社,1984年,第30页。

② 苏力《近年来元代自然灾害研究概况》,《农业考古》2012年第6期。

③ [明]宋濂《元史》卷六〇《地理志三》,中华书局,1976年,第1423页。

④ 陈高华《元代灾害发生史概述》,《元史史事新证》,兰州大学出版社,2012年,第66—67页。陈广恩《关于元朝赈济西北灾害的几个问题》,《宁夏社会科学》2005年第3期。陈明《元代北方饥荒的时空分布特点及救灾措施》,《古今农业》2001年第4期。王培华《元代北方水旱灾害时空分布特点与申检体覆救灾制度》,《社会科学战线》1999年第3期。

⑤ [元]揭傒斯著,李梦生点校《揭傒斯全集·文集》卷八《故荣禄大夫陕西等处行中书省平章政事吕公墓志铭》,上海古籍出版社,1985年,第404页。

⑥ 《元史》卷三二《文宗纪一》,第723—724页。

还发生了持续性、全国性大饥荒，史称"庚午、辛未岁（1330、1331）大祲"。[①]从这些记载中可以看出该地区的旱灾在泰定、文宗两朝未有中断。

同时，此次旱灾几乎遍及整个陕西行省，如：致和元年（1328）二月，"陕西诸路饥"，[②]天历二年（1329）四月，"奉元、耀州、乾州、华州及延安邻诸县饥"[③]以及至顺元年（1330）四月，"奉元、巩昌、凤翔等路以累岁饥"。[④]从诸类记载可知，此次灾害涉及范围之广。

任何灾害的发生，往往是自然和社会两方面因素共同作用的结果，自然因素是灾害形成的前提，而社会因素则是诱发、促成和加重灾害的关键。发生在泰定、文宗时期的特大旱灾也不例外。由于自然因素和社会因素共同作用导致这次灾害的发生，对当时的农业生产和经济发展等方面都造成极大的冲击。

自然因素主要与陕西行省所处的地理位置、地形、地势有关。陕西行省地处我国内陆腹地，距海较远；地形多样，山地、高原、平原、盆地兼而有之；地势南北高，中间低。夏季海洋温暖水汽难以到达，降水稀少；冬季因地形较为开阔，来自蒙古—西伯利亚的干冷空气可以长驱直入，造成干冷的气候。此为陕西行省旱灾频发的重要原因。另外，陕西行省地处黄土高原，"黄土实为最肥沃的土壤……若久旸则完全干裂，寸草不生"，[⑤]这样的土壤性质也易于旱灾的形成。

除却自然原因，这次旱灾之所以发生并造成巨大破坏也与当时的一些社会因素不无关系。

首先是战争造成的环境和经济破坏。《陕西通史·宋元卷》载："整个宋元时期的陕西历史可以说几乎是一部战争史，至少是以战争为轴心的历史，在宋、辽、夏、金、元这一五方角逐的历史里，陕西是宋夏战争、金夏战争的主战场，是宋金战争、金蒙战争的西线主战场，是宋蒙（元）战争的前哨战场和宋辽战争的波及地……宋、金、元时期400年间，陕西有1/3的时间处于兵燹之中，加上两个政权对峙、备战并不时发生小冲突的战争间歇期，所余的和平岁月实在有限。"[⑥]元中期以来，统治阶级内部为争夺帝位，矛盾日益尖锐。"天历之乱"是其矛盾白热化的表现，[⑦]期间陕西行省拥护上都派，再次卷入战争。长期战乱造成环境破坏，人员大量伤亡和流失，田地大面积荒芜，进而导致区域经济恢复缓慢，经济实力受损。正如苏天爵记载："初，关、陇、陕、洛之郊号称沃土，国家承平百载，年谷丰衍，民庶乐康。然自致和之秋，军旅数起，饥馑荐臻，民之流亡十室而九。"[⑧]

其次，这次旱灾的形成与陕西行省的大面积屯田也有一定关系。陕西行省长期承担

---

① ［明］贝琼《清江文集》卷三〇《故徐居士碣铭》，文渊阁四库全书，台湾商务印书馆，1982年影印本，集部，第1228册，第497页。

② 《元史》卷三〇《泰定帝二》，第685页。

③ ［清］刘于义修、沈青崖纂《陕西通志》卷四七《祥异二》，清雍正十三年（1735）刻本，第34页。

④ 《元史》卷三四《文宗纪三》，第756页。

⑤ 李义祉《李义祉水利论著选集》，水利电力出版社，1988年，第589页。

⑥ 秦晖《陕西通史·宋元卷》，陕西师范大学出版社，1997年，第8—9页。

⑦ 张金铣《元两都之战及其社会影响》，《安徽大学学报》2006年第5期。

⑧ ［元］苏天爵著，陈高华、孟繁清点校《滋溪文稿》卷十七《元故亚中大夫河南府路总管韩公神道碑铭》，中华书局，1997年，第280页。

供给西北和西南元军作战的军需粮饷，它不仅是元廷在西部的军政大本营，还充当了军需后勤供应的基地。[①] 为解决物资供应问题，元朝政府在陕西行省推行屯田政策，按照李蔚以《元史·兵志》统计的数据来看，陕西行省屯田总量大约为 7147.76 顷。[②] 同时，有研究者指明此时屯田总顷数为 174 280 顷，[③] 即元代陕西行省屯田数约占全国屯田数的4.1%。这些田地的主要来源是荒闲田和牧地。屯田有助于解决物资供应，但势必影响生态环境，这就为旱灾等灾害的发生埋下了隐患。

此次旱灾持续时间久、涉及范围广，给民众生活带来诸多影响，主要表现在以下方面：

农业生产凋敝，危及民众生命。

在传统农业社会中，灾害对农业生产的破坏尤为突出。陕西的气候决定其农作物一年一熟，与南方的一年两熟或三熟的农业生产相比，无论是在播种季节还是在生长期，一旦发生旱灾，都会造成严重的后果。尤其是春旱，往往造成无法播种，如泰定四年（1327）春，澄城不雨，二麦俱枯，百谷失播。[④] 春旱还会造成麦苗未长出或者直接枯死，如致和元年（1328）四月，凤翔岐山县皆无麦苗。[⑤] 遇到旱灾，麦苗即使长出，收成也微薄，"今年（致和元年，1328）之旱势益酷烈，麰麦之入，仅具斗升。自四月至于今七月，云雨之兴，曾不一二时。赫日炎炎，如焚如燎，黍稷之苗，十死八九。是无夏又无秋也，民将何以为命乎？"[⑥] 可见，旱灾对农业的影响是相当大的，直接决定民众的生计问题。吴师道《苦旱行》云："皇天不雨一百日，千丈空潭断余湿。连山出火槁叶黄，大野扬尘烈风赤。田家父子相对泣，枯禾一茎血一滴。中夜起坐增百忧，云汉苍苍星历历。"[⑦] 比较形象地描述了旱灾对民众生活的影响。

大量饥民和流民出现，影响社会稳定。

农业社会，多数人依赖半亩薄田度日求生，旱灾的发生则会使其失去生存的依靠，沦为流民。《滋溪文稿》载：关陇陕洛一带在泰定帝致和年间"饥馑荐臻，民之流亡，十室而九"。[⑧] 到天历二年（1329）四月，"陕西诸路饥民百二十三万四千余口，诸县流民又数十万"。[⑨] 流民数量增多，活动范围扩大，逐渐流落至陕西行省周边地区。如张养浩赴任陕西，路过河南所见"流民寖遇，抵新安、硖石，则纵横山谷，鹄形菜色，殊不类人。死者枕籍，臭闻数里"。[⑩] 即为明证。文宗至顺年间，流民的反抗声势日益高涨，以至河南行省担

① 李治安《元代陕西行省研究》，《中国历史地理丛刊》2010 年第 4 期。
② 李蔚《再论元代西北屯田的几个问题》，《北方工业大学学报》1997 年第 4 期。
③ 梁方仲《中国历代户口田地田赋统计》，上海人民出版社，1980 年，第 322 页。
④ ［清］徐效贤、敖左修，石道立纂《澄城县志》卷一《地理志·灾祥》，清咸丰元年（1851）刻本，第 11 页。
⑤ 《陕西通志》卷四七《祥异二》，第 33 页。
⑥ ［元］同恕《榘庵集》卷一〇《西岳祈雨文》，文渊阁四库全书，集部，第 1206 册，第 751 页。
⑦ ［元］吴师道《吴正传先生文集》卷四《苦旱行》，《元代珍本文集汇刊十种》第 2 册，台北："中央"图书馆，1970 年，第 73—74 页。
⑧ 《滋溪文稿》卷一七《元故亚中大夫河南府路总管韩公神道碑铭》，第 280 页。
⑨ 《元史》卷三三《文宗纪二》，第 733 页。
⑩ ［元］张养浩《归田类稿》卷七《寄李宣使文》，文渊阁四库全书，集部，第 1192 册，第 538—539 页。

心陕西流民"入境为变",①下令"严守武关",②足见此时流民已成为威胁统治的一股不可忽视的力量。关于流民的悲惨生活,张养浩《哀流民操》有详细描述:

> 哀哉流民,为鬼非鬼,为人非人。哀哉流民,男子无温饱,妇女无完裙。哀哉流民,剥树食其皮,掘草食其根。哀哉流民,昼行绝烟火,夜宿依星辰。哀哉流民,父不子厥子,子不亲厥亲。哀哉流民,死者已满路,生者与鬼邻。哀哉流民,一女易斗粟,一儿钱数文。哀哉流民,甚至不得将,割爱委路尘。哀哉流民,何时天雨粟,使汝俱生存! 哀哉流民。③

流民长期在死亡线上挣扎,悲惨的境遇加剧了其对统治者的仇恨。同时,长期流浪的艰苦生活,又使许多人得到了磨炼,培养了斗争精神。一旦条件成熟,便会群起而反抗。陈高华认为:"至正十一年(1351)爆发的农民战争,之所以能很快在全国范围内展开,是与在此以前大量流民的存在有着密切关系的。或者说,没有大规模的持续很久的流民存在,就不会有全国规模的农民战争。"④

物价波动,扰乱社会秩序。

旱灾影响粮食产量,造成物价波动,进而危及民众生计。天历二年(1329),关中大旱,"时斗米值十三缗",⑤民众生活受到很大影响。加之一些官吏朋比为奸,"时铨曹法坏,贪吏旁缘为奸,间有富庶之所,众皆视为奇货",⑥使百姓处境愈加艰难,甚至出现食活人现象,如"京兆民掠人而食之"。⑦时任陕西行省平章政事的乃蛮台"命分健卒为队,捕强食人者",⑧至此其患乃止。事实证明,若救灾不力,解决不好粮食问题,就会影响统治安危,对此统治者相当重视,采取法律措施来约束闭籴行为,"岁饥辄闭籴者,罪之"。⑨

冲击传统的价值观念,出现卖儿鬻女、父子不相顾甚至"人相食"的惨象。

尊老爱小是人之天性,也是传统中国社会的基本价值观念。但遇到大灾,百姓的这些价值体系就会崩塌。尤其是粮食极度匮乏时,为了生存,会出现以下几种现象:一是遗弃孩子,如"哀哉流民,甚至不得将,割爱委路尘",⑩道尽灾民在面对灾害时的无奈;二是人口买卖,如"哀哉流民,一女易斗粟,一儿钱数文";⑪三是人相食,此种现象尤为残忍。此次旱灾,相关文献记载出现较为频繁的字眼即"人(民)相食","陕西自泰定二年至天历

---

① 《元史》卷一九二《谱都剌传》,第 4365 页。
② 同上注。
③ 《归田类稿》卷一四《哀流民操》,第 604 页—605 页。
④ 陈高华《元代的流民问题》,《元史论丛》1986 年第 4 辑,第 139—140 页。
⑤ [清]毕沅《续资治通鉴》卷二〇五《元纪二十三·明宗天历二年》,中华书局,1957 年,第 5586 页。
⑥ 《滋溪文稿》卷一七《元故亚中大夫河南府路总管韩公神道碑铭》,第 280 页。
⑦ 《元史》卷一三九《乃蛮台传》,第 3352 页。
⑧ 同上注。
⑨ 《元史》卷一〇二《刑法志一》,第 2620 页。
⑩ 《归田类稿》卷一四《哀流民操》,第 604 页。
⑪ 同上注。

元年不雨,大饥,民相食"。① "文宗天历元年八月,陕西大旱,人相食"。② "时(天历二年),关中大旱……民有杀子以啖母者"。③ 这也从侧面更说明了灾害的严重性。一些文集对此类现象的记载更为详述,如同恕《夜思昼所闻者为之泪下》录:

> 吁嗟一旱酷如焚,祸入纲常不忍闻。暮鼎狼孙烹祖肉,朝砧顽父擢儿筋。平时善教无师帅,变里腥风尽贼群。天杀天生云有理,阴符三百果谁文。④

此三种现象进一步说明了灾害的无情,人们为了生存,而放弃传统伦理道德,甚至于骨肉亲情也不顾,直接吞噬着人性。

二、各方救灾措施及其互动

此次旱灾影响着元朝的政治、经济甚至伦理道德的各个方面,流民动乱、官吏勾结危及政治统治,农业凋敝、粮食匮乏冲击经济发展,卖儿鬻女、人相食考验人伦道德,元朝廷只有从中央到地方都积极行动起来采取各种措施抗旱救灾,才能减轻灾害影响,缓和社会矛盾。

(一)中央措施

1. 赈济

"赈济,赈救其急也,谓包括给粜之事,以致借贷、减放、展阁之类,皆通用也"。⑤ 这是常用的一种救灾方法,按照具体实行的方式来看,主要有赈给、赈贷(借)和赈粜。所谓赈给,即"官司将物斛给散与民而不收价者",⑥ 这往往在灾情严重的情况下实行,而赈借和赈粜则是有偿的。从史料记载来看,陕西行省此次特大旱灾中,元朝中央政府更多地实行赈给政策。如:泰定二年(1325),"五月,巩昌路临洮府饥,赈钞五万五千锭"。⑦ 至顺二年(1331)七月,赈宁夏鸣沙、兰山二驿户二百九十、定西州新军户千二百、应理州民户千三百粮各一月。⑧ 这充分证明灾害的严重性。

赈济物资主要有粮食和钞,遇重灾区,往往两者兼济。如:泰定二年(1325)三月,"凤州、延安等处民饥,赈粮、钞有差"。⑨ 天历二年(1329)正月,"陕西大饥,行省乞粮三十万石、钞三十万锭,诏赐钞十四万锭,遣使往给之"。⑩ 粮食来源的渠道,主要有义仓,

---

① 《元史》卷三二《文宗纪一》,第 723—724 页。

② 《陕西通志》卷四七《祥异二》,第 34 页。

③ [清]毕沅《续资治通鉴》卷二〇五《元纪二十三·明宗天历二年》,中华书局,1957 年,第5586 页。

④ [元]同恕《榘庵集》卷一三《夜思昼所闻者为之泪下》,文渊阁四库全书,集部,第 1206 册,第782 页。

⑤ [元]徐元瑞《吏学指南·救灾》,浙江古籍出版社,1986 年,第 47 页。

⑥ 《吏学指南·救灾》,第 47 页。

⑦ [清]陈士桢等修《兰州府志》卷十二《杂纪·祥异》,清道光十三年(1833)刻本,第 2 页。

⑧ 《元史》卷三五《文宗纪四》,第 788 页。

⑨ 《元史》卷二九《泰定帝一》,第 655 页。

⑩ 《元史》卷三三《文宗纪二》,第 729 页。

如：泰定元年（1324）十月，"延安路饥，发义仓粟赈之"。① 还有官府征收的租，如天历二年（1329），"四月，陕西诸路饥民百二十三万四千余口，诸县流民又数十万……河南、汉中廉访司所贮官租以赈"。② 再者，就是纳粟补官。钞来源的主要渠道，一是盐课，至顺元年（1330），朝廷"命陕西行省以盐课钞十万锭赈流民之复业者"；③ 二是官钞，如天历二年（1329），"陕西行省言：凤翔府饥民十九万七千九百人，本省量便宜赈以官钞万五千锭。又，丰乐八屯军士饥，死者六百五十人，万户府军士饥者千三百人，赈以官钞百三十锭。从之"；④ 三是赃罚款，"近承奉台、淮西、河南廉访司将赃罚钱赈济饥民，奏准。今后……夫廉访司所收赃罚钱物……许令支用，庶望饥民不至失所"。⑤ 赈济政策是救灾的主要举措，配以其他辅助措施，就可以发挥显著的效果。

2. 纳粟补官

纳粟补官历代皆有运用。面对巨大的财政压力，政府实施纳粟补官也是一种应急举措。孙海桥认为："元朝的纳粟补官制度，在泰定帝时期，粗有制度；而正式形成是在文宗时期。"⑥ 恰恰是这两位皇帝在位期间，自然灾害频繁发生，由此可推断实施该项举措很大程度上是为了赈济灾民。泰定时期"募富民入粟拜官，二千石从七品，千石正八品，五百石从八品，三百石从九品，不愿仕者旌其门"。⑦ 到文宗至顺元年（1330），旱灾严重，因此制定了详细的入粟补官制度，"江南万石者官正七品，陕西千五百石、河南二千石、江南五千石者从七品，自余品级有差。四川富民有能输粟赴江陵者，依河南例，其不愿仕，乞封父母者听。僧、道输己粟者，加以师号"，⑧ 体现了元朝中央政府政策的灵活性，即根据与受灾地区距离远近及经济发展程度决定其纳粟补官的标准。其中陕西行省最低，这从侧面说明了此时粮食的严重缺乏。同时，与泰定帝朝相比，陕西行省在同一纳粟标准下，整体受爵级别较高。比如从七品官，泰定朝需纳粟二千石，而文宗朝仅纳千五百石。河南行省等地与陕西行省相邻，在时间、距离上可及时给予灾区救助，为调动地方富商的积极性，也相应地降低授爵要求。此外，元朝入粟补官实施的对象多元化特点更为明显，僧侣也包括在内，这就扩大了赈济物资的来源。

需要指出的是纳粟补官是中央政府制定的政策，地方官员在这一政策的形成过程中起了推动作用。在重灾区，地方官员为有效地赈灾，多积极请求纳粟补官。如"天历二年（1329），四月，陕西诸路饥民百二十三万四千余口，诸县流民又数十万。先是尝赈之，不足；行省复请令商贾入粟中盐，富家纳粟补官……从之"。⑨ 地方官员的吁请在一定程度上有利于坚定中央政府推行该政策的决心。

---

① 《元史》卷二九《泰定帝一》，第 651 页。
② 《元史》卷三三《文宗纪二》，第 733 页。
③ 《元史》卷三四《文宗纪三》，第 750 页。
④ 《元史》卷三三《文宗纪二》，第 735 页。
⑤ ［元］许有壬《至正集》卷七四《赃罚赈济》，《元人文集珍本丛刊》第 7 册，台北：新文丰出版公司，1985 年，第 337 页。
⑥ 孙海桥《元代纳粟补官制度的形成、特点与崩溃》，《广西职业技术学院学报》2013 年第 5 期。
⑦ 《元史》卷二九《泰定帝一》，第 660 页。
⑧ 《元史》卷三二《文宗纪三》，第 751 页。
⑨ 《元史》卷三三《文宗纪二》，第 733 页。

整体来看,入粟补官措施,作为一种应急方法,在救灾中还是起了一定作用。《元史·乃蛮台传》载:"天历二年(1329)……关中大饥,诏募民入粟予爵。四方富民应命输粟,露积关下。"[1] 这对拯救民命有所裨益,但其本质上仍是卖官鬻爵,不利于政治清明。

3. 禁酒

酒在蒙古人生活中非常重要,但在粮食匮乏的情况下,不得不实行酒禁政策。

元朝在陕西行省因自然灾害、粮食匮乏而禁酒的次数,《元史》记载共有 10 次,列表如下:

元代陕西行省禁酒表

时 间	地 区	原 因	资料来源
大德六年(1302)	陕西	旱	《元史》卷二〇《成宗纪》,第 439 页。
大德七年(1303)	陕西等郡	岁不登	《元史》卷二一《成宗纪》,第 447 页。
皇庆二年(1313)	巩昌	饥	《元史》卷二四《仁宗纪》,第 555 页。
延祐元年(1314)	兴元、凤翔、泾州、邠州	岁荒	《元史》卷二五《仁宗纪》,第 563 页。
至治元年(1321)	奉元路	饥	《元史》卷二七《英宗纪》,第 610 页。
泰定元年(1324)	延安路	饥	《元史》卷二九《泰定帝纪》,第 648 页。
泰定二年(1325)	凤翔府	饥	《元史》卷二九《泰定帝纪》,第 662 页。
泰定三年(1326)	泾州	饥	《元史》卷三〇《泰定帝纪》,第 669 页。
天历二年(1329)	奉元	饥	《元史》卷三三《文宗纪》,第 742 页。
至正六年(1346)	陕西	饥	《元史》卷四一《顺帝纪》,第 875 页。

说明:数据来源于《元史》本纪所载,同时参照陈广恩《元代西北地区开发研究》。[2]

从上表可知,有元一朝在陕西行省所实行的 10 次酒禁政策,有 4 次出现在1324—1329 的短短六年之中,占 40%,可见当时灾情的严重程度。酒禁政策的实行,对缓解灾情有重要意义。正如王恽所说:"酒禁,诚救灾恤民之大事。"[3]

此外,为应对灾情,统治者也积极向大臣们询问救灾之策,以求达到群策群力的效果。《元史·虞集传》载:

> 文宗在潜邸,已知集名……时关中大饥,民枕籍而死,有方数百里无孑遗者,帝问集何以救关中,对曰:承平日久,人情宴安,有志之士,急于近效,则怨讟兴焉。不幸大灾之余,正君子为治作新之机也。若遣一二有仁术、知民事者,稍宽其禁令,使得有所为,随郡县择可用之人,因旧民所在,定城郭,修闾里,治沟洫,限畎亩,薄征敛,招其伤残老弱,渐以其力治之,则远去而来归者渐至,春耕秋敛,皆有所助,一二岁间勿征勿徭,封域既正,友望相济,四面而至者均齐方一,截然有法,则三代之民将见出于空虚之野矣。帝称善。[4]

---

① 《元史》卷一三九《乃蛮台传》,第 3352 页。

② 陈广恩《元代西北经济开发》,澳亚周刊出版有限公司,2005 年,第 296—297 页。

③ [元]王恽《秋涧先生大全集》卷九〇《禁酿酒》,《元人文集珍本丛刊》第 2 册,第 466 页。

④ 《元史》卷一八一《虞集传》,第 4177 页。

这说明了统治者对此次灾害的重视程度。

纵观中央政府所采取的多种赈灾措施,可概括为:"自是朝廷数遣重臣出粟与币以惠活之,蠲除租赋以休养之,择选官属以抚安之,既久而后事稍得宁。"①

（二）地方措施

除中央政府外,陕西地方政府和各界人士也积极地应灾,其救灾活动主要有:

1. 施散财物

一是官员出私财救灾。在灾难现场,一些官员目睹灾民的惨状,往往在国家赈贷未到或者赈济物品不足时出自家财物来周济灾民。如马扎尔台,泰定四年拜为陕西行台治书侍御史,负责此次赈灾工作,"赈贷有不及者,尽出私财以周贫民"。②官员的举动起到了表率作用。二是地方精英的积极参与。如士人甘景行,面对天历、至顺间,天下大旱蝗、民相食的惨象,"出粟或赈或贷……而不受赏"。③吴师道在《吴礼部集》中也记载了一位天历年间积极救灾的地方人士:"好义关中张。素非高訾家,肯施贫人粮。阴德被乡间,斯士宜表章。因之感前事,使我增慨慷。"④此外,一些宗教人士也积极投身其中,史载道士蒲察道渊（道号通微子）曾"罄其所有赈济",⑤为抗旱救灾尽绵薄之力。自发的救济行为是官方救济的重要补充,它往往比官方救济更及时。

2. 施粥

施粥是一项极为通行的救灾措施。在这次特大旱灾中,地方政府也积极施粥于民,有的地方官员还出私钱助之。比如:张养浩在途中见流民,心情沉痛,于是"命有司为粥食之,皆曰:粥诚一设,饥民必四远而至,后或不给,奈彼众何? 余曰:若然则将听其死与? 余遂出私镪若干,令有司诡为鬻粥者,凡三处食之,命生（西台宣使李生——引者注）往来覆视,民稍宁息"。⑥需要指出的是,施粥只能缓一时之急,如果饥民过多,则容易粮断炊绝。

3. 祈雨

元朝是我国宗教大发展的一个时期,流行的宗教种类很多,主要有萨满教、佛教、道教、伊斯兰教、基督教等。但中国人的宗教观念并不深厚,具有随机性,有事即拜,为其特色之一。在面对自然灾害时,他们往往会求助于神灵。遇到旱灾,祈雨便成为一种常见的方法。需要明确的是,祈雨往往是迫于无奈,"人力之所不能者,必求诸神"。⑦

张养浩在陕西的四个月中曾多次祈雨,并留下了很多祈雨的文章。⑧陕西等处行中书省平章政事吕天禄祈雨:"斋不食三日以显吁天,其言曰:天欲降大厉于民,民乃能力作佐国家以事天地神祇,臣老不能力作佐国家以事天地神祇,而受天子命以抚宁其民,民

---

① 《滋溪文稿》卷一七《元故亚中大夫河南府路总管韩公神道碑铭》,第 280 页。

② 《元史》卷一三八《马扎尔台传》,第 3340 页。

③ 《揭傒斯全集·文集》卷八《故荣禄大夫陕西等处行中书省平章政事吕公墓志铭》,第 402 页。

④ 《吴正传先生文集》卷三《关中张氏义行诗》,第 59 页。

⑤ 武树善《陕西金石志》卷二五《蒲察尊师传》,陕西通志馆出版,1934 年,第 14a 页。

⑥ 《归田类稿》卷七《祭李宣使文》,第 539 页。

⑦ 《至正集》卷六九《城隍庙祈雨文》,第 314 页。

⑧ 如张养浩《归田类稿》卷八《西华岳庙祈雨文》、《西华岳庙催雨文》等。

有罪,宜悉加臣身,毋久亢旱以尽杀吾民。天乃大雨。"①从中可见,官员在赈济中,也会祈求于神明,以补人事之不足。

相比于地方官员的频繁祈雨,朝廷祈雨的次数见于记载的要少得多,而且统治者基本上都不亲自祈雨,但选择替代者相当慎重,大都由亲信重臣出任。《道园学古录》记载的一次朝廷祈雨行为,派出的官员是翰林学士(正二品)普颜实。②一方面体现出最高统治者的诚意和对祈雨活动的重视,另一方面也是朝廷在面对如此严重旱灾时的无奈之举。

此外,地方官员在救灾活动中还采取了其他措施:

一是努力整顿经济秩序。《元史·乃蛮台传》载:"时入关粟虽多,而贫民乏钞以籴。乃蛮台取官库未毁昏钞,得五百万缗,识以省印,给民行用,俟官给赈饥钞,如数易之。"③这些整顿措施可以保证各项救灾活动的顺利进行。二是积极建言献策。天历二年(1329),监察御史面对陕西等处"饥馑荐臻,饿殍枕籍,加以冬春之交,雪雨愆期,麦苗槁死,秋田未种,民庶遑遑,流移者众多"④的惨状,提出:"此正国家节用之时也。如果有功必当赏赉者,宜视其官之崇卑而轻重之,不惟省费,亦可示劝。其近侍诸臣奏请恩赐,宜悉停罢,以纾民力。"⑤帝嘉纳之。三是对灾区死者采取掩埋等措施进行处置,以防疾疫流行。

中央举措和地方举措积极配合,形成了一个互动、互补的良好局面,这对处理当时的灾情有重要作用。

面对无情的自然灾害,各方力量团结协作,共克时艰,这表现在救灾活动中中央与地方、地方政府之间的良好互动,团结协作。

一是中央对陕西地方官员的特派与任命。

泰定文宗朝陕西行省官员的特派与任命情况表

官 员	家庭背景	先前职务	委任职务	赴任时间	资料来源
马扎尔台	世为皇室亲信侍卫,与其兄伯颜均为元朝中后期重臣	大都路达鲁花赤,领虎贲亲军都指挥使	陕西行台治书侍御史	泰定四年	《元史》卷一三八《马扎尔台传》,第3339—3340页。
吕天祺	父兄皆官至大司徒	仁宗时任集贤大学士,与闻国政,自奉训大夫至于六迁,为荣禄大夫	陕西等处行中书省平章政事	天历初年	《揭傒斯全集》卷八《故荣禄大夫陕西等处行中书省平章政事吕公墓志铭》,第403—405页。
韩永	起家朝鲜,为朝鲜世家大族,世为国之重臣	辽阳路懿州知州	金河西陇右道肃政廉访司	天历二年	《滋溪文稿》卷一七《元故亚中大夫河南府路总管韩公神道碑铭》,第280—283页。

---

① 《揭傒斯全集·文集》卷八《故荣禄大夫陕西等处行中书省平章政事吕公墓志铭》,第404页。

② [元]虞集《道园学古录》卷六《诏使祷雨诗序》,《景印文渊阁四库全书》,台湾商务印书馆,1982年影印本,集部,第1207册,第103页。

③ 《元史》卷一三九《乃蛮台传》,第3352页。

④ 《元史》卷三一《明宗纪》,第700页。

⑤ 同上注。

（续表）

官　员	家庭背景	先前职务	委任职务	赴任时间	资料来源
乃蛮台	木华黎后人，①世为蒙元王朝勋贵重臣	甘肃行省平章政事	陕西行省平章政事	天历二年	《元史》卷一三九《乃蛮台传》，第3351—3352页。
张养浩	幼有行义，布衣入京，历登枢要	英宗时任参议中书事	陕西行台中丞	天历二年	《元史》卷一七五《张养浩传》，第4090—4092页。
陈思谦	祖父陈祐为浙东道宣慰使，从祖父陈天祥仕世祖、成宗两朝，累官至中书右丞	礼部主事	陕西行台监察御史	至顺元年	《元史》卷一八四《陈思谦传》，第4237—4240页。

据此可知，朝廷为赈灾而特派的官员大都级别很高，调遣后任命的职位也很高，实际上他们是作为钦差的角色，代行皇帝的旨意。此外，从被调遣的时间上来看，6人中3人集中在天历二年，另外2人则分别是天历元年和至顺元年，可以反映出天历至顺年间灾害的严重程度，与史料所载"天历至顺间，天下大旱蝗，民相食"②相一致。

官员们也大都全力以赴地组织赈灾活动，毫不懈怠。史书记载张养浩赴陕西救灾，"到官四月，未尝家居，止宿公署，终日无少怠"，③后因劳累过度而亡。陕西等处行中书省平章政事吕天祺，文宗召其抚陕西民，"曰：民急矣！即日就道，昼夜兼行，及到官，宣布天子德意，发楮币百万缗，米万斛，命有司赈之"。④从中可见大部分官员救灾的迫切心情和他们恪尽职守的精神。

官员们尽职尽责的表现也得到了陕西地方百姓的爱戴以及皇帝的嘉许。张养浩病逝后，"关中之人，哀之如失父母"；⑤乃蛮台赈灾得力，"拜西行台御史大夫，赐金币、玩服等物"；⑥吕天祺因病还京时，文宗亲自迎接，史载："出关，未至京，上数问吕平章至否。既至，入见上。上迎劳之，曰：朕久不见卿，思卿甚勤。闻卿在关中天格其诚，民被其泽，凡使关陕还者皆诵卿之德，良用嘉叹，故召卿还。因赐之酒，且曰：卿病愈当大用卿。"⑦以上记载，充分说明上到最高统治者，下到百姓对地方官员赈灾工作的高度认可。

透过特派要员到陕西行省去赈灾抚民这一举措，可见中央对此次灾害的重视程度。究其原因：一方面，与灾害的严重性有关，前已述及，兹不赘述。另一方面，则与陕西行省的特殊地位有关。有元一代，陕西行省"当天下一面"，"据要重以控西北南三陲"，"形

---

① 关于乃蛮台到底为木华黎的四世孙还是五世孙，有不同的说法。《元史》卷一三九《乃蛮台传》载："乃蛮台，木华黎五世孙。"但是修晓波根据《元史·木华黎传》和《丞相东平忠宪王碑》考证，得出：乃蛮台为木华黎的四世孙。详见修晓波《〈元史〉安童、乃蛮台、朵儿只、朵尔直班列传订误》，《古籍整理研究学刊》1998年第3期。

② 《揭傒斯全集·文集》卷八《故荣禄大夫陕西等处行中书省平章政事吕公墓志铭》，第401页。

③ 《元史》卷一七五《张养浩传》，第4092页。

④ 《揭傒斯全集·文集》卷八《故荣禄大夫陕西等处行中书省平章政事吕公墓志铭》，第404页。

⑤ 《元史》卷一七五《张养浩传》，第4092页。

⑥ 《元史》卷一三九《乃蛮台传》，第3352页。

⑦ 《揭傒斯全集·文集》卷八《故荣禄大夫陕西等处行中书省平章政事吕公墓志铭》，第404页。

胜之雄,建瓴东夏,分镇夹辅,宗子维城,臣工句宣,实任其重",①一直是元帝国西部边地的军政大本营。另外京兆路曾是忽必烈藩邸分地,还是皇子安西王等蒙古诸王和陕西等处行御史台及成宗朝后陕西四川蒙古军都万户府所在,其重要性不言而喻。这足以引起朝廷的重视。

总之,特派官员指导救灾不仅可以表明朝廷对灾害救援的重视,给广大灾民传递信心,更为重要的是它架起了中央与地方沟通的桥梁,便于信息的上传下达。这些官员多有便宜从事之权,更加有利于救灾活动的开展。

二是给予地方特殊政策。元延给予陕西的特殊政策主要有两方面:一是给予州县官便宜之权。天历二年(1329),"二月,奉元临潼、咸阳二县告饥,陕西行省以便宜发钞万三千锭赈咸阳,麦四千五百石赈临潼"。②同年"六月,陕西等诸路流民十数万……死亡相藉。命所在州县官,以便宜赈之"。③陈高华先生认为:"这是有元唯一的一次,在州县下放赈济权力的措施。"④给地方官吏一定的自主权可以保证救灾活动的时效性。二是在赈济措施上充分给予优惠。根据《泰定本纪》、《文宗本纪》和《五行志》整理出的朝廷应对此次旱灾的举措来看,中央大都采取无偿发放钱粮的赈给政策,这充分说明中央给予陕西地区政策之优惠。

除中央政府对赈灾工作给以支持外,地方政府之间也相互配合。这种互动主要包括两方面的内容,一是直接将粮、钞投放到陕西行省。如:天历二年(1329),河南行省"发孟津仓粮八万石及河南、汉中廉访司所贮官租"⑤来赈济陕西饥民。还有文宗天历元年(1328),"陕西大饥,中书拨江浙盐运司岁课十万锭赈之"。⑥时岁课已输京师,行省左丞张思明"以下年未输者,如数与之"。⑦二是对流入其境内的陕西灾民给予安置。此次旱灾造成的饥民和流民的数量相当庞大,天历二年(1329),陕西行省诸路就约有"饥民,凡一百二十三万四千余口,流民又数十万"。⑧众多的灾民为了生存,大都流徙到相邻省份。对于这些流民,地方官员大都妥善安置。如:至顺元年(1330),谙都剌迁襄阳路达鲁花赤,面对要求避难的百姓,他"验其良民,辄听其度关"。⑨对此,一些官吏怕惹出事端提出质疑,他给予明确答复:"吾防奸耳,非仇良民也,可不开其生路耶!"⑩既而,"又煮粥以食之",⑪救活了许多处于生死边缘的百姓。

地方之间的合作与互助对于救助灾民、缓解灾情等方面起到了积极作用,但这些互助措施在很大程度上仍然依赖于中央政府的协调和地方官员的素质。

---

① 《至正集》卷四二《陕西行中书省题名记》,第210页。
② 《元史》卷三三《文宗纪二》,第731页。
③ 《元史》卷三三《文宗纪二》,第736页。
④ 陈高华《元朝赈恤制度研究》,《中国史研究》2009年第4期,第120页。
⑤ 《元史》卷三三《文宗纪二》,第733页。
⑥ 《元史》卷一七七《张思明传》,第4123页。
⑦ 同上注。
⑧ [明]胡粹中《元史续编》卷一〇,文渊阁四库全书,史部,第334册,第537页。
⑨ 《元史》卷一九二《谙都剌传》,第4365页。
⑩ 同上注。
⑪ 同上注。

综上所述,面对此次旱灾,元廷能够积极组织和调动各方力量参与到抗旱赈济活动中,地方政府之间也能相互合作,不少普通人士也投入其中,展现了一幅全国上下齐心协力的画面。此次救灾活动取得了一定成效,其意义值得肯定。但由于一些限制性因素,灾害持续了近十年,造成的损失也是惨重的。

三、 救灾过程中存在的问题

虽然在各方努力下,救灾工作取得了一定的成绩,但也存在一些问题。

首先,行省制度自身存在的弊端影响救灾效果,主要表现在以下两个方面:

地方上所直接掌控的财富数量非常有限,临灾时多需请求拨调以应付。元朝推行行省制度,行省代表朝廷集中各路州的财富于治所。有研究指出元代中央和地方财富分割比例高达7:3,[1] 虽然在不同的行省比例肯定略有不同,但也可说明地方财力的薄弱。由此,遇到灾害,地方政府大多只能等待救援,这在一定程度上影响了救灾效果。

除了财力有限,地方官权力也受到制约。元制,包括行省官在内动用官廪粮食赈灾,必须事先奏请朝廷,按照朝廷下达的命令实施赈济或者蠲免赋税。虽有便宜从事之权,但不经常,而且如上文所述这种权力多给予了高级别官吏,级别相对较低的路府州县官员基本无此特权,只能奉命行事。

行省制度有助于加强中央集权,巩固统一,但对路府州县各项权力控制过严,明显降低其处理事务的能力,在救灾应急方面,这一负面效应就突显了出来。

其次,在救灾过程中存在的一些问题,也影响到了救灾活动的开展和最终的救灾效果。

一是官员的腐败。腐败问题由来已久,并不为元朝所独有,但有元一朝的确十分严重。即使在灾害肆虐的情况下,贪腐现象也屡见不鲜,如天历二年(1329),关中大饥,"斗米直十三缗,民持钞出粜,稍昏即不用,诣库换易则豪猾党蔽,易十与五,累日不可得,民大困"。[2] 这些腐败问题和大发灾害横财的行为不仅阻碍救灾活动的进行,也易激起灾民对政府的不满,引发社会动荡,造成恶劣的后果。

二是防灾措施不到位。常平仓、义仓是专门设置用于赈济的,本应仓储充盈,随时待命。但元朝常平仓和义仓却是"行之既久,名存而实废",[3] 而且制度也有欠完善,有的在临灾时才仓促设置。如天历二年(1329)陕西大旱时,朝廷才命奉元路"设常平仓",[4] 这充分说明陕西地区仓储建置很不完备。常平仓、义仓的不完善意味着粮食储备的不足,一旦出现大的灾害时就无以应对,极易引起灾民的恐慌,从而引发社会动乱。

最后需要指出的是,为了应对灾害,元朝政府承受着巨大的财政压力。以天历二年(1329)为例,当年政府用于赈灾的纸钞是134.96万锭,粮食是25.17万石,[5] 是年赈灾粮

---

① 李治安《行省制度研究》,南开大学出版社,2005年,第65页。
② 《元史》卷一七五《张养浩传》,第4092页。
③ 《元史》卷九六《食货志·常平义仓》,第2467页。
④ 《元史》卷三三《文宗纪二》,第743页。
⑤ 《元史》卷三四《文宗纪三》,第755页。

约占岁入粮的 2.3%,赈灾钞约为岁入钞的 14.5%,[①] 这对处于多事之秋,财政本就拮据的元朝廷来说是一个沉重的负担。此外,文宗即位引发了元朝历史上最血腥和破坏性最大的帝位之争。[②] 为了扑灭各地的反对势力,不得不发动大规模的军事行动,这也需要巨额的财政支持。正如一位监察御史所言,仅 1328 年对抗上都的战争,花费就超过政府岁入的数倍。[③] 征讨云南的上都派,1330 年一年的花费就至少有纸钞 63 万锭。[④] 除此之外还要镇压各地的少数民族起义。战争和对灾民的赈济成为文宗朝沉重的经济负担。据统计,政府在 1330 年的经费缺额高达 239 万锭。[⑤] 较大的财政亏空势必对政府各项职能地发挥产生消极影响,最终导致社会的不稳定和政权的不稳固。

结　语

纵观此次特大旱灾及其救灾活动,可以看出,面对灾情,统治者并没有听之任之,而是积极地采取各项措施,协调各方力量进行救助;同时,地方政府之间也能相互配合,许多普通民众也积极投身其中,抗旱救灾取得了一定成效。

由于灾情过于严重,出现了许多人力所不及的情况。再加上制度的缺陷和一些人为因素的存在导致救灾效果没能达到最佳,但我们要更多地肯定各方力量为抗旱救灾所付出的努力。另外,救灾消耗了巨额的财富,再加上其他各项开支,政府的财政压力日益增大,却始终找不到一个很好的解决办法,这也为顺帝以后元朝的土崩瓦解埋下了隐患。

A Study of Severe Drought in Shaanxi Province during 1324-1332

Zhang Ruixia, Ge Haofu, School of History & Culture, Lanzhou University

Abstract: Natural disasters occurred frequently which had a great influence on all aspects of society in the Yuan Dynasty. Researching of disaster history provides a new perspective for us to understand the Yuan society. The purpose of this paper is to analyze the severe drought of Shaanxi Province during 1324-1332, discuss the co-operation in the drought relief due with such severe disaster, and thus reflects the life of people and social operation mechanism during the Yuan Dynasty.

Key Words: Drought；Relief；Shaanxi Province；Tai Ding；Wen Zong

（本文作者均为兰州大学历史文化学院硕士研究生）

---

① 孙海桥《元代纳粟补官制度的形成、特点与崩溃》。
② ［德］傅海波、［英］崔瑞德编,史卫民等译《剑桥中国辽西夏金元史》,中国社会科学出版社,1998 年,第 620 页。
③ 《元史》卷三一《明宗纪》,第 700 页。
④ 李则芬《元史新讲》卷三,中华书局,1978 年,第 755 页。
⑤ 《元史》卷一八四《陈思谦传》,第 4237 页。

成吉思汗宣差刘仲禄生平拾遗

黄太勇

提　要：刘仲禄曾作为成吉思汗的宣差,前往山东召请全真教掌教长春真人丘处机赴中亚觐见。他的姓名也因此频繁出现于道教典籍与其他相关史料中,但其生平却一直语焉不详。本文在王国维先生考证的基础上,利用《析津志》中的两则新史料,结合其他相关文献,对刘仲禄的籍贯及归顺成吉思汗的情况、晚年所居之地以及后人情况作了更为详细的考述。

关键词：刘仲禄　成吉思汗　丘处机

1219 年,成吉思汗领军征讨花剌子模。同年五月,在原乃蛮国境派遣使臣刘仲禄等赴山东,召请全真教掌教长春真人丘处机赴西域觐见。十二月,刘仲禄到达山东莱州。丘处机决定西行后,刘仲禄又一路护送至成吉思汗在中亚的行宫。由于丘处机西行觐见成吉思汗是中国历史上的一件盛事,不仅被全真教大力宣扬,也历来为史家和学者们津津乐道。作为这一事件促成者的刘仲禄,虽然其姓名频繁出现于道教典籍与其他相关史料中,但其生平事迹却一直语焉不详。当前对刘仲禄生平考证最详者莫过于王国维先生的《长春真人西游记校注》,其云:

> 仲禄姓名,他书未见,惟《元史·河渠志》载:"太宗七年岁乙未八月敕:近刘冲禄言率水工二百余人,已依期筑闭卢沟河元破牙梳口云云。"即此记之刘仲禄也。足本《西游录》:"昔刘姓而温名者,以医术进。渠谓丘公行年三百,有保养长生之秘术,乃奏举之。"《至元辨伪录》三:"道士丘处机继唱全真,本无道术。有刘温字仲禄者,以作鸣镝,幸于太祖,首信僻说,阿意甘言,以医药进于上,言丘公行年三百余岁,有保养长生之术,乃奏举之。"是仲禄名温以字行。[①]

据王国维先生的考证可知,刘仲禄,名温,字仲禄,懂医术,善作鸣镝,并以此得到成吉思汗的青睐,受到宠信。成吉思汗知道并召请丘处机,全赖他的推荐。但是,关于刘仲禄的其他生平事迹,王国维先生并未进一步详细考证。而且王氏认为《元史》所记刘冲禄即为刘仲禄,但却没有提出更为详尽的旁证。实际上,在《析津志》[②]中有两则史料,结合其

---

①　王国维《长春真人西游记校注》卷上,《王国维遗书》第 13 册,上海古籍书店,1983 年,第2b—3a 页。

②　《析津志》是由元人熊梦祥撰写的一部介绍元代北京及北京地区的方志类史书,原书早已亡佚。北京图书馆古籍善本组工作人员根据《永乐大典》、《日下旧闻考》、《宪台通纪》、《顺天府残卷》等书对该书部分内容的收录或引用,搜集整理,编成《析津志辑佚》一书,本文引用均据《析津志辑佚》。

他史籍的相关记载,以之可对刘仲禄的生平有更为详实的考证。

一、 关于刘仲禄的籍贯及归顺成吉思汗的情况

《析津志》载:"刘便宜,名仲禄。其先马邑人,天兵南下,建策于上,因而获宠用。有孙,为名宦。有祠。在白马神祠之东,有公之故宅也。"[①]

由此可知,刘仲禄原为金朝马邑(在今山西朔州市境)人,马邑在金代为朔州马邑县,《金史》载:"朔州,中,顺义军节度使。贞祐三年七月,尝割朔州广武县隶代州。产铁、荆三稜、枸杞。户四万四千八百九十。县二: 鄯阳,晋故县。有桑干河、大和岭、天池、雁门关、霸德山。马邑,晋故县,贞祐二年五月升为固州。有洪涛山、灅水——又曰桑干河。"[②]

朔州在金代为西北边防重镇,后来也是蒙古军南下进攻金朝的前沿阵地之一。1206年,建立蒙古国的当年,成吉思汗就有南下讨伐金朝的打算,但当时初登汗位,西北诸部还未完全归附,因此未敢轻动。在陆续平定西北诸部,降服西夏,解除后顾之忧后,1211年2月,成吉思汗便亲自带兵南伐,败金将定薛于野狐岭,攻取金大水泺、丰利等县。这一年10月,"皇子术赤、察合台、窝阔台分徇云内、东胜、武、朔等州,下之"。[③]金贞祐初(1213),金将马军万户、权顺义军节度使吴僧哥收复朔州。[④]第二年,升马邑县为固州。当时与朔州东邻的应州(今山西应县)被蒙古军占领,朔州已为孤城。随之不久,金朝都城南迁,中都(今北京)失陷。四年(1216),金朝将朔州民南迁。朔州从此完全进入蒙古的控制之下。大致在此期间或之后,刘仲禄归顺了蒙古。

至于刘仲禄在归顺蒙古以后,对成吉思汗有什么"建策",并因此受到宠用,现已不可考。但至1219年,他的确已经成为成吉思汗身边备受宠信的人。元末人陶宗仪《南村辍耕录》收录有成吉思汗召请丘处机的诏书,其中称刘仲禄为"近侍官",[⑤]而且被任命为悬金虎符的宣差,也足以说明他得到成吉思汗赏识的速度还是很惊人的。因为在蒙古早期,能够获得成吉思汗赏识并成为近身侍从的汉人(原金朝统治区域内的人群)屈指可数。而能够作为宣差的人,基本上都是成吉思汗身边备受信任的人。因为宣差在蒙古国早期,权力很大,据《蒙鞑备录》记载:"彼奉使曰宣差,自皇帝或国王处来者。所过州县及管兵头目处,悉来尊敬,不问官之高卑,皆分庭抗礼,穿戟门坐于州郡设厅之上,太守亲跪以郊劳。宿于黄堂厅事之内,鼓吹旗帜妓乐,郊外送迎之。凡见马则换易,并一行人从,悉可换马,谓之乘铺马,亦古来乘传之意。"[⑥]

从《长春真人西游记》中可以看到,刘仲禄被称为成吉思汗的侍臣,悬虎头金牌,被授予"如朕亲行,便宜行事"[⑦]的权力,并且作为第一负责人一路护送丘处机到达成吉思汗的行宫。在此期间,刘仲禄的一些活动可以说明他的确具有较大权力,他曾经"亲提军取深

---

① [元]熊梦祥撰,北京图书馆善本组辑《析津志辑佚》,北京古籍出版社,1983年,第146页。

② 《金史》卷二四《地理志上》,中华书局,1975年,第568页。

③ 《元史》卷一《太祖本纪》,中华书局,1976年,第15页。

④ 《金史》卷一二二《吴僧哥传》,第2658页。

⑤ [元]陶宗仪《南村辍耕录》卷十"丘真人"条,中华书局,1959年,第121页。

⑥ 王国维《蒙鞑备录笺证》,《王国维遗书》第13册,第17a页。

⑦ 王国维《长春真人西游记校注》卷上,第2b页。

州,下武邑,以辟路构桥于滹沱,括舟于将陵"。[1] 并"欲以选处女偕行",遭到丘处机的反对后,他又"令曷剌驰奏",[2] 曷剌是与刘仲禄同行的使臣,说明刘仲禄在使臣团队里拥有绝对权威。

悬虎头金牌的使臣身份,使得刘仲禄确实具有相当大的权威。但离开这个特殊身份,刘仲禄受到宠信的程度还是非常有限的。丘处机到达成吉思汗行宫,成吉思汗本约定于1222年4月14日问道,当时"外使田镇海、刘仲禄、阿里鲜记之,内使近侍三人记之"。因为"有报回纥山贼指斥者,上欲亲征",[3] 因此将日期推迟到同年9月25日。但在该日论道之时,"惟阇利必镇海、宣差仲禄侍于外,师与太师阿海、阿里鲜入帐"。还是丘处机求情说:"仲禄万里周旋,镇海数千里远送,亦可入帐与闻道话。"才将两人召入帐中。[4] 同为宣差,刘仲禄却不能与阿里鲜等一同入帐闻道,此中隐情,耐人寻味。在中亚寻思干(今乌兹别克斯坦撒马尔罕)时,"太师府提控李公献瓜田五亩,味极甘香,中国所无,间有大如斗者。六月中,二太子回,刘仲禄乞瓜献之"。[5] 不难察觉,虽然刘仲禄受到成吉思汗赏识,并且成为他身边的侍奉人员,但从其所受到的礼遇程度来看,他应该是大汗周围一般的近侍。

二、 关于刘仲禄晚年所居之地

在《析津志》中有一篇由赵孟頫(1254—1322)专门为刘仲禄祠堂书写的《刘便宜祠堂记》,全文如下:

> 刘便宜祠堂,在白云祝西北隅。故行省。便宜刘公仲禄,事太祖圣武皇帝。帝方灭西夏,取中原,略定西域,兵威所至,无不臣服。旋师金山之西,乃命公以手诏迎丘真人于山东,持金虎符,长广尺余,使佩之。其文曰:"如朕亲行,便宜从事。"当是时,官制未定,故但称公为"便宜公"。时金将亡,山东诸郡南附于宋。而丘真人在莱州。公涉两国之轨,蹈不测之险,竟致帝命迎丘真人以北。古所谓使于四方,不辱君命,便宜公有焉。初,帝遣公南,谓公曰:"汝能致丘真人,我当居汝于善地。"还,故俾公居于燕。
>
> 公之弟子曰琬孝,为奉议大夫、蔚州知州。有女曰弟弟,世祖时以婉容淑德选入后宫。世祖升遐,仁裕至皇后以嫁故平章政事张乙九思,封鲁国太夫人。夫人之言曰:"吾祖竭忠于国,受国厚恩。吾之所以至此者,皆吾祖之泽也。吾其敢忘之哉!"于是捐己赀,即白云观处顺堂之右,创建新祠,以祀公。岁时享祀,庶与真人之祠同为不朽。呜呼! 夫人可谓贤矣。人之所以异于物者,以知尊祖也。传曰:"显扬尊祖,所以崇孝也。"夫人有焉。余尝游张公之门,故命记祠堂。堂成,实延祐三年六月也。集贤大学士赵孟頫记并书。[6]

① 王国维《长春真人西游记校注》卷上,第5b页。
② 同上书,第6b页。
③ 同上书,第46a页。
④ 王国维《长春真人西游记校注》卷下,第2b—3a页。
⑤ 同上书,第1a页。
⑥ ［元］熊梦祥撰,北京图书馆善本组辑《析津志辑佚》,第61—62页。

　　记中所提的"张公"、"故平章政事张乙九思"即为张九思。据元人虞集《张忠献公神道碑》载，张九思（1241—1302），字子有，燕宛平（今北京丰台）人。至元二年（1265），见皇太子真金于东宫，即受知遇，得以常侍左右。至元七年（1270），以其父任蓟州节度当外补，真金爱其才，留不遣。至元十六年（1279），以嘉议大夫、工部尚书兼东宫都总管府事。十九年（1282），立詹事院，以九思为丞。三十年（1293），进拜中书左丞兼詹事丞。明年，世祖崩，成宗嗣位，改詹事院为徽政院，以九思为副使。十一月，进资德大夫、中书右丞。会修世祖、裕宗实录，九思"以旧臣在中书，习知典故"，专门负责此事。大德二年（1298），拜平章政事，以平章之名预中书事，徽政院副使如故。五年（1301），改授大司徒、徽政院副使、领将作院事。六年（1302），加光禄大夫。是年十二月，薨，年六十一。死后被追赠为推诚翊亮功臣、开府仪同三司、太傅、上柱国、鲁国公，谥号忠献。①

　　此记中的"仁裕至皇后"即真金的太子妃弘吉剌氏伯蓝也怯赤（一名阔阔真），为顺宗、成宗生母。皇太子真金虽先于世祖忽必烈去世，并未登皇帝位。但是，世祖去世后，真金子成宗即位，尊真金为裕宗，尊其母为皇太后。大德四年（1300），崩，谥曰裕圣皇后，升祔裕宗庙。至大三年（1310），追尊谥曰徽仁裕圣皇后。②张九思自入宫起便在太子东宫当差，负责管理东宫事务。太子真金死后，太子妃成为东宫主人，张九思依然竭尽全力效忠，被称"元贞、大德中，皇太后母仪东宫，保佑匡正之功，天下称颂"。成宗也曾感激道："昔在东朝，卿于事无所违缺，朕素念之。"当然，张九思的忠心也换来了徽仁裕圣皇后的器重，张九思自己曾说："我受裕皇、皇太后知遇，致身若此。扳称之私，惟日不足，鞠躬尽瘁，死而后已，老臣之心也。"③因此，徽仁裕圣皇后将刘弟弟嫁与张九思，也是对其恩宠的表现。

　　而赵孟頫之所以写此记，是因为"余尝游张公之门，故命记祠堂"。赵孟頫于至元十三年（1286）被程钜夫推荐给忽必烈后，与张九思同朝为官多年。1295年，赵孟頫被从同知济南路总管府事任上召还京师修世祖实录，④而负责这件事的恰恰就是张九思。张九思曾在大都城南建私家园林，园林中建有堂名曰遂初（又作遂初亭），政务之余，与好友在此饮酒赋诗。《神道碑》中提及："而故尝治园于南门之外，作堂曰遂初，花竹水石之盛，甲于京师。常以休沐，与公卿、贤大夫觞咏而乐之，治具洁丰，水陆之珍毕具，车盖相望，衣冠伟然，从容论说古今，以达于政理，蔼然太平，人物之盛，于斯见之，非直为一日之乐也。"⑤赵孟頫便是诗会的参与者之一，赵孟頫在《张詹事遂初亭》一诗中也描写了遂初堂诗会的盛况，诗云：

　　　青山缭神京，佳气溢芳甸。林亭去天咫，万状争自献。
　　　年多嘉木合，春晚余花殿。雕阑留戏蝶，藻井语娇燕。
　　　退食鸣玉珂，友于此终宴。钟鼓乐清时，衣冠集群彦。
　　　朝市尘得侵，图书味方远。纷华虽在眼。道胜安用战？

---

① ［元］虞集《道园类稿》卷四〇《张忠献公神道碑》，《元人文集珍本丛刊》第6册，台北新文丰出版有限股份公司，1985年，第230—234页。

② 《元史》卷一一六《后妃二》，第2899页。

③ ［元］虞集《道园类稿》卷四〇《张忠献公神道碑》，《元人文集珍本丛刊》第6册，第232页。

④ 《元史》卷一七二《赵孟頫传》，第4021页。

⑤ ［元］虞集《道园类稿》卷四〇《张忠献公神道碑》，《元人文集珍本丛刊》第6册，第232页。

初心良已遂，雅志由此见。何事江海人。山林未如愿。①

可见赵孟頫说"余尝游张公之门"并非虚语，张九思死后被追赠为推诚翊亮功臣、开府仪同三司、太傅、上柱国、鲁国公，谥号忠献。其追赠制文便是赵孟頫书写的。②由此可见，二人不仅有交情，而且较为亲密。故赵孟頫此记内容当较为可靠。

据《长春真人西游记》载，1222 年 3 月上旬，"阿里鲜至自行宫，传旨云：'真人来自日出之地，跋涉山川，勤劳至矣。今朕已回，亟欲闻道，无倦迎我。'次谕宣使仲禄曰：'尔持诏征聘，能副朕心。他日当置汝善地。'"③此书仅载成吉思汗承诺他日将置刘仲禄于"善地"，却未明确言及所说的"善地"到底是什么地方？

由赵孟頫此记可知，成吉思汗所说的"善地"即指燕京。丘处机于 1222 年 10 月返回时，成吉思汗命"阿里鲜为宣差，以蒙古带、喝剌八海副之，护师东还"。④刘仲禄并未随身护送。但由《长春真人西游记》可知，至少在丘处机逝世的 1227 年 7 月，刘仲禄已经返回燕京，他听闻丘处机的死讯，"愕然叹曰：'真人朝见以来，君臣道合。离阙之后，上意眷慕，未尝少忘，今师既升去，速当奏闻。'"⑤并且力赞尹志平在白云观建处顺堂用以安放丘处机遗体的计划，还举荐鞠志圆负责这项工程。实际上，刘仲禄返回燕京的时间可能还要更早一些，尹志平《葆光集》中有一首诗《刘便宜病索诗》写道："欲求轻健得安然，试伴长春向宝玄。百日消疎如肯受，他年骨壮自神全。"⑥此诗的内容即说如果要想恢复身体健康，就应该跟随丘处机在宝玄堂修道。丘处机从西域归来后，大部分时间居住于燕京天长观（后改名长春宫），时常在观中宝玄堂讲道，《长春真人西游记》载："十月，下宝玄，居方壶，每夕召众师德，以次坐。高谈清论，或通宵不寐。"⑦如果尹志平诗中所讲刘便宜即为刘仲禄，那么可以说明两个问题：一，刘仲禄返回燕京的时间早于 1227 年 7 月。二，结合赵孟頫所记的情况可以判断，刘仲禄很可能是全真教徒，至少为全真教居士。

也就是说，刘仲禄在完成召请丘处机的使命以后，成吉思汗兑现了"当置汝善地"的诺言，让其居住在燕京，而且其死后安葬于此。那么《元史》中所提，太宗七年岁乙未（1235）八月敕："近刘冲禄言：'率水工二百余人，已依期筑闭卢沟河元破牙梳口，若不修堤固护，恐不时涨水冲坏，或贪利之人盗决溉灌，请令禁之。'刘冲禄可就主领，毋致冲塌盗决，犯者以违制论，徒二年，决杖七十。如遇修筑时，所用丁夫器具，应差处调发之。其旧有水手人夫内，五十人差官存留不妨。已委管领，常切巡视体究，岁一交番，所司有不应

---

①　[元]赵孟頫《赵孟頫集》卷二《张詹事遂初亭》，钱伟疆点校，浙江古籍出版社，2012 年，第20 页。

②　制文见[元]赵孟頫《赵孟頫集》卷十《光禄大夫平章政事大司徒徽政院副使领将作院事张九思赠推诚翊亮功臣开封府议同三司太傅上柱国鲁国公谥号忠献》，第 258—259 页。

③　王国维《长春真人西游记校注》卷上，第 44a 页。

④　王国维《长春真人西游记校注》卷下，第 8a—8b 页。

⑤　同上书，第 21b 页。

⑥　[元]尹志平《葆光集》卷上，《正统道藏》第 25 册，文物出版社、上海书店、天津古籍出版社，1988 年，第 503 页。

⑦　王国维《长春真人西游记校注》卷下，第 19a 页。

副者罪之。"① 王国维认为此"刘冲禄"即刘仲禄的说法是可能成立的。

三、刘仲禄的后人

刘仲禄除了奉成吉思汗之命,召请丘处机之外,在整个元朝并无其他显赫事迹可言,这也是关于他的详细史料严重缺乏的重要原因。他本人生平尚不清晰,其后人就更无从说起。但是,通过这两则材料可以看出,刘仲禄"有孙,为名宦",有"弟子曰琬孝,为奉议大夫、蔚州知州","有女曰弟弟,世祖时以婉容淑德选入后宫。世祖升遐,仁裕至皇后以嫁故平章政事张乙九思,封鲁国太夫人"。并且"捐己赀"在白云观处顺堂之右为刘仲禄修建祠堂,岁时祭祀。

在中国古代,"弟子"也常用来称呼兄弟之子,② 那么,刘琬孝即刘仲禄的侄子。而"有女曰弟弟"当指刘琬孝之女,即刘仲禄的侄孙女。因刘仲禄的显赫事迹主要出现在长春真人丘处机西游前后(约1219—1227),而刘弟弟在世祖时"以婉容淑德选入后宫",并在世祖驾崩后才出嫁,元世祖忽必烈驾崩于至元三十一年(1294)正月,此时距史料可靠记载刘仲禄的最后活动时间(1227)已近70年之久,而且在记中,刘弟弟称刘仲禄为"吾祖",故刘弟弟不大可能是刘仲禄的女儿。况且赵孟頫在记中先提到刘琬孝,后提到"有女曰弟弟",大概也是想说明这一点。

关于刘琬孝的事迹仅限于《析津志》里的相关记载。而刘弟弟,赵孟頫《刘便宜祠堂记》里所记已经较为详细。但是,虞集在《张忠献公神道碑》中提到:"公(张九思)娶唐氏,翰林学士承旨脱因之女弟,世祖又赐以召国文贞刘公秉忠之女,今皆封鲁国太夫人。"③ 并未提及刘弟弟。《神道碑》有句:"国家建元以来至于今,治平七十年矣。"因此可推断该《神道碑》当写于元顺帝至正元年(1341)前后。此时张九思早已去世,刘弟弟也已经被封为鲁国太夫人,按理说不应该被漏掉。之所以出现这种情况,有两种可能:其一,虞集将刘琬孝之女误解为刘秉忠的女儿,考元人张文谦《刘公行状》中提及:"(至元)七年(1270)庚午,上从诸臣之请,遣礼部侍郎赵秉温礼择翰林侍讲学士窦默之次女配公。"④ 此时刘秉忠已经五十四岁,四年后去世。王盘《太保文贞刘公神道碑铭并序》也说,刘秉忠"晚娶无子,以犹子兰璋为嗣"。⑤ 两文中都未提及刘秉忠有女,很有可能刘秉忠根本就没有女儿。第二种可能就是,如若刘秉忠有女,那么张九思很可能有三位夫人,即脱因之妹唐氏、刘秉忠之女刘氏与刘琬孝之女刘弟弟。据《神道碑》记载:"(张九思)子三人,曰诚谦,卒。曰椿童承德……亦卒。曰金界奴,嫡夫人唐氏出也。"⑥ 刘弟弟出嫁

---

① 《元史》卷六四《河渠志一》,第1593页。
② 参见韩树峰《中古时期的"姪"与"兄子"、"弟子"》,《历史研究》2010年第1期,第44—65页。该文研究表明,"弟子"用于对兄弟之子的称呼在中国古代起源较早,持续时间较长,而"姪"(即"侄子")作为兄弟之子的称谓在唐宋以后才逐渐普及。
③ 〔元〕虞集《道园类稿》卷四〇《张忠献公神道碑》,第233页。
④ 〔元〕张文谦《故光禄大夫太保赠太傅仪同三司谥文贞刘公行状》,收入〔元〕刘秉忠《藏春诗集》卷六,《北京图书馆古籍珍本丛刊》第91册,书目文献出版社,出版年不详,第228页。
⑤ 〔元〕王磐《故光禄大夫太保赠太傅仪同三司文贞刘公神道碑铭并序》,收入〔元〕刘秉忠《藏春诗集》卷六,第231页。
⑥ 〔元〕虞集《道园类稿》卷四〇《张忠献公神道碑》,第233页。

时,其夫张九思至少已经五十三岁,因此很有可能刘弟弟嫁给张九思之后,未育有子女。且脱因、刘秉忠皆为元初著名大臣,声望较高,相比而言,刘弟弟的父亲刘琬孝地位和声望较低,刘弟弟因此被忽略了。

至于刘仲禄"有孙,为名宦"。清光绪年间的《余姚县志》中收录有《元重建余姚州学宫记》[1]的内容,其中言及:"(后)至元二年(1336)闾里煽灾,学复毁,知州汪侯惟正经始未就。是岁十二月,奉议大夫刘侯来知州事,喟然叹曰:'罹火祸民舍如晨星,州官署居不完,力诚有不逮也。惟学校之建,风化之源,长吏之职,其可以缓?'劬劳殚虑为邑人先,章逢乐输其有,斤斧板筑不绝声。明年十月,学成。……士民瞻仰叹息,羡其规模之宏,骇其成就之速,乃相与谋,勒文以永侯之绩。……侯名绍贤,字良弼,渤海人,便宜仲禄之孙也。"[2]另据明嘉靖《徽州府志》记载徽州休宁县尹时提到:"刘绍贤,字良弼,渤海人,泰定三年(1326)到任。"[3]由此可判断,刘绍贤为刘仲禄的后世子孙,为奉议大夫,侯爵,于1326年任休宁县尹,1336年升任余姚知州。他的"奉议大夫"、侯爵当是世袭而来,其他仕宦情况不详。

虽然关于刘仲禄后人的相关记载亦较为模糊,但有一点可以看出,刘仲禄在成吉思汗时期获得了相对显赫的地位及封赏,显然某些封赏延及给了他的后人。

A Study on the Life Story of Genghis Khan's Ambassodor Liu Zhonglu

Huang Taiyong, Institute of Philosophy, Fujian Academy of Social Science

Abstract: Liu Zhonglu was ever sent by Genghis Khan as his ambassador to Shandong for inviting the then head of Quanzhen Daoism Qiu Chuji to travel to Middle Asia, where Khan wanted to grant an audience to him. Liu Zhonglu's name was hence recorded in Daoist classics and other relative historical documents. However, his life story was not recorded in detail. Based on textual researches by Wang Guowei, this paper will analyze two pieces of new historical data in *Chorography of Xijin* as well as other relative documents, and give detailed descriptions of Liu Zhonglu's birthplace, his allegiance to Genghis Khan, his residence at his old ages, and his posterity.

Key Words: Liu Zhonglu; Genghis Khan; Qiu Chuji

（本文作者为福建社会科学院哲学研究所助理研究员）

---

① 乾隆《绍兴府志》记载:"《元重建余姚州学宫记》,后至元二年(1336),《余姚县志》:'韩性记为奉议大夫刘侯绍贤来知州事,重建学宫所立。'"([清]李亨特总裁、平恕等修(乾隆)《绍兴府志》卷七十六《金石志二》,台湾:成文出版社有限公司,1975年,第1881页。)

② [清]邵友濂等《余姚县志》卷十《学校》,台湾成文出版社有限公司,1983年,第187—188页。

③ [明]河东序、汪尚宁撰修(嘉靖)《徽州府志》卷五《县职官》,《北京图书馆古籍珍本丛刊》第29册,第104页。

高丽文臣李齐贤元代江南之行

郑叶凡　乌云高娃

提　要：高丽文臣李齐贤随从忠宣王，于元延祐六年（1319）游江南，并留诗十三首、词两首。本文主要阐述了李齐贤江南之行的原因，并通过分析诗词，认为李齐贤可能只参加了延祐六年（1319）的第一次江南之行，并考证了江南之行的具体时间、路线和地点。同时，还通过诗词体会李齐贤游江南的沿途所感，考察了他与江南士人和僧人交游的情景。

关键词：李齐贤　忠宣王　江南之行

李齐贤，字仲思，号益斋、栎翁，谥文忠，高丽检校政丞李瑱之子。他生于高丽忠烈王十三年（1287），卒于高丽恭愍王十六年（1367），81 年间历经高丽忠烈、忠宣、忠肃、忠惠、忠穆、忠定以及恭愍王等七朝，是高丽时期的重要文臣。李齐贤文采斐然，诗文皆精，15 岁即魁成钧试。他深受忠宣王器重，被召入元，并随从忠宣王在元大都活动，出游西蜀、江南之地，并与元朝文人密切交游，是元丽关系史上的重要人物之一。

本文拟对李齐贤作为从臣陪同忠宣王进行江南之行的原因，江南之行的具体时间、路线和地点等问题进行探讨。同时，通过体会李齐贤游江南的沿途所感，考察他与江南士人和僧人交游的情景。

一、李齐贤入元及随忠宣王出游

元朝时期，高丽作为元朝的附属国，历代国王均尚元朝公主，两国之间有着舅甥之好，人员往来亦十分频繁。忠宣王名王璋，为忠烈王同忽必烈之女齐国大长公主忽都鲁揭里迷失之子，于忠烈王三年（1277，元至元十四年）正月被册为世子。忠烈王二十四年（1298，元大德二年）正月，"元遣使册为国王，以忠烈为逸寿王"。[①]但同年王璋就被迫退位，其父忠烈王复位。此后十年，王璋"如元宿卫"。[②]忠烈王三十三年（1307，元大德十一年），"皇侄爱育黎拔力八达太子及右丞相答剌罕、院使别不花与王定策，迎立怀宁王海山……五月皇侄怀宁王即皇帝位，是谓武宗"。[③]王璋因拥立武宗之功，于次年被封为沈阳王。七月忠烈王逝世，王璋复位为忠宣王。但在忠宣王五年（1313，元皇庆二年），忠宣王"以长子江陵大君焘见于帝，请传位，帝乃策焘为王"。[④]忠肃王元年（1314，元延祐

---

① 郑麟趾《高丽史》卷三三《忠宣王一》，日本：国书刊行会，明治四十一年（1912），第 417 页、第 510 页。

② 同上书，第 515 页。

③ 同上注。

④ 《高丽史》卷三四《忠宣王二》，第 527 页。

元年），坚持不肯回国的王璋"以太尉留京师邸,构万卷堂,考究以自娱"。[1]是年,王璋"因曰京师文学之士皆天下之选。吾府中未有其人,是吾羞也"。[2]遂召李齐贤入元大都。从以上叙述可知,李齐贤第一次入元时,忠宣王就已经退位了,不再是高丽国王。此外,关于李齐贤首次入元的年份可以确定,但是具体的月份还有待商榷。

据李齐贤的墓志铭记载,"召至都,实延祐甲寅正月",[3]表明李齐贤是在延祐元年（1314）正月到达大都。而《高丽史·忠肃王一》中明确记载,"甲寅元年春正月……丁未,上王如元",[4]说明王璋到达大都是在延祐元年（1314）正月二十二日。并且,在《高丽史节要》中,"元帝命上王留京师,上王构万卷堂于燕邸"这一句话在"三月,宰枢享公主及王"条中。[5]综合考虑以上两书的记载,王璋构万卷堂应当在三月。因此李齐贤首次入元也应当不早于延祐元年（1314）的三月份。

李齐贤入元后,多次游历各地,有两次著名的出游。一次是西蜀之行,主要去往峨眉山。金文京对峨眉山之行的时间做了详细的考证,认为李齐贤在延祐三年（1316）初从大都出发,春末的三月到达成都,八月十七日从成都出发去登峨眉山,秋天时回到大都。并认为,李齐贤的峨眉山之行很可能出自忠宣王的授意。[6]但李齐贤的年谱中记载:"（延祐）三年丙辰,……四月,迁进贤馆提学。奉使西蜀,所至题咏,脍炙人口。"[7]说明李齐贤从大都出发的时间在四月或四月后。因此,笔者认为李齐贤西蜀之行可能启程于延祐三年（1316）四月或四月后,为李齐贤首次入元后的重要奉使出行活动。

另外一次,即著名的江南之行,主要目的地是普陀山。据《高丽史·忠肃王一》记载:"（延祐四年）秋九月……乙卯,遣选部典书李齐贤如元贺上王（指忠宣王）诞日。"[8]是为李齐贤第二次入元。李齐贤此次去江南即发生于第二次入元期间,仍出自忠宣王的旨意。而忠宣王有两次去往江南。第一次是在延祐六年（1319）三月,忠宣王"请于帝（指元仁宗）,降御香,南游江浙至宝陀山（指今普陀山）而还,权汉功、李齐贤等从之"。[9]李齐贤与权汉功等大臣均陪同在侧。第二次在延祐七年（1320）四月,忠宣王"复请于帝（指元英宗）,降香江南,盖知时事将变,冀以避患也"。[10]但是这一次的江南之行,李齐贤并没有陪同。原因是在结束延祐六年（1319）的这次江南之行后,李齐贤于延祐七年（1320）七月,"知密直司事",[11]并在高丽主持科举,即他在七月之前就已经在高丽。而忠宣王在这

---

① 李穑《鸡林府院君谥文忠李公墓志铭》,载李齐贤《益斋先生文集》,韩国:景仁文化社,1999年,第19页。

② 《鸡林府院君谥文忠李公墓志铭》,载李齐贤《益斋先生文集》,第19页。

③ 同上注。

④ 《高丽史》卷三四《忠肃王一》,第531页。

⑤ 金宗瑞《高丽史节要》卷二四《忠肃王》忠肃王甲寅元年条,韩国:东国文化社,1960年,第551页。

⑥ 金文京《高麗の文人官僚·李齊賢の元朝における活動》,载夫馬進主编《中國東アジア外交交流史の研究》,2007年,第130、133页。

⑦ 《益斋先生年谱》,载《益斋集》,韩国成均馆大学藏鲁林斋刻本,第65页。

⑧ 《高丽史》卷三四《忠肃王一》,第534页。

⑨ 《高丽史》卷三四《忠宣王二》,第527页。

⑩ 同上注。

⑪ 《高丽史》卷三五《忠肃王二》,第537页。

一年的六月，"行至金山寺，帝遣使急召，令骑士拥逼以行，侍从臣僚皆奔窜"。[①]因此，第二次的江南之行，李齐贤根本不可能有时间参与，他仅参与了第一次。

延祐六年（1319）至延祐七年（1320）的两次江南之行都非常重要。江南之行是忠宣王在元政治命运的转折点，在第二次江南之行后，忠宣王就被流放吐蕃，数年不得归，最后郁郁而终。而对于李齐贤而言，延祐六年（1319）的江南之行也意义重大，这是他最后一次陪同忠宣王游历，此后复入元时，忠宣王已被流放。并且，在江南之行途中所写下的诗词构成了李齐贤文学成就的重要部分。因此，对于李齐贤这次江南之行的探析也显得尤为重要。

二、江南之行的原因

据前文分析可知，忠宣王江南之行一共有两次，第一次始于延祐六年（1319）三月，第二次始于延祐七年（1320）四月。但是，李齐贤参加的就只有忠宣王第一次的江南之行。李齐贤的第一次江南之行是受忠宣王之召，陪侍左右，吟诗作对，记所历山川胜景。因此究其根源，是在忠宣王。而忠宣王游江南的目的，自然会对李齐贤造成影响。因此，有必要分析忠宣王两次江南之行的意图。

虽然忠宣王两次江南之行的表面原因，都是出于佛教祭祀"降香"的需要，但实际上有所不同。

关于第一次江南之行的原因，其中之一是为了降香礼佛。这次江南之行的主要目的地普陀山，与峨眉山、五台山、九华山并称为中国的四大佛教道场。元朝时期，佛教极其昌盛。元仁宗对各佛寺和僧人也有诸多赏赐，本人还曾说过"明心见性，佛教为深"。[②]元朝公主、驸马多热衷于"降香"，耗费靡多。为此，元朝还曾颁布禁令"诸王、公主、驸马辄遣人降香致祭者，禁之"。[③]高丽也盛行佛教，忠宣王"唯酷嗜浮屠法，舍本国旧宫为旻天寺，极土木之工。范铜作佛三千余躯，泥金银写经二藏，黑本五十余藏，邀蕃僧译经受戒，岁无虚月。人或以为言，好之弥笃"。[④]因此，可以想见，忠宣王对于降香之事应当极为热心。此外，金文京指出，这次的江南之行还有可能受到了五台山之行的影响。忠宣王曾在至大二年（1309）陪太后答己去五台山礼佛，在忠宣王随从太后和皇太子参拜五台山之时，很可能就有了祭拜另外两个道场的念头。峨眉山之行是忠宣王不在的情况下，派遣李齐贤代为参拜。去宝陀山，则由他自己带着李齐贤等廷臣共同参拜。[⑤]但是，降香也许是忠宣王江南之行的表面原因，究其更深层原因的话，金文京做出了另一个猜想：指出李齐贤陪同王璋的江南之行，可能与洪重喜有关。此前高丽内部势力洪重喜同王璋进行党争之时，洪重喜因谗诉忠宣王之罪被流放福建漳州，至杭州时被赦免，于翌年去世。这或许同忠宣

---

① 《高丽史》卷三四《忠宣王二》，第527页。

② 《元史》卷二六《仁宗三》，中华书局校点本，2013年，第594页。

③ 《元史》卷一〇三《刑法二》，第2636页。

④ 李齐贤《益斋乱稿》卷九《有元赠敦信明义保节贞亮济美翊顺功臣太师开府仪同三司尚书右丞相上柱国忠宪王世家》，载李齐贤《益斋先生文集》，第491页。

⑤ 金文京《高麗の文人官僚・李齊賢の元朝における活動》，载《中國東アジア外交交流史の研究》，第133页。

王、李齐贤一行前往江南有着某种联系。[①]

至于第二次江南之行，原因非常复杂。虽表面上也是礼佛，实际上则为忠宣王的避祸之行。忠宣王贬谪吐蕃之祸兼有元廷上层和高丽内部矛盾的联合打击。首先，直接原因是宦官伯颜秃古思向元廷构陷忠宣王。伯颜秃古思本是高丽人，姓任，后入元为宦官，事仁宗。忠宣王与仁宗关系密切，但觉伯颜秃古思"佞险多不法"，两人在仁宗时期就已交恶：

> （伯颜秃古思）思有以中伤之，以仁宗及皇太后待上王（忠宣王）厚，不得发，尝无礼于上王。上王请于太后，杖之。怨恨益深。及仁宗崩，太后亦退居别宫，秃古思益无所畏，厚赂八思吉，百计诬谮之。[②]

仁宗于延祐七年（1320）去世，元英宗即位，伯颜秃古思继续百般构陷忠宣王。而忠宣王利用皇太后答己的支持，在延祐七年（1320）三月甲申，"刷宦者伯颜先古思等六人所夺土田臧获，归其本主"，[③]以此反击伯颜秃古思。在三月份夺伯颜秃古思的土地之后，紧接着这一年的六月，忠宣王即被捕回大都。

其次，从上述事件可以看出，深层原因是其时元朝上层激烈的政治斗争。延祐七年（1320）正月，仁宗逝世，元英宗即位。元英宗与太皇太后答己之间矛盾重重，双方争斗激烈。答己本以为英宗懦弱好控制，没想到"及既即位，太后来贺，英宗即毅然见于色，后退而悔曰：'我不拟养此儿耶！'遂饮恨成疾"。[④]同时，答己党羽众多，"内则黑驴母亦烈失八用事，外则幸臣失烈门、纽邻及时宰迭木帖儿相率为奸，以至箠辱平章张珪等，浊乱朝政"。[⑤]英宗即位后则"群幸伏诛"，开始大力铲除答己的势力。如前所述，忠宣王拥立元武宗海山和元仁宗爱育黎拔力八达有功。而武宗和仁宗均出自答己，答己对忠宣王颇多厚爱，还曾召忠宣王陪同上五台山做佛事。因此，忠宣王作为答己集团的一员，也遭到了刚上位的元英宗的打击。在伯颜秃古思事件中，答己和元英宗各自支持自己人：伯颜秃古思依附于元英宗，皇太后答己支持忠宣王打击伯颜秃古思，元英宗反击答己，随后逮捕了忠宣王。陷入元朝上层权力斗争的忠宣王沦为了答己与元英宗博弈的牺牲品。忠宣王这次"降香"表面上是"请于帝"，但实际上是出自答己的授意。答己使忠宣王"降香江南"就是为了使其远离斗争中心大都，以免波及，因此有了"盖知时事将变，冀以避患也"[⑥]的说法。所以，忠宣王第二次的江南之行实际上是一次"避祸之行"。但最终也没能幸免于难，忠宣王于六月"行至金山寺，帝遣使急召，令骑士拥逼以行"，[⑦]九月"还至大都"，十二月"帝流王于吐蕃撒思吉之地"。[⑧]撒思吉即萨斯迦，属乌斯藏军民万户，远在吐蕃。

---

① 金文京《高麗の文人官僚·李齊賢の元朝にぉけゐ活動》，载《中國東アジア外交交流史の研究》，第134页。
② 《高丽史节要》，忠肃王庚申七年条，第556页。
③ 《高丽史》卷三五《忠肃王二》，第537页。
④ 《元史》卷一一六《后妃二》，第2902页。
⑤ 同上注。
⑥ 郑麟趾《高丽史》卷三四《忠宣王二》，第527页。
⑦ 同上注。
⑧ 同上注。

综上所述,李齐贤作为忠宣王在元的重要从臣,在忠宣王第一次江南之行时,必需随行王侧,以备不时之需,并且游历沿途需著书记录。李齐贤文采卓著,自然当仁不让。由于第一次江南之行主要是去"降香",因此沿途多去寺庙禅院,李齐贤诗作的主题也多与此相关。同时,第一次江南之行不像第二次危机四伏,因此一路游山玩水,游兴正浓,佳作频出。

三、江南之行的路线及沿途所感

元朝时期的江南作为全国的经济重心,市镇密集,经济繁华。同时,江南地区也是全国的文化重心所在,文人墨客汇集,名胜古迹众多。李齐贤本人诗文皆精,对此文化胜地自是极其向往,在其诗作中多有体现。此外,元朝时期的江南地区汉传佛教十分昌盛,宗派众多,前往礼佛的元朝上层人士络绎不绝。

总而言之,忠宣王和李齐贤等人不虚此江南之行。李齐贤更是佳句频出,惹得忠宣王"每遇楼台佳致,寄兴遣怀曰:'此间不可无李生也。'"[①]据《益斋乱稿》现存诗词统计,李齐贤在江南之行中共作诗十三首、词两篇。

这十三首诗题目分别是:《舟中和一斋权宰相汉功将之江浙时》、《金山寺》、《焦山》、《多景楼陪权一斋用古人韵同赋》、《吴江又陪一斋用东坡韵作》、《姑苏台和权一斋用李太白韵》、《高亭山伯颜丞相驻军之地》、《宿临安海会寺》、《冷泉亭》、《游道场山陪一斋用东坡韵》、《虎丘寺十月北上重游》、《多景楼雪后》、《淮阴漂母墓》。[②]除了这十三首是当时游玩时所写以外,还有一首《雪用前韵》则是后来回忆此次江南之行的诗作。

两篇词为李齐贤的《鹧鸪天·过新乐县》之下的第四首和第五首,题目分别是《杨州平山堂今为八哈师所居》和《鹤林寺》。

(一)江南之行的路线

《益斋乱稿》中所收录的诗作均是按照时间顺序排列的,因此,分析上述十三首诗和两篇词,李齐贤江南之行的路线、所过之地和时间均可得知。

《舟中和一斋权宰相汉功将之江浙时》描写的是李齐贤和另一陪臣权汉功陪同忠宣王乘舟,即将到达江南之时的场景。"兰舟晓发白云楼"[③]中的白云楼指位于山东章丘的白云楼,元代文臣张养浩曾为其写过《白云楼赋》。当时章丘归济南路管,隶属于腹里。"遥指江南第一州"中的"江南第一州"有多个指向。有指金陵(延祐间,名为建康路),比如张耒的《怀金陵二首》中有"芰荷声里孤舟雨,卧入江南第一州"一句。[④]也有指杭州,比如梁栋《杭州闻角》中记道"谁知尽是中原恨,吹到江南第一州"。[⑤]此外,这首诗既然描绘的是刚出发时的情景,时间应该是延祐六年(1319)的三月。

《金山寺》和《焦山》指向都很明显。位于江苏的镇江,元朝时隶属于江浙行省。《多

---

① 郑麟趾《高丽史》卷一一〇《李齐贤传》,第320页。
② 李齐贤《益斋乱稿》卷一,载李齐贤《益斋先生文集》,第184—190页。
③ 李齐贤《益斋乱稿》卷一《舟中和一斋权宰相汉功将之江浙时》,载李齐贤《益斋先生文集》,第184页。
④ 吴之振《宋诗钞》卷三一,文渊阁四库全书本。
⑤ 苏天爵《元文类》卷八,文渊阁四库全书本。

景楼陪权一斋用古人韵同赋》中的"多景楼"也在镇江,位于镇江北固山甘露寺内,为宋元文人雅士聚会赋诗之所,当时颇为出名。

《吴江又陪一斋用东坡韵作》中的"吴江"位于今苏州市的吴江区,此时忠宣王和李齐贤等人已到达了镇江南面的苏州。接下来的诗《姑苏台和权一斋用李太白韵》,也是在苏州所作。并且此诗中"姑苏城具秋草多",[①]表明此时应该是入秋时节。

《高亭山伯颜丞相驻军之地》中的"高亭山"应该是指位于当时杭州的皋亭山。此诗的副标题标注"伯颜丞相驻军之地"。《元史》中记载:"(至元)十三年,从丞相伯颜伐宋,驻军临安之皋亭山。"[②]由此可知,"高亭山"即"皋亭山"。此外,接下来的《宿临安海会寺》一诗也很明显地表明作于当时的杭州。至于《冷泉亭》中的"冷泉亭",《西湖游览志》中也有记载:"杭州武林山,在钱唐县西南,灵隐寺在其上,寺东有水曰龙源,横过寺前,即龙溪也。冷泉亭在其上。"[③]由此可知,冷泉亭位于杭州的灵隐寺内,因此以上三首诗均于杭州所作。至于在杭州的时间,元朝僧人中峰明本有明确的记录。在其著述《天目中峰明本广录》中,记道:

> 延祐六年九月初六日,驸马太尉沈王王璋,奏奉圣旨御香入山,谒师于幻住菴。翼日请师,就师子正宗禅寺。[④]

说明忠宣王和李齐贤一行人于延祐六年(1319)九月初六日,前往杭州天目山拜访中峰明本。此外,《高亭山伯颜丞相驻军之地》中有一句"人家处处槿花篱",[⑤]槿花花期为六至十月份,再联系《姑苏台和权一斋用李太白韵》一诗可知,此诗作于延祐六年(1319)的九至十月份。《宿临安海会寺》的"陌上春归花寂寂"[⑥]也可证明这一点。

《游道场山陪一斋用东坡韵》则是忠宣王和李齐贤在紧邻杭州的湖州吴兴道场山游玩时所作,诗中即有表述:"吴兴田野海弥漫。"[⑦]

《虎丘寺十月北上重游》,题中的"虎丘寺"位于苏州虎丘山上,诗句"阖闾城外古禅林"[⑧]也说明是在苏州。题旁的注"十月北上重游"则说明此诗作于十月份,李齐贤在这一月开始北返,并且已经到达苏州。

《多景楼雪后》,题中即点名此时已经回到了镇江。"雪后"说明此时已是冬季寒冷之时。

《淮阴漂母墓》,"淮阴"和"淮安"这两个地名概念互有重合,但基本即指同一个地区。此时,忠宣王和李齐贤一行人已经出了江南,结束了江南之行。

---

① 李齐贤《益斋乱稿》卷一《姑苏台和权一斋用李太白韵》,载李齐贤《益斋先生文集》,第186页。
② 《元史》卷一二二《列传第九》,第3010页。
③ 田汝成《西湖游览志》,上海古籍出版社校点本,1980年,第252页。
④ 中峰明本《天目中峰和尚广录》卷一,《永乐北藏》第一五七册,线装书局,2008年,第14—15页。
⑤ 李齐贤《益斋乱稿》卷一《高亭山伯颜丞相驻军之地》,载李齐贤《益斋先生文集》,第187页。
⑥ 李齐贤《益斋乱稿》卷一《宿临安海会寺》,载李齐贤《益斋先生文集》,第187页。
⑦ 李齐贤《益斋乱稿》卷一《游道场山陪一斋用东坡韵》,载李齐贤《益斋先生文集》,第188页。
⑧ 李齐贤《益斋乱稿》卷一《虎丘寺十月北上重游》,载李齐贤《益斋先生文集》,第189页。

最后,还有一首《雪用前韵》则是后来回忆此次江南之行的诗作。有学者徐建顺曾经就这首诗指出"(李齐贤)在扬州一直待到次年春天,即北上回国",[①]但笔者对此持不同看法,纵观全诗,这仅是一首回忆之作,没有任何信息透露出李齐贤在扬州待的时间。全诗如下:

> 去年此日杨子津,雪华濛濛愁杀人。
> 浮玉山前驻归楫,百钱径买金陵春。
> 酒酣豪气薄云空,走寻北固登翠峰。
> 海天上下同一色,日月东西迷六龙。
> 长风掉鞅欲惊动,万木含枚若持重。
> 冥搜兴逸太素前,援笔题诗愁砚冻。
> 拥褐南窗夜色明,半轮霁月晖铁瓮。
> 神清宛在广寒宫,胜赏只恨无人共。
> 今年此日大愁绝,匹马关河三尺雪。
> 室韦草木冷萧条,碣石云烟杳明灭。
> 向夕前程问几何,酸风如刀面欲裂。
> 君不见百年身在梦魂场,一年年去增悲凉。
> 亦知销金帐下浅斟低唱有余乐。
> 亦知淮西夜半提军缚贼功难忘。
> 日高闭门卧不起,最有袁安兴味长。[②]

"今年此日大愁绝,匹马关河三尺雪"说明这首诗写的时候在冬天。"去年此日杨子津,雪华濛濛愁杀人"说明去年在扬州也是一个寒冷的冬天。前文已经分析过,忠宣王和李齐贤一行人于延祐六年(1319)三月出发,到达杭州是九到十月份,十月份北上回到了苏州,再次抵达扬州应该是这一年的冬天,这说明写《雪用前韵》的时候已经是延祐七年(1320)的冬天。"室韦草木冷萧条"中的"室韦"位于今天北方的内蒙古东部一带,所以这首诗是延祐七年(1320)的冬天在"室韦"所做,并不是在扬州。而诗中的"杨子津"、"浮玉山"(现天目山,在杭州附近)、"金陵"、"北固"都是李齐贤在回忆上一年的江南之行,并不是指他在扬州又待到第二年的春天。全诗也没有任何表明李齐贤去年冬天在扬州逗留时间的说明。

此外,《淮阴漂母墓》和《雪用前韵》中间的五首诗——《西都留别邢通宪君绍》、《北上》、《寄还》、《雪》、《忙古塔万山岭名》也都是李齐贤离开江南后所做。徐建顺将这些诗归到了江南之行中,是不正确的。[③]

《西都留别邢通宪君绍》,题中的"西都"应指长安。元代文臣张养浩的词《山坡

---

① 徐建顺《李齐贤在中国行迹考》,《延边大学学报》(社会科学版),第 38 卷第 4 期,2005 年。

② 李齐贤《益斋乱稿》卷一《雪用前韵》,载李齐贤《益斋先生文集》,第 195—197 页。

③ 参见徐建顺《李齐贤在中国行迹考》,文中写道:"很明显是 10 月自杭州返回,回到镇江是在冬天,但此行并没有结束。此后又有《北上》、《雪》等诗。"

羊·潼关怀古》中即有"望西都，意踌躇"一句，指的就是长安。"露侵征袖晓寒多"和"谁料北窗蛮雪客"[①]都说明此时应该是寒冷的冬季。江南之行结束后，李齐贤离开忠宣王，此时正在返回的路上，归途中又折去了长安游玩。另一个证据就是后一首诗《北上》中记载"去鲁情何极，游秦兴未阑"，[②]表明了李齐贤一行人急于离开山东后，又奔赴陕西游玩的情景。接下来的两首诗《寄还》中的"还照边城马上人"[③]和《雪》中的"朔风卷地暗河津，塞云作雪愁行人"[④]也说明李齐贤在陕西这一带游玩。《忙古塔万山岭名》也有类似的场景描述："密雪压空谷，万木寒无声。征人戒长道，迨此东方明。襟袖生铁甲，鬓须络珠缨。路穷马蹄涩，却立心为惊。棲禽亦安往，拂翼时一鸣。"[⑤]但是具体地点在哪，则不得而知。

因此，从《舟中和一斋权宰相汉功将之江浙时》到《淮阴漂母墓》这十三首诗都是在江南之行途中所写，之后的六首诗，直到《雪用前韵》都是后来所写。

至于两首词作《杨州平山堂今为八哈师所居》和《鹤林寺》，前一首应当是赴江南途中，在扬州所写。后一首中的鹤林寺在镇江，应当是回程途中，在镇江所写。《杨州平山堂今为八哈师所居》[⑥]中有"云澹伫"一句，"澹伫"这个词多形容春天的景色。"堂前杨柳经摇落"这一句也说明此时处于春季。而前文已经证明，回程经过镇江时已是寒冷的冬季，因此这首词只能是去的途中所写。《鹤林寺》词作中有"雪里何人开杜鹃"[⑦]一句，所以应当是归途中，经过镇江所写。

至此，根据以上的分析，笔者将李齐贤江南之行的路线、时间和所作的诗词列表如下：

表一：李齐贤江南之行行程表

时间	具体时间	地点	所作诗词
延祐六年（1319）	三月	章丘到淮安	《舟中和一斋权宰相汉功将之江浙时》
	三到九月份	扬州	《杨州平山堂今为八哈师所居》
		镇江	《金山寺》、《焦山》、《多景楼陪权一斋用古人韵同赋》
		苏州	《吴江又陪一斋用东坡韵作》、《姑苏台和权一斋用李太白韵》
	九到十月份	杭州	《高亭山伯颜丞相驻军之地》、《宿临安海会寺》、《冷泉亭》
		湖州	《游道场山陪一斋用东坡韵》
	十月份	苏州	《虎丘寺十月北上重游》
	冬季	镇江	《多景楼雪后》、《鹤林寺》
		淮安	《淮阴漂母墓》

---

① 李齐贤《益斋乱稿》卷一《西都留别邢通宪君绍》，载李齐贤《益斋先生文集》，第190页。
② 李齐贤《益斋乱稿》卷一《北上》，载李齐贤《益斋先生文集》，第191页。
③ 李齐贤《益斋乱稿》卷一《寄还》，载李齐贤《益斋先生文集》，第191页。
④ 李齐贤《益斋乱稿》卷一《雪》，载李齐贤：《益斋先生文集》，第194页。
⑤ 李齐贤《益斋乱稿》卷一《忙古塔万山岭名》，载李齐贤《益斋先生文集》，第195页。
⑥ 李齐贤《益斋乱稿》卷一《杨州平山堂今为八哈师所居》，载李齐贤《益斋先生文集》，第555页。
⑦ 李齐贤《益斋乱稿》卷一《鹤林寺》，载李齐贤《益斋先生文集》，第556页。

综上所述,李齐贤于延祐六年(1319)三月陪同忠宣王前往江南,十月左右返程。此外,分析上表中的地点可知,李齐贤所作诗词中的地点均是大运河沿线的著名城镇。元代的大运河在通惠河修成后,从杭州可以贯通到大都。因走运河水路不仅便利且费用低,大都和江南的人员和货物往来大量依靠运河。因此,忠宣王和李齐贤等人往返江南也都利用了大运河,走水路,乘船而行。

(二)沿途所感

从李齐贤所作的诗词中,可以体会到他江南之行沿途的感想。

一是游山玩水、拜访深山古刹时的欣喜放纵之情,作诗以抒情。比如《舟中和一斋权宰相汉功将之江浙时》中,"兰舟晓发白云楼,遥指江南第一州",描绘了初访江南之时的豪迈向往之情,《金山寺》《焦山》则表现出看到佛家圣地和秀丽山水时的愉悦赞叹之情。

二是寻访名胜古迹、听说地方典故时产生的怀古之意,或是忧国忧民之情。比如《多景楼陪权一斋用古人韵同赋》中,"佞臣谋国鱼贪饵,黠吏忧民鸟养羞"。① 李齐贤到达扬州后,看到繁华景象,联想到国家现实忧况和历史上范蠡的典故。《姑苏台和权一斋用李太白韵》一诗,"吴宫欢笑几时毕,正是越王尝胆日",② 也通过看到的姑苏台的景象,遥想吴越当年的景象。还有,在淮阴所作《淮阴漂母墓》一诗,体现出了对地方典故的了解。

总体而言,李齐贤所作的诗词和其中表达出的情感都反映出他深厚的文学功底和对中国历史典故、地方风情的熟悉和了解。

四、江南之行中与元朝文人和僧人的交游

李齐贤入元后,与元朝文人交往甚多。李穑曾记述:"姚牧菴、阎子静、元复初、赵子昂咸游王门,公周旋其间。"③ 这四人分别是姚燧、阎复、元明善和赵孟頫。但是李齐贤1314年入元,而姚燧1313年即去世,阎复1312年也已去世,因此,这两人不可能与李齐贤交往,这里的记述有误,而元明善和赵孟頫则确实与李齐贤相交甚好。

特别是赵孟頫,赵孟頫是吴兴(今浙江湖州)人,属于典型的江南文人,诗书画皆精。李齐贤同他相交甚好,不仅相互赠诗,仿赵孟頫写《巫山一段云》,还将赵孟頫的真迹带回国,促进了松雪体书法在高丽的流行。李齐贤在《吴江又陪一斋用东坡韵作》提及:"吴江清胜天下稀,我初闻之赵松雪。"④ 说明在李齐贤"下江南"之前,赵孟頫已经同李齐贤讲述过江南沿途的风光。

另外,在《雪》⑤ 一诗中,李齐贤提及"君不见吴中朱生画称绝",此处"吴中朱生",李齐贤自己注解为"姑苏朱泽民,善画山水,尝为我作燕山晓雪图"。还在诗末夸奖朱生送他的"燕山晓雪图"一画"画中之境今自蹈,画中之意不可忘。白头更有相逢日,握手披

① 李齐贤《益斋乱稿》卷一《多景楼陪权一斋用古人韵同赋》,载李齐贤《益斋先生文集》,第185页。

② 李齐贤《益斋乱稿》卷一《姑苏台和权一斋用李太白韵》,载李齐贤《益斋先生文集》,第186页。

③ 李穑《鸡林府院君谥文忠李公墓志铭》,载李齐贤《益斋先生文集》,第19页。

④ 李齐贤《益斋乱稿》卷一《吴江又陪一斋用东坡韵作》,载李齐贤《益斋先生文集》,第186页。

⑤ 李齐贤《益斋乱稿》卷二《雪》,载李齐贤《益斋先生文集》,第194—195页。

图感叹长"。"朱泽民"就是元代著名画家、诗人朱德润。在李齐贤后来西行远谒忠宣王时，朱德润还曾作诗《送李益斋之临洮》赠予李齐贤，[①] 可见二人关系密切。

此外，据《益斋乱稿》中记载："延祐己未，予从于忠宣王，降香江南之宝陁窟（指普陀山）。王召古杭吴寿山，令写陋容，而北村汤先生为之赞。北归为人借观，因失其所在。其后三十二年，余奉国表如京师，复得之，惊老壮之异貌，感离合之有时，题四十字为识。"[②] 他自己在后面的注中表明"汤先生"是"北村老民汤炳龙"，[③] 为元代著名诗人，自号北村老民。而此记载中的"古杭吴寿山"，难以找到史料记载，身份存疑。后人在刊刻文集时，在"吴寿山"后加"一本作陈鉴如，误也"一句。可见，后人对画像者的身份已有争议。陈高华先生在《元代画家史料》一书中认为，为李齐贤画像的是元代著名的人物肖像画家陈鉴如，非吴寿山，并描绘了陈鉴如为李齐贤创作的这幅肖像画的具体内容："李齐贤袖手坐椅上，旁有小几，上置香炉等物。"[④] 此外，陈高华先生还指出："陈鉴如一直在杭州从事创作活动，他大体上与赵孟頫同时。"[⑤] 事实上，陈鉴如不仅"与赵孟頫同时"，还请赵孟頫指点过他为赵孟頫所作的画像，"钱塘陈鉴如，以写神见推一时，尝持赵文敏公真像来呈，公援笔改其所未然者。因谓曰：唇之上何以谓之人中？若曰人身之中半，则当在脐腹间，盖自此而上，眼耳鼻皆双窍，自此而下，口暨二便皆单窍。三画阳，三画阴，成泰卦也"。[⑥] 可见，李齐贤同当时元朝的几位著名画家赵孟頫、陈鉴如等人，互相之间均有往来，在书画方面交流密切。

李齐贤此次江南之行既是随忠宣王"降香"，沿途多游历寺庙禅院，与江南地区的僧人自然也交游甚多。目前已知的、明确和李齐贤有过往来的是元朝僧人中峰明本。中峰明本是元朝著名僧人，居于天目山，受到元仁宗等多位元朝皇帝的尊崇。元朝的达官贵族和文人更是对其趋之若鹜。忠宣王和中峰明本的往来也十分密切，中峰明本曾作过多首诗赠送忠宣王。忠宣王和李齐贤等人在延祐六年（1319）九月初六日，来到天目山拜访中峰明本。

中峰明本还曾赋诗《次韵酬李仲思宰相四首》赠予李齐贤，全文如下：

> 晴云万叠里群山，崖瀑千寻落树间。
> 定里惊传王驾至，只应来夺老僧闲。
>
> 归鞭未举且婆娑，平地须知险处多。
> 休把世间名字相，累他严穴病头陀。
>
> 物我迁流兴未疲，正图夸胜与称寄。

---

① 朱德润《存复斋文集》卷十，涵芬楼秘笈景旧抄本。
② 李齐贤《益斋乱稿》卷四，载李齐贤《益斋先生文集》，第 269 页。
③ 李齐贤《益斋乱稿》，载李齐贤《益斋先生文集》，第 508 页。其中记到："延祐己未九月望日北村老民汤炳龙书于钱塘保和读易斋，时年七十有九。"
④ 陈高华《元代画家史料》，上海人民美术出版社，1980 年，第 512—516 页。
⑤ 同上书，第 512 页。
⑥ 陶宗仪《南村辍耕录》卷五，中华书局校点本，2004 年，第 61 页。

逝多林里真慈父,也把空拳吓小儿。

机里藏几复见几,秋霜点点透征衣。
话残夜壑三更月,又约天云拥毳归。①

题目中的"李仲思宰相"指的就是李齐贤,李齐贤字仲思。"定里惊传王驾至,只应来夺老僧闲"一句中的"王驾"指的是忠宣王一行人来到了天目山。"秋霜点点透征衣"说明此时的季节是秋季。如前所述,忠宣王和李齐贤在延祐六年(1319)九月到十月份在杭州,正是秋季。"话残夜壑三更月,又约天云拥毳归"说明中峰明本与李齐贤、忠宣王等人交谈甚欢,因此中峰明本特作诗四首赠予李齐贤。

小　结

通过以上的论述可知,李齐贤只参与了延祐六年(1319)的江南之行。时间是从延祐六年(1319)的三月到这一年的冬季,路线为:章丘——淮安——镇江——苏州——杭州——湖州——苏州——镇江——淮安,大部分行程利用了京杭大运河乘船而行。途中,一共作了十三首诗和两首词,另有一首《雪用前韵》回忆江南之行。在江南之行中,李齐贤与江南文人和僧人交游频繁,赵孟頫、朱德润、陈鉴如、汤炳龙、中峰明本等均与李齐贤交流密切。

总而言之,李齐贤在忠宣王的第一次江南之行中扮演了重要角色。同时,这次江南之行也为李齐贤的文学生涯抹下了浓墨重彩的一笔,对其今后的创作有着重要影响。

Studies on the Goryeo Minister Lee Je-hyeon's Journey to Jiangnan in the Yuan Dynasty

Zheng Yefan&Wuyungaowa, Graduate School of Chinese Academy of Social Sciences

Abstract：Goryeo minister *Lee Je-hyeon* 李齐贤 traveled to *Jiangnan* 江南（the Yangtse River Delta）in 1319 with *King Chungse* 忠宣王 on and handed down thirteen poems and two lyrics. By analyzing his poems and lyrics, the reasons, schedules and route of the journey to *Jiangnan* could be proved. And it was clear that *Lee Je-hyeon* only participated the first journey to *Jiangnan* in 1319. Furthermore, *Lee Je-hyeon's* thoughts during travelling *Jiangnan* and his communication with intellectuals in *Jiangnan* also could be known by studying his poems and lyrics.

Key Words：*Lee Je-hyeon*；*King Chungseon*；Journey to *Jiangnan*

（本文作者分别为中国社会科学院研究生院硕士研究生、研究员）

---

① 中峰明本《天目中峰和尚广录》卷二九,第157页。

《马可·波罗行纪》与高丽史料对勘三则[*]

舒 健

提 要：有元一代,大量的高丽人进入中原,留下了各种记录,虽然《马可·波罗行纪》中提及"高丽"仅有一处,且东西方的视角不同,但结合高丽人的记载,对勘《马可·波罗行纪》的相关内容,对蒙元时期的高丽地位、乃颜之乱后忽必烈回大都的时间以及元大都的构建历程,都能够有所裨益。

关键词：《马可·波罗行纪》 高丽 大都

一、马可·波罗提及的"高丽"

公元 13—14 世纪,是古代中国与朝鲜半岛关系发生巨变的时代。蒙古的迅速崛起对东亚国际秩序造成了巨大的冲击,重新构建了古代东亚地区的政治格局。蒙古铁骑横扫欧亚大陆,打破了长期以来中国与朝鲜半岛之间以礼仪朝贡为特征的关系模式。高丽为了维持了本国的生存空间,不断遣使往来蒙古汗廷,甚至高丽国王也不断入朝,这在中原王朝与朝鲜半岛的交流中实属罕见。

因为朝鲜半岛位于欧亚大陆的最东部,古典时期的欧洲一直不知道朝鲜半岛,正是在这种特殊的历史条件下,欧洲人实现了认识上的突破,开始了对朝鲜半岛的认知。抵达蒙古的欧洲人或多或少都能够见到高丽人或者耳闻高丽的事情。如在 1246 年到达了哈喇和林的柏朗嘉宾,就提及高丽人。在柏朗嘉宾笔下的高丽为肃良合。关于肃良合所指何地,目前学术界基本上认定为高丽。柏朗嘉宾之书的注释者韩百诗和周良霄都认为Solangi 即蒙古人称高丽人的名称"肃良合",《元朝秘史》写作薄郎合思,音译作"高丽",《卢龙塞略》译部卷 19,"高丽谓琐珑革"。[①]另在《女直译语》中也可以得以体现,《女直译语》的"衣服门"中,有一次词条"高丽布"对应"素罗斡博素"。[②]因为在蒙元初期时,由于言语不通,蒙古的译职人员多由女真人来充当。赵珙在《蒙鞑备录》中的记载也证实了这点:"珙所见国王之前,有左右司二郎中。使人到,则二人通译其言语。乃金人,旧太守(大宋)女真人也。"[③]因此"肃良合"一词很可能是担当蒙古人翻译的女真人告知蒙古人的,所以蒙古人也就按照女真人的习惯来称呼高丽人。柏朗嘉宾之书有五处提到了肃良

---

* 本研究获上海市教委高原学科(上海大学中国史)资助,特致谢意。

① 见耿昇译《柏朗嘉宾蒙古行纪》,(法)贝凯、韩百诗译注、耿昇译《柏朗嘉宾蒙古行纪·鲁布鲁克东行纪》,中华书局,2002 年,第 115 页,注 4;见(英)道森编、吕浦译、周良霄注《出使蒙古史》,中国社会科学出版社,1983 年,第 71 页,注 1。

② 贾敬颜、朱风和辑《蒙古译语女直译语汇编》,天津古籍出版社,1990 年,第 254 页。

③ 王国维《蒙古史料四种·蒙鞑备录笺证》,(台北)正中书局,1975 年,第 8 页。

合。其中前两次的记载分别介绍了肃良合的地理位置,以及他所见到的各国显要中的肃良合人,兹摘抄如下:

> 鞑靼地区位于东方一隅,我们认为那里正是东方偏北的地方。契丹人(Kitai)以及肃良合人(Solangi)均位于其东部……①
>
> 我们在皇帝宫廷中幸会了……甚至还包括肃良合人的王子在内。我发现他们之中的任何人都没有得到鞑靼人的尊重,而本来他们是有这种权利的。那些指派接待来使的鞑靼人,无论身份多么低微,却始终大摇大摆地走在使者前面,并始终占据首席和最高地位;尤为甚者,这些远来地贵客们经常要继他们之后方可就座。②

通过柏朗嘉宾的介绍,我们初步得知了"肃良合"所在的方位以及他所见到的一位高丽王子。相较柏朗嘉宾的记载,马可·波罗的记载则比较简单,《马可·波罗行纪》中出现高丽的字样仅有一处:

> 大汗讨平此乱以后 乃颜所领诸州之臣民,皆悉宣誓尽忠于大汗。先是隶于乃颜之州有四,一名主儿扯,二名高丽,三名不剌思豁勒,四名西斤州,合此四州为一极大领土。③

马可·波罗所记隶属于乃颜四州之地,实在乃颜之乱平叛之后。马可·波罗认为高丽为乃颜所属之地。显然有误,高丽本国不在乃颜封地之内。Palladius 认为是高丽北部,1269年,李延寿等以六十城降蒙古,即此地也。

乃颜为成吉思汗幼弟铁木哥斡赤斤后裔,事实上在蒙古七次征伐高丽的过程中,起主导的皆为历代大汗,但是铁木哥斡赤斤家族一直觊觎高丽,尤其是在成吉思汗西征的过程中,在 1221 年发生了如下一幕:

> 己未,蒙古使著古与等十三人,东真八人并妇女一人来。甲子,王迎诏于大观殿,蒙古、东真二十一人皆欲上殿传命,我国欲只许上阶一人上殿,往复未决。日将昃,乃许八人升殿,传蒙古皇太弟钧旨,索獭皮一万领、细紬三千匹、细苎二千匹、绵子一万觔、龙团墨一千丁、笔二百管、纸十万张、紫草五觔、荭花、蓝笋朱红各五十觔、雌黄、光漆、桐油各十觔。著古与等传旨讫,将下殿,各出怀中物投王前,皆年前所与龘紬布也,遂不赴宴,又出元帅扎剌及蒲黑带书各一通,皆征求獭皮绵紬绵子等物。④

蒙古使臣著古与所传旨意为"皇太弟钧旨",结合当时时代背景,皇太弟应为铁木哥斡赤

---

① 耿昇译《柏朗嘉宾蒙古行纪》,见《柏朗嘉宾蒙古行纪·鲁布鲁克东行纪》,第 25 页。
② 同上书,第 40 页。
③ 《马可·波罗行纪》,A. J. H. Charignon 注,冯承钧译,党宝海新注,河北人民出版社,1999 年,第310 页。
④ (朝鲜)郑麟趾《高丽史》卷二二《高宗世家一》,日本国书刊行会明治 41 年(1908),第 335 页。

斤。1224 年冬天著古与再次入高丽。高丽高宗十二年（1225）正月发生了蒙古使臣著古与神秘被杀事件，[①]该事件导致蒙古与高丽交恶。高丽拒不承认蒙古使臣被杀是其所为，但蒙古统治者始终认定是高丽所为，断绝了与高丽的往来。由于西征以及后来的汗位虚悬问题，蒙古人暂无暇东顾，高丽度过了相对稳定的七年时间。窝阔台即位之后，即以著古与被杀一事为由对高丽展开了攻击，蒙丽之间的斗争持续发酵。

由于双方的不断斗争，高丽权臣携王室避战祸于江华岛，高丽高宗四十五年（1258），高丽人赵晖、卓青杀都兵马使慎执平、录事全亮，投降蒙古，献和州。蒙古置双城总管府，以赵晖为总管、卓青为千户，子孙世袭。1269 年十月，高丽西京（今平壤）都统领崔坦、李延龄等以高丽北部 50 城降元。

两年后，忽必烈将高丽西京划归辽阳行中书省东宁府。这样高丽西京（今平壤），双城总管府（今朝鲜咸镜南道金野郡）和济州岛等地从 1269 年后的半个世纪成为元帝国的直接管辖地辽阳行省的一部分，不在高丽国的征东行省境内。这使得高丽方面一直怀恨在心。

> 忠烈四年，王与公主如元，至西京，公主召延龄慎问其谋反始末，皆伏地背汗，不敢仰对。[②]

至元二十三年（1286），西北诸王海都、笃哇进攻按台山，元朝以重兵防御西境。乃颜见有机可乘，自恃军队众多，封土广大，谋起兵应海都，对忽必烈进行东西夹击。忽必烈得到辽东道宣慰使关于乃颜"有异志，必反"的报告，即设立东京行省于辽阳，藉以震慑诸王，控制辽东。乃颜见立行省，不自安。

从上述内容看来，乃颜家族从蒙古征伐高丽之始，即从铁木哥斡赤斤起就对高丽有着特殊的情结，希望将其纳入自己的统领之中，并且有一些高丽人投降了乃颜。但是在忽必烈即位后，逐渐厘清了辽东的关系，将高丽纳入了中央的管辖之中。忽必烈的做法显然触及了乃颜的神经。所以马可·波罗所记的"高丽"，一方面可能是一些投降了乃颜的高丽人所占据的原属于"高丽"之地，另一方面则是反映出高丽处在朝廷与诸王之间的双重隶属的尴尬地位。Palladius 的看法有些不够全面，且将人名弄错。

二、《高丽史》中的乃颜叛乱时间问题

至元二十四年四月，乃颜与哈撒儿后王势都儿、合赤温后裔胜纳哈儿、哈丹秃鲁干等结盟，举兵叛乱。在辽东，乃颜军南逼潢河（今辽河上游西拉木伦河）流域，迫使元军退至豪州（治今辽宁彰武）、懿州（今辽宁阜新东北）以西。五月，忽必烈以玉昔帖木儿领蒙古军，李庭领汉军，从上都北进，亲征乃颜。六月，乃颜退至呼伦贝尔高原的不里古都伯塔哈，集结重兵，与元军决战，溃败后出逃，在失烈门林为追兵所获，被忽必烈处死。元军继续进兵，北至海剌儿河，东逾哈剌温山，进至那兀江（嫩江）流域，追击乃颜余党。哈丹

---

① 蒙古使臣究竟被谁所杀，众说纷纭。日本学者箭内亘认为与高丽人有很大瓜葛（参见《蒙古之高丽经略》，收于《满鲜地理历史研究报告》第 4 卷）。郝时远先生认为是"东真人有意制造的事件"。（郝时远《蒙古东征高丽概述》，《蒙古史研究》第二辑，1987 年）。
② 《高丽史》卷一三〇《崔坦传》，第 658 页。

秃鲁干降，不久又叛，后逃窜至高丽，至元二十八年始被平定。

关于马可·波罗所记的乃颜之乱，李治安先生对照相关的汉文及波斯文记载，从乃颜反叛缘起和忽必烈调集军队、忽必烈与乃颜军队的激战、忽必烈奖赏有功将士和牌符赐予晋升等几个方面对乃颜之乱做了详尽研究，[1] 本文则结合当时高丽的材料，对乃颜之乱涉及的几个时间问题进行论述。[2]

从《高丽史》中可知乃颜叛乱在五月十二日传到高丽，作为忽必烈驸马，高丽忠烈王即遣将军柳庇如元请举兵助讨。另外当时"乃颜使本国叛人庾超来推勘逃军，超闻乃颜叛，逃至金郊，遣人捕斩之"。[3] 高丽方面捕斩庾超事件，一方面表明了高丽方面对于乃颜之乱的所持态度，另一方面也从侧面说明了之前乃颜的势力早就触及到了高丽本国，对此高丽方面也是无可奈何。

六月忽必烈给予答复，"许助兵"。[4] 高丽方面随即开始了出兵计划，甲戌韩希愈将兵启行。但是忠烈王虽然起兵，动作却较为缓慢，"己卯，封绀岳山神第二子为都万户，以冀阴助征也"。"丙子，两府钱王于凉楼"。[5] 到了秋七月庚寅，"忠烈王亲统前军，以印侯为中军万户，出次开城卵山，王潸然泣下，群臣皆掩泣"。[6] 从种种表现可以看出，虽然高丽方面态度表现得很坚决，但实际上总是在拖延，从高丽王潸然泣下到群臣皆掩泣也可以说明了高丽方面的真实意图。

与高丽忠烈王态度形成了鲜明的对比，从嫁人印侯在高丽方面"请待帝命"的时候，就直言："父母家有变，奚暇待命！"在未等忽必烈命下达助兵命令之前，就要求忠烈王迅速出兵，并果断采取行动"士卒见人家及道路有马，则取之，士卒争劫夺"。[7] 可见态度之坚决。

对于高丽方面动作迟缓，东京总管康守衡（高丽人）、辽东宣慰使等人都无法置之不理，遣人来言曰："王若未能速赴，宜先遣精兵一千。"忠烈王乃遣将军柳庇、中郎将吴仁永如元奏亲将兵已发。[8] 当高丽方面举棋不定的时候，八月丁卯（九日）柳庇、吴仁永等还自元，言："帝亲征乃颜，擒之，拔其城。车驾还燕京，罢诸路兵，且命王乘传入贺节日。"[9] 结束了此次出兵闹剧。

《高丽史》关于乃颜之乱的详细记载不是很多，但是从时间上却是比较清晰。五月得知乃颜叛乱，从决定助兵、点兵、祭纛、践行到开拔，高丽方面累计花费了 37 天，一兵一卒未出，却赢得了元朝方面的信任，其后高丽方面一直以此为荣：

（大德元年冬十月）丙申遣赵仁规、印侯、柳庇如元贺生皇子，且告奏请传位表曰：

---

① 李治安《马可·波罗所记的乃颜之乱考释》，《元史论丛》第八辑，江西教育出版社，2001 年。
② 毕奥南《乃颜—哈丹事件与元丽关系》，《内蒙古社会科学》1997 年第 3 期。
③ 《高丽史》卷三〇《忠烈王世家三》，第 468 页。
④ 同上注。
⑤ 同上书，第 469 页。
⑥ 同上注。
⑦ 《高丽史》卷一二三《印侯传》，第 539 页。
⑧ 《高丽史》卷三〇《忠烈王世家三》，第 469 页。
⑨ 同上注。

"……二十四年丁亥，闻车驾亲征乃颜，躬率五千军而往助，征半途，诏传大捷，仍命还军。二十八年辛卯，乃颜余种哈丹贼军入我东鄙，臣与乃蛮歹、薛阇干等一同心力荡灭无余。"[1]

可见，当时高丽忠烈王亲率的人马为五千，未打一仗，却获得了共赴国难的美名。所以从高丽的材料中，不难看出马可·波罗关于乃颜叛乱时间的记载有误。至于马可·波罗说忽必烈十一月返回汗八里的说法，十一月估计是西历，相当于农历十月。李治安先生认为"以西历记忆在华期间所发生事件的月份，似乎成了马可·波罗的思维定式。《元史·世祖本纪》缺载忽必烈回大都的具体时间，仅言农历八月乙丑还上都。平时，忽必烈每年两都巡幸，回到大都的时间，通常是农历八月到十月之间。因乃颜之乱尚未完全平息，八月忽必烈回到上都以后再停留两个月，就近继续部署用兵事宜，也是必要的。所以，马可·波罗有关忽必烈西历十一月返回汗八里之说，大抵可信"。[2]

从高丽方面来看，乃颜被平之后，忠烈王入元，九月到十一月，高丽忠烈王一直在大都，在忠烈王入元之后不久，要求公主和世子入元，"十月戊寅，公主、世子入元"，但因高丽西京路梗未成行，这也从侧面说明，乃颜之乱余波未平。一般而言，高丽国王亲朝，皆是赴大汗所在之地，但此时上都局势未稳，很可能忠烈王在大都等元世祖从上都返还。但是之前高丽使臣按照惯例告知忽必烈是八月回燕京，所以高丽忠烈王匆忙奔赴大都等候忽必烈，但是忽必烈很可能滞留元上都，正因为忠烈王没有见到忽必烈，所以在《元史》、《高丽史》中皆未有记载其在大都的活动。从忠烈王的时间节点来看，大体也可以印证了马可·波罗关于忽必烈返京的时间大体可信，也说明了李治安先生推测的合理性。

此外《高丽史》中的《罗裕传》、《韩希愈传》具体描述了高丽方面与乃颜余党哈丹的战斗过程，显然是比之前应对乃颜之乱要用力甚多，本文在此不赘言。

三、 关于元大都的记载

元大都的修建是一个持续不断的过程，从1264年八月，忽必烈下诏改燕京为中都，直到至元二十二年（1285）时，大都的大内宫殿、宫城城墙、太液池西岸的太子府（隆福宫）、中书省、枢密院、御史台等官署，以及都城城墙、金水河、钟鼓楼、大护国仁王寺、大圣寿万安寺等重要建筑陆续竣工。原来的老城被称作南城，新城被称作北城，在居民陆续迁到北城之后，南城就逐步荒废。

至元十二年（1275）马可·波罗来到大都见到忽必烈，对当时的"汗八里"（突厥语，即元大都）作过具体描述。马可·波罗把元代皇宫的豪华壮丽描写得如同天上人间，"此宫之大，向所未见。宫上无楼，建于平地。惟台基高于地面10掌。宫顶甚高，宫墙及房壁满涂金银，并绘龙、兽、鸟、骑士形象及其他数物于其上。屋顶之天花板，亦除金银及绘画外无他物。大殿宽广，足容六千人聚食而有余，房顶之多，可谓奇观。此宫壮丽富瞻，世人布置之良，诚无逾于此者。顶上之瓦，皆红黄绿兰及其他诸色。上涂以釉，光辉灿烂。犹

---

① 《高丽史》卷三一《忠烈王世家四》，第488页。
② 李治安《马可·波罗所记的乃颜之乱考释》，《元史论丛》第八辑，江西教育出版社，2001年。

如水晶,致使远处亦见此宫之光辉。应知其顶坚固,可以久存不坏"。① 此外,马可·波罗还描绘了"绿山"——即琼华岛。说是"世界最美之树皆聚于此",说忽必烈"命人以琉璃矿石满盖此山"。② 他还提到另一处宫殿:"大汗为其将承袭帝位之子建一别宫,形式大小完全与皇帝无异。俾大汗死后内廷一切礼仪习惯可以延存。"③

关于元大都的广大,马可·波罗介绍说:"此城之广袤,说如下方:周围有 24 哩,其形正方,由是每方各有 6 哩。环以土墙,墙根厚 10 步,然愈高愈削,墙头仅厚 3 步,遍筑女墙,女墙色白,城高 10 步。全城 12 各门之上有一大宫,颇壮丽。四面各有 3 门 5 宫,盖每角亦各有一宫,壮丽相等,宫中有殿广大,其中贮藏守城者之兵杖。"④ 马可·波罗的计量单位不同于中国古代,据《元史·地理志》记载大都城"城方六十里"。坐北朝南,呈一规整的长方形形状。"街道甚直,此端可见彼端,盖其布置,使此门可由街道远望彼门也。城中有壮丽宫殿,复有美丽邸舍甚多。"⑤

上述是马可·波罗眼中的元大都,相对马可·波罗的惊鸿一瞥,高丽人则是见证了整个大都的兴亡过程。1259 年高丽太子王倎入元,忽必烈此时还是藩王,尚在潜邸,正与阿里不哥争位,急需支持,才终结了之前双方的战争局面,元丽关系开启新局面,时高丽金坵使臣的描述详尽:"适至中都而获觐,馆于华邸,乃昔皇亲之所居。时则新正,命诸乐部而式燕,赐之良马,副之宝鞍。"⑥ 可见忽必烈在燕京旧址接见了王倎,并将他安置于原金皇亲的居所。⑦

至元元年(1264)二月,元世祖忽必烈开始修建琼华岛,"即广寒宫之废基"建新宫殿,以为朝觐接见之所,十月忽必烈就在万寿山接见了高丽国王,但并无对万岁山描述的资料留下,只是说一些新殿落成。

最早记录大都宫殿的高丽人则是至元十年(1273)作为高丽进贺使书状官的李承休。李承休记载了在八月二十五日,元世祖在万寿山广寒宫临朝,接受高丽来使进贺;二十七日举行大朝会,二十八日是其"圣诞节",仪式都是在长朝殿举行。

《宾王录》对万寿山和长朝殿记载如下:

> 燕之分野中都城也,金国所都也。城之北五里所有万寿山焉,金国章宗皇帝所筑也,具有三十洞,而上有广寒宫,南□元春殿焉。今上国围是山而新城□□□□日此城四面各距四十里,是谓□□□□。万寿山东新起大殿,斯曰长朝殿……

万寿山本是金中都北离宫万宁宫湖中的琼华岛,岛之巅建有广寒宫,蒙古攻占金中都前后,渐遭破坏。目前学界关于长朝殿究竟为哪一座宫殿,尚有争议。陈高华先生认为

---

① 《马可·波罗行纪》,A. J. H. Charignon 注,冯承钧译,党宝海新注,第 310 页。

② 《马可·波罗行纪》,第 310—311 页。

③ 同上书,第 318 页。

④ 同上注。

⑤ 同上书,第 318—319 页。

⑥ 金坵《陈情表》,《止浦集》,《高丽名贤集》第二册,(韩国)成钧馆大学校大东文化研究院,1986 年,第 159 页。

⑦ 陈高华、史卫民《元上都》,吉林教育出版社,1988 年,第 21 页。

为大明殿,但是日本学者渡边健哉认为此刻大明殿虽然已经完成,但是尚未投入使用,长朝殿只是万寿山诸宫殿之中的某一个。直到至元十一年,元世祖在大明殿实际宣布了宫闱——大都宫城的完成。① 可见马可·波罗的记载与李承休有一定的重合,记载了琼华岛,而且也提及了宫城,时间维度上恰恰符合大都的修建历程。

至于元大都的城墙,可能要比宫城的落成要晚一些。在忽必烈当政期间,曾有人跳墙入大内被抓。元成宗二年(1296)十月,"枢密院臣言:昔大朝会时,皇城外皆无城垣,故用军环绕,以备围宿。今墙垣已成,南、北、西三畔皆可置军,独御酒库西,地窄不能容"。②大都宫墙完成之后,入元的高丽人则不能像之前的李承休那样直接奔赴万寿山,要见元帝,则需过重重宫门,其中崇天门给高丽的李穀留下了深刻的印象,李穀先后5次来到大都,最长一次是由至正元年(1341)至至正六年(1346),约5年之久。李穀在《癸未元日崇天门下》写到:

> 正朝大辟大明宫,万国衣冠此会同。虎豹守关严内外,鸾鹭分序肃西东。寿觞滟滟浮春色,仙帐□□立晓风。袍笏昔曾陪俊彦,天门翘首思难穷。③

宫城的南墙有三门,中央是崇天门,左右为星拱门和云从门。正门为崇天门,有五个门洞,崇天门前有金水河,河上有周桥,过周桥两百步,为崇天门。崇天门平面呈凹形,左右两观,观就是凹形的两端突出部分。门东西长一百五十七尺,深五十五尺,高八十三尺,门上有楼,十一间。两观上均有三趓楼。元朝朝廷发布诏书,常在崇天门举行仪式。④ "虎豹守关严内外,鸾鹭分序肃西东",完全符合了对崇天门的描述。从居住燕京旧地到万寿山的接见,再到对崇天门描述,基本吻合了元大都的修建过程,可以说在时间的脉络里,来元大都的高丽人见证了一座宏伟都城的营建过程,而马可·波罗这段的记载由于东西人不同的视角,恰巧印证并补充了高丽文人所记载的内容。

Travels of Marco Polo and the Three historical surveyof Goryeo's Materails

Shu Jian

（History Department of Shanghai University）

Abstract: During Yuan Dynasty, a large number of Koreans came to China and left all kinds of records, although *Travels of Marco Polo* mentioned in only one place, "Goryeo",

---

① 详见陈高华《元大都》,北京出版社,1982年,第86—87页;(日)渡边健哉《元大都的宫殿建设》,《元史论丛》第十三辑,天津古籍出版社,2010年。

② 《元史》卷九九《兵志二·围宿军》,中华书局,1976年,第2532—2533页。

③ 李穀《稼亭集》卷十六《癸未元日崇天门下》,《高丽名贤集》第三册,(韩国)成钧馆大学校大东文化研究院,1986年,第105页。

④ 陈高华《元大都的皇城和宫城》,《元史论丛》第十三辑,第3页。

and the different perspectives of East and West, but the combination of the Goryeo people's records, collated "Travels of Marco Polo" related content, the status of Korea in the Yuan Dynasty, Kublai Khan back to the chaos after NaiYan most of the time, and the construction of Dadu course, can be helpful.

Key Words: *Travels of Marco Polo*；Goryeo；Dadu

（本文作者为上海大学历史系讲师）

中国帆船による東アジア海域交流

松浦章

1 緒 言

　中国大陸、朝鮮半島、日本列島、琉球諸島や台湾などに囲まれた東アジアの海域で永きにわたり最も活動していたのが中国帆船であった。その活動の実態は中国側の記録ではほとんど見られないが、中国の周縁地域の記録には比較的に詳細に記録されている。古代の日本の記録や、朝鮮半島の歴史書『高麗史』などにも中国の海商が海路渡来したことをしるしているが、彼等のそれぞれの国への渡来の交通手段は海を渡航する船舶であった。化石燃料が使用される以前にあっては風力がほぼ運航の重要な源であり、それぞれの地域で適した木造帆船が造船されていた。

　とりわけ17世紀以降の東アジア海域において、日本や朝鮮国では沿海航運は認められていたが、海外への渡海は厳しく禁止されていたため、この海域で最も活躍したのは、"沙船"、"鳥船"、"福船"、"廣船"などと呼称された清代の四大海船とされる中国帆船であった。

　特に上海や崇明を中心とする平底型海船の沙船は、長江口から渤海沿海まで北上し、渤海沿海の錦州、牛荘、蓋州などへ至り、上海棉布や茶葉などの江南産品をもたらし、帰帆には東北産の大豆などの穀類を江南地域にもたらした。

　他方、外洋航行に適したのは尖底型海船の鳥船、福船、廣船であった。特に鳥船は福建を中心とする海域のみならず、渤海沿海まで進出し錦州、蓋州、天津までも航行域として活躍している。たとえばその一端は19世紀末の記録にも見られる。山東半島北部に位置する現在山東省の烟台である旧時の芝罘のことを記した「芝罘ノ商業習慣及例規」の「運輸」の項目に次のように記されている。

　山東省ハ東南北ノ三方海ニ到ル處、海運ノ利アリ。殊ニ本港（芝罘）ハ本省東北嘴ニ突出シ、大小船舶ノ碇泊ニ便ナルヲ以テ、往來船舶ノ寄港スルモノ常ニ百ヲ以テ數フ。…一年中江南ヨリ來ル沙船ト名クルモノ三百餘艘、寧波船三四十艘、廣東船十餘艘、福州船五六艘、盛京省ヨリ來ルモノ三千餘艘、直隸船百餘艘ニシテ、合計三千四五百艘ニ下ラス。①

　さらに鳥船は、中国大陸沿海のみならず海外へと航行し、"鎖国"下の日本の長崎に18世紀中葉から19世紀後半まで恒常的に一年に10数隻来航していた。

　海洋に孤立する台湾と中国大陸との間を結んだのも外洋航行に適した尖底型海船

---

① 『官報』第2083号、明治23年（1890）6月11日付「芝罘ノ商業習慣及例規」の「運輸」による。

であり、東南アジア海域へも進出したのがこれらの尖底型海船であった。中国大陸から台湾へ、または東南アジアへと華人の移住を可能にしたのもこれらの海船の存在があったからである。

　本文ではこれらの記録を参考に東アジア海域における中国帆船の活動について述べたい。

2　唐宋時代における中国帆船と東アジア海域交流

1）日本に来航した中国帆船

　日本の記録では承和十四年（八四七）に中国商人の張支信が日本に来航してより建保六年（1218）に宋綱首の張光安まで100件以上の記録が知られる。[①] とりわけ康和二年（1102）、長治元年（1104）、長治二年（1105）と連続して日本に来航した李充に関して、『朝野群載』巻二十、異国の条に見える「同存問記」によれば、

> 　　長治二年八月二十二日、存問大宋國客記
> 　　　問客云、警固所去二十日解狀稱、今日酉時、大宋國船壹艘到来筑前國那珂郡博多津志賀島前海。…客申云。先來大宋國、泉州人李充也。充去康和四年爲荘嚴之人徒、參來貴朝。…[②]

とあるように、泉州の海商李充が日本の博多の志賀島に来航している。彼の最初の来航は康和四年であり、その時は荘厳の船に搭乗しての日本来航であった。この時の日本への来航時に宋の官憲から給付された「公憑」が『朝野群載』に記録されている。

> 　　提舉兩浙路市舶司
> 　　　據泉州客人李充狀、今將自己船壹隻、請集水手、欲往日本國、博買廻貨、經赴明州市舶務抽解、乞出公驗前去者。
> 　　　一人船貨物
> 　　　自己船壹隻
> 　　　綱首李充　梢工林養　雜事荘権　（以下略）[③]

とあるように、李充が明州にあった兩浙路市舶司において明州から日本へ貿易に赴くための「公験」を得た事実が確認できる。李充が日本に来航した長治二年は宋の徽宗の崇寧四年に相当する。

この「公憑」は、日本に赴く李充に発給されたものであり、それは彼が「綱首」として全

　　① 　森克己「日・宋・麗交通貿易年表」『新訂日宋貿易の研究』森克己著作選集第 1 巻、国書刊行会、1975 年、528―564 頁。
　　　　松浦章『近世東アジア海域の文化交渉』思文閣出版、2010 年 10 月、16―19 頁。
　　② 　国史大系本『朝野群載』吉川弘文館、1964 年、451 頁。
　　③ 　国史大系本『朝野群載』452 頁。

船の責任者であったためと思われる。今回の船も荘厳の船であった可能性が高い。その理由として「雑事」の職掌を担当した荘権の名が見えることである。荘厳と荘権とが同姓であったことから、荘権は荘厳の子供か、その一族であった可能性が高い。船舶航行の業務は「梢工」としての林養が担当した。荘権は船舶所有者の荘厳に替わって在船して来日したものと考えられる。

『宋會要輯稿』第八十六冊、職官四四、市舶司によれば、

> 市舶司掌市易、南蕃諸國物貨航舶而至者、初於廣州置司、以知州爲使、通判爲判官、…咸平中、又命杭・明州各置司、…徽宗崇寧元年七月十一日、詔杭州・明州市舶司、依舊復置、所有監官、專庫手分等、依逐處舊額。

とあるように、宋代の市舶司の設置、廃止がしばしば行われているが、李充が明州の市舶司において「公験」を得た三年前の崇寧元年に明州に市舶司が再び置かれたことから、李充が得た「公験」は、この明州の市舶司において給付されたものであることは確かであろう。

元代に作成された至正『四明續志』巻六、市舶に、

> 市舶　物貨見土産類
> 抽分舶商物貨、細色十分抽二分。麤色十五分抽二分、再於貨内抽税三十分取一。…

とあり、同書巻五、土産の市舶物貨の細色に、「倭金」、「倭銀」が見られ、粗色には「倭枋板枠」や「倭鐵」、「倭條」、「倭櫓」など明らかに日本産である産物が見られる。これらはおそらく中国海商の帆船によって中国へ運ばれたことは想像に難くない。

2）高麗に来航した中国帆船

朝鮮半島に高麗が成立した時期は、中国の華北を中心とする地域に北方民族による契丹による遼朝が成立し、北宋朝と高麗との陸路による関係は遮断される。さらに女真族による金朝が南下して、淮水以北を統治したため、江南に成立した南宋と高麗との関係も陸路でなく海路を通じて行われた。これまで高麗と宋朝との海路による通航の研究は多く行われてきた。[1]最近でも李鎮漢の成果[2]があり、宋商による宋朝と高麗朝との通航関係に関する研究が進められている。そこで11～13世紀の中国帆船の

---

[1]　李鎮漢著・豊島悠果訳「高麗時代における宋商の往来と麗宋外交」『年報朝鮮學』第12号、2009年、17頁。

[2]　李鎮漢著・豊島悠果訳「高麗時代における宋商の往来と麗宋外交」『年報朝鮮學』第12号、1—22頁。
　　　李鎮漢著・豊島悠果訳「高麗時代における宋人の来投と宋商の往来」『年報朝鮮學』第13号、2010年、1—25頁。

活動に焦点化して、宋商の高麗来航の事績を考察したい。『高麗史』に記録された高麗国王靖宗即位年十二月（一〇三四）に宋の商客等が来航し、靖宗二年（一〇三六）には宋の商人陳諒等六七人が至った。その後、忠烈王四年（一二七八）の宋商人馬曄まで、一二〇余例の記録が残されている。[①]

　朝鮮半島へ来航した宋商の中で、その出身とおもわれる地名が判明するものは、6名がいる。泉州が4名、明州が1名、台州が1名である。[②] 泉州は北宋・南宋時代を通じて福建路に属し、明州、台州は北宋時代においては両浙路に属し、南宋時代は両浙東路属していた。前者は現在の福建省、後者は浙江省に該当する。このことからも中国大陸沿海部にあって古くから海洋航運の盛んな地[③]であったことは確かである。

　上述した日本に赴いた唐商や宋商と同様に、複数回にわたって高麗に赴いた宋の海商の存在が知られる。

　『續資治通鑑長編』巻二百九十六、神宗の元豊二年（1079）の条に、

　　　丙子（六日）詔、舊明州括索自来入高麗商人財本及五千緡以上者、令明州籍其姓名、召保識、歲許出引發船二隻、往交易非違禁物、仍次年即回、其發無引船者、依盗販法。先是、禁私販高麗者、然不能絕。[④]

とあるように、高麗との交易で巨額の財産を形成した者で五千緡以上の財産を保有する者に関しては明州においてその名簿を作成し、保証人があれば年間に二隻の船を出帆することが認められた。しかし交易に際して国外輸出禁止のものや出港許可書無く赴く者は厳罰に処せられたのである。

　『宋會要輯稿』第八十六冊、職官四四、市舶司、建炎二年（1128）の記事中に、

　　　元祐間、故禮部尚書蘇軾奏乞、依祖宗編勅、杭・明州並不許發船往高麗、違者徒二年、没入財貨充賞。

とあり、元祐年間（1086～1093）に禮部尚書であった蘇軾が、高麗への通商を禁じ、違反者は徒刑二年に処し、財産を没収するとする法令の施行を求めている。

　元朝の海商に対する政策について、『元史』巻九十四、食貨志、市舶に、

　　　元自世祖定江南、凡瀕海諸郡與蕃國往還互易舶貨者、其貨以十分取一、粗者十五分取一、以市舶官主之。其發舶迴帆、必著其所至之地、驗其所易之物、給以公

① 松浦章『近世東アジア海域の文化交渉』思文閣出版、2010年10月、19—23頁。
② 松浦章『近世東アジア海域の文化交渉』思文閣出版、2010年10月、19—23頁。
③ 斯波義信『宋代商業史研究』風間書房、1968年、57—58頁。
　　陳高華・呉泰『宋元時期的海外貿易』天津人民出版社、1981年、99—155頁。
　　陳高華・陳尚勝『中國海外交通史』台北・文津出版社、1997年、82—166頁。
　　郭松義・張澤咸『中國航運史』台北・文津出版社、1997年、152—206頁。
④ ［宋］李燾撰『續資治通鑑長編』第21冊、中華書局、1990年、7194—7195頁。

文、為之期日、大抵皆因宋舊制而為之法焉。

とあるように、元朝は宋朝の市舶制度を踏襲している。元朝も宋朝と同様に海商の対応を行い船舶の出港、入港に関しては、「公文」によって検査して船舶の航行を認める方策を行っている。

その「公文」の具体的な内容に関しては、『元典章』二十二、戸部八、市舶に、

> 市舶則法二十三條、至元三十年（1293）八月二十五日、福建行省准中書省咨至元二十八年八月二十六日奏過事、…
>
> 一舶商請給公驗、依舊例、招保舶牙人、保明牙人、招集到人、件幾名下船、收買物貨、往某處、經紀公驗、開具本船財主某人、綱首某人、直庫某人、稍工某人、雜等某人、部領等某人、人伴某人、船隻力勝若干、檣高若干、船身長若干、每大船一隻、止許帯小船一隻、名曰柴水船、給令公平、如大小船、所給公驗・公憑各仰在船随行、如有公驗、或無公憑、即私販、許諸人告捕。

とあり、船商は「公驗」、「公憑」を官府より取得しなければ出港することが出来なかったのである。その内容は、先に触れた『朝野群載』の李充に関する「公憑」と同様であったと考えられる。

しかし明代は船商による海外貿易を禁じた。『明史』巻八十一、食貨志、市舶に、「嚴禁瀕海居民及守備將卒私通海外諸國」として、民間の海外貿易は厳禁されたため、海商の活動は停滞した。このため海外に進出した海商の活動に関する記録は、海禁が緩和される明末まで待たざるを得ない。

『熹宗實録』天啓五年（1625）四月戊寅朔の条には、中国から海外とりわけ日本は進出した海商に関する記録が残されている。

> 福建巡撫南居益題海上之民、以海為田。大者為商賈、販為東西洋、官為給引、軍國且半資之、法所不禁。烏知商艘之不之倭而之於別國也。其次則捕魚舴艋不可以數計。雖曰禁其雙桅巨艦、編甲連坐、不許出洋遠涉、而東番諸島乃其從來採捕之所。操之急則謂斷絶生路、有挺而走險耳。聞閩・越・三吴之人住於倭島者不知幾千百家、與倭婚媾、長子孫、名曰「唐市」。此數千百家之宗族姻識、潛與之通者實繁有徒。其往來之船名曰「唐船」、大都載漢物以市於倭、而結連萑苻、出沒洋中、官兵不得過而問焉。

とあり、とくに注意しなければならない点は、福建、浙江、江南地域の人々が多く日本へ進出し、彼等によって居住区である「唐市」が形成されていいたとされる。そこに居住する人々の数は数え切れないほど多いとされた。彼らは家庭を持ち、子供達を育て子孫を育成している。この日本と中国を結ぶ幹線を航行したのが「唐船」と呼称された中国式帆船である。これらの中国帆船は中国産品を積載して日本に渡り交易していたのである。

3 清代帆船と東アジア海域交流

　明朝が崩壊し清朝が中国統治を開始するが、その後に台湾を平定して沿海部の統治が完遂すると、明朝以来の海禁政策を解除して、民衆の海外貿易を許可したことで、沿海における海上活動が活発化することで、中国帆船の航運活動が活発化した。その足跡の全てを網羅することは困難であるが、中国帆船の航行の軌跡を知る手立てとして東アジア海域で遭難した船舶の記録から見てみたい。

　最初に掲げるものが、朝鮮王朝の記録である『備邊司謄録』に収録された朝鮮半島に漂着した中国帆船の乗員から徴収した「問情別単」である。[①] これらの記録を整理したものが次の表1である。

1) 朝鮮半島に漂着した中国帆船

表1　1617-1880年朝鮮半島に漂着した中国帆船　（『備邊司謄録』による）

順番	西暦	中国暦	船主又 船戸	船籍	船行地名	乗船者数	船員	客
1	1617	万暦45	薛万春	閩県	福建→寧波府→福建	41	14	26
2	1687	康熙26	顧如商	蘇州府	蘇州→日本	67	—	—
3	1704	43	王富	泉州府	泉州→日本	116	—	—
4	1706	45	車琯	蓬莱	莱陽→蘇州	13	9	3
5	1713	52	王裕	同安	泉州→日本	42	—	—
6	1732	雍正10	夏一周	南通州	南通州－山東→関東	16	16	0
7	1760	乾隆25	林福盛	同安	泉州→山東→泉州	24	19	5
8	1762	27	孫合興	寧波府	寧波→上海→山東	22	19	3
9	1763	28	楊難	崇明	崇明→関東・海州	10	—	—
10	1774	39	曲欽一	福山	福山→奉天	25	25	0
11	1777	42	趙永礼	寧海	寧海→山東	7	7	0
12	1777	42	秦源順	崇明	崇明→天津	15	13	2
13	1777	42	金長美	天津	天津→広州→天津	29	24	5
14	1786	51	張元周	栄成	漁船	4	4	0
15	1791	56	安復樑	福山	福山→金州	21	16	5
16	1794	59	邱福臣	蓬莱	登州→奉天	51	7	44
17	1800	嘉慶　5	唐明山	南通州	南通州→莱陽	7	7	0
18	1805	10	傅鑑周	宝山	上海－天津→山東	22	21	1
19	1808	13	龔鳳来	元和	上海－南通州→膠州	16	16	0

---

　① 松浦章『清代帆船沿海航運史の研究』関西大学出版部、2010年1月、76—192頁。

（续表）

順番	西暦	中国暦	船主又船戸	船籍	船行地名	乗船者数	船員	客
20	1808	13	陳仲林	鎮洋	江南→関東・金州	13	13	0
21	1808	13	阮成九	蓬莱	寧海州→奉天	40	26	14
22	1813	18	黄万琴	同安	泉州－台湾→天津	22	20	2
23	1813	18	黄全	海澄	同安－台湾－上海→西錦州	47	36	11
24	1813	18	黄宗礼	同安	同安－天津→錦州	73	50	23
25	1819	24	呉永泰	海澄	海澄→西錦州	30	30	0
26	1824	道光 4	石希玉	海澄	海澄→蓋平	37	37	0
27	1824	4	潘明顕	丹陽	青口－上海－関東→上海	14	14	0
28	1826	6	朱和恵	鄞県	鎮海－天津→山東	16	16	0
29	1829	9	王箕雲	文登	文登→南城（江蘇）	3	3	0
30	1836	16	沈拙	詔安	詔安－饒平→天津	44	34	10
31	1837	17	劉日星	首陽	首陽→錦州	3	3	0
32	1839	19	徐天禄	黄県	黄県→奉天	11	11	0
33	1852	咸豊 2	朱守賓	登州	登州－老口灘→金州	6	6	0
34	1855	5	馬得華	崑山	江南－天津→烟台	31	23	8
35	1858	8	劉青雲	栄成	栄成－洋河口→威海口	10	10	0
36	1858	8	趙汝林	上海	江南－奉天→江南	21	21	0
37	1859	9	曲会先	栄成	栄成－海上→江北営	12	10	2
38	1877	光緒 3	李培増	文登	登州、漁船	3	3	0
39	1880	6	孫作雲	文登	文登、漁船	10	10	0
40	1880	6	許必済	汕頭	広東－暹羅→烟台	27	10	17

　　ここに掲げた40例の内の明末の1例を除き全て清代の航運の記録である。康熙二十六年（1687）から光緒六年（1880）に及んでいる。漂着中国帆船の記録から顕著な事例は、朝鮮半島に近い山東半島の船舶も多いが、朝鮮半島から遥かに遠い福建省に船籍がある船舶が多いことに気づかれる。39航海例の内、7例が福建のもので、最南部の広東省汕頭の船舶も見られる。これらの船舶がどのような航海を行ったかの詳細については既に述べた。[①]この漂着事例からも清代帆船の航運活動が活発化していたことが知られるであろう。

2) 日本・長崎に来航した中国帆船

　　中国帆船の航行活動の具体的な記録は、日本に残された記録から見ることが出来

---

　　① 松浦章『清代沿海帆船航運史の研究』関西大学出版部、2010 年。

る。江戸時代の日本は「鎖国」政策を遵守した結果、日本から中国への渡航船は無くなり、長崎へ来航する中国帆船が唯一の幹線の輸送船であった。その内、1年間で最大数の中国帆船が来航した元禄元年（1688）の事例から見てみたい。元禄元年に長崎に来航した船舶の全てをその出港地別に整理したものが表2である。[①]

①元禄元年（1688）の事例

表2　1688年長崎来航中国船出港地別表

船名	隻数	割合	船名	隻数	割合
福州船	45隻	23.2%	咬留吧船	4隻	2.1%
寧波船	31隻	16.0%	海南船	3隻	1.5%
厦門船	28隻	14.4%	沙埕船	2隻	1.0%
南京船（出港地は上海）	23隻	11.8%	麻六甲船	2隻	1.0%
廣東船	17隻	8.7%	暹羅船	2隻	1.0%
泉州船	7隻	3.6%	温州船	1隻	0.5%
潮州船	6隻	3.1%	安海船	1隻	0.5%
普陀山船	5隻	2.6%	漳州船	1隻	0.5%
廣南船	5隻	2.6%	安南船	1隻	0.5%
臺灣船	4隻	2.1%	不明	2隻	1.0%
高州船	4隻	2.1%		合計194隻	100%

　長崎に来航した船舶の最大数が、福建省の省都がある福州からの船舶が全体の23.2%を占め、日本に近い寧波船が16%、福建南部沿海の厦門からが14.4%を占め、それに次ぐのが上海から来航した南京船で11.8%を占め、長崎からみて最南部の広東船が8.7%であり、この5種の船舶で74.1%を占めていた。省別でみれば福州船、厦門船、泉州船、沙埕船、安海船、漳州船で43.2%にのぼることから、清代においても福建船の海上活動は極めて活発であったことがわかる。

　この元禄元年にどれだけの人が長崎に来航したかを、長崎入港の月別に整理したのが次の表3である。そして最大の来航人数を示す六月を日別に整理し長崎来航人数を示したものが表4である。[②]

表3　1688年（元禄元）長崎来航中国船194隻の月別入港数・乗員数

月別	三月	四月	五月	六月	七月	八月	九月	十月	合計
隻数	6	7	20	98	41	15	4	3	194
割合%	3.1	3.6	10.3	50.5	21.2	7.7	2.1	1.5	100
乗員数	246	291	946	4432	2037	894	225	220	9291
割合%	2.6	3.2	10.2	47.7	21.9	9.6	2.4	2.4	100

---

①　松浦章『江戸時代唐船による日中文化交流』思文閣出版、2007年7月、255頁。
②　松浦章『江戸時代唐船による日中文化交流』思文閣出版、2007年7月、248頁。

表4　元禄元年六月（小月）長崎来航中国船98隻日別入港数表

日別	1日	2日	3日	4日	5日	6日	7日	8日	9日	10日
隻数	9	1	6	0	3	4	6	3	10	0
乗員数	426	50	226	0	136	126	295	170	360	0
日別	11日	12日	13日	14日	15日	16日	17日	18日	19日	20日
隻数	3	2	4	0	3	2	2	1	13	3
乗員数	184	52	181	0	180	125	73	39	556	122
日別	21日	22日	23日	24日	25日	26日	27日	28日	29日	合計
隻数	2	2	5	8	1	1	1	2	0	98
乗員数	95	95	185	359	51	43	31	115	0	4432

　　元禄元年には長崎の当時の人口4~5万と想定される所に1万人にも近い中国人が来航したのである。そして特に六月十九日には556名、一日には426名、九日には360名、二十四日には359名の人々が、六月一ヶ月29日間に4,432名の中国人が長崎に上陸し滞在した。長崎の当時の人口から見て長崎の人数名に対して1名の中国人が居ると言う、「鎖国」下の日本では異常な環境となった。この事態に対して、徳川幕府は翌年には来航数を八十艘として、長崎来航の中国人には唐人屋敷を建設して、その中に居住を制約する方針をとることになったのである。

②1826年（文政九）1827年（文政十）に長崎に来航した中国帆船

　　長崎に来航した中国帆船が、1年のどの時期に長崎に来航し、いつ頃に帰帆したかを示したものが表5である。

表5　文政9-10年(道光6-7、1826-1827）長崎入港中国商船・滞在日数

文政9・10年	船主	入港日・旧暦	西暦・月日	帰港日・旧暦	西暦・月日	滞在日数
戌1番南京船	夏雨村　在留 江芸閣　財副	文政9年 0419夕	1826年 0525	文政9年 0828	1826年 0929	128
戌2番寧波船	周藹亭	0505	0610	0828	0929	112
戌3番南京船	顔雪帆 顧少虎　脇船主	0702	0805	0900	1002～1030	59～87
戌4番寧波船	劉景篶 朱開圻　脇船主	0702夕	0805	0900	1002～1030	59～87
戌5番南京船	沈綺泉　在留 鈕梧亭　財副	0715	0818	0900	1002～1030	46～74
戌6番南京船	金琴江	1216	1827年 0113	文政10年 0506	1827年 0531	139
戌7番南京船	楊西亭	1224	0121	0506	0531	131

（続表）

文政9・10年	船主	入港日・旧暦	西暦・月日	帰港日・旧暦	西暦・月日	滞在日数
戌8番南京船	沈綺泉　在留 鈕梧亭　財副	文政10年 0103	0129	0506	0531	123
戌9番寧波船	夏雨村	0121	0216	0506	0531	105
戌10番厦門船	周藹亭　在留 朱開圻　脇船主	0121夕	0216	0506	0531	105
亥1番寧波船	楊西亭　在留 顧少虎　脇船主	閏603	0726	0900	1021～1118	88～137
亥2番寧波船	江芸閣 金琴江	閏603夕	0726	0900	1021～1118	88～137
亥3番寧波船	周藹亭	閏604	0227	0900	1021～1118	87～137
亥4番南京船	夏雨村　在留 顔遠山	閏615	0807	0900	1021～1118	76～104
亥5番南京船	金琴村 孫漁村　在留脇	1204夕	0120	0419	0601	133
亥6番南京船	劉景筠	1204夕	0120	0419	0601	133
亥7番南京船	朱開圻 楊啓堂	1206	0122	0419	0601	131
亥8番南京船	周藹亭　在留 顧少虎　脇船主	1206	0122	0419	0601	131
亥9番寧波船	沈綺泉	1206	0122	0419	0601	131
亥10番南京船	江芸閣　在留 鈕梧亭　財副	1208夜	0124	0419	0601	129

　　出典：大庭脩編著『唐船進港回棹録　島原本唐人風説書　割符留帳』関西大学東西学術研究所、1974年3月、11、186～194頁参照。月日は、四月十九日を0419のように四桁の数字で示した。

　　清代帆船の長崎に来航する時期は、表5から明かなように一年にほぼ二期に分かれていて、最初は西暦の5~8月の間であり、これば夏帮に相当するであろう。そして1月から2月の間に来航し、これは冬帮であった。先の道光『乍浦備志』が記した「毎歳夏至後小暑前」そして「小雪後大雪前」と言う記述とほぼ一致するであろう。このように一年に二期にわたって清代帆船は長崎に来航していた。

　　この20隻の長崎における滞在日数を見るに、明確に判明する13隻の総日数は合計 1631 日となり、平均すると 125.5 日となる。明確でない他の 7 隻の各滞在日数を、最小にして計算すれば 2134 日となり、平均 106.7 日になり、最大にして合計すれば、20隻で 2394 日となって 119.7 となる。このことから、道光時期に長崎に来航した清代帆船は長崎に入港から帰港まで最小で 120 日から最大 126 日、約 4 ヶ月碇泊していたことになる。

　清代帆船の対日貿易につての具体的日程に関して詳細な記録を残しているのは、現在のところ唯一知られる航海日誌に相当する「豊利船日記備査」[①]である。この記録では、豊利船は咸豊元年十一月二十日（1852 年 1 月 10 日）に乍浦を出帆し、二十七日（17 日）に五島列島を見かけ、十二月六日（26 日）に長崎に入港している。豊利船は、長崎までの航海日数として 15 日間を要したことになる。入港後、十三日（2 月 2 日）には積荷の荷卸しが始まり二十日（2 月 9 日）に終了した。大雪の日があったりしたが実働七日間であった。[②] その後、咸豊二年四月十九日（6 月 6 日）に帰帆した。豊利船の長崎港においての滞在日数は 133 日であった。豊利船とほぼ一緒に長崎に来航した得寶船が咸豊元年十一月二十八日（1852 年 1 月 18 日）に入港し、咸豊二年四月十九日（6 月 6 日）に帰港しているから、長崎滞在は 141 日であった。[③]

　豊利船の来日時期に比べ 25 年ほど前の文政九、十年時期が 120 ～ 126 日であったのに対して、豊利船の方が滞在日数は 10 日前後延びているが、基本的にはほぼ同様であったと見ることができよう。

唐船入津之図（長崎版画）

　文化・文政時期の清代帆船は、日本への貨物、また帰帆時の貨物以外に最大 120 名から 90 数名の乗員を搭載していたから、長崎に滞在した中国の人々は夏季、冬季の二期に分散したとして一隻当たり 100 名とすると、夏季が 5 隻で 500 名、冬季が 5 隻で 500 名が唐人屋敷で滞在したと見ることができよう。

　文政九年（1826）、文政十年（1827）の頃には、長崎に来航する中国船は 1 年に 10 艘に制限されていた。この二年の例から、長崎に来航する中国船の時期は旧暦の夏四月、五月、六月頃の時期に来航したことからいわゆる「夏船」と呼称された。そして冬十二月から春正月、二月にかけて来航したことから「冬船」と呼称された。そして夏船は旧暦の秋七、八、九月に長

---

① 松浦章『清代海外貿易史の研究』朋友書店、328 頁。
　松浦章編著・卞鳳奎編譯『清代帆船東亞航運史料彙編』楽学書局、2007 年 2 月、189 ～ 215 頁。
② 松浦章『清代海外貿易史の研究』335 頁。
③ 松浦章『清代海外貿易史の研究』333 頁。

崎に帰帆し、冬船は夏四月、五月頃に帰帆している。これらの船がどれほど長崎に滞在していたかは表5の滞在日数から明らかである。

　清代帆船の長崎に来航する時期は、一年に二期に分かれ、最初は西暦では5～8月の間であり、これば夏帮に相当。そして1月から2月の間に来航した。こちらは冬帮で、道光『乍浦備志』に「毎歳夏至後小暑前」そして「小雪後大雪前」と言う記述とほぼ一致するであろう。

　この20隻の長崎における滞在日数を見るに、明確に判明する13隻の総日数は合計1631日となり、平均すると125.5日となる。最大にして合計すれば、20隻で2394日となって119.7となる。このことから、清代道光時期に長崎に来航した清代帆船は長崎に入港から帰港まで最小で120日から最大126日、約4ヶ月碇泊していたことになる。

　この時期の清代帆船は、日本への貨物、また帰帆時の貨物以外に最大120名から90数名の乗員を搭載していたから、長崎に滞在した中国の人々は夏季、冬季の二期に分散したとして一隻当たり100名とすると、1年の長崎来航の中国船が10隻とすると夏季が5隻で500名、冬季が5隻で500名が唐人屋敷で滞在したと見ることができよう。

3）琉球諸島に漂着した中国帆船

　先に朝鮮半島に漂着した中国帆船の例を掲げたが、ここでは琉球諸島に漂着した中国帆船の事例を、琉球国の外交文書集である『歴代宝案』によって整理したのが次の表6である。[①]

表6　琉球諸島に漂着した中国帆船　　　　　（『歴代寶案』による）

番号	西暦・年号	船籍	管理者	搭乗者	船員	乗客	船式	客率　％
1	1701 康熙 39	福州府	船主	25				
2	1706 康熙 45	閩縣	船戸	24				
3	1718 康熙 57	兵船						
4	1732 雍正 10	宝山	船戸	15			沙船	
5	1741 乾隆 05	同安	船戸	21	20	1		4.8
6	1741 乾隆 06	兵船						
7	1749 乾隆 14	同安	船戸	35	24	11	双桅船	31.4
8	1749 乾隆 14	同安	船戸	20	20	0		
9	1749 乾隆 14	常熟	船戸	17	13	4		23.5
10	1749 乾隆 14	閩縣	船戸	27	24	3	鳥船	11.1
11	1750 乾隆 14	閩縣	船戸	28	25	3		12.0
12	1750 乾隆 14	海澄	船戸	18	17	1	鳥船	5.6
13	1750 乾隆 14	海澄	船戸	27	23	4		14.8
14	1750 乾隆 14	莆田	船戸	30	23	7		23.3
15	1750 乾隆 14	崇明	船戸	8	8	0		
16	1750 乾隆 14	鎮洋	船戸	17	16	1	沙船	5.9

---

　①　松浦章『清代沿海帆船航運業史の研究』関西大学出版部、2010年、227—289頁。

（续表）

番号	西暦·年号	船籍	管理者	搭乘者	船員	乘客	船式	客率 ％
17	1750 乾隆 14	通州	船戸	14	12	2		14.3
18	1750 乾隆 14	鎮洋	船戸	14	13	1	沙船	7.1
19	1750 乾隆 14	鎮洋	船戸	28	28	0	沙船	
20	1750 乾隆 14	常熟	船戸	12	8	4		33.3
21	1750 乾隆 14	晋江	船戸	26	24	2		7.7
22	1750 乾隆 14	同安	船工	37	24	13		35.7
23	1750 乾隆 14	常熟	船戸	12	10	2		16.7
24	1750 乾隆 14	龍渓	船戸	32	23	9	鳥船	28.1
25	1750 乾隆 14	天津	船戸	19	17	2		10.5
26	1750 乾隆 14	鎮洋	船戸	10			沙船	
27	1750 乾隆 14	宝山						
28	1751 乾隆 16	同安						
29	1753 乾隆 18	通州	船戸	23	20	3		13.3
30	1760 乾隆 25	同安		26				
31	1761 乾隆 25	莆田						
32	1766 乾隆 31	龍渓	船戸	23	23	0		
33	1770 乾隆 34	通州	船戸	14	14	0		
34	1779 乾隆 44	閩縣	船戸	33	24	9		27.3
35	1786 乾隆 50	澄海	船戸	38	33	5		13.2
36	1786 乾隆 50	龍渓	船戸	26	24	2		7.7
37	1786 乾隆 50	龍渓	船戸	26	24	2		7.7
38	1786 乾隆 50	龍渓						
39	1786 乾隆 51	元和	船戸	25	20	5		20.0
40	1801 嘉慶 06	通州		10	10	0		
41	1801 嘉慶 06	同安	船主	32	24	8	双桅鳥船	25.0
42	1809 嘉慶 13	通州	船主	20				
43	1809 嘉慶 14	鎮洋		17				
44	1815 嘉慶 19	澄海	船主	58	36	22		37.9
45	1816 嘉慶 21	天津	舵工	20	17	3		17.6
46	1822 道光 02	海豊	船主	90	46	44		48.9
47	1825 道光 04	同安		32				
48	1825 道光 04	澄海	船主	22	15	7		31.8
49	1825 道光 05	同安	船戸	38	29	9		23.7
50	1827 道光 06	元和	舵工	14	14	0		
51	1827 道光 06	崑山	舵工	20	20	0		
52	1831 道光 10	饒平		33				

（续表）

番号	西暦・年号	船籍	管理者	搭乗者	船員	乗客	船式	客率 ％
53	1831 道光 10	澄海	船主	23	18	5		21.7
54	1837 道光 16	澄海	船戸	50	40	10		20.0
55	1844 道光 24	同安	船主	3	3	0		
56	1846 道光 25	海州		8				
57	1855 咸豊 04	霞浦	船主	24	24	0		
58	1855 咸豊 04	崇明	船主	11	11	0		
59	1861 咸豊 11	晋江	船主	51	50	1		2.0
60	1862 同治 01	黄縣	舵工	17	16	1		5.9

　　この表5に見える番号7-27 までの21 隻が山東半島近海で航行中に海難に遭遇した帆船で、それらの殆どが江南の沙船と関係する帆船と思われる。沙船は長江口の水域で活動した船舶である。清末の上海において刊行されていた新聞『字林滬報』第785 号、1884 年 10 月 28 日、光緒十年九月初十日付の「論沙船苦況大碍市面」よれば次のようにある。

　　　　泰西未通以前、滬上貿易素稱繁盛、居民亦多富饒、而其繁盛富饒之故、由于沙衛各船、販運南北貨物、往返數千里、咸轉輸于上海一隅。沙船盛而豆、米、油、麥、土布南貨各業皆盛、而沙船之轉輸販運益日出不窮、是固相爲維繋者也。當其時、浦江帆檣相接、往來如梭、船之利於行者、歲毎五六次、其不利於行者、亦三四次。

とあるように、アヘン戦争後の南京条約の締結により五港が対外開港されたその一港の上海において航運の要であったのが同港を基地とした沙船である。沙船の航運によって上海の繁栄が支えられていた。各沙船は上海を基点に東北沿海に向けて一年に5,6 航海を行い、少ない場合でも 3,4 回の航海を行っていた。[1] その沙船の一部が海難に遭遇して琉球諸島に漂着するのである。

　　琉球諸島に漂着した中国帆船は、乾隆十四年十二月末の東北からの大風によって多くの船が琉球諸島に漂着した異常気象に遭遇した稀な例といえる。この特例を除いた 40 例の中で大多数を占めている中国帆船は福建船籍を保有していたとがわかる。地理的には琉球諸島は福建沿海には近いことはあるが、基本的には福建の帆船の航行頻度が高かったことを示していると考えられる。

　　上記の事例の 51 の漂着記録から江南帆船の航運活動を具体的に明らかで、それを表示すると表7のようになる。[2]

---

① 松浦章『清代上海沙船航運業史の研究』関西大学出版部、2004 年。
② 松浦章『清代沿海帆船航運業史の研究』関西大学出版部、2010 年、285 頁。

表7　1784—1785年　蘇州府元和縣　蔣隆順船航運表

年　号	出帆地（月日）	到着地（月日）	備船主	積荷
乾隆四十九年 （1784）	鎮江（閏3月22日）	天津（4月30日）	鎮江　黄氏	生姜
	天津 牛荘	牛荘（6月18日） 天津（8月5日）	天津　赫氏	糧米
	天津	山東・黄縣（10月15日）	黄縣　石氏	香料
乾隆五十年 （1785）	黄縣 関東	関東（2月22日） 黄縣（3月28日）	黄縣　霍氏	糧米
	黄縣 関東	関東（5月18日） 利津縣（6月12日）		糧米
	利津縣 関東	関東（7月26日） 天津（9月7日）		糧米
	天津 海豊縣（11月）	海豊縣（10月23日） 旅順・小平島（寄港11月20日） 目的地：寧波	莆田縣 游華利	棗

　　蘇州元和縣の船籍を持った蔣隆順船は乾隆四十九年閏三月二十二日に鎮江を出帆して天津に向かった。その際には鎮江の黄氏から備船され生姜を積載して天津まで運搬した。そして天津では赫氏に備船され糧米を東北の遼川の河港の牛荘へ赴き、六月十八日に入港し、牛荘からまた天津には八月五日に戻っている。この時の積荷は不明であるが、空船での航行は難しいのでおそらく東北産の大豆等を積載していた可能性があろう。そしてまた天津で山東の黄縣の石氏に備船され香料を積載して黄縣に赴いている。その後、年を越えて春に黄縣の霍氏に備船され関東へ、関東から利縣へまた関東へそして天津へと、この間の八ヶ月ほどにわたって霍氏に備船されていたと見られる。天津では福建縣の游華利に備船され華北産の棗を積載して寧波に向かう予定であったのが、琉球諸島に漂着したのであった。

　　このように、江南の帆船が交易を目的とした航運活動では無く、明らかに運賃積みによる輸送料によって収入を得る方法で航行した帆船が存在していたのである。帆船の航運活動の業務が細分化して海上輸送業を業務とする海商が存在したことを明確にしることが出来る。

3）台湾海峡を往来した中国帆船

　　次に台湾海峡において福建と台湾との両岸を航行していた帆船の活動記録について述べたい。

表8　1895—1897台湾鹿港郊商・許氏所有船・金豊順船の航運表[1]

西　暦	干支	月	日	福建	往復	台湾	
1895 年 光緒二十一 明治 28	乙未	7	29	泉州	→		①復
		8	06			鹿港	
			08	泉州	←		②往
		10	18	泉州	←		③往
		11	03	泉州	←		④往
			17	泉州	←		④復
		12	01	泉州	←		⑤往
1896 年 光緒二十二 明治 29	丙申	01	15	泉州	←		⑥往
		03	04	泉州	←		⑦往
			11	泉州	→		⑦復
		05	11	泉州	←		⑧往
		06	20		←	鹿港	⑨往
		07	19	泉州	→		⑩復
			28		→	鹿港	⑪復
		09	03	梅林			
		11	14		←	鹿港	
			28	泉州	←		
1897 年 光緒二十三 明治 30	丁酉	04	16	泉州	→		
		06	10		←	鹿港	
		07	19	泉州	→		
		11	17		→	鹿港	

月日は旧暦である。矢印は下記参照。
泉州→：泉州出航　泉州←：泉州到着
鹿港→：鹿港出航　鹿港←：鹿港到着

　　台湾の西岸中部に位置する鹿港の郊商許氏が所有した金豊順船は、台湾の鹿港を基点に台湾海峡を横断して、対岸の泉州との間を航行する帆船航運を行った。その時期は台湾が日本支配直後の一年、乙未七月二十九日から丙申七月二十八日までの間のほぼ 1 年間に 11 航海をしている。

　　『臺灣新報』第 217 号、明治 30 年（光緒二十三、1897）6 月 1 日付の「台湾・厦門・泉州ヂョンク（ジャンク）貿易」に見られる記事に以下のようにある。

　　　　台湾と福建沿岸に於けるジャンク貿易は、台湾の彼帝国版図に帰したる以前に比較するときは、台湾より輸出する貨物は今日に於て十分の七を減し、…「臺灣讓與以前」ジャンク四十四艘、毎隻一ヶ年多きものは十二回。少きものは八、九回厦門より往復せり。…

---

①　林玉茹・劉序楓編『鹿港郊商許志湖家與大陸的貿易文書（1895 ～ 1897）』台北・中央研究院臺灣史研究所、2006 年、51 頁の文書による。

　　台湾や福建南部沿海の厦門や泉州における中国式帆船いわゆるジャンクは、日本が台湾を統治する以前にあって、一般的に多いものでは1年間に12航海、少ないものでも8航海から9航海を行っていることが報じられていることからも明らかなように、鹿港の許氏の金豊順船の一年に11航海は決して珍しいものではなかったことがわかる。

4　おわりに

　　上述のように、中国の唐代以降の中国海商の活動を通じての中国帆船の活動事例を述べてきた。唐代、宋代には中国帆船の活動は日本のみならず朝鮮半島の高麗までその活動の触手は伸びていて、これらも単発的な活動では無く、恒常的に継続的に中国帆船の出港した郷里と日本や高麗との間を複数回にわたり航行するとする遠洋航海を可能とする帆船の存在が知られるのである。これらの帆船の存在があったために、例えば日本からの入唐僧や入宋僧の東シナ海の渡海が可能であり、日本への中国仏教の伝来を可能にしたのであった。このように東アジア海域における中国帆船の活動の歴史は長期にわたっていた。明朝の海禁政策の施行によって中国帆船の活動は停滞するが、清代になるとこの状況は大きく変化する。

　　清代における中国帆船は、中国大陸沿海のみならず日本を初めとする東アジアの島嶼部の諸国にまでその活動の足跡を残している。

　　また帆船は単に貿易活動を目的とするのみの航運活動のみならす、江南の帆船に見られるように、傭船による輸送業務を専門とする航運業者の存在が明確に知られるのである。

（本文作者为日本关西大学文学部教授）

中国帆船与东亚海域交流

（日）松浦章 撰 杨 蕾 译

一、绪 言

在被中国大陆、朝鲜半岛、日本列岛、琉球诸岛及台湾所包围的东亚海域中，中国帆船的活动曾非常活跃。有关这些帆船活动的具体情况在中国史料中记录很少，却比较详细地留存在中国周边国家和地区的史料中。古代日本的记录及朝鲜半岛的史书《高丽史》等，都记载了中国海商经由海路而来的情况。这些海商前往各国的主要交通手段就是那些可以横渡海洋的船舶。在石化原料还未使用的时代，风力是航运的重要能源，人们建造了适合不同地域特点的各式木质帆船。

17世纪以后的东亚海域，日本和朝鲜虽然对沿岸航运持认可态度，但都严格禁止海外航运。因此，在这一海域内最为活跃的是被称为清代四大海船的"沙船"、"鸟船"、"福船"、"广船"的中国帆船。

尤其以上海和崇明为中心活动区域的平底型海船——沙船，从长江口北上到渤海沿岸，到达渤海沿海的锦州、牛庄、盖州等，售卖上海棉布和茶叶等江南商品，归航时将东北产出的大豆等谷类带回江南地区。

此外，还有适应于外洋航行的尖底型海船——鸟船、福船、广船。特别是鸟船，不仅在以福建为中心的海域活动，还活跃于渤海沿海，进出锦州、盖州、天津等港口。19世纪末的史料中就有涉及这方面内容的记载。《芝罘的商业习惯及例规》（《芝罘ノ商業習慣及例規》）中的《运输》一目记载了位于山东半岛北部的烟台（旧称芝罘）的情况：

> 山东省东南北三面环海，有利于海运。特别是本港（芝罘）突出于本省东北口，因其方便大小船舶碇泊，往来寄港船舶常以百计。……一年中来自于江南的沙船有三百余艘，宁波船三四十艘，广东船十余艘，福州船五六艘，盛京省而来的有三千余艘，直隶船百余艘，合计不下三千四五百艘。[①]

鸟船不仅航行于中国大陆沿海，活动足迹还远达海外。在日本"锁国"时期的长崎，18世纪中叶到19世纪后半期，每年都有10多艘鸟船来航。

四周被海洋包围的台湾，将其与中国大陆相连的是适合于外洋航行的尖底型海船，这些尖底型海船还曾进出于东南亚海域。正是因为这些海船的存在，华人从中国大陆移居到台湾，或者移居到东南亚才成为可能。

---

① 参见《芝罘ノ商業習慣及例規·運輸》，《官报》第2083号，1890（明治23年）6月11日。

本文正是以这些记载为参考，论述东亚海域中中国帆船的活动情况。

二、唐宋时代中国帆船与东亚海域交流

（1）来航到日本的中国帆船

根据日本的史料，自承和十四年（847）中国商人张支信来航日本开始，到建保六年（1218）宋朝纲首张光安为止，共有记载100次以上。[①]尤其是李充曾在康和二年（1102）、长治元年（1104）、长治二年（1105）连续来航日本，对此，《朝野群载》卷二十《异国》之《同存问记》中这样写道：

> 长治二年八月二十二日，存问大宋国客记
>
> 问客云，警固所去二十日解状称，今日酉时，大宋国船壹艘到来筑前国那珂郡博德津志贺岛前海。……客申云。先来大宋国，泉州人李充也。充去康和四年为庄严之人徒，参来贵朝。[②]

如上，泉州的海商李充来到日本博多的志贺岛。他首次到达日本是康和四年，当时搭乘的是庄严的船。当时来日本时携带有宋朝官方颁发的"公凭"，在《朝野群载》中也有记载：

> 提举两浙路市舶司
>
> 据泉州客人李充状，今将自己船壹只，请集水手，欲往日本国，博买回赁，经赴明州市舶务抽解，乞出给公验前去者。
>
> 一人船货物
>
> 自己船壹只
>
> 纲首李充　梢工林养　杂事庄权　（以下略）[③]

由上文可以确定，李充曾在明州的两浙路市舶司获得了由明州前往日本贸易的"公凭"。李充来航日本的长治二年相当于宋徽宗崇宁四年。

这个"公凭"之所以发放给李充，是因为他作为"纲首"，是全船的负责人。这次出行的船只依然为庄严船的可能性很高。其理由是担当"杂事"的为庄权。庄严和庄权同为庄姓，庄权为庄严的儿子或者为同族的可能性很大。主管船舶航行的"梢公"为林养。我认为，庄权替代船舶所有者庄严驾船来到日本。

据《宋会要辑稿》第八十六册《职官》四四《市舶司》所记：

> 市舶司掌市易，南蕃诸国物货航舶而至者，初于广州置司，以知州为使，通判为判

---

① 森克己《日·宋·麗交通貿易年表》，《新訂日宋貿易の研究》，国书刊行会，1975年，第528—564页。松浦章《近世東アジア海域の文化交渉》，思文阁出版，2010年，第16—19页。

② 国史大系本《朝野群載》，吉川弘文館，1964年，第451页。

③ 同上书，第452页。

官，……咸平中，又命杭、明州各置司……徽宗崇宁元年七月十一日，诏杭州、明州市舶司依旧复置，所有监官、专库、手分等，依逐处旧额。

如上，宋代设置市舶司，时断时续。李充在明州市舶司获得"公验"的三年前，也就是崇宁元年明州再置市舶司。因此，可以确定李充所获"公验"为明州市舶司所颁发。

元代所作至正《四明续志》卷六《市舶》中这样写道：

> 市舶　物货见土产类
>
> 抽分舶商物货，细色十分抽二分。粗色十五分抽二分，再于货内抽税三十取一。

根据同书卷五《土产》的"市舶物货"中，细色可见"倭金"、"倭银"，粗色可见"倭枋板拎"、"倭铁"、"倭条"、"倭橹"等日本特产的记载。不难想象，这些应该都是靠中国海商的帆船贩运到中国的。

（2）来航高丽的中国帆船

朝鲜半岛上成立高丽时，北方少数民族契丹以华北为中心成立辽朝。北宋和高丽间的陆路联系因此而阻断。加上后来女真族金朝南下统治淮水以北，位于江南的南宋和高丽之间的关系便因陆路不便而经由海路相通。迄今为止，有关高丽和宋朝因海路通航的研究很多，[①] 最近有李镇汉的成果，[②] 因宋代商人而开展的宋朝与高丽王朝的通航关系研究正在逐步进展。因此，本节笔者将以11—13世纪中国帆船活动为焦点，考察宋商来航高丽的事迹。据《高丽史》记载，高丽国王靖宗即位年十二月（1034），宋代商客来航，靖宗二年（1036），宋商陈谅等六七人来航。一直到忠烈王四年（1278）宋商马晔来航为止，共留下类似记载120余例。[③]

在来航朝鲜半岛的宋商中，可以辨明其出身地的有6人：泉州4人、明州1人、台州1人。[④] 泉州在北宋、南宋时属福建路，明州、台州在北宋时代属于两浙路，南宋时代属于两浙东路。前者在现在的福建省，后者在现在的浙江省。由此也能确定，这些地区自古以来就是中国海上航运盛行的地区。[⑤]

如上，可以知道，当时既有唐商和宋商前往日本，同时也存在多次前往高丽的宋代海商。

---

① 李镇汉著，丰岛悠果译《高麗時代における宋商の往来と麗宋外交》，《年報朝鮮學》第12号，2009年，第17页。

② 同上书，第1—22页。李镇汉著，丰岛悠果译《高麗時代における宋商の往来と麗宋外交》，《年報朝鮮學》第13号，2010年，第1—25页。

③ 松浦章《近世東アジア海域の文化交涉》，思文阁出版，2010年，第19—23页。

④ 同上注。

⑤ 斯波义信《宋代商业史研究》，风间书房，1968年，第57—58页。陈高华、吴泰《宋元时期的海外贸易》，天津人民出版社，1981年，第99—155页。陈高华、陈尚胜《中国海外交通史》，（台北）文津出版社，1997年，第82—166页。郭松义、张泽咸《中国航运史》，（台北）文津出版社，1997年，第152—206页。

《续资治通鉴长编》卷二百九十六《神宗》的"元丰二年"（1079）中有如下记载：

> 丙子（六日）诏，旧明州括索自来入高丽商人财本及五千缗以上者，令明州籍其姓名、召保识，岁许出引发船二只，往交易非违禁物，仍次年即回，其发无引船者，依盗贩法。先是，禁私贩高丽者，然不能绝。①

如上，对于拥有巨额财富并与高丽进行贸易的商人，财产达到五千缗以上的，将在明州登记姓名，如果有保证人的话，允许每年发船两只进行贸易。同时，如果交易禁止出口的商品，或者没有任何出港许可书而擅自去高丽的，将会受到严厉惩罚。

《宋会要辑稿》第八十六册《职官》四四《市舶司》中"建炎二年"（1128）：

> 元祐间，故礼部尚书苏轼奏乞依祖宗编敕，杭、明州并不许发船往高丽，违者徒二年，没入财货充赏。

元祐年间（1086—1093）礼部尚书苏轼上奏，提出禁绝与高丽的通商，违反者处以两年徒刑，并没收财产。

元朝对于海商的政策在《元史》卷九十四《食货志·市舶》中这样记载：

> 元自世祖定江南，凡邻海诸郡与蕃国往还互易舶货者，其货以十分取一，粗者十五分取一，以市舶官主之。其发舶回帆，必著其所至之地，验其所易之物，给以公文，为之期日，大抵皆因宋旧制而为之法焉。

可见，元朝承袭了宋朝的市舶制度。元朝和宋朝一样，对海商进行管理，对船舶的出港和入港都依据"公文"进行检查，采取认可船舶航行的政策。

这种"公文"的具体内容在《元典章》二二《户部》八"市舶"中有所记录：

> 市舶则法二十三条、至元三十年（1293）八月二十五日、福建行省准中书省咨至元二十八年八月二十六日奏过事……
>
> 一舶商请给公验，依旧例，招保舶牙人、保明牙人、招集到人、件几名下船、收买物货、往某处，经纪公验，开具本船财主某人、纲首某人、直库某人、稍工某人、杂等某人、部领等某人、人伴某人、船只力胜若干、樯高若干、船身长若干，每大船一只，止许带小船一只，名曰柴水船，给令公平，如大小船，所给公验、公凭各仰在船随行，如有公验，或无公凭，即私贩，许诸人告捕。

如上，船商们如果不从官府取得"公验"、"公凭"，船只就不能出港。我认为，前文《朝野群载》中李充所持有的"公凭"应该就是这些内容。

---

① ［宋］李焘《续资治通鉴长编》第 21 册，中华书局，1990 年，第 7194—7195 页。

但是明代是禁止海商进行海外贸易的。《明史》卷八十一《食货志》"市舶"中写道："严禁濒海居民及守备将卒私通海外诸国。"由于严格禁止民间进行海外贸易,导致海商活动停滞。因此,如果考察有关明代海商进出海外的活动记录,不得不等到明末海禁政策稍有缓和的时期。

《熹宗实录》"天启五年(1625)四月戊寅朔"留下了有关中国商人到达海外尤其到达日本的记录:

> 福建巡抚南居益题海上之民,以海为田。大者为商贾,贩为东西洋,官为给引,军国且半资之,法所不禁。乌知商舰之不之倭而之于别国也。其次则捕鱼鲊艋不可以数计。虽曰禁其双桅巨舰,编甲连坐,不许出洋远涉,而东番诸岛乃其从来采捕之所。操之急则谓断绝生路,有挺而走险耳。闻闽、越、三吴之人住于倭岛者不知几千百家,与倭婚媾,长子孙,名曰"唐市"。此数千百家之宗族姻识,潜与之通者实繁有徒。其往来之船名曰"唐船",大都载汉物以市,于倭而结连崔苻,出没洋中,官兵不得过而问焉。

这里需要特别注意的是,福建、浙江、江南地区的人们有很多来往于日本,他们所居住的地区逐渐形成"唐市"。在那里居中的人数非常多,达到不计其数的程度。而且他们都拖家带口,有儿有孙。在日本与中国间"干线"航路航行的正是被称作"唐船"的中国式帆船。这些中国帆船搭载中国产品横渡海洋到达日本进行贸易。

三、清代帆船与东亚海域交流

明朝灭亡后,清朝开始统治中国,继而平定台湾,巩固了沿海统治,解除了明朝以来的海禁政策,允许民众进行海外贸易。由于沿海人民海上活动的兴起,中国帆船的航海活动也随之活跃起来。我们想完全复原其活动轨迹尚有困难,但是从东亚海域内的海难情况可以部分还原中国帆船的航行活动。

(1)漂流到朝鲜半岛的中国帆船

在这里首先以朝鲜王朝的记录《备边司誊录》为例。该文献中以"问情别单"为题,留存了漂流到朝鲜半岛的中国帆船的乘员的情况。[①] 根据这些记录,整理为如下表1:

表1：1617—1880年漂流到朝鲜半岛的中国帆船(据《备边司誊录》)

序 号	阳 历	年 号	船 主 (船户)	船 籍	船行地名	乘船人数	船 员	船 客
1	1617	万历 四十五	薛万春	闽县	福建→宁波府→福建	41	14	26
2	1687	康熙 二十六	顾如商	苏州府	苏州→日本	67	—	—
3	1704	四十三	王 富	泉州府	泉州→日本	116	—	—
4	1706	四十五	车 琯	蓬莱	莱阳→苏州	13	9	3

---

① 松浦章《清代帆船沿海航运史の研究》,关西大学出版部,2010年,第76—192页。

（续表）

序号	阳历	年号	船主（船户）	船籍	船行地名	乘船人数	船员	船客
5	1713	五十二	王裕	同安	泉州→日本	42	—	—
6	1732	雍正十	夏一周	南通州	南通州—山东→关东	16	16	0
7	1760	乾隆二十五	林福盛	同安	泉州→山东→泉州	24	19	5
8	1762	二十七	孙合兴	宁波府	宁波→上海→山东	22	19	3
9	1763	二十八	杨难	崇明	崇明→关东·海州	10	—	—
10	1774	三十九	曲钦一	福山	福山→奉天	25	25	0
11	1777	四十二	赵永礼	宁海	宁海→山东	7	7	0
12	1777	四十二	秦源顺	崇明	崇明→天津	15	13	2
13	1777	四十二	金长美	天津	天津→广州→天津	29	24	5
14	1786	五十一	张元周	荣成	渔船	4	4	0
15	1791	五十六	安复樑	福山	福山→金州	21	16	5
16	1794	五十九	邱福臣	蓬莱	登州→奉天	51	7	44
17	1800	嘉庆五	唐明山	南通州	南通州→莱阳	7	7	0
18	1805	十	傅鑑周	宝山	上海—天津→山东	22	21	1
19	1808	十三	龚凤来	元和	上海—南通州→胶州	16	16	0
20	1808	十三	陈仲林	镇洋	江南→关东·金州	13	13	0
21	1808	十三	阮成九	蓬莱	宁海州→奉天	40	26	14
22	1813	十八	黄万琴	同安	泉州—台湾→天津	22	20	2
23	1813	十八	黄全	海澄	同安—台湾—上海→西锦州	47	36	11
24	1813	十八	黄宗礼	同安	同安—天津→锦州	73	50	23
25	1819	二十四	吴永泰	海澄	海澄→西锦州	30	30	0
26	1824	道光四	石希玉	海澄	海澄→盖平	37	37	0
27	1824	四	潘明显	丹阳	青口—上海—关东→上海	14	14	0
28	1826	六	朱和惠	鄞县	镇海—天津→山东	16	16	0
29	1829	九	王箕云	文登	文登→南城（江苏）	3	3	0
30	1836	十六	沈拙	诏安	诏安—饶平→天津	44	34	10
31	1837	十七	刘日星	首阳	首阳→锦州	3	3	0
32	1839	十九	徐天禄	黄县	黄县→奉天	11	11	0
33	1852	咸丰二	朱守宝	登州	登州—老口滩→金州	6	6	0
34	1855	五	马得华	昆山	江南—天津→烟台	31	23	8
35	1858	八	刘青云	荣成	荣成—洋河口→威海口	10	10	0
36	1858	八	赵汝林	上海	江南—奉天→江南	21	21	0
37	1859	九	曲会先	荣成	荣成—海上→江北营	12	10	2
38	1877	光绪三	李培增	文登	登州、渔船	3	3	0
39	1880	六	孙作云	文登	文登、渔船	10	10	0
40	1880	六	许必济	汕头	广东—暹罗→烟台	27	10	17

以上统计的 40 项记录,除了一项年代为明末之外,其余全是清代的航运记录。主要涉及年代为康熙二十六年(1687)到光绪六年(1880)。有关这些漂流的中国帆船的记载中,最为突出的是,不仅与朝鲜半岛最为接近的山东半岛船舶较多,与朝鲜半岛相隔很远的福建船舶数量也很多。39 项中,7 项属于福建,甚至还有中国最南部的广东省汕头的船只。有关这些船舶如何航行,我已经在其他著述中进行了详细地考察。[①] 从这些漂流船的事例,也能看出清代中国帆船海上航运活动的活跃化程度。

(2)来航日本长崎的中国帆船

有关中国帆船具体航行活动的情况,在日本现存的记载中也能找到。日本在江户时代实行"锁国"政策,其结果就是没有由日本航行到中国的船舶,来航长崎的中国帆船便成为活跃在海上"干线"的唯一的运输船只。其中,元禄元年(1688)是一年中中国帆船来航最多的。将元禄元年来航长崎的全部船舶按照出港地整理成以下表 2:[②]

① 元禄元年(1688年)的事例

表2:1688年来航长崎中国船(按出港地统计)

船名	只数	比例	船名	只数	比例
福州船	45 只	23.2%	咬留吧船	4 只	2.1%
宁波船	31 只	16.0%	海南船	3 只	1.5%
厦门船	28 只	14.4%	沙埕船	2 只	1.0%
南京船(出港地为上海)	23 只	11.8%	麻六甲船	2 只	1.0%
广东船	17 只	8.7%	暹罗船	2 只	1.0%
泉州船	7 只	3.6%	温州船	1 只	0.5%
潮州船	6 只	3.1%	安海船	1 只	0.5%
普陀山船	5 只	2.6%	漳州船	1 只	0.5%
广南船	5 只	2.6%	安南船	1 只	0.5%
台湾船	4 只	2.1%	不明	2 只	1.0%
高州船	4 只	2.1%	合计	194 只	100%

来航长崎的船只中数量最多的是来自于福建省福州的船舶,占全部数量的 23.2%,与日本相近的宁波的船只占 16%,福建南部沿海的厦门的船只占 14.4%,其次就是由上海而来的南京船占 11.8%,南部沿海的广东船占 8.7%,以上五种船只占总数的 74.1%。按照出发地的不同,来自福建的有福州船、厦门船、泉州船、沙埕船、安海船、漳州船,达 43.2%。由此可见,在清代,福建船的海上活动是极为活跃的。

元禄元年到底有多少人来到长崎呢? 从长崎入港的船只,按照月份整理成下表 3,并将其中来航人数最多的六月,按照日期整理,作成显示长崎来航人数的表 4。[③]

---

① 松浦章《清代沿海帆船航運史の研究》,关西大学出版部,2010 年。
② 松浦章《江戸時代唐船による日中文化交流》,思文閣出版,2007 年,第 255 页。
③ 同上书,第 248 页。

表3： 1688年（元禄元年）来航长崎中国船（194只）按月份统计入港数、乘员数

月份	三月	四月	五月	六月	七月	八月	九月	十月	合计
只数	6	7	20	98	41	15	4	3	194
比例 %	3.1	3.6	10.3	50.5	21.2	7.7	2.1	1.5	100
乘员数量	246	291	946	4432	2037	894	225	220	9291
比例 %	2.6	3.2	10.2	47.7	21.9	9.6	2.4	2.4	100

表4：元禄元年六月（小月）来航长崎中国船（98只）按日期统计入港数表

日期	1 日	2 日	3 日	4 日	5 日	6 日	7 日	8 日	9 日	10 日
只数	9	1	6	0	3	4	6	3	10	0
乘员数	426	50	226	0	136	126	295	170	360	0
日期	11 日	12 日	13 日	14 日	15 日	16 日	17 日	18 日	19 日	20 日
只数	3	2	4	0	3	2	2	1	13	3
乘员数	184	52	181	0	180	125	73	39	556	122
日期	21 日	22 日	23 日	24 日	25 日	26 日	27 日	28 日	29 日	合计
只数	2	2	5	8	1	1	1	2	0	98
乘员数	95	95	185	359	51	43	31	115	0	4432

元禄元年，当时长崎的人口估计有4—5万人，曾有接近1万的中国人来到长崎。而且，特别是六月十九日有556人，一日有426人，九日有360人，二十四日有359人，六月份的29天之中共有4432名中国人来到长崎并停留。可以说，就长崎当时的人口数量来看，在长崎，几个人中就有1名是中国人，这对"锁国"下的日本来说是极为特殊的情况。之后一年来航长崎的中国帆船有80艘。针对这样的状况，德川幕府采取了一定的方针措施，建设了专供来航长崎的中国人使用的"唐人屋敷"，制定中国人居住在"唐人屋敷"的方针。

②1826年（文政九年）、1827年（文政十年）来航长崎的中国帆船

关于来航长崎的中国帆船一年中大约什么时期到达长崎，又是什么时候归航回国，可以参见表5。

表5：文政9-10年（道光六—七年，1826—1827）由长崎入港的中国商船及停留天数

文政 9·10 年	船 主		入港日 农 历	西 历 月 历	回港日 农 历	西 历 月 日	停留天数
戌 1 番南京船	夏雨村 江芸阁	旅居 财副	文政 9 年 0419 夕	1826 年 0525	文政 9 年 0828	1826 年 0929	128
戌 2 番宁波船	周蔼亭		0505	0610	0828	0929	112
戌 3 番南京船	颜雪帆 顾少虎	副船主	0702	0805	0900	1002~1030	59~87
戌 4 番宁波船	刘景筠 朱开圻	副船主	0702 夕	0805	0900	1002~1030	59~87
戌 5 番南京船	沈绮泉 钮梧亭	旅居 财副	0715	0818	0900	1002~1030	46~74
戌 6 番南京船	金琴江		1216	1827 年 0113	文政 10 年 0506	1827 年 0531	139
戌 7 番南京船	杨西亭		1224	0121	0506	0531	131

（续表）

文政9·10年	船 主		入港日 农 历	西 历 月 历	西 历 月 历	回港日 农 历	西 历 月 日	停留天数
戌8番南京船	沈绮泉 钮梧亭	旅居 财副	文政10年 0103	0129	0506	0531		123
戌9番宁波船	夏雨村		0121	0216	0506	0531		105
戌10番厦门船	周蔼亭 朱开圻	旅居 副船主	0121夕	0216	0506	0531		105
亥1番宁波船	杨西亭 顾少虎	旅居 副船主	闰603	0726	0900	1021~1118		88~137
亥2番宁波船	江芸阁 金琴江		闰603夕	0726	0900	1021~1118		88~137
亥3番宁波船	周蔼亭		闰604	0227	0900	1021~1118		87~137
亥4番南京船	夏雨村 颜远山	旅居	闰615	0807	0900	1021~1118		76~104
亥5番南京船	金琴村 孙渔村	旅居	1204夕	0120	0419	0601		133
亥6番南京船	刘景筠		1204夕	0120	0419	0601		133
亥7番南京船	朱开圻 杨启堂		1206	0122	0419	0601		131
亥8番南京船	周蔼亭 顾少虎	旅居 副船主	1206	0122	0419	0601		131
亥9番宁波船	沈绮泉		1206	0122	0419	0601		131
亥10番南京船	江芸阁 钮梧亭	旅居 财副	1208夜	0124	0419	0601		129

文献来源：大庭修编《唐船进港回棹録　島原本唐人風説書　割符留帳》，关西大学东西学术研究所，1974年3月。第11、186—194页。月日的写法为：四月十九日用四位数字表示，写作"0419"。

由表5能够看出，清代帆船来航长崎的时间大约分为一年两个时期，最初为阳历的5至8月，相当于夏帮，再就是1至2月，相当于冬帮。与道光《乍浦备志》中"每岁夏至后、小暑前"以及"小雪后、大雪前"的记载大致相当。清代帆船就是这样一年两期来到长崎。

从这20艘帆船在长崎的停留天数看，可以明确判断的是其中13艘停留总天数为1631天，平均每艘停留125.5天。不能明确日期的7艘帆船，计算其停留总天数最少为2134天，平均每艘106.7天。按照数量最多的统计，20艘船只最多的停泊天数为2394日，平均119.7天。由此可以推断，清代道光年间来航长崎的中国帆船从入港到离港最少停泊120天，最多停泊126天，大约为四个月。

有关清代对日贸易帆船的具体日程，也留下了一些详细的记载。迄今为止，相当于已知唯一的航海日志为《丰利船日记备查》。[1] 在这份资料中，丰利船于咸丰元年十一月二十日（1852年1月10日）从福建乍浦出港，二十七日（17日）发现五岛列岛，十二月六

---

① 松浦章《清代海外贸易史の研究》，朋友书店，2001年，第328页。
松浦章编著、卞凤奎编译《清代帆船东亚航运史料汇编》，乐学书局，2007年，第189—215页。

日（26日）从长崎入港。丰利船航行到长崎的天数大约为15天。入港后，该船十三日（2月2日）开始卸货，二十日（2月9日）卸货完毕。因为期间有天下大雪，所以实际卸货时间为7天。[1] 其后，咸丰二年四月十九日（6月6日）归航。丰利船在长崎停留的天数为133天。与该船大约一起来到长崎的得宝船于咸丰元年十一月二十八日（1852年1月18日）入港，咸丰二年四月十九日（6月6日）归航，在长崎停留了141天。[2]

唐船入津之图（长崎版画）

与丰利船相比，比其来航长崎早25年左右的文政九年、十年间，帆船停留期间为120—126天，因此，丰利船等船的停留天数延长了10天左右。可以说，情况基本相同。

文化、文政时期的清代帆船，搭载前往日本的货物或归航时携带日本货物返回，此外，还搭乘最多120人到90多人的乘员。可见，在长崎停留的中国人分夏季和冬季两个时期，假设一只船可以搭载100人的话，那么夏季5艘船可以搭乘500人，冬季5只船搭载500人，他们都在唐人屋敷中停留和生活。

文政九年（1826）、文政十年（1827）左右，一年来到长崎的中国船被限制在10艘。从这两年的事例来看，来到长崎的中国船，到达时间为农历夏季的四月、五月、六月前后的，统称为"夏船"；冬季十二月到春季正月、二月来航的，被称为"冬船"。夏船大约在农历的秋季七、八、九月由长崎返航，冬船大约在夏季四月、五月前后返航。这些帆船的停留天数可以参见表5中的"停留天数"。

（3）漂流到琉球诸岛的中国帆船

前文考察了漂流到朝鲜半岛的中国帆船的情况，本节将利用琉球国的外交文书集《历代宝案》对漂流到琉球诸岛的中国帆船事例进行分析，整理如表6：[3]

表6：漂流到琉球群岛的中国帆船（据《历代宝案》）

序　号	阳历·年号	船　籍	管理者	搭乘人数	船　员	乘客	船　式	乘客比率
1	1701 康熙三十九	福州府	船主	25				
2	1706 康熙四十五	闽县	船户	24				
3	1718 康熙五十七	兵船						
4	1732 雍正十	宝山	船户	15			沙船	
5	1741 乾隆五	同安	船户	21	20	1		4.8
6	1741 乾隆六	兵船						

[1] 松浦章《清代海外贸易史の研究》，朋友书店，2001年，第335页。

[2] 同上书，第333页。

[3] 松浦章《清代沿海帆船航运业史の研究》，关西大学出版部，2010年，第227—289页。

序　号	阳历·年号	船　籍	管理者	搭乘人数	船　员	乘　客	船　式	乘客比率
7	1749 乾隆十四	同安	船户	35	24	11	双桅船	31.4
8	1749 乾隆十四	同安	船户	20	20	0		
9	1749 乾隆十四	常熟	船户	17	13	4		23.5
10	1749 乾隆十四	闽县	船户	27	24	3	鸟船	11.1
11	1750 乾隆十四	闽县	船户	28	25	3		12.0
12	1750 乾隆十四	海澄	船户	18	17	1	鸟船	5.6
13	1750 乾隆十四	海澄	船户	27	23	4		14.8
14	1750 乾隆十四	莆田	船户	30	23	7		23.3
15	1750 乾隆十四	崇明	船户	8	8	0		
16	1750 乾隆十四	镇洋	船户	17	16	1	沙船	5.9
17	1750 乾隆十四	通州	船户	14	12	2		14.3
18	1750 乾隆十四	镇洋	船户	14	13	1	沙船	7.1
19	1750 乾隆十四	镇洋	船户	28	28	0	沙船	
20	1750 乾隆十四	常熟	船户	12	8	4		33.3
21	1750 乾隆十四	晋江	船户	26	24	2		7.7
22	1750 乾隆十四	同安	船工	37	24	13		35.7
23	1750 乾隆十四	常熟	船户	12	10	2		16.7
24	1750 乾隆十四	龙溪	船户	32	23	9	鸟船	28.1
25	1750 乾隆十四	天津	船户	19	17	2		10.5
26	1750 乾隆十四	镇洋	船户	10			沙船	
27	1750 乾隆十四	宝山						
28	1751 乾隆十六	同安						
29	1753 乾隆十八	通州	船户	23	20	3		13.3
30	1760 乾隆二十五	同安		26				
31	1761 乾隆二十五	莆田						
32	1766 乾隆三十一	龙溪	船户	23	23	0		
33	1770 乾隆三十四	通州	船户	14	14	0		
34	1779 乾隆四十四	闽县	船户	33	24	9		27.3
35	1786 乾隆五十	澄海	船户	38	33	5		13.2
36	1786 乾隆五十	龙溪	船户	26	24	2		7.7
37	1786 乾隆五十	龙溪	船户	26	24	2		7.7
38	1786 乾隆五十	龙溪						
39	1786 乾隆五十一	元和	船户	25	20	5		20.0
40	1801 嘉庆六	通州		10	10	0		
41	1801 嘉庆六	同安	船主	32	24	8	双桅鸟船	25.0
42	1809 嘉庆十三	通州	船主	20				
43	1809 嘉庆十四	镇洋		17				
44	1815 嘉庆十九	澄海	船主	58	36	22		37.9
45	1816 嘉庆二十一	天津	舵工	20	17	3		17.6

（续表）

序　号	阳历·年号	船　籍	管理者	搭乘人数	船　员	乘　客	船　式	乘客比率
46	1822 道光二	海丰	船主	90	46	44		48.9
47	1825 道光四	同安		32				
48	1825 道光四	澄海	船主	22	15	7		31.8
49	1825 道光五	同安	船户	38	29	9		23.7
50	1827 道光六	元和	舵工	14	14	0		
51	1827 道光六	昆山	舵工	20	20	0		
52	1831 道光十	饶平		33				
53	1831 道光十	澄海	船主	23	18	5		21.7
54	1837 道光十六	澄海	船户	50	40	10		20.0
55	1844 道光二十四	同安	船主	3	3	0		
56	1846 道光二十五	海州		8				
57	1855 咸丰四	霞浦	船主	24	24	0		
58	1855 咸丰四	崇明	船主	11	11	0		
59	1861 咸丰十一	晋江	船主	51	50	1		2.0
60	1862 同治元	黄县	舵工	17	16	1		5.9

由上表 6 可见,序号 7—27 号的 21 艘帆船是在山东半岛近海海域遭遇海难的帆船,这些帆船大概都是和江南沙船有关的帆船。如前文所述,沙船为活跃于长江口水域的船舶。据清末上海刊行的报纸《字林沪报》第 785 号,1884 年 10 月 28 日也就是光绪十年九月初十日的报道《论沙船苦况大碍市面》一文:

> 泰西未通以前,沪上贸易素称繁盛,居民亦多富饶,而其繁盛富饶之故,由于沙卫各船贩运南北货物,往返数千里,咸转输于上海一隅。沙船盛而豆、米、油、麦、土布南货各业皆盛,而沙船之转输贩运益日出不穷,是固相为维系者也。当其时,浦江帆樯相接,往来如梭,船之利于行者,岁每五六次,其不利于行者,亦三四次。

鸦片战争后,因《南京条约》的缔结,中国五港通商,五个对外贸易港之一的上海是航运要地,以该港为主要基地的就是沙船。沙船的航运,支持了上海的繁荣。各沙船以上海为基点前往东北沿海,一年航行五六次,少则三四次。[1] 这些沙船有一部分遭遇海难,漂流到琉球诸岛。

乾隆十四年十二月末,因东北而来的大风,很多船只漂流到琉球诸岛,这是漂流到琉球诸岛的中国帆船中,遭遇恶劣天气使较多船只遭难的稀少案例。除此特例之外,40 只帆船中,占绝大多数的是福建籍船只。在地理位置上,福建沿海的确与琉球群岛相近,但这些案例也基本证明了福建帆船的航行频率的确非常高。

以上事例中的 51 次漂流记录,做成下表 7,以考察江南帆船的具体航运活动。[2]

---

[1] 松浦章《清代上海沙船航運業史の研究》,关西大学出版部,2004 年。
[2] 松浦章《清代沿海帆船航運業史の研究》,关西大学出版部,2010 年,第 285 页。

表7： 1784—1785年苏州府元和县蒋隆顺船航运表

年　号	出港地（时间）	到达地（时间）	备船主	货　物
乾隆四十九年 1784	镇江（闰3月22日）	天津（4月30日）	镇江　黄氏	生姜
	天津 牛庄	牛庄（6月18日） 天津（8月5日）	天津　赫氏	粮米
	天津	山东·黄县（10月15日）	黄县　石氏	香料
乾隆五十年 1785	黄县 关东	关东（2月22日） 黄县（3月28日）	黄县　霍氏	粮米
	黄县 关东	关东（5月18日） 利津县（6月12日）		粮米
	利津县 关东	关东（7月26日） 天津（9月7日）		粮米
	天津 海丰县（11月）	海丰县（10月23日） 旅顺·小平岛（寄港11月20日） 目的地：宁波	莆田县 游华利	枣

　　拥有苏州元和县船籍的蒋隆顺船，于乾隆四十九年闰三月二十二日由镇江出航前往天津。当时，被镇江的黄氏租用，搭载生姜运往天津。而且又被天津的赫氏租用，搭载粮食前往东北辽河河港的牛庄，六月十八日入港，八月五日从牛庄返回天津。此时搭载货物不明，但因空船难以航行，估计搭载东北产大豆等货物的可能性较大。此外，在天津，被山东黄县的石氏租用，搭载香料前往黄县。之后，过完年后的春季，再由黄县的霍氏租用，前往关东，从关东到利县或者再到关东或天津，霍氏租船经过八个多月。在天津，由福建的游华利租船，搭载华北产的枣子计划前往宁波，但途中漂流到琉球诸岛。

　　如上所述，江南的帆船中，有些帆船不是直接以贸易为目的参与航行活动的，而是确实存在着通过收取运费，获得收入的方法从事航运活动的帆船。可以明确，帆船的航运活动出现了分工，的确存在着以海上运输业为主要经营业务的海商。

（3）往来台湾海峡的中国帆船

　　以下针对在台湾海峡，往来于福建和台湾间帆船的活动记录进行论述。

表8：1895—1897台湾鹿港郊商许氏金丰顺船航运表[①]

年	干支	月	日	福建	往返	台湾	
1895年 光绪二十一年 明治28	乙未	7	29	泉州	→		①返
		8	06			鹿港	
			08	泉州	←		②往
		10	18	泉州	←		③往
		11	03	泉州	←		④往
			17	泉州	→		④返
		12	01	泉州	←		⑤往

---

　　① 参见林玉茹、刘序枫《鹿港郊商许志湖家与大陆的贸易文书（1895 ~ 1897）》，中研院台湾史研究所，2006年，第51页。

（续表）

年	干支	月	日	福建	往返	台湾	
1896 年 光绪二十二年 明治 29	丙申	01	15	泉州	←		⑥往
		03	04	泉州	←		⑦往
			11	泉州	→		⑦返
		05	11	泉州	←		⑧往
		06	20		←	鹿港	⑨往
1896 年 光绪二十二年 明治 29	丙申	07	19	泉州	→		⑩返
			28		→	鹿港	⑪返
		09	03	梅林	←		
		11	14		←	鹿港	
			28	泉州	←		
1897 年 光绪二十三年 明治 30	丁酉	04	16	泉州	→		
		06	10		←	鹿港	
		07	19	泉州	→		
		11	17		→	鹿港	

"月日"为农历。剪头表示说明如下：

泉州→：泉州出港 泉州←：泉州到达
鹿港→：鹿港出港 鹿港←：鹿港到达

台湾西岸鹿港的郊商许氏的金丰顺船,以鹿港为基点,往来于鹿港和对岸的泉州,横跨台湾海峡,在两地之间进行帆船航运。当时是台湾被日本占领后的第一年,乙未七月二十九日到丙申七月二十八日间,约一年间航行了 11 次。

《台湾新报》第 217 号,明治 30 年(光绪二十三年、1897 年)6 月 1 日的报道《台湾、厦门、泉州的戎克贸易》有如下记述：

> 在台湾与福建沿岸间的戎克贸易,与台湾划归帝国版图之前相比,今天从台湾输出的货物减少了十分之七……"台湾让与以前"戎克四十四艘,每艘一年间航行最多为十二次,少则八九次,从厦门往返……

可见,台湾与福建南部沿海的厦门、泉州间的中国式帆船,也就是戎克船,在日本统治台湾之前,一般情况下一年最多航海 12 次,少的情况下也有 8 次到 9 次。可以看出,鹿港许氏的金丰顺船一年中航海 11 次绝不是罕见的情况。

四、小　结

综上所述,本文主要论述了唐代以后中国海商的活动。唐、宋时期,中国帆船的活动不仅在日本,还曾到达朝鲜半岛的高丽。这些帆船航运并非个别性的活动,而是存在着可以远洋航海的帆船,这些帆船可以经常化、持续化地在中国帆船出发港与日本、高丽之间往返数次。正是由于这些帆船的存在,才有日本的入唐僧和入宋僧横渡东海,中国的佛教才有可能东传日本。因此,东亚海域中,中国帆船活动的历史非常久远。虽然这些活动在明朝实行海禁政策后一度中断,但到清朝以后状况大为改观。

清代的中国帆船,不仅在中国大陆沿海,还以日本为主要(交流地),在东亚海域内的岛屿部诸国留下了活动的足迹。

此外,帆船的航运活动中不仅存在着以贸易活动为主的船只,从江南帆船的分析来看,还明确存在着以备船形式专门从事运输业务的航运业者。

(本文作者为日本关西大学亚洲文化研究中心主任、关西大学文学部教授,
译者为山东师范大学历史与社会发展学院讲师)

《元史·日本传》会注[*]

于 磊

日本国在东海之东,古称倭奴国,或云恶其旧名,故改名日本,以其国近日所出也。其土疆所至与国王世系及物产风俗,见《宋史》本传。日本为国,去中土殊远,又隔大海,自后汉历魏、晋、宋、隋皆来贡。唐永徽、显庆、长安、开元、天宝、上元、贞元、元和、开成中,并遣使入朝。宋雍熙元年,日本僧奝然,[1]与其徒五六人浮海而至,奉职贡,并献铜器十余事。奝然善隶书,不通华言。问其风土,但书以对,云其国中有五经书及佛经、白居易集七十卷。奝然还后,以国人来者曰滕木吉,以僧来者曰寂照。[2]寂照识文字,缮写甚妙。至熙宁以后,连贡方物,其来者皆僧也。[3]

[1] 该段内容源自《宋史》卷四九一《日本传》,其中关于日本僧奝然如宋的情况记载如下:雍熙元年,日本国僧奝然与其徒五六人浮海而至,献铜器十余事,并本国职员令、王年代纪各一卷。奝然衣绿,自云姓藤原氏,父为真连;真连,其国五品品官也。奝然善隶书,而不通华言,问其风土,但书以对云:"国中有五经书及佛经、白居易集七十卷,并得自中国。"

[2]《宋史》卷四九一《日本传》关于滕木吉的记载如下:咸平五年,建州海贾周世昌遭风飘至日本,凡七年得还,与其国人滕木吉至,上皆召见之。世昌以其国人唱和诗来上,词甚雕刻肤浅无所取。询其风俗,云妇人皆被发,一衣用 二三缣。又陈所记州名年号。上令滕木吉以所持木弓矢挽射,矢不能远,诘其故,国中不习战斗。赐木吉时装钱遣还。景德元年,其国僧寂照等八人来朝,寂照不晓华言,而识文字,缮写甚妙。凡问答并以笔札。诏号圆通大师,赐紫方袍。

[3] 南宋时期如宋日僧相关人物及其传记参见榎本涉《南宋·元代日中渡航僧伝记集成》,勉诚出版,2013 年。

元世祖之至元二年,以高丽人赵彝[1]等言日本国可通,择可奉使者。三年八月,命兵部侍郎黑的,给虎符,充国信使,礼部侍郎殷弘给金符,充国信副使,持国书使日本。[2]书曰:大蒙古国皇帝奉书日本国王。朕惟自古小国之君,境土相接,尚务讲信修睦。况我祖宗,受天明命,奄有区夏,遐方异域畏威怀德者,不可悉数。朕即位之初,以高丽无辜之民久瘁锋镝,即令罢兵还其疆域,反其旄倪。高丽君臣感戴来朝,义虽君臣,欢若父子。计王之君臣亦已知之。高丽,朕之东藩也。日本密迩高丽,开国以来亦时通中国,至于朕躬,而无一

* 本文系 2015 年度国家社科基金青年项目"元代江南知识人群体的社会史研究"(项目批准号:15CZS024)的阶段性成果,同时亦受"中央高校基本科研业务费专项资金资助"(Supported by the Fundamental Research Funds for the Central Universities)。

乘之使以通和好。尚恐王国知之未审,故特遣使持书,布告朕志,冀自今以往,通问结好,以相亲睦。且圣人以四海为家,不相通好,岂一家之理哉。以至用兵,夫孰所好。王其图之。[3]黑的等道由高丽,[4]高丽国王王禃以帝命遣其枢密院副使宋君斐、借礼部侍郎金赞等导诏使黑的等往日本,[5]不至而还。[6]

[1]《高丽史》卷一三〇《赵彝传》:赵彝,初名蔺如,咸安人。尝为僧,归俗,学举子业,中进士。后反入元,称秀才,能解诸国语,出入帝所。谮曰:"高丽与日本邻好。"元遣使日本,令本国乡导。元宗遣宋君斐偕元使如日本,至巨济,因波险乃还。王遣君斐如元奏曰:"日本,大洋万里,风涛险恶,且小邦,未尝通好。"帝大怒,诘责。于是王遣潘阜如日本,又遣安庆公淐如元奏之帝。以彝谮,怒不解,责淐甚严。淐还,彝矫旨勒留中路。淐复入告中书省,乃得还。淐遂忧愤成疾,至东京。东京人又拘傔从,劫夺马价,然后放之。彝常以谗毁为事,竟不得志而死。

[2] 殷弘,字献臣,同王恽、胡祗遹及魏初等皆有诗文往来。王恽《秋涧先生大全文集》卷十五《挽殷签事献臣》载:"扶病南来喜盍簪,激扬似为失前禽。气冲牛角空余烈,响绝朱弦得好音。一节尽高完璧事,百年谁了盖棺心。醉魂不到黄垆夜,梦绕三山碧海深。"

胡祗遹《紫山大全集》卷七《木兰花慢 殷献臣、伯德孝先奉使日本,索诗送行,得此三阕》载:

> 要声名洋溢,须涉险,立奇功。尽万里沧溟,鱼龙吹浪。按此调前段应九句,今考《大典》所载鱼龙吹浪句下阙二十二字,与前后同此调者不合,既无别本可校,谨仍其旧。海若,能如十万兵雄。明年春暖际天东,佳报定先通。看倭氏称藩,虾夷稽颡,异服殊容。都人聚肩重足,喜归来朝拜大明宫。寄语三吴百越,休夸江水连空。
>
> 壮骊歌慷慨,望天际,送君行。眇月窟张骞,雪山殷侑,虚擅英名。忠肝落,落如铁,要无穷渤澥伛长鲸。笑指扶桑去路,等闲风浪谁惊。士当一节了平生,羞狗苟蝇营。仗雷电神威,风云圣算,何往无成。佳声定随潮信,报东夷重译觐来庭。好个皇朝盛事,毋忘纪石蓬瀛。
>
> 百年湖海气,得初劲,处囊锥。更绿鬓朱颜,雄姿英发,光射征衣。丈夫喜,伸知己,感宸恩深重此身微。虎节才辞北阙,丹诚已落东垂。中天雨露彻偏禆,只欠海诸夷。好敷悉丁宁,殷勤感悟,六解疑危。旸隔普沾王化,更洗心怀德径来威。一降功名事了,清衔史册腾辉。

魏初《青崖集》卷三《送殷侍郎献臣使日本序》载:"至元三年,既受诸国朝贺,将遣使谕日本国敷宣圣意。命朝臣择其人,宰相以殷君侍郎应其选,制曰可。京师去日本不知其几千里也。殷君受命,言笑自若,用是知殷君能审轻重者矣、通经书者矣、公无私者矣。"

关于殷弘同王恽、胡祗遹的交往,亦参见苗冬《元代使臣研究》,南开大学博士论文,2010 年,第 210 页。

关于黑的、殷弘一行经由高丽使日本事,《元史》卷二一〇《高丽传》载:"至元三年八月,遣国信使兵部侍郎黑的、礼部侍郎殷弘、计议官伯德孝先等使日本,先至高丽谕旨。"

并合前引胡祇遹《紫山大全集》卷七《木兰花慢 殷献臣、伯德孝先奉使日本，索诗送行，得此三阕》可知，同黑的、殷弘出使者尚有"计议官伯德孝先"，其人事迹不详，日本方面史料亦未见记载。

[3] 该件文书亦收录于《高丽史》卷二六《元宗二》元宗八年八月丁丑条、《高丽史节要》卷十八元宗八年八月条、宗性《调伏异朝怨敌抄》（日本奈良东大寺图书馆所藏，《镰仓遗文》古文书编第十三卷 9564 号《东大寺尊胜院文书》）、《异国出契》（京都大学图书馆所藏）等。其中《元史》、《高丽史》和《高丽史节要》的录文大致相似，而日本所藏《调伏异朝怨敌抄》等当属同源。各类史料内容基本一致，但文字略有出入。由于宗性《调伏异朝怨敌抄》所收文本基本保持了当时文书的基本格式，向来为学者所重视。其影印本亦广为流传。现据 NHK 取材班（编）《大モンゴル 3 大いなる都 巨大国家の遗产》（角川书店，1992 年）所收影印件抄录于下，其中与《元史》该传相异之处以下划线标出。

上天眷命。大蒙古国皇帝奉书日本国王。朕惟自古小国之君，境土相接，尚务讲信修睦。况我祖宗，受天明命，奄有区夏，遐方异域畏威怀德者，不可悉数。朕即位之初，以高丽无辜之民久瘁锋镝，即令罢兵还其疆域，反其旄倪。高丽君臣感戴来朝，义虽君臣，而欢若父子。计王之君臣亦已知之。高丽，朕之东藩也。日本密迩高丽，开国以来亦时通中国，至于朕躬，而无一乘之使以通和好。尚恐王国知之未审，故特遣使持书，布告朕志，冀自今以往，通问结好，以相亲睦。且圣人以四海为家，不相通好，岂一家之理哉。至用兵，夫孰所好。王其图之。不宣。至元三年八月　日。

关于文书结尾"不宣"二字，《国朝文类》（四部丛刊初编上海涵芬楼影印元至正杭州路西湖书院刊本）卷四一《征伐·日本》载："日本海国，自至元大德间黑迪、殷弘、赵良弼、杜世忠、何文著、王积翁、释如智、宁一山与高丽之潘阜、金有成辈数使其国，惟积翁中道为舟人所杀，余皆奉国书以达，而竟不报聘。……国书始书大蒙古皇帝奉书日本国王，继称大元皇帝致书日本国王。末并云，不宣白。不臣之也。辞恳恳款款，自抑之意，溢于简册，虽孝文于尉陀不是过。"又，王恽《玉堂嘉话》卷四载："和宋书。皇天眷命。大蒙古国皇帝致书于南宋皇帝。爰自平金之后，蜀汉荆扬挈兵几三十年，交聘非一，卒无成约。比者川蜀捣虚，荆湖批亢。生灵有涂炭之苦，战士有暴露之劳，朕甚悯焉。是以即位之始，首议寝兵，用示同仁，以彰兼爱，期于休息元元焉，天下共绲有生之乐而已。且南交广而西巴蜀，北长江而东沧海，分兵守险，彼所恃以为国者也。今战舰万艘，既渡江以扼海；铁骑千群，复踰广而出蜀。四塞无结草之御，六军有破竹之威，人所共知，不必遍举于此时也。非不能特角长驱，水陆并进，秋风虎旅，指挥看浙江之潮；春露鼍杯，谈笑挹吴山之翠。盖以佳兵不祥，素所不喜，守位以仁，今之本心。又况靖康南北衅端，初无盘错大故。非如女直、西夏恶积仇深而不可解者也。往者彼我胜负之事，往来曲直之辞，各有攸当，置而勿论。自今作始，咸取一新。故先之以信使申之，以忧辞告宝位之初登，明朕心之已定，惟亲王上宰能报聘之一来，则保国乐天，必仁智之两得。苟尽事大之礼，自有岁寒之盟。若乃忧大位之难，继虑诡道之多方，坐令失图，自甘弃绝。则请修浚城池，增益戈甲，以待秣马历兵，会当大举。论天时，则炎瘴一无畏惮；论地险，则江海皆所习知。必也穷兵极讨，一决存亡而后已。力之所至,天其识之。祸自彼挑,此无可慊。在我者,至诚可保;在彼者,听所择焉。毋循前例,止作虚文。时荐清和,善绥福履。不宣白。庚申年四月七日,开平府行。"可知,此处致日本国国书结尾"不宣"当为"不宣白",日本东大寺所藏抄本在抄写之时或漏抄"白"字。并参见杉山正明《モンゴル帝国の兴亡 下 世界经营の时代》讲谈社,1996 年,第 120—121 页。

对该文书的介绍及研究成果已极为丰夥,参见川添昭二《蒙古袭来研究史论》,雄山阁出版,1977 年。近年来的相关研究参见舩田善之《日本宛外交文书からみた大モンゴル国の文书形式の展开—冒头定型句の过渡期的表现を中心に—》(《史渊》146,2009 年,第 3 页)以及乌云高娃《元朝与高丽关系研究》(兰州大学出版社,2012 年,第 83—84 页)。

［4］《高丽史》卷二六《元宗二》:(元宗七年十一月)癸丑,蒙古遣黑的、殷弘等来诏曰:"今尔国人赵彝来告:'日本与尔国为近邻,典章政治有足嘉者,汉唐而下亦或通使中国。'故今遣黑的等往日本,欲与通和。卿其道达去,使以彻彼疆,开悟东方,向风慕义。兹事之责,卿宜任之。勿以风涛险阻为辞,勿以未尝通好为解。恐彼不顺命,有阻去使为托,卿之忠诚,于斯可见,卿其勉之。"

［5］《高丽史》卷二六《元宗二》:(元宗七年十一月)丙辰,命枢密院副使宋君斐、侍御史金赞等与黑的等往日本。

［6］《高丽史》卷二六《元宗二》载:"八年春正月,宋君斐、金赞与蒙使至巨济松边浦,畏风涛之险,遂还。"由是可知,黑的一行到达了巨济岛后因畏惧风涛之险而返回。但据既往研究,高丽其实一直在极力回避蒙古通好日本之事(青山公亮《日元间の高丽》1、2,《史学杂志》32—8、9,1921 年)。当时高丽宰相李藏用即是幕后推手。他预想到将来征伐日本之际必定卷入其中,并要承受相当的负担,故积极阻挠元朝同日本的交通。《高丽史》卷一〇二《李藏用传》载有李藏用给黑的的信:"日本阻海万里,虽或与中国相通,未尝岁修职贡,故中国亦不以为意。来则抚之,去则绝之。以为得之无益于王化,弃之无损于皇威也。今圣明在上,日月所照,尽为臣妾。蠢尔小夷,敢有不服。然蜂虿之毒,岂可无虑?国书之降,亦甚未宜。隋文帝时上书云:日生处天子致书于日没处天子。其骄傲不识名分如此,安知遗风不存乎?国书既入,脱有骄傲之答不敬之辞。欲舍之,则为大朝之累;欲取之,则风涛艰险非王师万全之地。陪臣固知大朝宽厚之政,亦非必欲致之。偶因人之上言,姑试之耳。然取舍如彼,尺一之封,莫如不降之为得也。且彼岂不闻大朝功德之盛哉?既闻之,计当入朝。然而不朝,盖恃其海远耳。然则期以岁月,徐观其为。至则奖其内附,否则置之度外,任其蚩蚩自活于相忘之域,实圣人天覆无私之至德也。陪臣再觐天陛,亲承睿渥,今虽在遐陬,犬马之诚,思効万一耳。"

由此可知李藏用的明显意图,"盖藏用度日本竟不至,将累我国,故密谕黑的,欲令转闻寝其事"。相关研究参见池内宏《元寇の新研究》(东洋文库,1931 年,第 32—33 页)、王启宗《元世祖诏谕日本始末》(《大陆杂志》32—5,1966 年,第 146 页)、川添昭二《蒙古袭来研究史论》第 16—17 页、乌云高娃《元朝与高丽关系研究》第 81—82 页。

四年六月,帝谓王禃以辞为解,令去使徒还,[1]复遣黑的等至高丽谕禃,委以日本事,以必得其要领为期。[2]禃以为海道险阻,不可辱天使,九月,遣其起居舍人潘阜等持书往日

本，[3]留六月，亦不得其要领而归。[4]

[1]《高丽史》卷二六《元宗二》：（元宗八年春正月）王又令君斐随黑的如蒙古奏曰："诏旨所谕，道达使臣，通好日本事。谨遣陪臣宋君斐等伴使臣以往，至巨济县，遥望对马岛，见大洋万里，风涛蹴天。意谓危险若此，安可奉上国使臣冒险轻进。虽至对马岛，彼俗顽犷，无礼义。设有不轨，将如之何，是以与俱而还。且日本素与小邦未尝通好，但对马岛人时因贸易往来金州耳。小邦自陛下即祚以来，深蒙仁恤三十年。兵革之余，稍得苏息，绵绵存喘。圣恩天大，誓欲报效。如有可为之势而不尽心力有如天日。"

[2]《高丽史》卷二六《元宗二》：（元宗八年）八月丙辰朔，黑的、殷弘及宋君斐等复来。帝谕曰："向者遣使招怀日本，委卿向导。不意卿以辞为解，遂令徒还。意者日本既通好，则必尽知尔国虚实，故托以他辞。然尔国人在京师者不少，卿之计亦疎矣。且天命难谌，人道贵诚，卿先后食言多矣，宜自省焉。今日本之事，一委于卿，卿其体朕此意，通谕日本，以必得要领为期。卿尝有言，圣恩天大，誓欲报效，此非报效而何？"

[3]据《高丽史》卷二六《元宗二》元宗九年秋七月丁卯条载潘阜等出发具体日期为九月二十三日。内容详注[4]。

另，《高丽史》卷二六《元宗二》元宗八年八月丁丑条载："遣起居舍人潘阜赍蒙古书及国书如日本。蒙古书曰，……国书曰：我国臣事蒙古大国，禀正朔有年矣。皇帝仁明，以天下为一家，视远如迩，日月所照，咸仰其德。今欲通好于贵国，而诏寡人云：'日本与高丽为邻，典章政治有足嘉者。汉唐而下，屡通中国。故特遣书以往，勿以风涛阻险为辞。'其旨严切，兹不获已，遣某官某奉皇帝书前去。贵国之通好中国，无代无之。况今皇帝之欲通好贵国者，非利其贡献，盖欲以无外之名高于天下耳。若得贵国之通好，必厚待之。其遣一介之士以往观之，何如也。贵国商酌焉。"据此可知，高丽派遣潘阜出使日本之际，除了携带前述蒙古国国书之外，还同时带去了高丽国国书。该国书同时亦为日本奈良东大寺所藏（《镰仓遗文》古文书编第十三卷9770号《东大寺尊胜院文书》），并为《异国出契》所收。现据东大寺所藏文本录于下，其中与《高丽史》所收内容相异之处以下划线标出。

> 高丽国王王禃右启，季秋向阑，伏惟大王殿下，起居万福，瞻企瞻企。我国臣事蒙古大朝，禀正朔有年于兹矣。皇帝仁明，以天下为一家，视远如迩，日月所照，咸仰其德化。今欲通好于贵国，而诏寡人云："海东诸国，日本与高丽为近邻，典章政理有足嘉者。汉唐而下，抑或通使中国。故遣书以往，勿以风涛阻险为辞。"其旨严切，兹不获已，遣朝散大夫尚书礼部侍郎潘阜等奉皇帝书前去。且贵国之通好中国，无代无之。况今皇帝之欲通好贵国者，非利其贡献，但以无外之名高于天下耳。若得贵国之报音，则必厚待之。其实与否，既通而后，当可知矣。其遣一介之使以往观之，何如也。惟贵国商酌焉。拜覆日本国王左右。至元四年九月 日启。

此外，潘阜也向大宰府提交书状，对遣使的目的作了进一步说明。该书状原文收于《异国出契》及《伏敌编》（卷一，明治二十年刊本，第18—20页）中，内容略有差异，但后者较备，兹录其文于下。两者内容相异之处并以下划线标出。

启 即辰伏惟,明府阁下,起居千福,瞻企无已。及到贵境已来,馆对温厚,感佩难安。顷者,大蒙古国强于天下,四方诸国无不宾服。我邦亦罹于兵革,未获土著。幸今皇帝专以宽仁御众,收威布德。顾我黎庶,亦赖其恩,安生久矣。如贵国往来人素所知也。其所诏令,敢不惟命。越丙寅年秋,遣使二人,传诏云:日本国与高丽为邻,自汉唐而下,通使中朝。今令通好,遣介向导,以彻彼疆。勿以风涛险阻为辞,抑未尝通好为解。其旨严切,固难违忤。念我国与贵国敦睦已久,若一旦于不意中,与殊行异服之人航海遽至,则贵国不能无嫌疑。兹用依违,未即裁禀。至于毁我金州接对贵国人馆而防之,实迫于威令,不敢便拒。辄差行人与彼介偕至海滨。方其阻风时,而亦藉其危险,旋延时日以谕之。以故不能舟而旋还。此则我国之向贵国之意何如也。因表奏其状,以谓更无后言。又前年秋,仍遣前来使介及其上贵国大王书一通,而诏勅如前日。遣使人诣彼宣布,勿复迟疑。其责愈严,势不得已,乃命吾辈赍持彼朝皇帝书一通,并我国书,及不腆些小土宜,献于贵国大王殿下。其皇帝国书之意,于贵国通好外,更无别语。予等必欲躬诣阙下,亲传国书,仍达缕细。惟冀阁下一切扶护,导达于王所,幸甚,不宣,拜覆。正月 日。书状官将仕郎四门博士李仁挺,高丽国信使朝散大夫尚书礼部侍郎知制诰赐紫金鱼袋潘阜。

该件书状亦为乌云高娃《元朝与高丽关系研究》(第87—88页)所录,但文字间有误入。

[4] 关于潘阜此次出使后向元朝的复命汇报,《高丽史》卷二六《元宗二》元宗九年秋七月丁卯条载:"起居舍人潘阜还自日本。遣阁门使孙世贞、郎将吴惟硕等如蒙古贺节日。又遣潘阜偕行。上书曰:向诏臣以宣谕日本,臣即差陪臣潘阜奉皇帝玺书,并赍臣书及国赆以前年九月二十三日发船而往,至今年七月十八日回来。云:'自到彼境,便不纳王都,留置西偏大宰府者凡五月。馆待甚薄,授以诏旨而无报章。又赠国赆,多方告谕,竟不听。逼而送之,以故不得要领而还。'未副圣虑,惶惧实深。辄兹差充陪臣潘阜等以奏。"另外日本资料《本朝通鉴》(转引自《伏敌编》卷一,第12页)文永四年条亦载:"是岁十二月,高丽国王遣潘阜至对马岛,赠币致书于守护宗助国,乞导达诣太宰府。"

同时,关于潘阜将前述蒙古及高丽国书送达日本后日本朝廷及幕府的反应,《伏敌编》卷一引用《五代帝王物语》、《关东评定传》、《师守记》、《一代要记》、《深心院关白记》、《八幡愚童记》、《八幡愚童训》等资料叙述到:"文永五年戊辰(至元五年,1268年)正月一日,高丽ノ使者潘阜等筑前ニ来リ,蒙古ノ书及其国书方物ヲ太宰府ニ奉ツル。闰正月八日,少贰觉惠其书ヲ镰仓ニ致ス。镰仓使者ヲ京师ニ遣ハシ。二月七日,朝廷ニ奏ス。廷议其书ニ报セス。是ニ于テ上下骚然タリ。因テ后嵯峨上皇五秩ノ贺宴ヲ停ム。二十五日,二十二社ニ奉币シテ,蒙古难ヲ告ク。二十七日,幕府令シテ关西沿海ノ守备ヲ戒ム。(文永五年戊辰正月一日,高丽使者潘阜等至筑前,以蒙古国书及其国国书、方物等进奉太宰府。闰正月八日,少贰觉惠送其书于镰仓。镰仓遣使京师。廷议不复国书。即此,上下骚然。后嵯峨上皇因此罢停五秩之贺宴。二十五日,向二十二社奉献币帛,传达蒙古之难。二十七日,幕府令关西沿海严戒守备。)"据此,蒙古国国书和高丽国国书同时交给太宰府少贰资能后一个月被送达镰仓幕府,而后又转送至京都朝廷。对此蒙古国书的到来，朝廷上下骚然。最终廷议后决定不作回复。同时着手进行了一系列防备措施。

关于日本朝廷最终不作答复的原因，主要有三个方面：第一，当时的朝廷贵族多居于闭塞的宫廷之内，缺乏对外部国际局势的把握能力。同时他们对新罗海贼以及刀伊贼的恐惧仍挥之不去。第二，掌握朝廷政务的后嵯峨上皇在承久之乱后借助北条氏的势力即位，不得不遵从幕府的意见。第三，镰仓幕府获得的蒙古相关的情报来源主要是往来宋、日之间的僧侣以及贸易商人，主要从南宋方获得同蒙古相关的信息较多。而南宋又长期为蒙古所侵逼，来日宋僧则不可避免地对蒙古带有敌视的态度，由他们所提供的情报即间接影响到了幕府的决策。参见川添昭二《蒙古袭来研究史论》第 26—27 页。

五年九月，命黑的、弘复持书往，[1]至对马岛，日本人拒而不纳，[2]执其塔二郎、弥二郎二人而还。[3]

[1] 根据前两次出使惯例，黑的、殷弘此次所持"书"之中，亦当有蒙古国书。其具体内容是否与前次国书一致，由于诸方资料皆未载录，难以断定。

另外，黑的、殷弘此次出使亦如此前，偕同高丽国人先达高丽。对此，《高丽史》卷二六《元宗二》元宗九年十一月甲子条载："蒙古遣兵部侍郎黑的、礼部侍郎殷弘、本国人申百川、于琔、金裕等来。"同时还带来了由黑的等传谕高丽的诏书。《高丽史》卷二六《元宗二》元宗九年十一月丁卯条载有其内容："其诏曰：向委卿道达去使，送至日本。卿乃饰辞，以为风浪险阻不可轻涉。今潘阜等何由得达，可羞可畏之事，卿已为之，复何言哉。今来奏，有潘阜至日本，逼而送还之语，此亦安足取信。今复遣黑的、殷弘等充使以往，期于必达。卿当令重臣道达，毋致如前稽阻。"

不久，高丽国王即派遣申思佺等随同黑的、殷弘第三次出使日本。对此，《高丽史》卷二六《元宗二》元宗九年十二月庚辰条载："知门下省事申思佺、侍郎陈子厚、起居舍人潘阜偕黑的、殷弘如日本。"关于此次出使的规模，《帝王编年记》（转引自《伏敌编》卷一，第 35 页）亦载："文永六年三月七日，蒙古国使八人，高丽使四人，从类七十余人至对马岛。"

[2] 关于黑的一行至对马岛 [据日本太政官拟送大元中书省牒（该牒内容后详），实为对马岛伊奈浦，即今长崎县上县郡上县钉伊奈浦]，日本拒而不纳一事，《五代帝王物语》（转引自《伏敌编》卷一，第 35 页）载："文永六年，蒙古の使，高丽の船にのりて、また対马国につく。去年の返牒なきによりて……不虑の喧哗いてきて（文永六年，蒙古使乘高丽船至对马。由于去年未答复牒书……起不测之争端）。"《伏敌编》（第 34—35 页）也记叙到："黑的等对马ニ至ル。土人拒て纳レス（黑的等至对马。土人拒纳之）。"而《国朝文类》卷三一《日本》则径直作"（至元）五年九月，再命黑的、弘往至。对马岛日本人拒不纳，交斗。"亦即，黑的一行至对马岛后同当地岛民发生了争斗，最后虏回了二岛民。另据《异国出契》所收至元六年"中书省牒"："不意才至彼疆对马岛，坚拒不纳，至兵刃相加。我信使势不获已，聊用相应，生致塔二郎、弥二郎二人以归。"可知，双方甚至"兵刃相加"。而其后所提及的"彼疆场之吏，赴敌舟中，俄害我信使"，亦当指此次冲突的情况。详见后引"中书省牒"。

[3] 关于掳回二岛民，《高丽史》卷二六《元宗二》：元宗十年三月辛酉条载："黑的及申思佺等至对马岛，执倭二人以还。"同年夏四月戊寅条又载："遣参知政事申思佺伴黑

的,以倭二人如蒙古。"

关于忽必烈对黑的、申思佺等虏回二倭人的反应,《高丽史》卷二六《元宗二》元宗十年七月条载:"甲子申思佺与倭人谒帝,帝大喜曰:'尔国王祇禀朕命,使尔等往日本。尔等不以险阻为辞,入不测之地,生还复命,忠节可嘉。'厚赐匹帛,以至从卒。又谓倭人曰:'尔国朝觐中国,其来尚矣。今朕欲尔国之来朝,非以逼汝也,但欲垂名于后耳。'赍予甚稠。敕令观览宫殿。即而倭人奏云:'臣等闻有天堂佛刹,正谓是也。'帝悦。又使遍观燕京万寿山玉殿与诸城阙。"

同时,日本大宰府方面亦迅速将此事报知镰仓幕府。《帝王编年记》(转引自《伏敌编》卷一,第35页)载:"文永六年三月七日,蒙古国使八人,高丽使四人,从类七十余人着对马岛之由,午时自九国申六波罗云々。"此处之"六波罗"即是镰仓幕府设于京都的机构。

六年六月,命高丽金有成送还执者,[1]俾中书省牒其国,[2]亦不报。[3]有成留其太宰府守护所者久之。十二月,又命秘书监赵良弼往使。[4]书曰:"盖闻王者无外,高丽与朕既为一家,王国实为邻境,故尝驰信使修好,为疆场之吏抑而弗通。所获二人,敕有司慰抚,俾赍牒以还,遂复寂无所闻。继欲通问,属高丽权臣林衍构乱,坐是弗果。岂王亦因此辍不遣使,或已遣而中路梗塞,皆不可知。不然,日本素号知礼之国,王之君臣宁肯漫为弗思之事乎。近已灭林衍,复旧王位,安集其民,特命少中大夫秘书监赵良弼充国信使,持书以往。如即发使与之偕来,亲仁善邻,国之美事。其或犹豫以至用兵,夫谁所乐为也,王其审图之。"[5]良弼将往,乞定与其王相见之仪。廷议与其国上下之分未定,无礼数可言。帝从之。

[1] 关于金有成送还岛民,《高丽史》卷二六《元宗二》元宗十年七月甲子条载:"蒙古使于娄大、于琔等六人偕倭人来。"《关东评定传》(转引自《伏敌编》卷一,第37页)亦载:"文永六年九月,蒙古、高丽重牒状到来,牒使金有成、高柔二人也。还对马岛人答二郎、弥二郎。高柔依灵梦献所持毛冠于安乐寺(太宰府天满宫)。"由此可见此次宣谕日本大元和高丽双方的人员、携带的牒状以及高柔活动的情况。

[2] 长期以来,中书省牒曾被送达日本这一事实通过各类史料已为众所知,但其内容却一直并不清楚。所以早期学者亦认定日本并未留下该牒的详细资料(《伏敌编》卷一,第36页;池内宏《元寇の新研究》,第42页)。2005年,韩国学者张东翼于《史学杂志》发表了《1269年〈大蒙古国〉中书省の牒之日本侧の対応》一文,介绍了收录包含本中书省牒等相关文书群的资料《异国出契》,并对其内容进行了初步考察,由此,该文书的存在方广为学界所知。其后,植松正又对该文书进行了释读,并探讨了外交文书中所使用的文言问题(《モンゴル国国书の周边》,《史窓》64,2007年)。张东翼所介绍的是京都大学文学部图书馆所藏钞本。而一般则认为该钞本抄自内阁文库所藏钞本(和35088)(近年来对该文书的介绍及探讨,参见舩田善之《日本宛外交文书からみた大モンゴル国の文书形式の展开—冒头定型句的过渡期的表现を中心に—》,《史渊》146,2009年)。据此,抄录其文如下。

　　　　大蒙古国皇帝洪福里,中书省牒 日本国王殿下。我国家以神武定天下,威德所及，无思不能。逮皇帝即位，以四海为家，兼爱生灵，同仁一视。南抵六诏、五南，北至于海，西极昆仑。数万里之外，有国有土，莫不畏威怀德，奉币来朝。惟尔日本，国于海隅。汉唐以来，亦尝通中国。其与高丽，实为密迩。皇帝向者赐高丽国王，遣其臣潘阜持玺书通好。贵国稽留数月，殊不见答。皇帝以为将命者不达，寻遣中宪大夫兵部侍郎国信使纪德，中顺大夫礼部侍郎国信副使殷弘等重持玺书，直诣贵国。不意才至彼疆对马岛，坚拒不纳，至兵刃相加。我信使势不获已，聊用相应，生致塔二郎、弥二郎二人以归。皇帝宽仁好生，以天下为度。凡诸国内附者，义虽君臣，欢若父子。初不以远近小大为间。至于高丽臣属以来，唯岁致朝聘，官受方物。而其国官府土民，安堵如故。及其来朝，皇帝所以眷遇抚慰者，恩至渥也。贵国邻接，想亦周悉。且兵交，使在其间，实古今之通义。彼疆场之吏，赴敌舟中，俄害我信使。较之曲直，声罪致讨，义所当然。又虑贵国有所不知，而典封疆者，以慎守固御为常事耳。皇帝又谓此将吏之过，二人何罪？今将塔二郎致贵国，俾奉牒书以往。其当详体圣天子兼容并包混同无外之意。忻然效顺。特命重臣，期以来春，奉表阙下，尽畏天事大之礼。保如高丽国例处之，必无食言。若犹负固恃险，谓莫我何，杳无来则，天威赫怒，命将出师。战舰万艘，径压王城，则将有噬脐无及之悔矣。利害明甚，敢布之殿下。唯殿下寔重图之，谨牒。右牒 日本国王殿下。至元六年六月 日 牒。资政大夫中书左丞；资德大夫中书右丞；荣禄大夫平章政事；荣禄大夫平章政事；光禄大夫中书右丞。

表	牒奉　日本国王殿下　中书省封

里	至元六年六月 日

与此同时，高丽国庆尚晋安东道按察使发给日本国大宰府守护所及大宰府的牒亦由金有成等送达日本。其文并为《异国出契》所收，兹抄录如下。

高丽国庆尚晋安东道按察使牒 日本国大宰府守护所；高丽国庆尚晋安东道按察使牒 日本国大宰府。当使勘契，本朝与贵国讲信修睦，世已久矣。顷者北朝皇帝欲通好贵国，发使赍书，道从于我境，并告以卿导前去。方执牢固，责以多端。我国势不获已，使使伴行过海。前北朝使介，达于对马，乃男子二人偕乃至帝所。二人者即被还，今已于当道管内至讫。惟今装舰备粮，差尚州牧将校一名，晋州牧将校一名，乡通事二人，水手二十人护送。凡其实情，可与比人听取知悉。牒具如前，事须谨牒。至元六年己巳八月 日 牒。按察使兼监仓使转运提点刑狱兵马公事朝散大夫尚书礼部侍郎太子宫门郎位判。

[3]　九月，镇西奉行少贰资能即将牒书送至镰仓幕府，随后呈达京都朝廷。十月十七日，对蒙古和高丽国书是否答复进行院评定。其结果，朝廷决定进行回复，并命菅原长成起草回文。菅原长成最终草拟了文永七年正月的日本国太政官牒和文永七年二月的日本国大宰府守护所牒。这二通文书原件已不存，其抄录本收于《本朝文集》。尽管朝廷向幕府正式传达了将牒状通过大宰府转交高丽使臣的命令，但幕府依然采取不应回复

的强硬路线,最终由朝廷草拟的两通牒书仍未递交至高丽使臣。这其实也反映了当时朝廷外交权为幕府所掌控的现状。参见佐伯弘次《モンゴ儿袭来の冲擊》(中央公论新社,2003 年,第 72—73 页)。在此,据《〈元寇〉关系史料集(稿)Ⅰ日本史料编》[《长崎县北松浦郡鹰岛周边海底に眠る元寇关连遗迹·遗物の把握と解明》(课题番号 18102004)平成 18 年度~平成 22 年度科学研究费补助金 基盘研究(S)研究成果报告 书文献资料编第 1 册 2010 年 3 月]所移录《本朝文集》中两通文书原文,抄录如下。

《赠蒙古国中书省牒》(《镰仓遗文》古文书编第 14 卷 10571 号《本朝文集六十七·太政官返牒》):日本国太政官 牒蒙古国中书省,附高丽国使人牒送。牒,得大宰府去年九月二十日解状。去十七日申时,异国船一只来着对马岛伊奈浦。依例令存问由来之处,高丽国使人参来也。仍相副彼国并蒙古国牒,言上如件者。就解状按事情,蒙古之号,于今未闻。尺素无脛初来,寸丹非面仅察。原汉唐以降之踪,观使介往还之道,缅依内外典籍之通义,虽成风俗融化之好礼,外交中绝,骊迁翰转,粤传乡信。忽请邻睦,当斯节次,不得根究。然而呈上之命,缘底不容。音问纵云雾万里之西巡,心夐忘胡越一体之前言。抑贵国曾无人物之通,本朝何有好恶之便。不顾由绪,欲用凶器,和风再报,疑冰犹厚。圣人之书,释氏之教,以济生为素怀,以夺命为黑业。何称帝德仁义之境,还开民庶杀伤之源乎?凡自天照皇大神耀天统,至日本今皇帝受日嗣,圣明所覃,莫不属左庙右稷之灵。得一无贰之盟,百王之镇护孔昭,四夷之修靖无寨,故以皇土永号神国。非可以智竞,非可以力争,难以一二,乞也思量。左大臣宣,奉敕。彼到着之使,定留于对马岛。此丹青之信,宜传自高丽国者。今以状,牒到准状,故牒。文永七年正月 日。

《赠高丽国牒》(《镰仓遗文》古文书编第 14 卷 10588 号《本朝文集六十七·太宰府守护所牒》):日本国大宰府守护所牒 高丽国庆尚晋安东道按察使来牒事。牒,寻彼按察使牒偁,当使□□□□□谨牒,着当府守护所,就来牒。凌万里路,先访柳营之军令;达九重城,被将芝泥之圣旨。以此去月太政官之牒,宜传蒙古中书省之衔。所偕返之男子等,舣护送之舟,令至父母之乡,共有胡马嘶北,越鸟翥南之心。知盟约之不空,感仁义之云露。前顷牒使到着之时,警固之虎卒不来,海滨之鱼者先集。以凡外之心,成虑外之烦欵。就有漏闻,耻背前好,早加霜刑,宜为后戒。殊察行李淹留之艰难,聊致旅粮些少之资养。今以状牒,牒到准状,故牒。文永七年二月 日。

[4] 据《元史》卷一五九《赵良弼传》载:"赵良弼,字辅之,女直人也。本姓尤要甲,音讹为赵家,因以赵为氏。""至元七年,以良弼为经略使,领高丽屯田。良弼言屯田不便,固辞,遂以良弼奉使日本。先是,至元初,数遣使通日本,卒不得要领,于是良弼请行,帝悯其老,不许,良弼固请,乃授秘书监以行。良弼奏:'臣父兄四人,死事于金,乞命翰林臣文其碑,臣虽死绝域,无憾矣。'帝从其请。给兵三千以从,良弼辞,独与书状官二十四人俱。"

[5] 据《元史》卷七《世祖四》载:"(至元七年)十二月命陕西等路宣抚使赵良弼为秘书监,充国信使,使日本。"可知,蒙古于至元七年正式派遣赵良弼出使日本。这同下文记载也完全一致。但《日本传》却将诏书内容系于至元六年十二月,故池内宏《元寇の新

研究》(第 90 页)认为此处系年有误,当改作至元七年。由于中国、高丽、日本三方史料中皆未见该国书的原本或者抄录文本,其中具体系年无法断定。但该诏书前后所载,皆为赵良弼出使前的具体讨论,并且派遣赵良弼出使已经确定无疑,所以可以推断在此阶段,诏书已然作成。故将该诏书记载于此,似也合乎史事。

如前所述,日本资料中亦未见该国书的抄录本,但《吉续记》(《史料大成 23 吉记二·吉续记》)文永八年十月二十三日——二十五日条载有:"彼状自关东进之,其趣:度々虽有牒状,无返牒。此上以来十一月可为期,犹为无音者,可舣兵船云々,可有返牒云々。"据此对比《元史》本传所载"其或犹豫以至用兵,夫谁所乐为也,王其审图之"这一表述,尽管两者都颇具胁迫性意味,但《吉续记》所载约定答复期限,否则即出兵之内容与《元史》记载似不一致。姑且存疑。

七年十二月,诏谕高丽王禃送国信使赵良弼通好日本,期于必达。[1]**仍以忽林失、**[2]**王国昌、**[3]**洪茶丘**[4]**将兵送抵海上,比国信使还,姑令金州**[5]**等处屯驻。**

[1]《高丽史》卷二七《元宗三》十二年正月己卯条载:"蒙古遣日本国信使、秘书监赵良弼及忽林赤、王国昌、洪茶丘等四十人来诏曰:朕惟日本自昔通好中国,又与卿国地相密迩,故尝诏卿道达去使,讲信修睦。为渠疆吏所梗,不获明谕朕意。后以林衍之故,不暇及。今既辑尔家,复遣赵良弼充国信使,期于必达。仍以忽林赤、王国昌、洪茶丘将兵送抵海上。比国信使还,姑令金州等处屯住。所需粮饷,卿专委官赴彼逐近供给。鸠集船舰,待于金州,无致稽缓匮乏。"诏书内容并见《元高丽纪事》,仓圣明智大学刊行,第 23—24 页。系该诏书下达日期为"十二月二日"。据此可知,至元六年十二月赵良弼一行出发后,于次年正月到达高丽。并向高丽王宣谕派兵护送至海上。

[2] 如上引史料所载,《高丽史》中作"忽林赤"。但此人是否即《元史》卷一三五《忽林失传》之八鲁剌觯人忽林失则难以断定。据载"忽林失初直宿卫。后以千户从征乃颜,驰马奋戈,冲击敌营,矢下如雨,身被三十三创。成宗亲督左右出其镞,命医疗之,以其功闻。世祖以克宋所得银瓮及金酒器等赐之,命领太府监"。此前本传并未提及护送赵良弼使日以及在高丽行屯田之事。屠寄《蒙兀儿史记》卷四〇《忽林失传》及柯绍忞《新元史》卷一七二《忽林失传》亦皆未补入,或非一人。

[3] 据《元史》卷一六七《王国昌传》:"王国昌,胶州高密人。……而东夷皆内属,惟日本不受正朔,帝知隋时曾与中国通,遣使谕以威德,令国昌率兵护送,道经高丽。时高丽有叛臣据珍岛城,帝因命国昌与经略使印突、史枢等攻拔之。八年,复遣使入日本,仍命国昌屯于高丽之义安郡以为援。"

[4] 洪茶丘,洪福源次子,本名俊奇。后袭父职为管领归附高丽军民总管。《高丽史》卷一三〇《洪福源传》载:"元宗二年,茶丘雪父冤,帝诏曰:'汝父方加宠用,误迕刑章,故于已废之中庸需维新之泽,可就带元降虎符,袭父职,管领归附高丽军民总管。'"关于洪茶丘的研究,参见张东翼《モンゴル帝国期の北东アジア》,汲古书院,2016 年。

[5] 据《高丽史》卷五七《地理二》载:"金州(现在韩国庆尚南道金海市),成宗十四年(995)改为金州安东都护府,显宗三年(1012)更今名。元宗十一年(1270)以防御使金晅平密城之乱,又拒三别抄有功升为金宁都护府。忠烈王十九年(1293),降为县。

三十四年（1308）升为金州牧。忠宣王二年（1310），汰诸牧复为金海府。……又有三分水，府东黄山江水奔流五十余里，分三浦入海，俗呼为三叉水。属郡二县三。"

八年六月，日本通事曹介升[1]等上言："高丽迂路导引国使，外有快捷方式，倘得便风半日可到。若使臣去，则不敢同往；若大军进征，则愿为乡导。"帝曰："如此则当思之。"九月，高丽王禃遣其通事别将徐偁导送良弼使日本，[2]日本始遣弥四郎者入朝，帝宴劳遣之。[3]

　　[1]《元史》校勘记："按《元文类》卷四一《经世大序录·征伐》作'曹介叔'。'升'字疑误。"其文曰："时又有曹介叔者，上言：高丽迂路导引国使，有捷径，顺风半日可到。但使臣则不敢同往。大军进征，则愿为向导。上曰：如此则当思之。"

　　[2]　关于赵良弼一行出发点和到达的具体时间，《元高丽纪事》（第 25 页）载："（元宗十二年）九月六日，植（禃）遣其通事别将徐称（偁）导送宣抚赵良弼使日本。"又据《五代帝王物语》（转引自《伏敌编》卷一，第 47 页）载："文永八年九月十九日，筑前国今津に异人赵良弼を始として、百余人来朝の间。"合而观之，至元八年九月六日发自高丽金州，十九日抵达日本筑前国今津（今福冈市西区今津）。

　　据下文可知，赵良弼此次同行者尚有书记官张铎。关于赵、张之交际，虞集《道园学古录》卷十一《题赵樊川与张侯手书》载："故枢密樊川赵公手书七纸，皆至元十五年间与柳城张侯者也。按张侯自著实记，至元六年，朝廷遣赵公使日本，张侯在行中。或告张侯曰：赵公好权喜杀，勿与俱也。张侯曰：吾以诚待之耳。及行，出入风涛之间，深历险阻，应变仓猝，指顾合宜，慷慨激扬。卒以说下未服不测之国，赵公赖以成功。而张侯声名一日赫然于朝著矣。此赵张交际之事也。"山本光朗《赵良弼と元初の时代》（《アジア史学论集》4、2011 年）亦引该史料考证赵良弼该次使日同行者张铎与赵良弼之关系。

　　据上引《高丽史》卷二七《元宗三》十二年正月己卯条可知，至元七年正月赵良弼一行即抵达高丽，但期间耽搁八个月方前往日本。其理由除却当时因高丽元宗自江华岛还居开城后所引起的三别抄之乱侵扰高丽沿海诸地之外，向来还依据《吉续记》所提及的"高丽牒状"认为，这是由于高丽苦于元朝设置屯田经略司等一系列为征伐日本的所做的逐项准备，故在赵良弼一行正式使日前，先同日本联络，以期能够迎合蒙古而主动招徕之（池内宏《元寇の新研究》，第 100—102 页）。1977 年石井正敏于东京大学史料编纂所发现《高丽牒状不审条々》古文书，据此判明所谓"高丽牒状"实乃三别抄军同日本交通的文书。前述高丽于元朝使臣使日前主动招徕之说不攻自破。参见石井正敏《文永八年来日の高丽使について—三别抄の日本通交史料の绍介》，《东京大学史料编纂所报》12，1977 年。文书原件影印参见佐伯弘次《モンゴ儿袭来の冲击》，第 78 页。

　　其间，赵良弼等参与了商议逃离屯田事，《高丽史》卷二七《元宗三》十二年夏四月载："是月，断事官沈浑还，上表略曰：前次使臣忻都等奉传圣旨谕以屯田事，……经略使史枢与忽林赤、赵良弼、王国昌、洪茶丘等议。"另外还观看了高丽监试发榜，《高丽史》卷二七《元宗三》十二年五月庚寅条载："监试发榜，蒙使赵良弼、焦天翼等往观之曰：真盛事也，吾等闻之久矣，今得见之。其于乱离，不坠文风如此，良可嘉也。"

　　关于赵良弼等甫抵日本的危险境况，《元朝名臣事略》卷一一《枢密赵文正公》引李谦撰赵良弼墓碑载："既至,宋人与高丽、耽罗共沮挠其事。留公太宰府,专人守护。第遣人应返议事,数以兵威相恐。或中夜排垣破户,兵刃交拳。或火其邻舍、喧哤叫号。夜至十余发。公投床大鼾,恬若不闻。如是者三日,彼诈穷变索,公呼守护所,大加诟责。彼来请受国书。"关于赵良弼同太宰府西守护所少贰资能会面后具体的交涉过程,《元史》卷一五九《赵良弼传》载:舟至金津岛,其国人望见使舟,欲举刃来攻,良弼舍舟登岸喻旨。金津守延入板屋,以兵环之,灭烛大噪,良弼凝然自若。天明,其国太宰府官,陈兵四山,问使者来状。良弼数其不恭罪,仍喻以礼意。太宰官愧服,求国书。良弼曰:"必见汝国王,始授之。"越数日,复来求书,且曰:"我国自太宰府以东,上古使臣,未有至者,今大朝遣使至此,而不以国书见授,何以示信! "良弼曰:"隋文帝遣裴清来,王郊迎成礼,唐太宗、高宗时,遣使皆得见王,王何独不见大朝使臣乎？"复索书不已,诘难往复数四,至以兵胁良弼。良弼终不与,但颇录本示之。后又声言,大将军以兵十万来求书。良弼曰:"不见汝国王,宁持我首去,书不可得也。"日本知不可屈,遣使介十二人入觐,仍遣人送良弼至对马岛。据此知,赵良弼见到太宰府少贰后要求面见日本国王和幕府将军,当面呈交国书。该请求被拒绝后,便抄录副本交与太宰府。同时还作了书状进行说明,该书状收录于《镰仓遗文》古文书编第14卷,10884号《山城东福寺文书·蒙古使赵良弼书状》和伊藤松《邻交征书》卷一,国书刊行会,1975年,第45—46页。此据东福寺文书抄录如下。

　　　大蒙古国皇帝差来国信使赵良弼,钦奉皇帝圣旨,奉使日本国请和,于九月十九日,致大宰府。有守护所小贰殿,阻隔不令到京。又十余遍,坚执索要国书,欲差人持上国王并大将军处者。良弼本欲付与,缘皇帝圣训,直至见国王并大将军时,亲手分付。若与于别人授受,即当斩汝。所以不分付守护所小贰殿。先以将者国书副本,并无一字差别。如有一字冒书,本身万断,死于此地,不归乡国。良弼所赍御宝书,直候见国王并大将军,亲自分付。若使人强取,即当自刎于此。伏乞照鉴。至元八年九月廿五日。陕西四州宣抚使少中大夫秘书监国信使赵良弼。

国书副本送交大宰府后,《伏敌编》卷一(第46页)载:"良弼竟ニ副本ヲ进メ、期シテ十一月ヲ以テ答书セシム。府之ヲ镰仓ニ呈ス。十月二十三日、东使其书ヲ京师ニ奉ツル。廷议、答书セントス。又竟ニ遣ラス。(良弼终以副本进呈,期以十一月答复。太宰府以此呈镰仓幕府。十月二十三日,幕府以该国书副本呈送京师。廷议,不做答复。终遣回。)"亦即,赵良弼的国书副本尽管被迅速递至镰仓幕府,并送到京都朝廷,但最终仍因其中有挑衅性的内容而不作回答。对于面见幕府将军及国王呈交国书一时亦因"蛮夷者,参帝阙事,无先例"(《史料大成23 吉记二·吉续记》)而被拒绝。相关研究参见佐伯弘次《モンゴ儿袭来の冲击》,第80—81页。

另外,赵良弼滞留太宰府期间,亦同筑前国姪浜(今福冈市西区姪浜)兴德寺的禅僧南浦绍明会面,相互亦有诗文往来。《円通大应国师语录》卷下《偈颂》收录《和蒙古国信使逍(赵)宣抚韵》:

远公不出虎溪意,非是渊明谁赏音。欲话个中消息子,蒲轮何日到云林。

外国高人来日本,相逢谈笑露真机。殊方异域无羌路,目击道存更有谁。

　　其诗文交往的背后则是,在当时较为紧迫的背景下,少贰资能敦欲请有着留学经验的南浦绍明通过诗宴的接待来试图修复双方的关系。参见朱雀信城《蒙古使赵良弼宛南浦绍明诗文の再检讨》,《年报太宰府学》5,2011年。

　　关于徐偁其人,《高丽史》卷二七《元宗三》十三年夏四月庚寅条载:"日本使还自元。张铎伴来宣帝命曰:译语别将徐偁、校尉金贮使日本有功,宜加大职。于是拜偁为将军,贮为郎将。"

　　[3]《高丽史》卷二七《元宗三》十三年春正月丁丑条载:"赵良弼还自日本。遣书状官张铎率日本使十二人如元。王遣译语郎将白琚表贺曰:盛化旁流,遐及日生之域;殊方率服,悉欣天覆之私。惟彼倭人处乎鲽海,宣抚使赵良弼以年前九月到金州境,装舟放洋而往。是年正月十三日,偕日本使佐一十二人还到合浦县界。则此诚由圣德之怀绥,彼则向皇风而慕顺,一朝涉海,始修尔职而来,万里瞻天,曷极臣心之喜。兹驰贱介,仰贺宸庭。"

　　关于日本遣使,大桥讷庵《元寇纪略》(早稻田大学图书馆藏本)卷上作"伪称日本使者"。并夹注:"《善邻国宝记》、《东镜末记》、《镰仓将军家谱》皆从之曰,文永八年遣使如元报聘。今按,时宗已愤鲽状无礼,再却其使者,则岂又有报聘于元之理哉。且良弼遣张铎告元主之言曰,去岁九月与日本国人弥四郎等至太宰府之前,弥四郎已在良弼卤簿中。由是观之,弥四郎等必是我对马贱民,良弼尝啖利诱之以为向导,后又使其称日本使以如元。而诸书并不察之耳。故今书伪称日本使者。"

九年二月,枢密院臣言:"奉使日本赵良弼遣书状官张铎来言,[1] 去岁九月,与日本国人弥四郎等至太宰府西守护所。守者云,曩为高丽所绐,屡言上国来伐;岂期皇帝好生恶杀,先遣行人下示玺书,然王京去此尚远,愿先遣人从奉使回报。"良弼乃遣铎同其使二十六人至京师求见。[2] 帝疑其国主使之来,云守护所者诈也。诏翰林承旨和礼霍孙以问姚枢、许衡等,皆对曰:"诚如圣算。彼惧我加兵,故发此辈伺吾强弱耳。宜示之宽仁,且不宜听其入见。"从之。[3] 是月,高丽王禃致书日本。五月,又以书往,令必通好大朝,皆不报。[4]

　　[1]　关于张铎的情况,虞集《道园学古录》卷一一《题赵樊川与张侯手书》载:"张侯,亡金故家。起家从诸老,非出使,则从军,皆有壮议奇绩。天下既定,历治大都,履要官者三十余年。既老,于家优游,子孙之奉以观太平之盛,时人未之或及。"

　　《关东评定传》(转引自《伏敌编》卷一,第57页)载:"文永八年十二月,良弼渡使者张铎于本国。"可知,张铎先赵良弼而返。

　　[2]《元史》卷七《世祖四》至元九年二月庚寅朔条亦载:"奉使日本赵良弼,遣书状官张铎同日本二十六人,至京师求见。"而上注[3]《高丽史》卷二七《元宗三》十三年春正月丁丑条则明记作"十二人",暂无其他史料可资参照,姑存疑。

　　[3]《元史》卷七《世祖四》至元九年三月乙丑条载:"谕旨中书省,日本使人速议遣还。安童言:'良弼请移金州戍兵,勿使日本妄生疑惧。臣等以为金州戍兵,彼国所知,若复移戍,恐非所宜。但开谕来使,此戍乃为耽罗暂设,尔等不须疑畏也。'帝称善。"

　　[4]《关东评定传》(转引自《伏敌编》卷一,第57页)载:"文永九年五月,张铎归来,高丽鲽状又持来。"可知,复持书而往者乃张铎。

关于上述赵良弼出使日本以及在高丽、日本活动的全面研究，参见山本光朗《元使赵良弼について》，《史流》40,2001年。

十年六月，赵良弼复使日本，至太宰府而还。[1]

[1]《高丽史》卷二七《元宗三》十三年十二月庚戌条载："元复遣赵良弼如日本招谕。"而同书同卷十四年三月癸酉条载："赵良弼如日本，至大宰府，不得入国都而还。"并乙亥条载："王引见劳问，赆白银三斤、苎布十匹，达鲁花赤李益亦赠以物。良弼曰：此汝侵割高丽而得也。不受而去。"

《元史》卷一五九《赵良弼传》载："十年五月，良弼至自日本，入见，帝询知其故，曰：卿可谓不辱君命矣。"《元史》卷七《世祖四》至元十年六月戊申条载："使日本赵良弼，至太宰府而还，具以日本君臣爵号、州郡名数、风俗土宜来上。"另，《元史》卷一五九《赵良弼传》亦载："后帝将讨日本，三问，良弼言：臣居日本岁余，睹其民俗，狠勇嗜杀，不知有父子之亲、上下之礼。其地多山水，无耕桑之利，得其人不可役，得其地不加富。况舟师渡海，海风无期，祸害莫测。是谓以有用之民力，填无穷之巨壑也，臣谓勿击便。帝从之。"由上述史料年代排比可知，高丽元宗十三年（至元九年，1272年）十二月元朝复遣赵良弼使日，次年三月还至高丽，六月面陈忽必烈。此乃赵良弼第二次出使大致行程。

十一年三月，命凤州经略使忻都、高丽军民总管洪茶丘，以千料舟、拔都鲁轻疾舟、汲水小舟各三百，共九百艘，载士卒一万五千，期以七月征日本。冬十月，入其国，败之。而官军不整，又矢尽，惟虏掠四境而归。[1]

[1]《元史》卷七《世祖四》至元十一年三月庚寅条载："敕凤州经略使忻都、高丽军民总管洪茶丘等，将屯田军及女直军，并水军，合万五千人，战船大小合九百艘，征日本。"关于第一次征日的情况，《高丽史》的记载较详。《高丽史》卷二八《忠烈王一》载："（元年）冬十月乙巳，都督使金方庆将中军，朴之亮、金忻知兵马事，任恺为副使；金侁为左军使，韦得儒知兵马事，孙世贞为副使；金文庇为右军使，罗裕朴保知兵马事，潘阜为副使，号三翼军。与元都元帅忽敦、右副元帅洪茶丘、左副元帅刘复亨以蒙汉军二万五千，我军八千，梢工、引海水手六千七百，战舰九百余艘征日本。至一岐岛，击杀千余级，分道以进。倭却走，伏尸如麻。及暮乃解。会夜大风雨，战舰触岩崖，多败，金侁溺死。"

《高丽史》卷一〇四《金方庆传》亦载："方庆与茶丘单骑来陈慰。还到合浦，与都元帅忽敦及副元帅茶丘、刘复亨阅战舰。方庆将中军，朴之亮、金忻知兵马事，任恺为副使；枢密院副使金侁为左军使，韦得儒知兵马事，孙世贞为副使；上将军金文庇为右军使，罗佑、朴保知兵马事，潘阜为副使，号三翼军。忻即绥也。以蒙汉军二万五千，我军八千，梢工、引海水手六千七百，战舰九百余艘留合浦以待女真军。女真后期乃发船，入对马岛，击杀甚众。至一歧岛，倭兵陈于岸上。之亮及方庆婿赵抃逐之，倭请降，复来战。茶丘与之亮抃击杀千余级。舍舟三郎浦，分道而进，所杀过当。倭兵突至，冲中军。长剑交左右，方庆如植，不少却，拔一嚆矢，厉声大喝，倭辟易而走。之亮、忻、抃、李唐公、金天禄、申奕等力战，倭兵大败，伏尸如麻。忽敦曰：蒙人虽习战，何以加此？诸军与战，及暮乃解。方庆谓忽敦、茶丘曰：兵法，千里县军，其锋不可当。我师虽少，已入敌境，人自为战，即孟明焚船，淮阴背水也。请复战。忽敦曰：兵法，小敌之坚，大敌之擒。策疲乏之兵，敌日滋之众，非完计也，不若回军。复亨中流矢，先登舟，遂引兵还。会夜大风雨，战舰触岩崖，多败。侁堕水死。到合浦，以俘获器仗献帝及王。"

另，《日莲圣人注画赞》(京都本圀寺藏)卷五《蒙古来》载："同年(文永十一年)十月五日卯刻，自对马国府八幡宫假殿中，大火焰出。国府在家人等，见烧亡幻，是何事浇处。同日申刻，对马西佐寸浦，异国兵船四百五十艘，三万余人乘寄来。六日辰克，合战。守护代资国等，虽伐取蒙古，资国子息等悉伐死。同十四日，壹岐岛押寄。守护代平内左卫门景隆等构城郭，虽御战，蒙古乱入间，景隆自杀。二岛百姓等，男或杀或擒，女集一所。彻手结，付舷，房者无一人不害。肥前国松浦党数百人伐房，此国百姓男女等如壹岐、对马。"

十二年二月，遣礼部侍郎杜世忠、兵部侍郎何文著、计议官撒都鲁丁往。使复致书，[1]亦不报。

[1]《国朝文类》卷四一《征伐·日本》：十二年，遣礼部侍郎杜世忠、兵部侍郎何文著、计议官廲都鲁丁往使。书前言大元皇帝致书于日本国王，后言不宣白，亦不来觐。

十四年，日本遣商人持金来易铜钱，[1]许之。

[1] 至元十三年灭宋后，行钞法于江南，禁用宋铜钱，但次年，日商持金前来交易铜钱时，得到元政府的特许。此后，著名的韩国新安海底沉船中仍载有大量铜币，说明元政府实行禁止铜钱外流后，中方仍以某种渠道(如果该船是走私船，就有可能通过民间走私方式)向日本输出铜钱。参见高荣盛《元代海外贸易研究》，四川人民出版社，1998年，第135页注3。

十七年二月，日本杀国使杜世忠等。征东元帅忻都、洪茶丘请自率兵往讨，廷议姑少缓之。五月，召范文虎，议征日本。八月，诏募征日本士卒。

十八年正月，命日本行省右丞相阿剌罕、[1]右丞范文虎及忻都、洪茶丘等率十万人征日本。二月，诸将陛辞。帝敕曰："始因彼国使来，故朝廷亦遣使往，彼遂留我使不还，故使卿辈为此行。朕闻汉人言，取人家国，欲得百姓土地，若尽杀百姓，徒得地何用。又有一事，朕实忧之，恐卿辈不和耳。假若彼国人至，与卿辈有所议，当同心协谋，如出一口答之。"[2]五月，日本行省参议裴国佐[3]等言："本省右丞相阿剌罕、范右丞、李左丞[4]先与忻都、茶丘入朝。时同院官议定，领舟师至高丽金州，与忻都、茶丘军会，然后征日本。又为风水不便，再议定会于一岐岛。今年三月，有日本船为风水漂至者，令其水工画地图，因见近太宰府西有平户岛者，周围皆水，可屯军船。此岛非其所防，若径往据此岛，使人乘船往一岐，呼忻都、茶丘来会进讨为利。"帝曰："此间不悉彼中事宜，阿剌罕辈必知，令其自处之。"六月，阿剌罕以病不能行，命阿塔海代总军事。八月，诸将未见敌，丧全师以还，乃言："至日本，欲攻太宰府，暴风破舟，犹欲议战，万户厉德彪、招讨王国佐、水手总管陆文

政等不听节制，辄逃去。本省载余军至合浦，散遣还乡里。”未几，败卒于阊脱归，言：“官军六月入海，七月至平壶岛，移五龙山。八月一日，风破舟。五日，文虎等诸将各自择坚好船乘之，弃士卒十余万于山下。众议推张百户者为主帅，号之曰张总管，听其约束。方伐木作舟欲还，七日，日本人来战，尽死。余二三万为其虏去。九日，至八角岛，尽杀蒙古、高丽、汉人，谓新附军为唐人，不杀而奴之。阊辈是也。”盖行省官议事不相下，故皆弃军归。久之，莫青与吴万五者亦逃还，十万之众得还者三人耳。[5]

［1］ 汪辉祖《元史本证》卷二三《证误二三》：案本传作“左丞相”。《元史》卷一二九《阿剌罕传》载：“（至元）十四年，入觐，进资善大夫、行中书省左丞，俄迁右丞，仍宣慰江东。十八年，召拜光禄大夫、中书左丞相，行中书省事，统蒙古军四十万征日本，行次庆元，卒于军中。”《世祖纪》所记与本传同。通观所述，“中书左丞相”乃加衔，非实授，故宰相表不书其名。

［2］《国朝文类》卷四一《征伐·日本》：十八年二月诸将陛辞。上若曰：有一事朕忧之，恐卿辈不和耳。范文虎新降者也，汝等必轻之。

［3］ 裴国佐（字良卿）的生平参见刘敏中《中庵先生刘文简公文集》（清钞本）卷四《故行中书省参议裴公神道碑铭》：

> 公既殁十有九年，大德己亥之春，其子珪持盛如梓所为公善状，泣血再拜请曰：先人之殁，珪等莫知所图。今约诸礼，将谨奉其衣冠，卜以今年某月某日葬于历城东南三里莱氏原之新茔。窃惟知先人者，莫如吾，予愿得吾子之辞，揭其行于石，则先人犹生也。余感其请，故不终让，叙而铭之。公讳国佐，字良卿，姓裴氏，秦非子之后。高曾而上，世居邳州。国初大父以仕迁济南。公为人白皙鬒须，眉目点漆，神彩莹然，凝峻寡言笑，志意叵测。始为山东转运吏，人未之识也。里中徐君仲贤，喜甄别人物，独见公奇之。后徐君掾中书，而公益不乐转运，去之。游京师，因徐君补鹰坊掾，时至元九年也。十二年，领鹰坊纳里忽益贵幸，多所荐引。既熟公才，会御史台荐章亦上，乃奏公可用。世祖召见悦之，有目俊之旨，勅近侍偕往平章太原张公所，访以当世之务，公应答如响。平章谓近侍曰，此俊才，未易得也。近侍以闻，优旨嘉焉。越二日，又见。有旨教利用监行者。俄就将仕佐郎利用监知事。上每见与语，命以裴良卿，识其字也。明年，以承事郎为高邮路总管府判官。十五年，转承直郎杭州市舶提举。岁余，以能迁奉训大夫行中书省左右司郎中。十七年，加中议大夫参议行中书省事。声望赫赫益隆。明年六月，奉旨问罪日本，至竹岛，夷人震恐。会遇暴风，舟坏，公则不返矣。实八月一日也，时年三十有五。闻者哀之。其为高邮也，江淮始平，有以众啸乱者，禽之，行省议尽诛以遏奸慝。公遽驰诣白省，首乱当诛者止一二人，其余胁从使得自新可也。从之。人德之，不复乱。尝奉使江浙，汰冗官。公曰，此治化之源，不可不精。成否去留，无假毫发。又尝以百檄实田，浙西税增旧二十余万石，岁运以充。其在行省也，西忽辛为平章事，挟父势，其炽焰焰，诸僚佐胥为荐书称誉，又大为享燕之礼唯谨。公曰，此畏而谄耳。党恶效尤，吾之耻也。独不从。士论称之。尝病，经数日，省中文移填委，同僚莫能处。公出一日，决之无余。有南兵六人，导征东士掠镇江，至吴门，民大汹。公趣以六人

尸诸市。或曰，盍待报。公曰，军有常刑，不可缓，缓则召乱之道也。即刑之，远近悦服。凡公之居官行己，类如此，则其平生所存者为可见矣。呜呼，以公之才气，使返而假之年，其功业所至，盖未可量，而遂止于是，良可借哉。虽然，始以早岁自达青云，遇知九童，登贵四品。终之效命绝域，得王臣匪躬之节。生固足以为荣，死亦足以不朽矣。大父讳楫，金末行枢密院令史，迨迁济南，为山东征收课税所知事，迁经历，终濵盐司判官。父讳演，始为滕州酒税醋三务提领，后监沂州仓。母罗氏，配夫人嵇氏，以仪范礼节重于姻党，无恙。二子，珪其长也。官敦武校尉，迁县尹，俊朗有父风。次璋，未仕。孙男二人，女二人。

并见刘敏中《中庵先生刘文简公文集》（清钞本）卷四《故行中书省参议裴公墓志铭》。

［4］ 汪辉祖《元史本证》卷二三《证误二三》：案范名文虎，李名庭。

［5］ 汪辉祖《元史本证》卷二三《证误二三》：继培案相威传云"士卒十丧六七"，阿塔海传云"丧师十七八"，李庭传云"士卒存者十一二"，此又云"得还者三人"，彼此互异。乃传前云阿剌罕等"率十万人征日本"，此亦云"十万之众"，而中复云"弃士卒十余万于山下"，更自相矛盾矣。

历来皆以元军二次征日还中土者仅三人，爱宕松男以为此言非实。据周密《癸辛杂识》续集《征日本》载："夜半忽大风暴作，诸船皆击撞而碎，四千余舟存二百而已。全军十五万人，归者不能五之一，凡弃粮五十万石，衣甲器械称是。"如此，随将军范文虎等人逃回的人数约在三万人左右。爱宕指出，台风过后，被日军俘虏的蒙古与高丽士兵都被斩杀，而被称作"唐人"的南宋兵士虽然免于刀刑之祸，但是沦为奴仆。《元史》所载的"三人生还"说是指，除却同范文虎等一起生还的三万人之外的消息不明者——其总数大约在十万人左右，其中免于溺死或斩杀的南宋士兵，最后成功逃回的仅三人。参见爱宕松男《东洋史学论集 卷四 元朝史》，三一书房，1998 年，第 395—396 页。

关于第二次征日的具体战斗过程，资料相对缺乏。除却日方资料《蒙古袭来绘词》（竹崎季长绘词，日本九州大学藏本：http://record.museum.kyushu-u.ac.jp/mouko/index.html），较为重要者即为《管军上百户张成墓碑》，全文抄录如下。

管军上百户张成墓碑
皇元故敦武校尉管军上百户张君墓碑铭
东路蒙古侍卫亲军都指挥使司令史张克敬撰
东武司史王继先书丹
芝阳石匠作头吴安道镌刊
张君讳成，蕲州人氏。至元十二年内附，十六年诏选精锐军士，起赴京师充当侍卫。君应诏选，时年已壮。仕矣，勤而有勇，蕲州路新附军总管司檄君擢充百户。五月蕲州路招讨□□复檄君□侍卫军百户，统军八十六名，暨妻孥至京师侍宿卫。十八年，枢密院檄君仍管新附军百户，率所统阶千户岳公璙往征倭。四月至合浦登海州，以六月六日至倭之志贺岛。夜将半，贼兵□□来袭，君与所部抾舰战至晓，贼舟乃退。八日，贼遵陆复来，君率缠弓弩先登岸迎敌，夺占其险要，贼弗能前。日晡，贼军复集又返，败之。明日倭大会兵来战，君统所部入阵奋战。贼不能支，杀伤过半，贼败去。行中书赐赏有差，赐君币帛。二军还，至一岐岛。六月晦、七月二日贼舟两至，皆战败之。获器仗无□。二十七日，移军至打可岛。贼舟复集，君整舰，典所部日以继夜鏖战至明，贼舟始退。八月朔，海风作，船坏，军还至京。二十一年，君承命于山伐木，运至京师，以为修葺之备。二十二年十二月，勒授君敦武校尉管军上百户，诏赐白金五十两，钞二千五百缗，币帛二。命统所部军，携妻弩轻重，随千户岳公隶宣慰使都元帅阿八赤往水达达地面屯田镇守。明年三月，至黑龙江之东北极边而屯营焉。二十三年五月，诸王乃颜叛，从千户岳公领军属以南且战且行。七月二日，至古州，敌障其前，不能进。议夜攻敌营，失其路黎明迎敌，力战敌，败之。如是遇敌相战踰四月，至高丽双城。十月，回至辽阳，又起镇咸平府。二十五年，枢密院檄仍侍宿卫。廿六年，隶右翼屯田万户府。廿七年，调杨村桃御河。五月，隶临清运粮万户府。三十年，诏领所统军并为金复州新附军万户府屯田，镇守海隘。七月，至金州，君分屯于城之东北，双山沙河之西，遂为恒业而居焉。三十一年四月六日卒，年六十有九。呜呼，皇元兴盛武勇之士，尽力劾忠于时也。君由微应诏，选充侍卫，征日本，戍极边二十余年。水陆奋战何啻百十余阵，爵授百夫长，而世袭焉。非君之忠于为国，曷至于此哉。君之妻王氏，一子贵，未袭而先卒。君之孙二人，尚幼。次赛奴，又卒，几乎废矣。大德二年，长重孙袭祖职。勒授进义校尉，升敦武，加忠翊，返赠其考曰忠显校尉，管军上百户。母黄氏，妻刘氏，封恭人。继妻王氏，男三人，长保保，室刘氏。次众家，室汤氏。三拗驴，室姚氏。孙狗儿，黑厮，歪头，八速，开住，寨家奴。女四人。以至正八年三月朔日迁柩葬于沙河东，而茔焉。

铭曰：皇祚隆兴，是生孔武。君奋战威，从征□□。二十余年，忠勤不吐。有子先终，几乎废功。孙其承之，袭爵无穷。刻铭树石，美永国同。岁至正八年戊子三月朔日忠翊校尉管军上百户张重孙等立石。

录文并参照《满洲金石志》卷五《管军上百户张成墓碑》及吴文衔、张泰湘《元管军上百户张成墓碑铭略考》，《北方文物》1982 年 03 期。

《高丽史》卷一〇四《金方庆传》载：

（忠烈王）七年三月出师东征。方庆先到义安军阅兵仗。王至合浦，大阅诸军。方庆与忻都、茶丘、朴球、金周鼎等发至日本世界村大明浦，使通事金贮檄谕之。周鼎先与倭交锋，诸军皆下与战，郎将康彦、康师子等死之。六月，方庆、周鼎球、朴之亮、荆万户等与日本兵合战，斩三百余级。日本兵突进，官军溃，茶丘弃马走。王万户复横击之，斩五十余级，日本兵乃退。茶丘仅免。翼日复战，败绩。军中又大疫，死者凡三千余人。忻都、茶丘等以累战不利，且范文虎过期不至，议回军曰：圣旨令江南军与东路军必及是月望会一岐岛，今南军不至，我军先到。数战，船腐粮尽，其将奈何？方庆默然。旬余，又议如初。方庆曰：奉圣旨赍三月粮，今一月粮尚在，俟南军来，合攻必灭之。诸将不敢复言。既而，文虎以蛮军十余万至，船凡九千艘。八月，值大风，蛮军皆溺死。尸随潮汐入浦，浦为之塞，可践而行。遂还军。

二十年，命阿塔海为日本省丞相，与彻里帖木儿右丞、刘二拔都儿左丞，募兵造舟，欲复征

日本。淮西宣慰使昂吉儿上言民劳，乞寝兵。

二十一年，又以其俗尚佛，[1]遣王积翁[2]与补陀僧如智[3]往使。[4]舟中有不愿行者，共谋杀积翁，不果至。[5]

[1] 关于忽必烈派遣王积翁和如智出使顾及到日本尚佛传统的问题，池内宏认为，这不过是此前以范文虎、夏贵建议遣周福、栾忠同日本僧侣出使的继续，而如智又同日本商人、僧侣颇多交往，故派遣之。而蒙元当权者并未真正顾及到日本"其俗尚佛"传统。参见池内宏《元寇の新研究》，东洋文库，1931年，第399页。但据现存文献可知，王积翁同佛教的关系也颇为密切。永觉元贤《鼓山志》（清乾隆二十六年刊本）卷四《沙门》载："至元十年冬，元朝开国大帅王积翁请（佛鉴圆照大师）住本山堂中。"由此可知，王积翁同元代天台宗佛鉴圆照大师亦曾有过交集，同佛教颇有渊源。另外，王积翁被害后，其夫人则"削发为尼，住妙湛寺，朝夕翻经礼拜归诚于佛"（牟巘《陵阳先生集》卷一一《敬愍侯祠记》，《吴兴丛书》本）。这应该同其家庭与佛教的渊源有关。所以，忽必烈在派遣王积翁同如智一起出使时，对于日本重视佛教传统这一点应该是作了充分考虑的。参见于磊《从〈王公祠堂碑〉来看王积翁使日问题》，《元史及民族与边疆研究集刊》30辑，2015年。

[2] 王积翁（1229—1284），字良存，自号存耕，福建福宁县（今福建霞浦）人。其家族为地方官宦、科举世家。宋末累官至宝章阁学士、福建路制置使。至元十三年，临安被元朝接收，王积翁上全闽八郡图籍率先归附。行省承制授知建宁府，后升福建道宣抚使、福州路总管兼府尹。至元十五年入觐世祖忽必烈于上都，"降金虎符，授中奉大夫、刑部尚书、福建道宣慰使，兼提刑按察使，寻除参知政事，行省江西"。至元二十一年以之为国信使，同僧人如智宣谕日本，方至其境即遇害于海上。王积翁被害后，元朝追封为敬愍侯。仁宗皇庆元年又加封闽国公，改谥忠愍，立祠祭祀。参见《元史》卷一八四《王都中传》；黄溍《金华黄先生文集》卷八《故参知政事行中书省事国信使赠荣禄大夫平章政事上柱国追封闽国公谥忠愍王公祠堂碑》，《四部丛刊初编》影常熟瞿氏上元宗氏日本岩崎氏藏元刊本。

关于王积翁出使的由来，上引黄溍"王公祠堂碑"载："至元十五年秋七月，闽国王公以福建道宣抚使觐于上京，世祖皇帝与语，大悦。朝退，首命左丞张公即公寓邸传旨，询日本事。公对以日本蕞尔岛夷，不足烦天讨，因画招徕之策以进，深契上衷。将使预闻国政，公恳辞，乃降金虎符，授公中奉大夫刑部尚书、福建道宣慰使兼提刑按察使，仍为御便殿，曲宴以遣之。俾左丞吕公为公起舞，沾醉而止。公既还治闽中，具宣德意。十六年夏五月，举家入朝。明年正旦，上眷礼有加，擢户部尚书。数奏事称旨。尝命之坐，而辍御膳以赐。以廷辩薄百官俸非便，忤权臣意，丐外。十九年春二月，拜正奉大夫、参知政事、行中书省事，将之官江西，即政事堂条陈二十四事，丞相齐鲁国文忠公（耶律铸）大喜，恨得公晚，留公毋行。二十一年春正月，进对，言日本未易以力服，而可以计取，诚令臣得备一介之使以招徕之。事成，可无残民匮财，即事不成亦无损国威重，上嘉纳之。因以公为国信使，凡所须，一惟公意。"

[3] 补陀僧如智，《普陀山志》（万历三十五年刊本）载："元如智，至元间捐衣钵余赀，建接待寺。"至元三十一年年以年老奏请僧官，辞补陀洛寺住持。至元间曾两度奉使

日本，皆中途归国。成宗即位后，亦曾筹划招谕日本，以如智充其任，但如智皆以老病辞，未能成行。并见田中健夫编《善邻国宝记　新订续善邻国宝记》，集英社，1995 年，第 545 页。

瑞溪周凤《善邻国宝记》卷上《南海观音宝陀禅寺住持如智海印接待庵记》载："癸未八月，钦奉圣旨，同提举王军治奉使和国，宿留海上八个月。过黑水洋，遭飓风，云云。半月后，忽飘至寺山之外，幸不葬鱼腹，大士力也。甲申四月，又奉圣旨，同参政王积翁再使倭国。五月十三日，开帆于鄞，住耽罗十三日。住高丽合浦二十五日，七月十四日，舟次倭山对马岛，云云。危哉，此时也。非大士，孰生，云云。至元二十八年岁次辛卯六月日，宣差日本国奉使前住宝陀五旬翁愚溪如智记。"并见魏荣吉《元·日关系史》，教育出版センター，1985 年，第 204 页。

[4]　关于王积翁和如智出使的过程，《元史·世祖本纪》的记载同该处稍异："（至元）二十一年春正月，甲戌，遣王积翁赍诏使日本，赐锦衣、玉环、鞍辔；积翁由庆元航海至日本近境，为舟人所害。"而上引"王公祠堂碑"所载则于出使的路径及其遇害较详："有旨命公视草，且赐公玉环、连条、纳瑟瑟袍、帽靴、马鞍各一，俾丞相善护视公妻子之留质京师者。公既陛辞，以夏四月发庆元，五月抵耽罗，耽罗人或劝公勿轻往，公不听。秋七月至日本境上。先令持旗榜谕其国中，并移书国主及用事者。日本遣来郊迎甚谨，请遂以诏书入。辛卯望，舣舟对马岛，丙夜，俄有举火噪欢岛上者，公竟遇害而薨。"结合上述史料可知，王积翁出使日本同行者为普陀僧如智，由庆元出港，其妻、子则留质京师。航行路线则为传统的"北道"：由庆元沿海岸放洋北上，经山东半岛抵朝鲜半岛南部济州岛，而后至对马岛。《善邻国宝记》所引述如智《海印接待庵记》的记载可以大致确定其行程：庆元→耽罗→合浦→对马。而向来为史家所忽视的《珊瑚木难》所载王积翁的诗作，可以更为清晰地还原沿传统"北道"航行中因风涛滞留合浦时情形："日风水俱逆，波石相舂。舟人悸，久不定。晚出山外，始安。仆偃仰于短篷之下，偶成五言，并录呈似。舟过道阳城，迂行多几程。俗殊难共语，山好不知名。橹趁之玄势，歌调欸乃声。来晨宜对月，合浦夜珠明。十八日甲子积翁书。"（朱存理《珊瑚木难》卷四，适园丛书本）。由此王积翁仅存的诗篇可知，十八日（应为六月十八日）尚宿于合浦。与如智所记亦大致相符。

[5]　关于王积翁遇害对马岛，池内宏已据《海印接待庵记》作出了判断。参见池内宏《元寇の新研究》，第 399 页。现据黄溍"王公祠堂碑"载："辛卯望，舣舟对马岛，丙夜，俄有举火噪欢岛上者，公竟遇害而薨。"亦可进一步加以证实。而其具体细节也因《善邻国宝记》引用之际以"云云"而略去，颇为遗憾。对此，周密《癸辛杂识》别集卷上"王积翁"条（中华书局，1988 年）记载到："王积翁留耕，参政伯大之侄也。尝宰富阳有声。后觊北留连甚久，遂自诡宣谕日本。遂命为奉使，以兵送之。至温陵有任大公者，家有四舶，王尽拘用之。使行，又于途中鞭之。有谇语，王颇闻之。至骸山，即骷髅山。以好语官职诱之，且付以空头总管文帖，且作大茶饭享之。任亦领略，亦作酒以报众。使醉饱，任纵兵尽杀之，靡有孑遗。王窜匿于柁楼下，任叱之曰：奉使何在。犹佯笑曰：在此。出则叩头乞命。任顾其徒，鞭而挤之于水，席卷所有宝物货财去，取所乘舟，断其首尾，使若倭舟然。后有水手四人逃回永嘉，北朝为之立庙赐谥焉。"据周密所记，王积翁被害是由于他与舟人矛盾所致，遇害地点在骸山，即骷髅山。但该山地名暂不可考，如果参照《海印接待庵记》和"王公祠堂碑"的记载，当就在对马岛附近。

二十三年,帝曰:"日本未尝相侵,今交趾犯边,宜置日本,专事交趾。"

成宗大德二年,江浙省平章政事也速答儿乞用兵日本。帝曰:"今非其时,朕徐思之。"

三年,遣僧宁一山者,加妙慈弘济大师,附商舶往使日本,而日本人竟不至。[1]

[1] 僧宁一山,即浙江台州僧人一山一宁,道号一山,讳一宁。至元三十年在同乡如智的推荐下继任补陀洛迦寺的住持。大德二年夏,利用日本商船到达明州的机会,成宗计划招谕日本,遂派遣一山一宁出使。一山被赐予金襕衣、妙慈弘济大师之号以及江浙释教总统,携带元朝国书,搭乘日本商船抵达博德。同行者尚有西涧子昙、石梁仁恭等。起初一山作为敌对国使者为当时镰仓幕府执权北条贞时所防范、戒备,被囚禁于伊豆修善寺。其后不久,贞时为一宁之修行和学识所感化,迎入建长寺,并使之兼任圆觉寺住持。他不仅获得北条宗系的皈依,正和二年还受后宇多法皇之邀,前往京都,住于南禅寺。文保元年(1317)十月二十四日圆寂。由于其擅长诗文及书法,在日本禅界影响颇大,被尊为五山文学之祖。参见《续群书类从》传部《一山国师行记》;玉村竹二《五山禅僧传记集成》思文阁出版,2003 年;西尾贤隆《元朝国信使宁一山考》,《日本历史》509,1990 年;田中健夫编《善邻国宝记　新订续善邻国宝记》,第 545 页;榎本涉《南宋·元代日中渡航僧传记集成》,第 96—99 页。

关于一山一宁所携元朝国书,《元史》卷二〇《成宗三》大德三年三月癸巳条载:"命妙慈弘济大师、江浙释教总统补陀僧一山赍诏使日本,诏曰:有司奏陈:向者世祖皇帝尝遣补陀禅僧如智及王积翁等两奉玺书通好日本,咸以中途有阻而还。爰自朕临御以来,绥怀诸国,薄海内外,靡有遐遗,日本之好,宜复通问。今如智已老,补陀宁一山道行素高,可今往谕,附商舶以行,庶可必达。朕特从其请,盖欲成先帝遗意耳。至于惇好息民之事,王其审图之。"。而日本金泽文库文书 6773 号《元朝寄日本书》所载则稍异:

上天眷命
大元皇帝致书于
日本国王,有司奏陈:向者
世祖圣德神功文武皇帝当遣补陀衲僧
如智及王积翁等,两奉玺书,通好日本,咸以中途有阻而还,爰自圣上临御以来,绥怀诸国,薄海内外,靡有遐遗,日本之好,宜复通问。今如智已老,妙慈弘济大师·江浙释教总统补陀宁一山,道行素高,可今往谕,附商舶以行,庶可必达,朕特从其请,盖欲成先皇遗意尔,至于惇好悉民之事,

王其审图之。不宣。
大德元年三月

参见神奈川县立金泽文库编《特别展　蒙古袭来之镰仓佛教》神奈川县立金泽文库,2001 年。其中落款年代当为文书传钞所误,田中健夫在《善邻国宝记　新订续善邻国宝记》的录文中(第 545—546 页)则径改作"大德三年"。

(本文作者为南京大学"中国南海协同创新研究中心"/历史学院助理研究员)

《混一疆理历代国都之图》南洋地名的五个系统

周运中

提　要： 本文认为《混一疆理历代国都之图》南洋地名可以分为六个系统：右下方的泉州 — 东洋系统、珠江口外的广州 — 西洋系统、海南岛西南的海南 — 南海系统、龙牙门 — 印度洋系统与左下方的明初海外地名系统。珠江口外的西洋系统可能出自广府人，另三个系统出自闽南人。此图的原始作者很可能是闽南人，李汝霖很可能元初在泉州绘制《声教广被图》。

关键词： 混一疆理历代国都之图　泉州　李汝霖

前人对《混一疆理历代国都之图》的地名已有不少可贵探索，但是主要考证西域与中国地名，[①] 何启龙、高荣盛、姚大力等学者考证了图上的很多南洋地名，指出图上很多地名有错，[②] 但是没有系统梳理。日本学者海野一隆在研究《广舆图》的《东南海夷图》、《西南海夷图》时，涉及《混一疆理历代国都之图》，比较了《广舆图》、《混一疆理历代国都之图》天理大学图书馆本、龙谷大学本的南海部分较大岛屿的位置差异，提出龙谷本接近李泽民原图，又提出图上南海资料可能来自元军南征获得的爪哇地图。[③] 但是他没有研究图上的具体地名，结论仍可商榷。

比起图上的西域陆上地名，图上的南洋地名确实极为散乱，不仅古今地名杂陈，而且多有错位与错字，所以需要系统梳理。主要是考证宋元地名，至于此前的一些地名，元代人本来就难以考明，地图作者是兼顾历史而配出，所以不必过分关注。图上的南洋地名不是毫无章法，本文提出全图南洋地名可分为五个系统，必须把单个地名考证与系统考察结合起来。图上非洲东南部的海上地名来自阿拉伯地图，这部分与图上的西域地名一体，应另当别论，所以本文暂未列为第六个系统，具体地名已有考证。[④]

我在此前根据图上的西域部分翻译用字，提出初译者可能是闽南人。[⑤] 今又检索到《元典章》卷三十四"军官再当军役条"说到："至元十五年十二月初六日，福建行省准枢

① （日）高桥正、朱敬译《元代地图的一个谱系——关于李泽民谱系地图的探讨》，任继愈主编《国际汉学》第七辑，大象出版社，2002 年。（日）藤井让治、杉山正明、金田章裕《大地の肖像——絵図・地图が語る世界——》，京都大学学术出版会，2007 年，第 57—58 页。
② 高荣盛《〈混一图〉海上地名杂识》、姚大力《"混一疆里图"中的南亚和东南亚》、何启龙《〈疆里图〉错乱了的东南亚、印度、阿拉伯与非洲地理》，刘迎胜主编《〈大明混一图〉与〈混一疆理图〉研究——中古时代后期东亚的寰宇图与世界地理知识》，凤凰出版社，2010 年。
③ （日）海野一隆《地图文化史上的广舆图》，东洋文库，2010 年，第 138—142 页。龙谷大学本的清晰图片见：http://www.afc.ryukoku.ac.jp/kicho/cont_13/pages/1390/1390.html?l=1,1&c=31&q=。
④ 周运中《郑和下西洋新考》，中国社会科学出版社，2013 年，第 311—316 页。
⑤ 周运中《中国南洋古代交通史》，厦门大学出版社，2015 年，第 418—427 页。

密院咨：[来咨：]水军万户府知事李汝霖等告。"① 这个李汝霖如果就是《声教广被图》的作者李汝霖（李泽民），则可以解释此图的由来。因为元初征管福建的忙兀台部下有合剌带的水军万户府，在至元二十七年（1290）调驻浙江。② 忙兀台从江浙南征，所以李汝霖有可能是吴门（苏州）人。忙兀台也干预海外贸易，所以李汝霖有可能看到海外地图。本文还将证明，图上元代的四个地名系统的翻译用字可以证明南洋地名全部出自闽南人翻译。

一、泉州—东洋系统

岛原市本光寺本此图上泉州向东有婆利、罗刹、石塘、龙御四个地名。婆利、罗刹是唐代地名，石塘位置偏北。再向南有一组密集的地名，最北是长沙，也即千里长沙、万里长沙，即今东沙群岛与台湾浅滩。婆利即浡泥、文莱，靠近婆利的石塘即千里石塘、万里石塘，今西沙群岛与南沙群岛。关于石塘与长沙，本文无法展开，将在另文详考。其西南有分舍、哥罗、边升，是唐代泰国地名哥罗分舍、边斗之误。③ 长沙东南有门彤、索罗吉，其南有地衣、蝦蟆、侯澄，再东南有海胆屿。向东又有一个大岛，上有六个地名。最北的是银里，其南有麻逸、三屿，再南是里安山，再南是七峰、圣山。此大岛西南又有灵明、麻里鲁，东北有罗伽山、大人，南有小人。

这一组地名多在今菲律宾，《诸蕃志》有麻逸、三屿、里银、蒲哩噜，《岛夷志略》有三岛、麻逸、麻里鲁。麻逸（Mait）即今民都洛（Mindoro）岛，三屿是吕宋岛东南的三个半岛，里银即吕宋岛中西部的仁牙因（Lingayen），麻里鲁是吕宋岛中西部的博利瑙（Balinao）。④

里安山，《广舆图·东南海夷图》作黑安山，应是里安山，《顺风相送·吕宋回松浦》："鸡屿开船离洋，已亥及壬子五更取里安山。"《浯屿往麻里吕》："单丙四更取麻里荖断屿，过表是里银并陈公大山，尾见里安大山。"《指南正法·三岳貌山》："里安大山、中邦里银、大藤捧、小藤捧、头巾礁。"鸡屿在马尼拉湾口，麻里荖即麻里鲁，则里安山在博利瑙、马尼拉之间。

圣山即今加里曼丹岛东北部的基纳巴卢山，高达4010米，故名圣山。靠近海岸，是重要航标。《暹罗往马军》："丑艮十更，取圣山五屿，在帆铺边。"《指南正法·往汶来山形水势》："吕帆红面山：文武楼出舡，坤未十三更平麻茶洋。丁未二十更，此内小罗房山、小烟可窑山、七峰三牙山。七峰山：七个大山头，高尖峰。三牙山：丁未五更取巴荖员……犀角山：丁未八更及单丁，取圣山。圣山：充天高大。圣山下，对二个屿是五屿。"吕帆

---

① 陈高华等点校《元典章》，中华书局、天津古籍出版社，2011年，第1167页。

② （日）向正树《从福州到杭州：元代初期江南行省官员忙兀台对南海贸易的影响（1274—1290）》，李治安、宋涛主编《马可波罗游历过的城市：元代杭州研究文集》，杭州出版社，2012年，第156—173页。

③ 哥罗分舍在今泰国中部，见黎道纲《迦罗舍佛方位重考》，《泰境古国的演变与室利佛逝之兴起》，中华书局，2007年，第38—46页。《通典》卷一八八《边防四》说边斗国一云班斗，班斗即万伦府原名Bandon，1915年改名素叻他尼（Suratthani）。

④ 周运中《〈岛夷志略〉地名与汪大渊行程新考》，《元史及民族与边疆研究集刊》第27辑，上海古籍出版社，2014年。又见周运中《中国南洋古代交通史》，第354—355页。

即卢邦（Lubang）岛，麻茶洋是佛得（Verde）岛海域，闽南语的茶是［te］，小罗房山是小卢邦岛，在卢邦岛附近，七峰山是布桑加（Busanga）岛北部的一组小岛，主岛七个，其实不高，最高的才135米，高尖峰是《指南正法》的文字最初整理者看到航海图上画的样子而写出，下文说五屿是两个岛，也是因为图上画了两个岛，应该是五个岛。三牙山即布桑加岛，三牙是音译，巴荖员是巴拉望（Palawan）岛。麻逸、圣山、七峰本来不应画在吕宋岛上，而麻里鲁应画在吕宋岛上。

海胆即《诸蕃志》三屿所说的小黑人（尼格利陀人 Negrito），海胆（Aeta）源自马来语的黑色 hitam，此种人在吕宋岛，但是图上单列一岛。

海胆之南的灵明，闽南语是［ling］［mia］，疑即马尼拉湾口西南的吕邦（Lubang）岛。龙谷本其东还有麻里达，《广舆图》作麻里答，应是今吕宋岛之南的马林杜克（Marinduque）岛。

侯澄，即《大德南海志》小东洋的哑陈，也即《指南正法·双口往恶党针路》的恶党，是班乃岛（Panay）的奥顿（Oton）。闽语保留知端合一的古音特征，所以澄、陈的声母至今都是 t。

蝦蟆，疑即《岛夷志略》遐来勿，我已考证是今菲律宾巴拉望岛（Palawan）东北的卡拉棉（Calamian）群岛。[1]

龙御，靠近石塘、长沙。应是龙牙，南洋地名多有龙牙，闽南语的龙牙是［ling］［ga］。印度教湿婆的生殖崇拜柱状物，名为 linga，闽南人音译为龙牙，形状也像龙牙。不过古人记载的龙牙没有靠近中国大陆的例子，所以此处的龙牙待考。此处的龙牙靠近婆利、石塘，可能是在加里曼丹岛附近。

地衣，疑是地闷之误，闷、衣形近，即《岛夷志略》古里地闷，即今帝汶（Timor）岛。

这一组地名的西南，又有石塘、平高仑、勃尼、苏目冈四个地名，此处的石塘因为靠近平高仑与勃尼，所以仍然是南沙群岛，这是图上重复出现的地名。平高仑是纳土纳大岛的土名 Bunguran 的音译，[2] 勃尼即文莱（Brunei），苏目冈应即《岛夷志略》苏门傍，即今加里曼丹岛西部的心庞（Simpang），闽南语的 si 读成 su。[3]《广舆图》的这四个地名误画到《西南海夷图》，其实是在东洋。《广舆图》又多出知闷、阇婆两个地名，知闷是帝汶的闽南语音译，但是误把阇婆画在勃尼的东南，把知闷画在勃尼的西南，其实正好相反。

这两组地名的右下角又有玳瑁、龙烟、犀角、大小虑四个地名，其中前三个又出现在图上印度与东非之间，其实是在泰国南部，其实这四个地名是第四个系统印度洋系统的误植，详见下文印度洋系统。

不过《广舆图·西南海夷图》的龙烟、犀角之旁又多出一个地名三藐，此应是吕宋岛东南的三描（Samar）岛。

上文说到的门彤应是彤门，即今马来西亚的雕门岛（Tioman），索罗吉即《岛夷志略》

---

① 周运中《〈岛夷志略〉地名与汪大渊行程新考》，又见周运中《中国南洋古代交通史》，第355—358页。

② 陈佳荣、谢方、陆峻岭编《古代南海地名汇释》，中华书局，1986年，第238页。

③ 周运中《〈岛夷志略〉地名与汪大渊行程新考》，又见周运中《中国南洋古代交通史》，第366页。

苏洛禺,是旧吉打的古名 Srokam。[①] 这两个西洋地名混入东洋,说明这一组东洋地名来自某位东洋商人,但是他也提供了两个西洋地名。图上的各系统地名存在错位、重复等错误,因为地图作者采集不同的海外地理资料。

二、广州—西洋系统

图上把一组从苏门答腊岛到阿拉伯半岛的地名画在紧邻珠江口外,这组地名所根据的航线似乎是从广州出发。珠江口东南有一个大岛,从右到左有木剌由国、干芬、白面国、览邦、白巫山、班卒,这个岛显然就是苏门答腊岛的全貌。木剌由,源自义净《大唐西域求法高僧传》的末罗瑜、《南海寄归内法传》的末罗游州,在今苏门答腊岛中东部,也即马来亚的同源地名。但是唐代即为室利佛逝取代,元代此国衰落,《马可波罗行纪》又称为 Maliur,《元史》作麻里予儿。览邦即《郑和航海图》的揽邦,是苏门答腊岛最南的楠榜(Lampung)。干芬,本光寺本误为千芬,龙谷大学本似误作于芥,应是《郑和航海图》的苏门答腊岛的甘巴港,也即唐代甘毕、宋代的监篦,即今甘巴(Kampar)。白面是花面之误,白巫是南巫里(Lambri)之误,在今亚齐。班卒是《马可波罗行纪》的 Fansour、《岛夷志略》、《郑和航海图》的班卒,在今苏门答腊岛西北部。

珠江口西南有六朝地名干陀利,[②] 再南有马八儿、注连、万六屿,注连即宋代注辇。《广舆图》作三万六千屿,即马尔代夫群岛。图上其西南有两个如兰,待考。

其西南有个大岛,上有七个地名:八哈书、盐尾、麻木克、赛那、木里国、多罗里、那里,《广舆图·东南海夷图》作八哈书益巴、多尼罗,应在阿拉伯半岛。向西越过海南岛,又有撒哈都、秃剌、俺剌、河马里、这撒里,还有一个地名残缺,仅剩一个里字,《广舆图·东南海夷图》作把里。这组地名不可能是北部湾附近地名,其实也应属于这一系统。可能因为海南岛东部图幅没有空间,被误移到海南岛西部。非常有趣的是,这一组被误移到海南岛西部的地名与海南岛之间又有一列古代地名:甘毕、陵山、门善(门毒之误)、安南、波罗,证明本图是先画当代地名,再插入古代地名。

这一组地名因为在也门之北,所以应在阿拉伯半岛中部。把里,很可能是巴林(Bahrayn),现在的巴林国在岛上,但是古代的巴林指伊拉克、阿曼之间的阿拉伯半岛东北海岸。图上在阿拉伯半岛的这一位置有个地名:马合里,我已指出就是巴林,杉山正明误释为 Mukalla,读音不合。[③]

马合里之北又有喝八里,对应海南岛西部的河马里,即科威特城东部的哈瓦利(Hawalli)省,或是科威特的古名 Coromanis。

阿拉伯半岛中部的撒阿忽都,对应海南岛西部的撒哈都,在卜忽郎之南。疑是都忽阿撒、都哈撒之误,即从也门向东北流到叶马麦的达瓦赛尔(Dawasir)河谷地区。卜忽郎是忽卜郎之误,即今赫卜拉(Khabra)。

图上撒阿忽都在台伊(塔伊夫 Taif)之旁,今塔伊夫东南有图腊巴(Turaba),即撒哈都之南的秃剌。

① ［元］汪大渊著,苏继庼校释《岛夷志略校释》,中华书局,1981 年,第 124 页。
② 干陀利在马来西亚吉打州的老吉打,见周运中《中国南洋古代交通史》,第 157 页。
③ 周运中《中国南洋古代交通史》,第 424 页。

其南的俺剌，《广舆图·东南海夷图》作俺国，疑剌字为衍，即图腊巴东南的艾卜哈（Abha）。俺的中古音，或拟为[iam]，音近。

因为这一组误移到海南岛之西的地名原来在最西北，所以海南岛东部的八哈书一组七个地名应在其南。八哈书，疑即书哈八之误，即今科威特东南沿海的舒艾巴（Shuaiba）。

盐尾，疑即古代地区名叶马麦（Yamama），在今利雅得一带。盐的古音是谈部（am），广州话，盐读为[jim]，尾是[mei]。

其西的麻木克，疑即今叶马麦与利雅得之间的曼夫哈（Manfouha），广府片的克多读为[hak]。其西的赛那，疑即今沙克腊（Shaqra），是瓦什姆地区最大城市。[①]

其东南的多罗里，疑即达瓦赛尔河谷南部的苏莱伊勒（Sulaiyl）。其西的那里，疑即阿拉伯语也门交界处的纳季兰（Najran），原义是门户，是重要城市。其西的木里国，疑即纳季兰西北的木哈伊勒（Muhayil）。《广舆图·东南海夷图》木里在那里之西，《混一疆理历代国都之图》在那里西北。

其南又有毛里蛮，虽然画在婆伽蓝州，而婆国伽蓝洲是《新唐书·地理志》广州通海夷道地名，但是唐代没有毛里蛮。所以毛里蛮或许是宋元阿拉伯半岛地名，原在那里之南，疑即今也门萨那之东的马里卜（Marib），是也门著名的古都，文物很多。[②]

注连、如兰之南又有日密、窝窝、欧华嫩耳国，这组地名在阿拉伯半岛与马尔代夫之南，疑在东非。

图上非洲东南部的哇阿哇，我已指出，此地就是阿拉伯人所说非洲东南的瓦克瓦克（Wakwak），也即塞舌尔到马达加斯加一带岛屿。[③]窝的古音近wa，窝窝音近哇阿哇（Wakwak），或许就是哇阿哇的异译。

欧华嫩耳国，《广舆图》作嫩耳国，本光寺本残，龙谷本是欧华嫩耳国，嫩字不清楚。欧华，应是《世界境域志》第五十五章赞吉斯坦的Hmfl，前人释为Howa，即马达加斯加岛南端，1554年土耳其海军司令西迪·阿里·赛赖比的《海洋》称此岛南端为Hufa。[④]Hmfl，似应作Mhfl，应即此岛西南角的马哈法利（Mahafaly）平原。嫩的广州话是[nyun]，耳是[ji]，嫩耳，疑即13世纪著名阿拉伯地理学家伊本·赛义德所说的鲁伊纳（Ruine）海，即毁灭海，[⑤]在莫桑比克海峡南部，阿拉伯人不敢再往南走，否则进入西风漂流带，不能回头，故名毁灭海。

再南又有一个大岛，最南有地名施赫，即《诸蕃志》大食国的施曷，即《马可波罗行纪》的Escier，即今也门的席赫（Shihr）。

其左侧的赏罗，《广舆图·东南海夷图》作赏那，疑即也门都城萨那（Sanaa），古代就是也门甚至阿拉伯半岛最大的城市。[⑥]其右侧的要兰，疑即萨那之南的耶利姆（Yarim）。

---

① （巴勒斯坦）穆斯塔法·穆拉德·代巴额著、北京大学东语系阿拉伯语教研室译《阿拉伯半岛——阿拉伯人的故乡、伊斯兰教的摇篮》，北京人民出版社，1977年，第108页。

② 同上书，第188页。

③ 周运中《中国南洋古代交通史》，第396—407页。

④ （法）费瑯辑注，耿昇、穆根来译《阿拉伯波斯突厥人东方文献辑注》，中华书局，1989年，第566页。

⑤ 同上书，第360页。

⑥ 王治来译《世界境域志》，上海古籍出版社，2010年，第168页。

《广舆图·东南海夷图》赏那上方还有合眉儿，即今萨那之北的海米尔（Khamer）。其上方的邀加如戍，疑即萨那附近的豪亮（Al-Khawlana），[①] 或是邀加戊如之误。这四个地名因为在也门去麦加的路上，而且在萨那附近，所以非常重要。

其西南又有哈剌秃，即马可波罗所记的下一条 Calatu，《诸蕃志》大食国作伽力吉，《郑和航海图》作加拉哈，即今阿曼的盖勒哈特（Qalhat），又作哈拉哈底。[②] 粤语把 k 读为 h，所以以为哈剌秃。

哈剌秃之南又有法郎、撒郎，其南又有牙里八苏、满鲁敦他，龙谷大学本作满鲁敢他，或是满鲁拔他之误，是阿曼祖法儿（Dhufar）省的米尔巴特（Mirbat）角，《诸蕃志》作麻离拔、麻啰拔。

又南有黑八阿、轻乞，黑八阿疑即席赫附近的哈巴（Habah），[③] 轻乞疑即米尔巴特角之东的轻卡里（Qinqari）。非常有趣的是，《混一疆理历代国都之图》与《广舆图》在阿拉伯半岛东南也有一个黑八阿、轻乞，接近这两个地名的正确位置。为何这两个地名在图上出现两次？而且珠江口外的西亚地名仅有这两个地名在正确的位置又出现了一次，待考。

这一组地名越过了图上的印度，画在海南岛两侧，不能解释为部分误植，而是整体误植。地图作者采访到的一份西洋海外地理资料提供了从苏门答腊岛到阿拉伯半岛的整体资料，但是作者误画在珠江口外。

这组地名以也门、阿曼地名最多，但是也有错位，把也门东北的阿曼画在了也门的西南，可能是从苏门答腊岛传来的阿拉伯半岛情报。苏门答腊岛是东南亚伊斯兰教最早流传之地，马可波罗说到八儿剌（Ferlec）皈依伊斯兰教。有学者认为，哈达拉毛人在 8 世纪开始向印度与东南亚移民，印度尼西亚人最早的伊斯兰教由哈达拉毛人传入。[④] 北宋有层檀国遣使来到广州，我已指出在今也门东北的哈达拉毛沿海，南宋也门、阿曼一带与中国仍有密切往来。[⑤] 法国考古学家调查了哈达拉毛和阿曼沿海的古代遗址，在哈达拉毛河口以南不远的舍尔迈（Sharmah）遗址发掘出 47425 片陶瓷，其中来自中国的瓷片有1592 块，比例超过 9—10 世纪波斯湾最重要的锡拉夫港，在目前中东发掘的港口中排名第一。舍尔迈港兴起于 11 世纪，12 世纪衰亡，正好在宋代。此地发现的中国瓷器来自中国南方很多窑口，江西和广东最多，有 250 块大型瓷片来自广东，所以学者认为此港的中国瓷片可能从广东出海。[⑥] 舍尔迈港的位置接近，时间吻合，证明层檀国就在这一带。但是元代此地与中国来往逐渐减少，《大德南海志》、《岛夷志略》没有记载这一带地名。《混

---

① （阿拉伯）伊本·胡尔达兹比赫著，宋岘译注、郅溥浩校订《道里邦国志》，中华书局，1991 年，第 147 页。

② 陈高华《印度马八儿王子孛哈里来华新考》，《南开大学学报》1980 年第 4 期。刘迎胜《从〈不阿里神道碑铭〉看南印度与元朝及波斯湾的交通》，《历史地理》第七辑，上海人民出版社，1990 年。

③ （阿拉伯）伊本·胡尔达兹比赫著，宋岘译注、郅溥浩校订《道里邦国志》，第 156 页。

④ （巴勒斯坦）穆斯塔法·穆拉德·代巴额著，北京大学东语系阿拉伯语教研室译《阿拉伯半岛——阿拉伯人的故乡、伊斯兰教的摇篮》，第 135 页。

⑤ 周运中《宋代交通中国的层檀国考》，《海交史研究》2014 年第 2 期，收入周运中《中国南洋古代交通史》，第 243—252 页。

⑥ 赵冰《中世纪时期贸易中转港——也门舍尔迈遗址出土的中国瓷片》，《法国汉学》第十一辑，第 79—116 页。

一疆理历代国都之图》记载的也门、阿曼地名非常珍贵，或许可以证明此图在元初绘制。舍尔迈与广东的交往恰好解释了此图在珠江口外画出苏门答腊岛与也门地名的原因，图上的这一地名系统很可能来自一位广东商人，他在苏门答腊岛从哈达拉毛商人处得到阿拉伯半岛地图，但是画得不准。宋代广州原来比泉州繁荣，很多阿拉伯人住在广州，这组地名或许来自阿拉伯人在广州画的地图。再被录入《混一疆理历代国都之图》，错位更多。王应麟《玉海》卷十六《太平兴国海外诸域图》说："（太平兴国）三年（978）正月丁未，知广州李符，献《海外诸域图》……咸平六年（1003）五月乙卯，知广州凌策，上《海外诸蕃地理图》。"《混一疆理历代国都之图》珠江口外的这个地名系统或许出自宋代广州的海外地图，所以在图上非常突兀。

三、海南—南海系统

图上海南岛与交趾之间有古代地名甘毕、陵山、门善（门毒之误）、珠余（殊奈之误）、安南、波罗、赤土、丹丹等。[①] 西南又有昆仑，即越南正南部的昆仑岛。其西南又有吉里门，即《郑和航海图》的吉利门，即今新加坡西南的小卡里摩岛（Klein Karimun）。因为在昆仑岛西南，所以不是爪哇岛北部的吉利闷，即今卡里摩爪哇（Kalimunjava）群岛。

吉里门的西北有峡门。峡门是地名通名，指海峡。《郑和航海图》苏门答腊岛东南都鲁把旺西北有狭门，可能是指巽他海峡。牛津大学藏明末闽商航海图在旧港东南标出："峡门在此。"此峡门是邦加海峡，《顺风相送·苎盘往旧港并顺塔针路》：从苎盘山，"取龙牙门，在马户边来过山。用单午针三更，取馒头屿。用单丁三更取七屿。在帆铺边第二山有沉礁。用坤申针取旧港正路，用辰巽针十更船取进峡门。"此峡门即邦加海峡。《混一疆理历代国都之图》的峡门因为不太精确，可能是巽他海峡或邦加海峡。

峡门西南又有马鞍、奴屿、丹屿、知骨。《郑和航海图》巽他海峡有担屿、马鞍山。丹屿应是担屿，即今卡当巴拉克（Kadangbalak）岛。马鞍即马鞍山，即今勒贡迪（Legundi）岛。[②] 奴屿是双屿之讹。《广舆图·东南海夷图》把这一组地名南部的奴屿、双屿画到日本南部，可能是因为其下图幅不够，所以误植。但是《广舆图》的奴屿是双屿，正好对应《郑和航海图》苏门答腊岛西部的双屿，即今大小卡拉巴（Karaba）岛。[③] 不过丹屿也可能是单屿之讹，《郑和航海图》常把单针写为丹针，或许单屿是双屿附近一个相对地名，表示一个单个的岛，位置待考。

知骨的闽南语是[ti][kut]，应是提库（Tiku）。1612年亚齐苏丹致信英国雅克一世，列举亚齐领土，西海岸巴萨曼（Pasaman）、巴里亚曼（Pariaman）之间有提库（Tiku）。费琅注说在巴萨曼西南，[④] 应是东南。

《广舆图》其下又多出广勿律、官屿、苏兀三个地名。广勿律很大，闽南语的广是[kong]，疑即科摩罗。阿拉伯人称马达加斯加岛为科摩罗（Komr或Komor），不是专指今

---

①　陵山、门毒在越南中南部，赤土在老吉打，丹丹在马来西亚霹雳州的天定（Tinting），1980年改名为曼绒市（Manjong），见周运中《中国南洋古代交通史》，第160—161页。

②　周运中《郑和下西洋新考》，第218页。

③　同上书，第224页。

④　（法）费琅辑注，耿昇，穆根来译《阿拉伯波斯突厥人东方文献辑注》，第773页。

科摩罗群岛。马达加斯加土著多是从苏门答腊岛迁来的南岛语系居民，所以费琅认为科摩罗一名源自东南亚的昆仑。①《岭外代答》称为昆仑层期，提到岛上有大鹏能吞食骆驼，羽毛管可作水桶，这些传说与阿拉伯人记载相同。这种鸟即世界上最大的象鸟，高达3米，17世纪灭绝。

官屿即《郑和航海图》官屿，今马尔代夫首都马累。因为苏丹住此得名，西迪·阿里·赛赖比的《海洋》称为马哈尔（Mhall）岛，②《诸蕃志》等称王城为官场。

苏兀，应即苏万（Suwan）。西迪·阿里·赛赖比的《海洋》说小熊星座高2度有爪哇："西侧的苏万（Suwan）、阇林（Zarrin）群岛、蒙昧人海岸的蒙巴萨（Monbasa），斯瓦西里人居住的地区。"费琅指出第2559号手稿的Suwan是Suwand。③阇林即塞舌尔群岛。④兀的古音是物部[ət]，所以Suwand可译为苏兀。此地应是马尔代夫南部最大的苏瓦迪瓦（Suvadiva）环礁。diva来自梵语的岛屿（dvipa），实即苏瓦（Suva），也即Suwand。从爪哇到塞舌尔有两条路，一是利用冬季暖流，必须向西北绕道苏瓦迪瓦，因为此时从苏门答腊岛直接向西是逆向的赤道逆流，一是利用南纬十度的南赤道暖流。但是南赤道暖流所经之地没有岛屿，所以还是北路安全。

海南岛正南方又有苎麻、玳瑁、东党，再东南又有西龙蛇、东龙蛇。苎麻即雕门岛，《顺风相送》作苎盘山。玳瑁洲是今越南东南的富贵（Phu Quy）岛，又名平顺海岛，又名秋（Thu）岛。东党即《郑和航海图》的东董山，《广舆图·西南海夷图》的东党之西还有西党，东西党即《郑和航海图》东西董，也即《宋史》卷四八九注辇使节到中国航行经过的东西王母冢。西董山是今大卡特威克（Great Catwick）岛，东董山是今萨巴德（Sapate）岛。因为闽南语的董、党同音，所以把东董写成东党。《广舆图》东西董之间又有石帆，待考。

南宋吴自牧《梦粱录》卷十二《江海船舰》说："若欲船泛外国买卖，则自泉州，便可出洋。迤逦过七洲洋，舟中测水，约有七十余丈。若经昆仑、沙漠、蛇龙、乌猪等洋。"东龙蛇即《郑和航海图》的东蛇笼，即今塞腊散（Serasan）岛，⑤西龙蛇是其西部塞拉亚（Seraja）岛，《顺风相送·苎盘往文莱》有东西蛇罗山，即东西蛇龙。

这一组地名明显是从南海向正南航行的地名系统，核心航线是从越南玳瑁洲、东西董、昆仑岛向南经过东西龙蛇，西南经过雕门岛到巽他海峡与苏门答腊岛西部，所以可称为海南—南海系统。

四、龙牙门—印度洋系统

何启龙已经指出图上东南亚的一个大岛其实是印度半岛的误植，其南的两个大岛其实是阿拉伯半岛的南部与东非海岸，我对这三组地名也有补充考证。⑥这三个大岛的右

---

① （法）费琅著，冯承钧译《昆仑及南海古代航行考》，中华书局，2002年，第65页。
② （法）费琅辑注，耿昇、穆根来译《阿拉伯波斯突厥人东方文献辑注》，第602页。
③ 同上书，第604页。
④ （法）费琅著，冯承钧译《苏门答剌古国考》，中华书局，2002年，第134页。
⑤ 周运中《郑和下西洋新考》，第156—159页。
⑥ 周运中《中国南洋古代交通史》，第419—420页。

侧有龙烟、犀角、玳瑁三个地名，这一组地名又误植到东洋的东南方，本应属于这一系统。误植到东洋的龙烟、犀角、玳瑁之旁还有大小愿，都在泰国南部。其上方的陆地有一组泰国地名，所以海上这组地名本来与陆上地名相连。龙烟犀角应是一个地名，也即《岛夷志略》龙牙犀角，即《梁书》的狼牙修、《诸蕃志》的凌牙斯加、《郑和航海图》的狼西加，在今泰国北大年府。《郑和航海图》狼西加之北有玳瑁屿，即今克拉（Kra）岛。闽南语的烟是［ian］，粤语是［jin］，龙牙（lanka）译为龙烟，说明译者是闽南人，不是广府人。

其东又有忽国、十二子石两个地名。《岭外代答》、《郑和航海图》有十二子石，即今帕尼班干（Panebangan）群岛。① 其西的忽国疑即勿里洞（Belitung）岛，《郑和航海图》作麻里东，忽音从勿。忽是晓母物部，尾音是 t，而闽语常把唇音读为晓母，所以简译为忽。这两个地名本来应在海南 — 南海系统，可能是误植到此，或本属这一系统。

陆上还有一组泰国到新加坡地名：麻里答纳、孙别里、哥旦、乞渡、伊也加里、龙牙门、丹马令、丹旁孛郎、暹、罗斛。前引何启龙文认为丹旁孛郎即丹马令，即今洛坤（Nakhon Si Thammarat），龙牙门在新加坡西南，伊也加里是苏门答腊岛的 Indragiri，哥旦是吉打（Kedah），乞渡是缅甸的吉桃（Kyaikto）。前引姚大力文认为伊也加里是柔佛，哥旦是缅甸的 Kadan Kyun，乞渡是吉打，孙别里是霹雳河口的森美兰（Sembilan），麻里答纳是马达班（Martaban）。我以为，麻里答纳是马达班，其南的孙别里是泰国的春蓬（Chumphorn），森美兰太远。乞渡是吉打，其南的哥旦不在缅甸南部，应是马来半岛东部今彭亨州首府所在的关丹（Kuantan），闽南语的哥读 kua。伊也加里更近印德拉格里（Indragiri），丹马令是洛坤，但是丹旁孛郎可能是《岛夷志略》特番里，即今巴蜀。② 这组地名从西海岸，从北向南到新加坡，再转到东海岸，从南向北到泰国。但是完全看不出突出的半岛，说明转绘有重大失误。因此误把东海岸的春蓬、关丹插入西海岸，暹在素攀府，罗斛在今华富里府，③ 但是图上把暹画在罗斛东南，说明作者不了解泰国到新加坡一带形势。

龙牙门在海上，照理应该与其邻近的苏门答腊、十二子石诸岛画在一起，但是居然画在陆上。原因很可能是这一组泰国到新加坡的地名与印度洋地名都来自元初使节报告，《元史》卷一三一《亦黑迷失传》："（至元）九年（1272），奉世祖命使海外八罗孛国。十一年，偕其国人以珍宝奉表来朝，帝嘉之，赐金虎符。十二年，再使其国，与其国师以名药来献，赏赐甚厚。"八罗孛是印度马拉巴尔。亦黑迷失每次经过龙牙门，但是不在马六甲海峡两岸停留，而是直指印度。元朝招谕阿鲁、理论、大力、不怜八孙、八昔、不鲁不都、八刺刺等苏门答腊岛上诸国在至元十九年以降，④ 所以此前元人得到了印度半岛地图，但是没有画出准确的马六甲海峡两岸地图，仅画出中南半岛示意图，所以把暹、罗斛位置画错。《宋史》卷四八一《陈宜中传》："至元十九年，大军伐占城，宜中走暹，后没于暹。"占城杀害元朝派往暹国使节，元征占城失败，仍然没有交通暹与罗斛。《元史》卷一七《世祖纪十四》至元二十九年十月："广东道宣慰司遣人以暹国主所上金册诣京师。"三十年、

① 周运中《郑和下西洋新考》，第 162—164 页。

② 周运中《〈岛夷志略〉地名与汪大渊行程新考》，又见周运中《中国南洋古代交通史》，第 368 页。

③ 黎道纲《〈岛夷志略〉罗斛条地名考——兼谈暹降于罗斛》，《泰国古代史丛考》，中华书局，2000 年，第 227—247 页。

④ 高荣盛《元代海外贸易研究》，四川人民出版社，1998 年，第 107—110 页。

三十一年两次招谕暹国王,成宗元贞元年(1295年)暹国再次进贡,所以元朝较晚得到暹与罗斛地图。

这一组地名以印度洋周边地名为中心,但是也包括泰国南部与南海地名,构成一个系统,姑且称为印度洋系统。这个系统中的阿拉伯半岛、东非在《广舆图》上居然被误植到《东南海夷图》,天理本《混一疆理历代国都之图》把阿拉伯半岛、东非画在海南岛下方。因为《大明混一图》的这一部分与本光寺本、龙谷本相同,所以天理本与《广舆图》是误移。观察天理本,可以发现,此版本因为把印度、阿拉伯半岛之间的古代地名长洲、大人洲画得太大,导致其下方的阿拉伯半岛、东非没有地方,所以被迫右移到了海南岛下方。

不知罗洪先是否因为类似原因而误移到全图最东南。《广舆图》还把原来在东南的古代地名大身(文身之误)、勃楚、三佛齐移到了印度东南,又加上了满剌加、浡泥、爪哇、大剌由(木剌由之误)这四个明代地名。满剌加是明代扶持建立,所以图上没有方框,显然是明代添加地名。爪哇、浡泥在《混一疆理历代国都之图》也没有,很可能是罗洪先添加。所以图上出现了浡泥、勃泥的重复,而且位置靠近。很可能是罗洪先看见勃泥,所以想到了满剌加、爪哇等重要地名,于是把明代地名满剌加、浡泥、爪哇加入。因为在这一块地方加入不少地名,而且因为《广舆图》是刻本,图幅较小,原来属于东洋的勃泥、苏目冈、平高仑等地名与南海系统的西党、东党、芒麻、东龙蛇、西龙蛇等地名因为在《东南海夷图》放不下,向西延伸到了《西南海夷图》,所以不得不把原来在《西南海夷图》的阿拉伯半岛、东非又移到了《东南海夷图》。南海系统的马安(马鞍之误)、丹屿、双屿、官屿、广勿律、苏兀这六个地名也被移到了《东南海夷图》最右侧。无论如何,《广舆图》出现了最严重的二次错误。

五、明初海外地名系统

第五个系统是明初的海外地名系统,本来不会在元代地图出现,因为《混一疆理历代国都之图》是明初人绘制,所以又多出了这个系统。此系统地名很多与前四个系统重复,不过在明初的地图上很正常。《大明混一图》就画了两套日本地名,一套是三个椭圆形岛屿组成,也即清濬《广轮疆里图》、《广舆图·东南海夷图》上的日本,还有一套是东西向的日本列岛,但是面积画得太大,《混一疆理历代国都之图》纠正了《大明混一图》的日本面积失误。

本光寺本图上的明初地名系统画在非洲最南端的南部,从东南开始有锡兰山、柯枝、榜葛剌、诏纳朴儿,再向西南有拂菻、天方国、默德那,向西有琐里、吉麻利、苏禄、彭亨、百花,向西北有忽鲁、阿哇、白葛达、古里、碟里、合猫里。对照明代记载,显然都是明初海外朝贡诸国地名,本文不再详述。这一组明初地名全部画在非洲南部,因为明初人在新作地图时没有考证这些地名的具体位置,发现图上西南部有一块空白,就笼统加上了。因为中国人把中国画得太大,非洲画得太小,所以非洲南部留下了一大块空白。《广舆图·西南海夷图》的非洲南部就是一块空白,说明元代地图上没有这一组地名。

龙谷大学本《混一疆理历代国都之图》也没有这一组地名,可能是摹绘时遗漏。日本学者宫纪子等认为龙谷本在前,图上的日本列岛画成南北向,本光寺本改为东西向,可能是晚出的版本。[①] 但是我们看到,龙谷本不仅不画这一组地名,非洲南部地名也没画,古

---

① (日)宫纪子《モンゴル帝国が生んだ世界図》,日本经济新闻出版社,2007年,第13—14页。

代传说地名也没画，有很多地名缺失。所以龙谷本未必是最早的版本，本光寺本不是源自龙谷本，本光寺本的海外地名比龙谷本全面。熊本市本妙寺本、天理本在南海中间都多出一个方框，文字说：“泉州风帆六十日至爪哇国，二百二十日至马八儿，一百余日到忽鲁没思。”这段文字在明代叶盛《水东日记》所录的清濬《广轮疆里图》上是：“自泉州风帆六十日至爪哇，百二十八日至马八儿，二百余日至忽鲁没思。”忽鲁没思（霍尔木兹）比马八儿远，所以泉州到马八儿是一百多日，到忽鲁没思是二百多日，《混一疆理历代国都之图》有误字。虽然有误字，但是这段话应是《混一疆理历代国都之图》原来所有，说明本妙寺本、天理本另有来源。

　　总之，从翻译用字的音韵来看，《混一疆理历代国都之图》珠江口外的西洋系统可能出自广府人，另三个元代地名系统出自闽南人。唯独珠江口外的系统非常突兀，另外三个系统虽有少量错误，多数地名位置正确，可以拼接为完整的南洋地图。因为泉州是宋元时期最大港口，海外商人云集，所以海外地理资料最多，元《秘书监志》卷四说：“至元二十四年二月十六日，奉秘书监台旨：福建道骗（遍？）海行船回回每，有知海道回回文剌那麻，具呈中书省行下合属取索者。奉此。”陈得芝先生指出，剌那麻是波斯文 rah-nama 的音译，意为指路书、地图、海图。[①]

　　如果我们把《混一疆理历代国都之图》南洋地名的翻译推到元初，或许可以解释为何图上居然没有画出当时南洋最强大的爪哇。即使我们根据《广舆图》补出阇婆一名，很可能也是宋代古名。而且巨大的爪哇岛上有很多重要地名，《岛夷志略》、《大德南海志》记载不少，但是此图缺失。《大德南海志》还有单重布罗国管大东洋，在加里曼丹岛西南，也有很多地名，图上也缺失。南征爪哇的元军从泉州出发，经过很多地方，史书记载途经地名在图上也缺失。说明此图很可能是在至元二十九年（1292）元征爪哇之前绘制，所以遗漏爪哇等地名。《元史》卷二百一十《爪哇传》：“（至元三十年四月）二十四日，军还。得哈只葛当妻子官属百余人，及地图户籍、所上金字表以还。”海野一隆又说元军路过的东董、西董、马鞍在《混一疆理历代国都之图》上出现，他据此提出此图南海部分来自爪哇地图，但是图上恰好没有爪哇！而且上文已经指出，图上的马鞍在巽他海峡，不是元军路过之地，所以海野之说不确。图上详细画出印度半岛，但是途经的苏门答腊岛上诸国则在同一系统缺失，龙牙门也被画在陆上，或许也能证明此图在至元十九年招谕苏门答腊岛上诸国之前绘制。私人绘制的普通地图，可能遗漏官方图书的海外地名。但从《混一疆理历代国都之图》、《大明混一图》等可以看出《声教广被图》的海外地名极多，作者应有官方背景，不知是否就是至元年间福建水军万户府知事李汝霖。

　　乌斯道《刻舆地图序》说：“地理有图尚矣，本朝李汝霖《声教被化图》最晚出，自谓：考订诸家，惟《广轮图》近理。”此处先说地图历史悠久，如果是把元代地图与前代地图对比，则李汝霖未必是元末人。而且此处的《广轮图》未必就是清濬的《广轮疆理图》，宋濂《送天渊禅师濬公还四明序》说：“余初未能识天渊，见其所裁舆地图，纵横仅尺有咫。”但是我们今天看到的《混一疆理历代国都之图》中内容不知比清濬的《广轮疆理图》详细

　　① 陈得芝《元代海外交通的发展与明初郑和下西洋》，《蒙元史研究丛稿》，人民出版社，2005 年，第 422 页。

多少倍,此图跋文说参考清濬《混一疆理图》,说明清濬地图至少有详略两种版本,详版是《混一疆理图》,简版是《广轮疆理图》。则李汝霖参考的《广轮图》未必就是清濬所绘,或许是另外一种地图。

此图虽然未能画出元代人知晓的所有海外地名,但是因为从泉州海商处得到很多资料,所以记载了不少正史缺失的地名。我们通过此图才发现,原以为明末清初《顺风相送》《指南正法》才出现的圣山、七峰早在元代已有,原以为在《郑和航海图》才出现的马鞍、双屿、担屿等地名在元代已有,说明古代中国人的海外地名非常稳定。

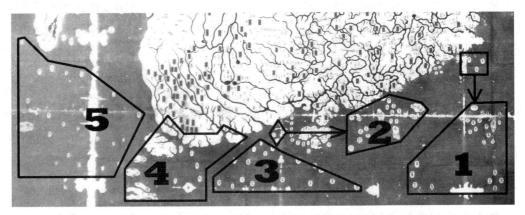

《混一疆理历代国都之图》(本光寺本)南洋地名的五个系统示意图

1. 泉州—东洋系统。2. 广州—西洋系统。3. 海南—南海系统。4. 龙牙门—印度洋系统。
5. 明初海外地名系统。

Five Systems of Place Names of Nanyang in the Map
Hun-yi-jiang-li-li-dai-guo-du-zhi-tu

Zhou Yunzhong, Xiamen University

Abstract: The toponyms of South Oceans on the *Hun-yi-jiang-li-li-dai-guo-du-zhi-tu* 〔Korean: **Honil Gangni Yeokdae Gukdo Ji Do**〕can be divided into five systems: Quanzhou-East Ocean System on the bottom right, Guangzhou-West Ocean System beyond the Pearl River Estuary, Hainan-South Sea System, Singapore-Indian Ocean System and Early Ming Dynasty System on the bottom left. Guangzhou-West Ocean System maybe originated from Guangdong merchants(Cantonese merchants), while other three systems during Yuan Dynasty were originated from South Fujian merchants(Hokkien merchants). The initial author of this map probably maybe South Fujian merchants. Li Rulin probably maybe created this map in Quanzhou in early Yuan Dynasty.

Key Words: *Hun-yi-jiang-li-li-dai-guo-du-zhi-tu*;Quanzhou;Li Rulin

(本文作者为厦门大学历史系讲师)

安南莫朝范子仪之乱与中越关系[*]

叶少飞

提　要： 明朝嘉靖帝因莫登庸篡权,将安南自宋代以来即享有的安南国王爵降为从二品安南都统使司,建立了新的两国关系。莫朝大将范子仪因参与安南都统使继承斗争失败,劫掠明朝边境,最后被明、莫联合剿灭。明朝和莫朝在范子仪事件中先以行政力量为主导,交由安南内部查勘,探明原委后,方付以军事手段。在事件的处理过程中,明朝并不轻易介入安南内部事务,显示明朝与安南都统使司的关系并未改变安南的独立地位,在本质上是明朝与黎朝安南国王关系的延续。范子仪之乱是明、莫关系稳定时期的突发事件,也是长期的中越关系稳定时期导致两国联合用兵的极端事件,体现了中越双方对平稳时期突发事件的处理方式和规程。

关键词： 安南　莫朝　范子仪　中越关系

越南后黎朝襄翼帝(1509—1516年在位)时,安南内患频仍,莫登庸削平内乱,大权独揽,并在嘉靖六年(1527)弑黎恭皇,建立莫朝。黎氏残余力量继续与莫朝对抗。[①] 至嘉靖十五年(1536)安南不贡已二十年,明朝以其不庭之罪欲出兵声讨。在经过激烈争论后,嘉靖十九年(1540)明朝大军压境,莫登庸出降,明朝降安南国王为从二品安南都统使司。安南莫氏事件是嘉靖朝前中期的大事,引发朝野多方关注,影响至远。嘉靖二十五年(莫朝广和六年,1546)安南都统使莫福海卒,大将范子仪谋立宗室莫正中不成,窜入中国

---

　　* 本文是国家社科基金青年项目《越南古代史学研究》(15CSS004)的阶段研究成果。

　　① 后黎朝在老臣阮淦的带领下与莫氏对抗,于1593年复国,史称"中兴黎朝"。黎氏再起,莫氏政权遂成"伪朝"。莫氏虽退守高平,但日趋衰弱。莫氏篡黎,黎氏又平莫复国中兴,因此大肆禁毁、篡改莫朝典籍与史实,对研究莫朝历史造成了严重滞碍。现存记载莫朝历史的书籍主要是《大越史记全书》和一些金石文献。《大越史记全书》后黎朝中兴之后正和十八年(1697)刊行,记载莫朝史事简慢有失,故而研究莫朝历史在史料上有较大的困难,同时须借助中国史料的记载。关于莫朝历史研究,越南汉喃研究院丁克顺博士《越南莫朝历史研究(1527—1593)》(河内：社会科学出版社,2012)以金石文献进行研究,中山大学牛军凯博士《王室后裔与叛乱者——越南莫氏家族与中国关系研究》(世界图书出版公司,2012)则侧重于莫氏退守高平之后的历史。大泽一雄《十六・七世纪における中国・ヴェトナム交涉史に关する一研究——莫登庸政権を中心として》分三篇先后在1965年《史学》第38卷第2、3号,1966年《史学》第39卷第2号刊出,1971年又在《横浜商大論集》发表了《明末における中国・越南関係の推移》,山本达郎主编《越南中国关系史》第六章《黎朝中期与明清的关系》为大泽一雄撰写,但远较原文简略；张龙林《浅析明代中国对莫—黎朝并存时期安南政策的建立》(《东南亚》1999年第4期,第47—52页)、钟小武《明朝对安南莫氏的政策(1536—1542)》(《江西师范大学学报(哲社版)》,2002年第2期,第99—104页)、牛军凯《安南莫朝与中越关系制度的变化》(《南洋问题研究》2004年第2期,第67—77页)、陈文源 李宁艳《莫登庸事件与明代中越关系的新模式》(《暨南学报(哲社版)》2010年第1期,第153—160页)等研究论著。另简锦松《越南莫朝诗人阮秉谦〈白云庵诗集〉现地研究》(《中国文哲研究集刊》2013年9月,第43期,第61—134页)涉及莫朝地名,亦可参看。

劫掠,最后被明朝和莫朝联合剿灭。范子仪事件是因安南都统使承继问题引发的内部叛乱,但其力量窜入中国,既冲击两国边境安全,又阻挠干扰安南都统使的顺利继承。范子仪事件体现了明朝对莫氏的政策以及明朝官员应对安南事务的综合能力,也是明朝与莫朝安南都统使司关系的实践与考验。

一、范子仪叛乱因由

《大越史记全书》记载 1546 年"莫福海卒,长子莫福源立",[①]越南史籍记安南都统使承袭次序为莫福海 —— 莫福源 —— 莫茂洽。嘉靖十七年(1538)钦州知州林希元上疏《走报夷情请急出兵以讨安南疏(讨安南)》言:

> 莫登庸嘉靖十六年六月,闻朝廷欲讨罪,立其子莫福海之子莫福源为伪大孙,欲以今春嗣位,莫福海出守于外,赦民间徭役三年,此知人心不附。父祖子孙分守境土以自固。[②]

《明实录》和《明史·安南传》则记为莫福海 —— 莫宏瀶 —— 莫茂洽,时任两广总督欧阳必进《交黎剿平事略》卷二录入处理莫福海卒后继任安南都统使及平定范子仪事宜的奏疏,记莫宏瀶为莫福海嫡子,继承安南都统使之职。显然莫宏瀶与莫福源为同一人。[③]莫福海卒后安南乱起,《大越史记全书》记载:

> 莫将泗阳侯范子仪谋立莫宗子弘王正中为主,不克,遂作乱,胁迁正中于御天华阳。莫使谦王(莫)敬典与西郡公阮敬等,发兵捕之,为子仪所败。后子仪累战不克,乃挟正中出据安广地方。海阳之民,频罹兵火,多至流亡。子仪又窜入明地纵兵掳掠广东、广西,明人不能制。[④]

现存主要记载莫朝历史的典籍《大越史记全书》,中兴黎朝正和十八年(1697)刻板。该书出于众人之手,鸿庞氏至黎仁宗时期的历史由吴士连编纂完成,黎圣宗(1460—1497年在位)至黎嘉宗(1671—1675年在位)时期的历史则出自中兴黎朝史官范公著和黎僖之手。黎氏史官编纂时大肆篡改、删减莫朝史事,扬黎斥莫,故范子仪之事记载极简。因范子仪窜入明朝寇略,中国典籍记载其事甚多。《明世宗实录》记载:

> (嘉靖二十六年十二月)甲寅。初,安南都统使莫福海以二十五年五月病卒,子宏瀶方五岁。宣抚同知邓文值、阮如桂等奉遗言,辅宏瀶领其众。遣使告哀,请封。已而,夷目阮敬作乱,欲立其婿。莫敬与文值等不能制,因立莫登庸次子正中,统海阳、海东二府。正中复为阮敬所败,与其族莫文明等走钦州,乞照达目投降事例给粮

---

① 陈荆和校《大越史记全书》本纪卷之一六,东京:东京大学东洋文化研究所,1984—1986年,第850页。

② 《明经世文编》卷一六四,中华书局,1962年,第1665页。

③ 《大越史记全书》仅记莫福海而无莫宏瀶,也无改名的记载。

④ 《大越史记全书》本纪卷之一六,第850页。

恤养。提督两广军务侍郎张岳等以闻，事下兵部，尚书王以旂等言："正中等宜暂给养，安置内地。敕守臣查勘彼中事情，有无安辑，及先年颁给敕印，何人奉守，具实上闻。"上允之，命提督、镇抚诸臣速勘明实具奏。①

应槚初辑于嘉靖三十一年（1552）的《苍梧总督军门志》详载此事：

> 先是（莫）登庸以石室人阮敬为义子，敬复以（莫）方瀛次子莫敬典为婿，通于方瀛妻武氏，因得专兵柄。福海卒，宏瀷方五岁，阮敬挟宏瀷自恣。登庸之次子莫正中与莫文明避回都斋，其同辈阮如桂、范子仪诸人亦各还田里。既而阮敬以兵侵海阳，遂逼都斋，莫正中、阮如桂诸人共集兵御之，弗胜，各奔散。莫正中、莫文明率其家属潜赴钦州投诉，奏发肇庆、清远安插。范子仪等复拥兵诈称宏瀷身故，以迎莫正中嗣职为名，寇钦州，官兵执诛之。莫敬典亦捕其余党殆尽。②

《明世宗实录》记载"夷目阮敬作乱，欲立其婿，莫敬与文值等不能制，因立莫登庸次子正中"。阮敬之婿即莫敬典，受封"谦王"，"莫敬与文值等不能制"之"莫敬"亦不知为何人，若是莫敬典之讹误，则更不通。"正中复为阮敬所败"，更不能明了阮敬身处何阵营。《明世宗实录》的混乱记载可能是事发之初地方官员误报造成的。邓文值、阮如桂二人《大越史记全书》没有记载。

《苍梧总督军门志》记"阮敬挟宏瀷自恣"，压迫宗室大臣，并进攻莫正中和范子仪等，导致对抗，这和《大越史记全书》记载范子仪谋立不成而作乱大相径庭。《明世宗实录》记载阮如桂原为奉遗命辅佐莫宏瀷的大臣，《苍梧总督军门志》中则与范子仪同归乡里。综合《苍梧总督军门志》、《大越史记全书》和《明世宗实录》记述可知莫福海死后，继任者莫宏瀷年幼，阮敬和莫敬典把持朝政，范子仪、阮如桂、莫文明等则册立莫正中，为阮敬所败。莫正中、范子仪虽败，却保持了一定力量，得以退守一方。莫正中、莫文明最后逃入明朝自保，并奏报明朝官方。辖有军队的范子仪不甘失败，对明朝谎称莫宏瀷身故，前往中国迎立莫正中，并劫掠边境，给安南都统使嗣位造成了很大的麻烦。明朝在查验莫宏瀷身份的同时，也需要对范子仪奏报内容作出甄别。时任两广总督欧阳必进调度有方，查勘信息以确保安南都统使继任，同时调兵剿灭范子仪力量。

二、欧阳必进查勘范子仪事件始末

《交黎剿平事略》是欧阳必进提督两广期间处理安南与海南岛黎族事务的奏文集结，嘉靖三十年（1551）张鳌为之作序，可知编纂完成当在此之前，民国时期郑振铎将嘉靖三十年刻本辑入《玄览堂丛书》。③《四库全书总目提要》：

---

① 《明世宗实录》卷三三一，中研院史语所，1962 年校印，第 6077—6078 页。
② 应槚初辑，凌云翼嗣作，刘尧诲重修《苍梧总督军门志》卷三四，全国图书馆文献缩微复制中心，1991 年，第 476 页。该书嘉靖三十一年（1552）应槚初辑，万历初年凌云翼嗣作，万历七年（1578）刘尧诲重修，万历九年（1580）刊行。
③ 欧阳必进撰，方民悦辑《交黎剿平事略》，嘉靖三十年刻本，1941 年郑振铎辑入"玄览堂丛书"，清华大学图书馆藏。

《交黎抚剿事略》五卷,浙江汪启淑家藏本,明方民悦撰。民悦,麻城人,嘉靖乙未进士,官至广东按察司副使。嘉靖二十八年,安南范子仪及琼州黎那燕入寇,时欧阳必进方总督两广,檄都指挥俞大猷等讨平之。民悦述其始末为此书。卷一为地图,卷二至卷四为奏疏,卷五为公移。案《明史·俞大猷传》,是役皆大猷之力,以严嵩薄其赏不得叙。民悦专归功于督府,亦非事实也。①

《交黎剿平事略》嘉靖三十年刻本四卷,《四库全书总目提要》记浙江汪启淑家藏《交黎抚剿事略》则有五卷,名称略有差异,可能是方民悦之后的增辑本。卷二记录了嘉靖二十八年六月初七日欧阳必进处理安南都统使司事务的奏疏,详细记载了安南都统使承继与范子仪之乱的原委。明朝方面记录:

> 莫正中、莫文明等投生赴诉,内称莫宏瀷年当五岁,阮敬欺其幼弱,肆行称乱追逐篡瀷等情,亦节经行查未报。又查廉州府行据安南海东府牒报,与莫正中等诉前情大略相同。②

莫正中称阮敬威逼宗室大臣,篡夺莫宏瀷之位。但明朝知晓莫宏瀷为莫福源之子,其虽年幼,被人篡位却是大事。欧阳必进行文广西左江道、广东海北道要求探查安南内部是否稳定:

> 查勘彼中事情,即今有无安戢,莫宏瀷有无存,在何处。先年颁给敕印见系何人捧守。如莫宏瀷见在,各该官员耆士人等就便扶护宏瀷正身,刻期齐赴镇南关,听候委官审勘承袭缘由,明实取具。该司所属宣抚官目人等归一供结,并莫宏瀷亲供宗图,同委官不扶重且结状履查的确,具由通呈以凭会议,奏请定夺。③

欧阳必进要求必须查明安南都统使司情况以及莫宏瀷是否安在,如果无事,须即刻与官员前往镇南关查勘印信,以保证都统使继承不出问题。明朝官员查访之下,竟然得到了莫宏瀷染痘病故的消息:

> 南宁卫指挥戚章揭帖禀称,访得莫福海生莫宏瀷,近于嘉靖二十七年二月内生痘疮故,今该司未知何人承袭等。④

此事非同小可,倘若莫宏瀷病故,则要选择新的承继人选,莫宏瀷年幼无子,须在兄弟中遴选一人,但定会引发权力争斗;若莫宏瀷无兄弟,则需在旁支中选择,问题会更加复杂。欧阳必进迅速做出安排:

---

① 永瑢等撰《四库全书总目提要》卷五三,中华书局,1960年,第484页。
② 《交黎剿平事略》卷二。
③ 同上注。
④ 同上注。

因又会行左道守巡官，督行南宁、太平等府卫掌印并督备官，备行安南附近谅山、长庆等府卫查勘，要见莫宏瀷是否，伊何月日染患痘疮病故，见今该司系是何人权管，有无相应承袭，作速查明，具由通行呈报，以凭施行，若有别故，亦要明白声说。①

同时地方官又得到莫宏瀷要求承继安南都统使的函件，且因贡期已到，莫宏瀷同时请求入贡：

宏瀷遵奉遗历，权总司事，具申军门，代为祈请袭职，虽未该奉朝命，然今恭遇贡期，莫宏瀷谨遵照先年敕书，仍仿如先国王世子故事，委差宣抚同知阮倩、副使谢询等赍捧奏启本表笺文并方物，已於本年四月十一日起，发往关候命，望乞责委诸司，照旧差官前来镇大关限日开钥。②

明朝先得莫正中报告阮敬篡莫宏瀷之位，地方官查知莫宏瀷病故，此事尚未查明，又得到莫宏瀷要求袭职、入贡的申请。莫宏瀷入贡请求送达朝廷，兵部因与原议不合，要求重勘。期间地方官又奏报安南阮敬率军攻烧伊关。兹事体大，欧阳必进再次做出安排，派指挥卞爵至镇南关与安南使臣共同审勘：

安南都统使莫福海是否于前项月日病故，莫宏瀷是否莫福海嫡子，及嫡妻莫氏何年月所生，即今是否见在，权管司事曾否？于何年月患痘，其权管司事现系何人扶护？原赐书印信现系何人收掌，该司官属地方现今有无和睦安辑，彼时因何烧毁伊关，驳行勘结因何久不回报？③

同时要求安南长庆、谅山等府查明情况报告。但廉州地方官接到范子仪奏报：

据安南宣抚司宣抚使范子仪等呈称，莫宏瀷的于今年二月内痘疮病故，并阮敬自僭称窃，乞转申军门，请发头目莫正中回安南承袭管治等。④

范子仪据守海阳、安邦等地，对于昇龙城中莫宏瀷的情况应该不是特别了解。但也称莫宏瀷发痘疮病故，这与明朝地方官员的情报一致。痘疮即天花，有很高的死亡率。笔者推测确切的情况可能是莫宏瀷确实患了天花，情况危急，但并未死亡。因其高危险性，远人不知内情，讹传为莫宏瀷患痘疮病故。但据钦州地方峒长黄凤阳报告，范子仪六月初三驻扎于安南万宁州，十八日越界掳去一名将官，并杀伤明军多人，因此请求派大军驻扎，伺机剿灭。明朝方面已经接到莫宏瀷奏范子仪作乱逃窜之事，但对其不能抑制叛乱任其荼毒颇为恼怒，如果莫宏瀷尚在，要求彻查："今若莫宏瀷委果见在司权事，则范子仪因何

① 《交黎剿平事略》卷二。
② 同上注。
③ 同上注。
④ 同上注。

得以日久啸聚,盘薄边疆？"①要求卞爵等将诸项事情一并查实。广西太平府派往安南查勘指挥孙正和峒长褊天缝回报：

> 宏瀷系先都统莫福海嫡子,应该承袭,原被族恶莫正中趂贼图夺职位。赖有合司官目尽力扶持,各辖路民照旧安帖。莫宏瀷今当在司城捧守敕印,权统司事,累有行文申禀军门及诸上司,节奉牌文行令莫宏瀷赴镇南关侯勘。莫宏瀷已委宣抚阮援萃等赍文缴报督备龙凭指挥咸章,乞限宏瀷护将敕印并带领宣抚使阮敬等抵关听审。②

因阮援萃未能按期到达,恰好孙正、褊天缝来查勘,莫宏瀷派老臣黎伯骊及宗族数人与孙、褊二人一起返回镇南关查勘、交接。明朝知悉原委：

> 先于嘉靖二十五年五月初十日,该司应袭都统莫宏瀷遵奉先都统使莫福海遗属,权管司事。就年九月日,先都统祖故莫登庸庶孽莫正中见应袭都统莫宏瀷年幼,潜与奸目阮如桂、范子仪、裴敬信等谋叛,图窃都统官位。旧时官目邓文值、范金梧等并族属莫文明等俱被他诱去,听从作叛。这时该司叔父莫敬典暨耆老官目黎伯骊、莫敬等声以大义,讨而正之。莫正中惧诛,逃于海洋、安邦路,方啸聚作乱。即月该司差委族目莫敬典同宣抚黎伯骊、莫敬等提兵攻剿。今年六月日,判目阮如桂等已即伏诛,其党裴信敬等并他所胁去官目邓文值、范金梧等一齐首服效顺。若杜世卿前已病故,惟莫正中负罪奔走。该司累行令莫正中能自悛革,待以不死。而莫正中执迷弗悟,携带族弟莫福山并不肖族属莫文明、莫仁智等违禁越漏天朝广东钦州界投住。其所捏作文词诬诉,委是虚妄。③

明朝随即对莫文明等人重新审查,莫朝则要求将其带回安南：

> 提解莫正中、莫文明等正身就将所安插男妇人口依数抵镇南大关,交付谅山宣抚司领回该司处治,以正地方乱贼之罪,以明天朝法宪之严。④

莫朝虽说明缘由,但对于莫正中、范子仪的力量则有所隐瞒。范子仪自嘉靖二十五年退守海阳、安邦,受到莫朝追击,嘉靖二十七年六月窜入明朝时仍保有较大的实力,最初败退时的力量只会更强。范子仪宣称莫宏瀷为阮敬所拘押病亡,阮敬把持内政,明朝官员则从安南海东、万宁、永安三处地方获得了假消息。能够帮助范子仪散布同样的消息,证明这三个地方倒向了莫正中。明朝仔细查勘莫宏瀷所奉印信及宗族图谱,印信确为明朝颁发官印,"而官属莫仁广等数百员名一一具贴通名,各申叩见"。⑤范子仪文书因为没有印信,明朝认为其不具备合法性,驳斥其所称迎立莫正中一事：

---

① 《交黎剿平事略》卷二。
② 同上注。
③ 同上注。
④ 同上注。
⑤ 同上注。

查莫宏瀷所开示宗图，莫正中系莫登庸庶生第四子，就使莫登庸不在，彼尚有亲弟莫敦獒。以伦序推之，应否莫正中承袭。[①]

明朝认定莫正中并无继承都统使的资格，但为慎重起见，仍命广西左江道从镇南关正面覆勘查实。然而形势却发生了变化，钦州报范子仪部众驾船十二只烧杀地方，该地又报四十余船突破龙门江口劫掠，百户许镇战死。廉州报有五十余船散布海面。明朝迅速组织力量防守，并对莫宏瀷、莫正中之事做出结论：

是安南事体之从遣，系于莫宏瀷之生死，若宏瀷名分不失，则阮敬等为尽心所事，而交通武氏、援立敬典乃其未彰之过。若莫正中擅立是实，则范子仪为僭逆之党，而攻逼主帅，诱杀官军，又其已行之恶，今日之事，诚宜督行广西该道移文彼中，定与期会，果阮敬、莫敬典别无异谋，官目人等一心扶戴，行令依期护送莫宏瀷亲赴镇南关听候军门选委。两广二司官数员押发莫正中临关审勘。但莫宏瀷一实封荫有归，顺逆自见，诸凡矫饰之词，不攻自破。[②]

至此明朝已认定莫正中、范子仪为叛逆，承认莫宏瀷继承都统使，而阮敬与武氏、莫敬典结盟立主之事，只是小过。明朝遂筹备剿灭寇乱明朝边境的范子仪势力。

三、明、莫联合平定范子仪之乱

欧阳必进派遣得力大将俞大猷前往平乱。《明史·俞大猷传》：

先是，安南都统使莫福海卒，子宏瀷幼。其大臣阮敬谋立其婿莫敬典，范子仪谋立其党莫正中，互仇杀。正中败，挈百余人来归。子仪收残卒遁海东。至是妄言宏瀷死，迎正中归立。剽掠钦、廉等州，岭海骚动。（欧阳）必进檄大猷讨之。驰至廉州，贼攻城方急。大猷以舟师未集，遣数骑谕降，且声言大兵至。贼不测，果解去。无何，舟师至，设伏冠头岭。贼犯钦州，大猷遮夺其舟。追战数日，生擒子仪弟子流，斩首千二百级。穷追至海东云屯，檄宏瀷杀子仪函首来献。[③]

俞大猷在其文集《正气堂集》中详细记载了平叛经过。嘉靖二十八年俞大猷为广东都指挥使司署都指挥佥事，范子仪"贼众七千余，驾船二百一十只"，[④]从海上攻来。俞大猷计划全歼贼众，调配火器，加强武备。[⑤]舟师齐集后，俞大猷设伏冠头岭，经连日战斗，歼贼大部，范子仪逃入安南内地。俞大猷遂移檄莫宏瀷责令出兵截捕。经过明军

---

① 《交黎剿平事略》卷二。
② 同上注。
③ 《明史》卷二一二《俞大猷传》，中华书局，1974年，第5602页。
④ 俞大猷《正气堂集》卷三《平交》，清道光孙云鹤味古书室刻本，四库未收书辑刊第五辑第20册，北京出版社，2000年影印本，第126页。
⑤ 《正气堂集》卷二《议征安南水战事宜》，第117—118页。

打击,范子仪力量所剩无几,安南很快送范子仪首级于军门。^①《大越史记全书》记载:

> 莫使敬典等督兵,讨莫正中及范子仪于安广。逐之,获子仪,送赴京斩之,传首于明,明人不受,还之。正中奔入明国,竟死于明。

其注云:

> 《本纪》云:初范子仪常欲立弘王正中为嗣,而莫诸宗王大臣谋立福源。正中不得立,乃与子仪作乱,入寇于明。明人多被其害。至此,明责于莫曰:藩臣无礼,容纵劫人,侵略大国,可兴兵致讨,以免边衅。时明欲起兵来,莫氏大恐,密使小卒擒获之,斩首,使人送于明。每至其地常为瘟灾,人畜病瘴,因此明人还之。^②

这两段史料未记俞大猷攻打范子仪之事,也未载莫朝派遣将领阮唯、阮侃、阮玷、阮锐、黎克惇、莫有命等十一人率水陆军兵缉拿范子仪三百余众之事,^③叙述亦带传奇色彩。黎氏遣小卒擒杀范子仪,其首级所至常有瘟疫,亦是匪夷所思。如此述史,简慢有失。《明史·陈圭传》记载:

> 安南范子仪等寇钦、廉,黎岐贼寇琼厓,相掎角。圭移文安南,晓以利害,使缚子仪,而急出兵攻黎岐,败走之。^④

陈圭时为总兵官,是俞大猷的上司,俞大猷传檄安南当得陈圭同意。黎歧即海南岛的黎族,叛服不定,范子仪之乱时亦有动向,陈圭在命令攻击范子仪的同时,也在防备黎族趁火打劫。欧阳必进奏折和俞大猷文集并未提及范子仪和黎族互为犄角,但交、黎并提,且事务多有交合。故范子仪乱定之后,陈圭即发兵攻打黎歧。中越典籍均记载范子仪为莫朝擒杀,惟《陈圭传》记载绑缚送来,《大越史记全书》和《正气堂集》则是传送首级,后者当实。

范子仪叛乱在莫朝的配合下被消灭,莫氏内乱也至此平息。明朝对莫宏瀷配合剿灭范子仪的行为给予了表彰,《明世宗实录》记载嘉靖二十九年:"命两广提督侍郎欧阳必进等奖赏安南应袭都统莫宏瀷,以擒叛贼范子仪等功也。"^⑤嘉靖三十年明朝同意莫宏瀷袭封安南都统使。^⑥滞留中国的莫正中等人,明朝认为"恐宏瀷初袭,事权未定,复生他衅,仍宜安插原所。俟宏瀷承袭有年,然后遣归,听其处分",^⑦莫正中结局如何,中越史书均未记载。

---

① 《正气堂集》卷二《平交》,第126—127页。
② 《大越史记全书》本纪卷一六,第852页。
③ 《正气堂集》卷二《论范子仪必可得》,第119—120页。
④ 《明史》卷一五三,第4210页。
⑤ 《明世宗实录》卷三六五,第6533—6534页。
⑥ 《明世宗实录》卷三七一,第6635页。
⑦ 同上书,第6636页。

四、黎光贲滞留事件

《大越史记全书》记载嘉靖二十七年"莫遣黎光贲等如明岁贡"，然而黎光贲却直到嘉靖四十五年正月二十五日方才回国：

> 遣吏部尚书兼东阁大学士蓟溪伯甲海、东阁校书范维垰等往谅山界首，迎接使臣黎光贲回国。光贲于嘉靖二十七年奉使，为明人所留十八年，至是回。①

明朝方面对此记载详细：

> 先是嘉靖二十七年安南期当朝贡，会都统使莫福海死，其子宏瀷摄国事，遣使目黎光贲等备方物修贡，至广西南宁府，守臣以闻，礼部以其名分未定，止来使南宁，而令守臣移牒安南，敦所当袭者。随于三十年勘明，授宏瀷都统使职，当亲诣镇南关领部牒。值其国内有乱，谅山道阻，宏瀷久不至关，光贲等留南宁十五年，偕来士从物故大半，宏瀷乃恳祈守臣为之代请，诏许光贲等入京修贡，其宏瀷嗣职公牒，仍俟亲至关授之。②

黎光贲嘉靖二十七年奉使修贡，抵达南宁之后，因莫正中、范子仪之事尚未明晰，明朝不能确定谁人袭职，故移文安南要求核实。《明世宗实录》记载：

> （嘉靖二十九年二月乙卯）故安南都统莫福海子宏瀷请袭封修贡如例，所司以闻。礼部言："宏瀷当袭与否，会勘未明，候报至，乃可许。"从之。③

但两广地方和安南方面迟迟未见回复，直到嘉靖三十年才清楚莫宏瀷为承袭人。后黎朝势力与莫朝交攻，《明史·安南传》记载：

> 会部目黎伯骊与黎宁臣郑检合兵来攻，宏瀷奔海阳，不克赴。④

莫宏瀷始终未亲至镇南关领部牒，无部牒即无合法性，使臣便不能启程赴北京，明朝官员也不允许未完成封授程序的莫朝官员进京。黎光贲因道阻不能回国，又不能启程进京，无法完成修贡任务，滞留南宁十五年。后莫宏瀷请广西官员代奏，请求准许入京修贡。嘉靖四十三年十一月，黎光贲等进京，《明世宗实录》记载：

> 安南都统使莫宏瀷所遣宣抚副使黎光贲等，奉表文方物至京。此嘉靖二十七年岁例贡也。光贲等至中国十五年余矣，使臣从士物故过半，是至始得达。上嘉其恭

---

① 《大越史记全书》本纪卷一六，第860—861页。
② 《明世宗实录》卷五二一，第8532页。
③ 《明世宗实录》卷三五七，第6413页。
④ 《明史》卷三二一，第8334页。

顺,特赐宴如朝鲜、琉球二国陪臣例。①

明朝已降安南国王为从二品安南都统使司,使臣入贡接待当低于先前的安南国王时期。《明世宗实录》记载:

> (嘉靖二十二年四月乙亥朔)乙未安南都统使司都统使莫福海使辖内宣抚同知阮典敬、阮昭训等分进谢恩修贡表笺,赍纱罗彩币绢钞等物如例。礼臣以安南既废不主,则入贡官员非异时陪臣比,宜裁其赏赍。上曰:"福海既纳贡谕诚,其赍如故,第罢赐宴,稍减供馈以示非陪臣礼。"②

"陪臣",《史记集解》服虔曰:"陪,重也。诸侯之臣於天子,故曰'陪臣'。"③ 嘉靖帝君臣以安南"既废不主",非前时的诸侯国,使臣遂非"陪臣",但明朝似未明确莫朝使臣具体等级。嘉靖二十四年八月"安南都统使莫福海差宣抚阮诠等奉表贡方物,宴赏如例",④此处之"宴赏如例",当以嘉靖二十二年的"非陪臣礼"进行。莫朝贡使再来即是嘉靖四十三年黎光贲入京了。嘉靖皇帝因莫朝恭顺有加,使臣恪尽职守,忠君之事,特赐宴如朝鲜、琉球王国使臣,即之前的安南国王使臣等级。莫朝贡使得赐宴者仅两次,黎光贲之外,万历九年六月:

> 安南都统使莫茂洽差宣抚司同知梁逢辰等赍捧表文,补贡嘉靖三十六、三十九年分正贡,万历三年、六年分方物。部覆:"茂洽并进四贡,忠顺可嘉。"诏赐宴赏,仍给敕褒之。⑤

他者皆无"赐"字,可见诸侯国陪臣得明朝天子赐宴为常例,非陪臣则仅得明朝常规接待。黎光贲和梁逢辰因莫朝表现出的恭忠而得天子赐宴,于莫朝使臣实为特例。黎光贲至此终于完成了修贡任务。黎光贲至京引起了不小的影响,《殊域周咨录》记载:

> 有贡使至京,朝廷以其伪官,待查明白方许献进。行文去后,查无的音,其贡使不敢回。至今隆庆二年,大学士李春芳悯贡使久处邸中,且能敬守主命,为之奏受其贡遣回。使人在中国二十余年,青鬓而来,今回须发尽白,人以为比苏武皓首以归云。⑥

《殊域周咨录》成书于万历十一年,记载黎光贲修贡事多有不符,听以传闻。但传说黎光贲至京引起宰辅大学士李春芳注意,认为能够"敬守主命",实为忠臣。时人又将黎

---

① 《明世宗实录》卷五四〇,第8745页。
② 《明世宗实录》卷二七三,第5366页。
③ 标点本《史记》卷四《周本纪》,中华书局,1959年,第153页。
④ 《明世宗实录》卷三〇二,第5736—5737页。
⑤ 《明神宗实录》卷一一三,中研院史语所,1962年校印,第2157页。
⑥ 严从简《殊域周咨录》卷六,中华书局,1992年,第233页。

光贲比为汉之苏武，可见钦佩有嘉。黎光贲回国，莫朝遣吏部尚书甲海等至谅山边界迎接。然而历史的吊诡即在于此，中兴黎朝复辟之后，大肆清除莫朝影响，黎光贲这样的忠莫之臣，史书一笔带过，其青鬓使、白首归之嘉言懿行在安南遂至湮没无闻。

五、俞大猷对安南局势的预测

因莫朝叛臣范子仪攻略廉州、钦州，俞大猷作《交黎图说》（《正气堂集》卷三）以防备贼人来犯，并密切关注安南方面的情况。莫朝虽然建政，但忠于后黎朝的力量仍在活动。嘉靖十二年（1533）后黎朝大臣阮淦立黎维宁为帝，经过阮淦等人的不懈努力，反莫力量日趋强大。范子仪之乱平定之后，莫朝与后黎朝反抗力量相争，但能保持优势，安南也处于相对稳定的时期。嘉靖二十八年后，俞大猷虽转战于江南抗倭战场，对安南事务仍有关注，并获知黎氏活动的消息：

> 安南老臣黎伯骊称抱养旧黎目之后伯敦，如程婴立赵孤之义。倡乱兴兵，逐莫宏瀷而篡之，奄有交州等府。莫宏瀷、莫敬典并其臣数人避居都斋，仅有海东、海阳二府，但一向不敢来永安、万宁住泊，盖鉴前人之误也。计其终当尽归于黎矣。[1]

嘉靖二十五年莫宏瀷遣使明朝请任安南都统使，但明朝因莫中正争位，至嘉靖三十年方辨析明白，遂授予安南都统使。同年黎氏进攻昇龙，莫宏瀷奔逃，《大越史记全书》记载：

> 太师谅国公郑检使莫降将黎伯骊与武文密等进迫京师。莫福源奔金城，留莫敬典为都统帅，将兵据守。[2]

《苍梧总督军门志》则记：“（莫宏瀷）屡为登庸臣黎伯骊所攻，出奔海阳。”[3]黎伯骊在莫宏瀷继位之时曾协助其稳定政权，又曾与莫氏宗族数人及孙正、褟天缝二人一起返回镇南关查勘、交接。嘉靖二十九年因范琼、范瑶进谗，黎伯骊及其子黎克慎叛逃黎氏一方。[4]

黎庄宗维宁（又称黎宁）即位时十八岁，由老臣阮淦辅佐登基，开始复国大业。阮淦在嘉靖二十四年（1545）被毒杀，卒年七十三，黎氏力量由其婿郑检统领。黎庄宗嘉靖二十七年（1548）崩，长子暄继位，是为黎中宗。俞大猷记载莫朝讯息当在嘉靖三十年以后，与真实情况相差很大，可能是因为抗倭战事吃紧，俞大猷已经没有多余力量来关注安南事务了。黎氏之中流砥柱实为阮淦，并非黎伯骊。但俞大猷以程婴抚赵氏孤儿称黎氏君臣高义，赞誉极高。虽然俞大猷所记黎莫相争过程细节有误，但黎氏渐在内战中占据上风则与安南形势相符，因此俞大猷断定黎氏终将胜利，再有安南。万历八年（1580）俞大猷卒于家中，享年七十八岁。万历二十一年（1593），黎氏攻杀莫朝皇帝莫茂洽复国，史称“中兴黎朝”，但朝政完全为阮淦之婿郑检一系把持，黎氏仅得

---

① 《正气堂集》卷二《料交黎后日之事》，第 124 页。
② 《大越史记全书》本纪卷之一六，第 852 页。
③ 《苍梧总督军门志》卷三四，第 476 页。
④ 《大越史记全书》本纪卷一六，第 851 页。

一空头皇帝。[①]

六、余论：范子仪之乱与明、莫关系

中国自封丁部领为交趾郡王以来,均以王爵待安南,明朝降安南为从二品都统使司实为前所未有之举措。安南都统使司专为莫朝而设,大沢一雄认为是仿照明朝的土司制度而设,安南仍奉明朝正朔,留置于藩贡体系之中。[②]明朝不再派官员前往安南册封、告祭,而是由继任者在镇南关接受任命,莫朝则继续奉明朝为宗主,入京贡奉,贡使也不再享受先前的安南国王时期的待遇。但安南名为从二品都统使司,贡奉仍如往时安南王国之时。由明朝重新塑造的与安南莫氏都统使司关系具体如何执行,与之前的明朝和黎氏安南国王关系又有何区别,因中兴黎朝毁弃莫朝史籍,莫氏历史大多湮灭无考。范子仪之乱引发的明、莫交涉则对此提供了较多的资料：

（一）安南都统使的继承。前使亡故,继任者必须得到明朝的封授方才合法,这一点与黎氏须得到明朝授封情况相同,只是地点改在镇南关,封授官员也由两广总督派出,明朝中央不再派员。因明朝官员不直接到昇龙城,莫正中才得以申诉并阻挠莫宏瀷继承,黎光贲亦因莫宏瀷未得到明朝封授而长期滞留。

（二）莫朝独立处理内部事务,明朝不轻易插手。莫正中申诉和范子仪寇掠牵扯的最主要的问题即是莫宏瀷是否为合法继承人、是否亡故,对此欧阳必进屡次移文安南查勘,并要求钦州、太平等与安南交界地方官府移文多方查验,皆由莫朝自查,明朝勘验。俞大猷歼灭范子仪大部力量之后,也并未乘势追入安南剿灭,而是由上司总兵官陈圭移文安南,要求莫宏瀷出兵歼灭。可见明朝并不轻易介入安南内务。

（三）修贡。莫朝继续向明朝进贡,这延续了之前明朝与后黎朝的方式。黎光贲因未能完成贡使任务,滞留南宁十五年,亦不改决心。中越典籍保留了莫朝修贡的记录。

由此可见明朝虽然将安南降为从二品都统使司,但莫朝仍然保持了自己的独立性,与明朝的关系也延续了先前的册封和修贡,明朝也不插手莫朝内部事务,这与明朝与黎氏安南国王的关系大致相同,所改变者只在封授的地点和官员等级方面。[③]明朝与莫氏安南都统使司关系是明朝和黎氏安南国王关系的延续,修贡册封的内容并未因外在形式的变化有实质性的改变。

中越历史交往千年,自宋代以后,除了少数的几次战争冲突状态,两国建立了长期稳定的关系。对稳定时期的紧张事件,中越双方多以行政方式解决,避免武力冲突,维持两

---

① 黎朝中兴史事,请参看校合本《大越史记全书》卷一六、一七。

② 大沢一雄《黎朝中期与明清的关系》,山本达郎主编《越南中国关系史》第六章,山川出版社,1975 年,第 363—364 页。另大沢一雄《明末における中国・越南関系の推移》(《横浜商大論集》1971 年第 2 月,第 22—49 页)一文于此论述更加详细。

③ 陈文源、李宁艳《莫登庸事件与明代中越关系的新模式》,《暨南学报(哲社版)》2010 年第 1 期,第 153—160 页。作者认为降级安南都统使、镇南关封授、贡使待遇降低是明朝与安南关系的新模式,即明朝将安南国在体制内定位为内属行政区。笔者认为安南都统使司仍留置于明朝藩贡体系之中,且安南仍依往例贡奉,很难证明"内属行政区"的观点。且就范子仪叛乱之事而言,改变的只是形式,明朝与莫朝的关系延续了明朝与后黎朝的关系,本质并未改变。

国关系的平稳。范子仪事件是明、莫双方关系较为稳定时期的一个突发事件,对于因安南内乱引起的范子仪武力寇略边境,明朝和莫朝首先以行政方式查验原委,在对各方关系调查清楚之后,方联合剿灭叛乱力量。这正是中越关系稳定时期的常态处理方式,即以行政方式为主导解决力量,最后才辅以军事手段完成。范子仪事件是中越关系历程中的一个典型,体现了中越双方对稳定时期突发事件的处理规程和方式。

Fan Ziyi's Rebellion in Mo Dynasty of Vietnam and the Relationship between China and Vietnam

Ye Shaofei, HongHe University, Yunnan Province, China.

Abstract: Because of Mo Dengyong(Mạc Đăng Dung)'s usurpation, the Jia Jin emperor of Ming dynasty downgraded the title of the Annam(Vietnam) from the King to Dutong Shisi of Annam, an senior local government official, and thus built a new relation between the two countries. After failing in the battle of succession of Dutong Shisi, Fan Ziyi(Phạm Tử Nghi), a general of Mo dynasty(Nhà Mạc), began to plunder the border area of Ming dynasty. He was then destroyed by the coalition forces of Ming China and Mo Vietnam. Administrative and diplomatic means were firstly considered by the two countries for this event, the military forces were used then. The Ming China didn't interfere the Annam's internal affair, which means Annam was still an independent country which is actually a kind of succession of the relation between the Ming China and the Le Vietnam. The rebellion was an unexpected event as well as an extreme event during the stable period of the two countries, which showed the method and procedure of the two countries to solve unexpected event during the stable period.

Key Words: Annam; Mo dynasty, Nhà Mạc; Fan Ziyi, Phạm Tử Nghi; Relation between China and Vietnam

（本文作者为云南省蒙自市红河学院红河州越南研究中心副教授）

第一次世界大战前后的日本海运业[*]

杨　蕾

提　要： 日本明治维新后,政治、经济、文化逐步走上近代化道路,其海运业也在经历甲午战争和日俄战争后取得了较快发展。一战爆发后,日本抓住远离战场中心及欧洲生产衰弱的机遇,大力扩充海运业及海外贸易。在一战刚刚结束的 1920 年,输出入贸易显著增加,一跃成为世界第三的海运强国。如果说第一次世界大战是列强将资源全球化,不断扩大权力的过程的话,那么,19 世纪末 20 世纪初的日本正是通过海运崛起参与了世界资源的国际化,实现了利益增加及国际地位的提高。本文利用日本轮船会社的社史、新闻报道等资料,通过考察一战前后日本海运发展及扩张的过程,分析第一次世界大战对日本海运及日本崛起的重要影响。

关键词： 一战　日本　海运　贸易

1914—1918 年的第一次世界大战以欧洲战场为主,同时波及世界其他地区,对世界历史发展进程产生了重要影响。它不仅是欧洲历史的转折点,也是世界历史的转折点。

著名学者徐蓝教授曾经提出：从战争本身来说,第一次世界大战是世界上第一场总体战争。从更长的时段和更广泛的空间来看,这场工业化大国之间的首次战争并不仅仅涉及欧洲的民族国家,而是各个殖民帝国之间的战争。研究者通过对具体国家的考察,层层描述这个不断将全球资源投入冲突的过程,并从根本上揭示出列强在将这些资源转化为全球范围内的战争武器的同时,不断扩大权力的过程。[①]因此,如何利用史料,揭示一战中资源被国际化的过程将是一战研究的重要问题之一。

日本自明治维新以来,逐步走上近代化道路,政治、经济、文化等方面都在变革中出现了迅速发展的局面,由传统的农业国转变成近代工业国家。本文利用日本轮船会社的社史、新闻报道等日文资料,通过考察 19 世纪后期以来日本海运逐步扩张过程,分析甲午战争、日俄战争和第一次世界大战对日本海运发展的重要影响,揭示日本通过海运参与到资源国际化的过程,以及海运发展与日本崛起的重要关系。

一、一战前日本海运业的发展

19 世纪中后期到一战前,西欧各国不断拓展与非洲、亚洲、澳大利亚及南北美地区的海上航运,进一步将其在世界各地的势力范围与欧洲相连接。这些远洋航路的开拓,直接引发了世界航运业的近代化变革,传统的帆船航运逐渐被轮船航运所取代。日本航运业

---

　　* 本文受山东省社会科学规划项目一般项目（项目批准号：14CLSJ16）和山东师范大学青年教师科研项目（项目批准号：13SQR023）资助。

　　① 徐蓝《国际史视野下的第一次世界大战研究》,《光明日报》2012 年 7 月 9 日。

近代化之路正是在这样的背景下启程的。

1.19世纪后期日本海运的崛起

1862 年（文久二年），日本废除了长达 220 余年的锁国令，对外实行以建立国交和开港贸易为中心的开放政策。欧美的轮船公司进入日本航运市场，开通了日本和欧美之间的轮船航线，如英国的 P&O 公司 [①] 经营横滨·上海·香港线；海洋轮船公司（Ocean Steam Ship Co.）经营利物浦·横滨的直通航线；美国的太平洋邮递公司（Pacific Mail S.S.Co.）经营海参崴·横滨·香港间的远东航线；美国东西洋轮船公司（Oriental and Occidental Steamship Co.）经营海参崴和香港线等。[②] 这些外国船只从日本输出生丝、茶、米、煤炭，往日本输入棉毛纺织品、砂糖和石油等。面对欧美轮船公司的"侵入"，明治维新开始后的第二年（1869 年）10 月，日本幕府颁布命令，允许各地大名自由建造船舰并允许庶民购置大船。1870 年，又发布了商船规则，对西洋轮船的所有者实施保护奖励，并成立了半官半民的洞漕会社。该会社经营东京和大阪间的定期航线，是日本最早的海运会社。1870 年 5 月成立三菱会社，经营东京、大阪、高知间的国内航运。1875 年 1 月，在日本政府主导下，三菱会社开通了首条外国航线——横滨·上海线，利用东京丸、新潟丸、金川丸、高砂丸四艘轮船，每周航行 1 次，并在与 P&O 公司竞争中逐渐取得优势，[③] 给日本海运带来了发展的信心，海运事业开始兴起。

> 彼阿汽船（P&O 公司）已经终止了这条航路，我辈将在日本沿海实现雄飞。可以说，如果我们利用日本邮便航路横断地球，海运事业将相当可观。[④]

由此可见，英国轮船公司终止中日航线，使日本海运事业信心大增，并准备以中日航线为契机，把海运视野拓展到全球。

1877 年（明治 10 年）2 月的西南战争爆发后，由于战争需要的增加，成立了很多轮船会社，日本国内海运业迅速发展起来。

> 当时的大阪是西南战争的军需基地，因此以大阪为中心的船运需要增大，轮船的建造和买卖盛行。在大阪附近设立的轮船会社有：冈山的偕行会社，广岛的广凌会社，丸龟的玉藻社，和歌山的明光会社、共立会社，德岛的船场会社、太阳会社，淡路的淡路汽船会社等。此外，个人从事海运业的也很多，这些船舶有 110 余只，船主有 70 名以上。[⑤]

到 19 世纪 80 年代，日本两大轮船会社的成立成为明治时代日本海运业飞速发展的

[①] 半岛东方轮船公司（英文名称：Peninsular and Oriental Steam Navigation Company, London），俗称铁行轮船公司或大英轮船公司，简称 P&O。

[②]（日）冈田俊雄编《大阪商船株式会社 80 年史》，大阪商船三井船舶株式会社，1966 年 5 月，第 2—4 页。

[③] 同上书，第 6 页。

[④]《七十年史》，日本邮船株式会社，1956 年 7 月，第 12 页。

[⑤]（日）冈田俊雄编《大阪商船株式会社 80 年史》，大阪商船三井船舶株式会社，1966 年 5 月，第 8 页。

标志,即大阪商船株式会社(1884 年、大阪)和日本邮船株式会社(1885 年、东京)的成立。其中,大阪商船株式会社主要经营大阪以西的 22 条国内航路,日本邮船株式会社主要经营 11 条日本内海航路和 3 条日本近海航路(横滨・上海、长崎・浦汐(海参崴)、长崎・仁川)。①

可以说,在与欧美航运势力的竞争中,19 世纪七八十年代,洄漕会社、三菱会社及以大阪为中心的多家轮船会社的相继建立,是明治初期日本航运业初步兴起的标志。

19 世纪末期,日本在甲午战争中取得胜利,给日本政治、经济带来新的刺激。通过《马关条约》的签订,日本不仅实现对台湾及其附属岛屿的占领,还攫取了其他利益,这成为日本发展东亚海运,开辟中国航路的一个重要契机,加速了日本海运的海外扩张。

> 日清战争胜利的结果,我国不仅占领了台湾,而且还在中国获得了各种权益,我国的海运自然也将视野扩展到国外。迄今为止的贸易及对外航路实权一直被外国所独占。日清战争时,海运界完成了物资和兵力的输送,战争结束后必须将重点转移到贸易这一重大任务上来。因此,明治 29 年(1896)10 月造船奖励法和航海奖励法颁布实施,同时指定了特定航路的补助。在政府这些海运补助政策下,我国海运业在近海航路和远洋航路飞速发展。……我社台湾航路、中国航路的发展就是其显著表现。②
>
> 日清战争使政府看到了海运业和造船业的盛衰可以左右国家的发展,于是明治 29 年(1896)10 月日本政府施行了造船奖励法、航海奖励法,资助国内的造船和航路的开设。③

日本在甲午战争(日清战争)中的胜利,是 19 世纪末期大阪商船株式会社将航路进一步扩展到海外的一个直接背景,航运的发展甚至被提高到可以"左右国家发展"的高度。1896 年日本颁布了所谓"造船奖励法"和"航海奖励法",这两项法案大大促进了日本海运的发展。

2. 20世纪初期日本航运的发展

进入 20 世纪,1904 年日俄战争的爆发再次推动了日本海运的发展。日俄战争中,大阪商船株式会社和日本邮船株式会社都有轮船被政府征用,被称为"御用船"。"为了支持日俄战争,船舶 1088 只、65 万 7 千吨中的大部分被征用,最多时,陆军使用 177 只、44 万吨,海军使用 89 只、23 万吨,合计达 266 只、67 万吨。"④战争的征用使可以正常进行货物运输的船只数量大大减少,从而影响了一些航路的运营,如欧洲航线等的正常运行,并且使一些船只沉没和损坏。但日本的海运业不仅没有因此受到限制,反而由于战争胜利得到了发展契机。日本借日俄战争的胜利获得了更多的海外权益,进出口贸易快速发展(表 1)。

---

① (日)长谷川茂《関西汽船 25 年の路》,关西汽船株式会社,1868 年 12 月,第 28 页。
② (日)冈田俊雄编《大阪商船株式会社 80 年史》,大阪商船三井船舶株式会社,1966 年 5 月,第 22—23 页。
③ 同上书,第 28 页。
④ 同上书,第 33 页。

表1：日本与外国贸易统计 （单位：万円）

时 间		输 出	输 入
明治 31 年	（1898）	16575	27750
明治 36 年	（1903）	28950	31713
明治 40 年	（1907）	43241	49446

（资料来源：根据《七十年史》，日本邮船株式会社，1956 年 7 月，第 113 页整理）

在造船奖励法的推动下，各大造船厂，如三菱长崎造船所和川崎造船所等造船数量也不断增加（表2）。加上日本国内铁路的修建使货物运输更为便利，于是，各轮船公司为了满足贸易需要，开始大量从外国购入新船和订制新船。"明治 38 年（1905）末，我国船舶达到 1390 只、93 万 2 千吨，和战前相比，总吨数增加了 5 成。"[①] 可以说，船舶数量和运载能力的增加成为 19 世纪末 20 世纪初日本航运业发展的显著表现。

表2：根据造船奖励法所造的合格船只统计（1896.10—1913.12）

造船所	只 数	总吨数
三菱长崎造船所	43	207765
川崎造船所	35	101713
大阪铁工所	30	30521
其 他	4	4568
合 计	112	344567

（资料来源：根据《七十年史》，日本邮船株式会社，1956 年 7 月，第 118 页整理）

航线方面，大阪商船株式会社和日本邮船株式会社在不断扩大船只数量的同时，纷纷借两次战争胜利之后的经济恢复和发展之机，迅速开辟新的航线，除原有的内海航路之外，新增了很多东亚航路和远洋航路。日本邮船株式会社的远洋航路从最初的伦敦航路等 4 条航线，到 1910 年增加到 23 条。东亚航线中与中国的航运最为频繁，航线集中在上海、天津、汉口、大连这几个大港口及中国北部的牛庄、青岛及香港。[②] 大阪商船株式会社发展也很迅速，其运载能力比创立之初增长了 10 倍。

> 根据明治 26 年的统计，日本船的装载量 15 万 2000 吨，世界排名 12 位，日清战争后明治 29 年 33 万 5000 吨，日俄战争后明治 39 年达 100 万吨，到大正 2 年成为世界第 7 位的海运国家。20 年间，日本船的装载增加约 10 倍，取得了令世界震惊的发展。我社明治 26 年总装载量 1 万 8000 吨，日清战争后 3 万吨，日俄战争后 11 万吨，现在达到 17 万 7000 吨，与建立初期比增长了 10 倍。[③]

甲午战争和日俄战争对大阪商船株式会社发展起了促进作用，运输能力由甲午战前

---

① （日）冈田俊雄编《大阪商船株式会社 80 年史》，大阪商船三井船舶株式会社，1966 年 5 月，第 33 页。
② 日本经营史研究所编《日本邮船百年史资料》，日本邮船株式会社，1988 年 10 月，第 704—705 页。
③ （日）冈田俊雄编《大阪商船株式会社 80 年史》，大阪商船三井船舶株式会社，1966 年 5 月，第 23 页。

的不到 2 万吨,跃进到日俄战争后的 11 万吨,继而在第一次世界大战之前,达到近 18 万吨,比建成时运输能力增加了 10 倍。到成立 30 周年(1913 年)的时候,大阪商船株式会社的汽船运输总吨数已经超过 19 万吨,拥有 44 条定期航路,成为仅次于日本邮船株式会社的第二大汽船会社(表 3)。[①]

根据大阪商船株式会社所统计的日本运输能力与世界运输能力比较可以看出,第一次世界大战之前(1913 年),"日本以运输能力 150 万吨的规模一跃成为世界排名第七位的海运强国"。[②]

表3:世界和日本的船舶运输能力比较 (单位:千吨)

年　度	世　界	日　本	世界排名
1893	15,264	152	12
1896	17,738	335	9
与 1893 年比	116%	220%	
1903	27,183	586	9
1906	31,745	997	6
与 1893 年比	208%	656%	
1913	43,079	1,500	7
与 1893 年比	282%	990%	

(资料来源:根据《大阪商船株式会社 80 年史》,大阪商船株式会社,第 23 页整理)

二、一战后日本海运业的新跃进

1. 一战给日本海运带来的发展良机

第一次世界大战的爆发,给日本飞速起步的近代海运业带来新的刺激,使日本海运在前期发展的基础上实现了新的跃进。

日本邮船株式会社社史《七十年史》对一战给海运业带来的新契机有如下描述:

> 日本远离战局中心,又恰逢战乱扩大和欧洲方面生产的减退及物资需求激增,我们产业界迎来了大发展,带来了输出贸易的盛况。我们海运界也因外国船的撤退,出现了前所未有的繁荣。[③]

第一次世界大战以欧洲为主要战场,远离战争中心的日本不仅没有直接受到战争的破坏,还因欧洲商品生产的衰退和物资短缺而获得了更多的商贸机会。随着生产和贸易的增加以及欧洲商船因战争造成的航运减退,日本的轮船航运出现了"前所未有的繁荣"。

各大报纸对当时的航运盛况也进行了报道:

---

① (日)财团法人日本经营史研究所编《創業百年史》,大阪商船三井船舶株式会社,1985 年 7 月,第 139 页。

② (日)冈田俊雄编《大阪商船株式会社 80 年史》,大阪商船三井船舶株式会社,1966 年 5 月,第 23 页。

③ 《七十年史》,日本邮船株式会社,1956 年 7 月,第 123 页。

受到时局的影响，各海运国不得不从世界航路上撤退。以致于我国船舶以堂堂雄姿傲然海上，欣喜之情不能自已。[①]

日本海运在 20 世纪初期得到大发展的直接因素就是以往活跃在世界海运市场的欧洲船舶因战争影响而大量减少，使得世界物流业出现航运不足的局面，这给日本船舶扩展海外市场带来了很好的时机。对于欧洲船舶不足的原因和如何抓住良机发展日本海运，《大阪每日新闻》和《大阪朝日新闻》有如下的报道：

现今（我国）海运界活跃的原因以一言以蔽之，就是欧洲船舶不足。造成船舶不足的原因则有三条：第一，建造数减少。第二，因战争损失船数增加。第三，不能用于贸易的船只增加。对于建造数的减少，毫无疑问，主要是因为战争的征用，造成造船材料的不足和工人数量的缺乏。如英国，平时每年新造船吨数大约一百六十万吨到二百万吨，但是去年 9 个月的建造数只有五十六万一千一百吨。即便前一年也没超过七十五万吨。……世界各国造船数在之前五年间每年平均大约造船二百六十万吨到三百三十万吨之间。然而，去年的新造船只有一百五十万吨，还不到往年的一半。[②]

欧洲海运界因一战遭受重创，主要表现为用于贸易运输的船只不足。这和造船数量减少、战争损耗等息息相关。一战以前在造船和海运界首屈一指的英国，在战争爆发后，其所造船只的总吨数减少一半以上，可以说影响巨大。除了英国，德国海运也在一战中损失惨重。

德国在大正 3 年（1914）6 月曾以 513 万吨的装载量居于世界第二位，但是因终战后的讲和条约，大部分海洋船只被联合国没收，减少到只有 42 万吨，其国际航线也因此暂时隐退。[③]

德国在一战前夕曾经是世界第二位的海运强国，但是战后大部分船只因战后合约被联合国没收，国际航线也受到重创。在这种情况下，与欧洲船只不足相对，日本海运界得到发展良机：

由于世界船舶依然处于（运力）不足的局面，我国海运界在欧洲、澳州、南北美洲之间空前活跃。对于期待海运进步的我们来说，实则为千载一遇的良机。[④]

可以说，一战对于日本海运界来说，可以称为"千载一遇"的好机会，达到"空前活跃"的

---

① 《欧洲戦乱と邦船活動》，《時事新報》，1914 年 10 月 31 日。
② 《世界海運業の趨勢》，《大阪每日新聞》，1916 年 4 月 22 日。
③ （日）冈田俊雄编《大阪商船株式会社 80 年史》，大阪商船三井船舶株式会社，1966 年 5 月，第 40 页。
④ 《海運界空前の殷盛》，《中外商業新報》，1915 年 6 月 7 日。

局面,拓展了欧洲、澳大利亚和美洲的诸多航线:"我社在大战中就尽早着眼于诸航路,进出欧洲、澳大利亚、印度、南洋,日本邮船、山下汽船、三井物产等会社也扩张了许多航线。"①

2. 一战后日本贸易的发达和航线扩充

海上航运是物资运输的重要途径,海运进步的前提是生产和贸易的扩大,两者密不可分。一战爆发以后,来自欧洲的产品订单大量增加,日本的生产和贸易随之扩大。《福冈日日新闻》曾有这样的报道:

> 去年二月末开始,随着欧洲交战国生产状态的调整,诸种物资和军需品的订单纷纷从我国订货。从神户、横滨出发前往国外的船舶平均一个月有二十三四艘之多⋯⋯由此可见,海运界呈现出未曾出现过的活跃局面。②

神户和横滨作为日本大型对外贸易港,成为对欧美贸易运输的基地。欧洲因战争导致的生产萧条,给日本企业带来大量商品订单。这些来自欧洲的订货大大激活了日本的贸易和经济,使运输业也呈现出活跃的局面。

> 我国海运业者应该很好地利用这次良机,而且必须抱有雄飞于世界的觉悟。要扩大商权、促进对外贸易,需要以扩充海外航路为先手。③

日本航运业努力抓住一战中的发展良机,扩充贸易。将扩充海外航路作为贸易和海运发展的当务之急。于是,各大轮船公司在维持欧洲航线的同时,开辟了更多远洋航线。

> 由于一战中的"无限制潜水艇战",欧洲航线受到极大影响。为了在战争中进一步抢占欧洲市场,日本采取增加欧洲航线的海运保险,申请交战区联合国军舰的保护等做法维持欧洲线的顺利运营。此外,还相继开通新的远洋航线,如世界一周线、纽约线、地中海线、加尔各答·纽约线,等等,日本与美洲的航线进一步扩充。④

日本采取了增加海运保险、申请联合国军舰保护等措施,维持战争中欧洲航线的正常运行,以保证日欧间贸易的顺利发展。同时,进一步扩充了日本到世界各地的航线。

如下图,大阪商船株式会社在 1918 年的时候,已经有亚洲航线、美洲航线、澳大利亚航线、欧洲航线,与建立初期相比,航线范围大大增加,覆盖除南极洲之外的各个大洲。航线的不断扩充的另一个重要表现是日本输出入商品贸易额的大量增加。

---

① (日)冈田俊雄编《大阪商船株式会社80年史》,大阪商船三井船舶株式会社,1966年5月,第41页。
② 《海運界の近勢》,《福岡日日新聞》,1916 年 5 月 16 日。
③ 《世界海運業と我が日本》,《大阪朝日新聞》,1915 年 11 月 20 日。
④ 《七十年史》,日本郵船株式会社,1956 年 7 月,第 125 页。

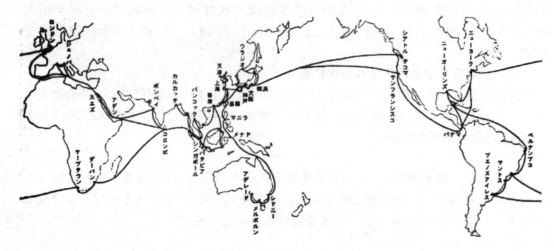

图1：大阪商船株式会社大正7年（1918）航线图

表4：第一次世界大战中的日本输出入贸易

年　份	输出（万円）	指数	输入（万円）	指数	合计（万円）	指　数
1914	59110	100	59537	100	118683	100
1915	70830	120	53244	89	124074	105
1916	112746	191	75642	127	188388	159
1917	160300	271	103581	174	263881	222
1918	196210	332	166814	280	363024	306
1919	209887	355	217345	365	427232	360

（资料来源：《七十年史》，日本邮船株式会社，1956年7月，第124页）

　　由以上表格可以看出，随着一战的爆发，日本的输出入贸易逐年增加。如果以1914年的输出入数量为指数100来看，到1918年，日本贸易输出入指数达到306，达到1914年的三倍之多，1919年更是达到360之多。下图可以清晰表示输出入贸易额的消长。

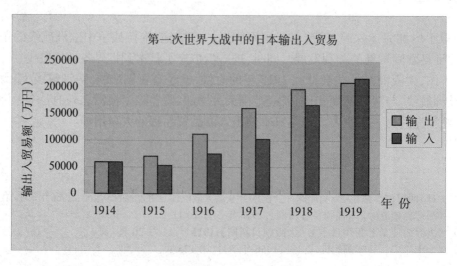

由上图可见,日本输出入贸易的急剧增加。在战争中的 1914—1918 年,输出贸易都比输入的总额度大,尤其从 1915 年开始,输出贸易额和输入贸易额的差距逐年增加,是日本产品借欧洲生产不景气之机,抢占世界市场的体现。这些贸易额的增加大大加强了日本的国力,为日本实现二战前的强盛打下了基础。

三、小　结

第一次世界大战之前的日本海运业,经过明治维新、甲午战争和日俄战争,逐步崛起并快速发展,表现为大型轮船会社的建立和新航线的不断设立,在 20 世纪初期日本海运位列世界海运第七位。第一次世界大战爆发后,日本因远离欧洲战场、欧洲生产衰退及所需物资的增加等因素,而迎来"千载难逢"的发展机遇,不管是运载量还是航线数都有了显著增加,可以从下表明显看出日本海运能力的增长。

表5:第一次世界大战前后主要海运国运载量　　　　　　　　　（单位:千吨）

国名	大正 3 年(1914 年)	大正 9 年(1920)
英国本国	18872	18110
英国属领国	1613	2032
美国　海	2026	12406
大湖	2260	2118
法国	1922	2963
德国	5134	419
荷兰	1471	1773
意大利	1430	2118
日本	1708	2995
挪威	1957	1979
西班牙	883	937
瑞典	1015	996
世界总计	45503	53904

(资料来源:《大阪商船株式会社 80 年史》,大阪商船株式会社,1966 年 5 月,第 41 页)

1914 年,日本海运以 170 万吨的航运规模位列世界第七,到一战结束后的大正 9 年(1920)以 300 万吨的规模紧随美国和英国之后,一跃成为世界第三的海运强国。1919 年日本的输出入贸易额更是达到 1914 年的三倍以上。可以说,第一次世界大战是日本海运又一次重要转折点。日本的远洋航线不断增加,对外贸易大幅增长。第一次世界大战成为日本海运继 19 世纪末飞跃发展之后又一次快速地跃进。日本在战争中参与到世界资源的进一步国际化调配中,并在这个过程中实现了利益增加及国际地位的提高。更进一步说,海运的崛起对日本崛起有极其重要的影响,也为第二次世界大战日本侵略亚洲埋下伏笔。

The Shipping Industry of Japan before and after World War I

Yang Lei, Shandong Normal University

Abstract: After Meiji Restoration, the political, economic and cultural developments of Japan have gone through rapid progresses. In the meantime, the shipping industry of Japan also developed quickly after the War of Jiawu（the First Sino-Japanese War）and the Russo-Japanese War. Ever since the beginning of World War I, Japan has successfully managed to expand its shipping industry and oversea trading since it's located far away from the center of the warship and also because of the recession of Europe. By 1920, Japan was already the third largest shipping country in the world with significant increase in export trading. If World War I was the progress of resource globalization and power expansion of the superpower countries, Japan has been an active part of it by taking advantage of shipping and treading in the late 1800's and early 1900's, and therefore greatly increased its global influence. This paper studied the development history of Japan's shipping industry during World War I, and its contribution to the rise of Japan, referencing The NYK Group History, newspaper reports, etc.

Key Words: World War I；Japan；shipping industry；trade

（本文作者为山东师范大学历史与社会发展学院讲师）

关于清初蒙古伊苏特部

N. 哈斯巴根

提　要： 本文利用近期公布的档案等资料研究后指出,阿鲁蒙古诸部中的伊苏特部噶尔马伊尔登和喀喇车里克部噶尔马是两个不同的人物,清初天聪年间他们各自率领所属部落前来归附后金。伊苏特部并非和喀喇车里克部一起编入翁牛特札萨克二旗,而是编入八旗满洲和八旗察哈尔两个系统中。天聪四年来归之后伊苏特部就有义务在军事上支援后金。因投诚或军功的原因伊苏特部的有些人员也得到了爵职。

关键词： 清初　伊苏特部　翁牛特

伊苏特(蒙古语 yisüd 或 isüd,满语 yesut),又译伊苏忒,是北元时期兴安岭北部蒙古诸部落之一。有些学者认为,在阿鲁(又译阿禄)蒙古诸部中翁牛特、[①] 喀喇车里克和伊苏特三部都是以哈赤温后裔为首领的部落。对此,最近的研究提出质疑。[②] 因伊苏特部的渊源和清初的变迁等问题都是模糊不清的,笔者利用近期公布的档案和《八旗满洲氏族通谱》、《八旗通志初集》等官修史书想澄清一些清初伊苏特部的史实。

一、归附后金

阿鲁部与后金发生联系是在天聪三年年底。第二年三月,阿鲁部的主要首领们和后金官员举行盟誓,建立针对察哈尔的军事同盟关系。但当时伊苏特部并没有参加这一和议。

据《实录》载,伊苏特部从其原牧地兴安岭北部南下而归附后金是天聪四年十一月的事情。其原文记载如下:

> (天聪四年十一月)壬寅,阿禄伊苏忒部落贝勒为察哈尔汗兵所败,闻上善养人民,随我国使臣察汉喇嘛来归,留所部于西拉木轮河,先来朝见,上命诸贝勒至五里外迎之。[③]
>
> 癸卯,上御殿,诸贝勒毕集。时阿禄班首寨桑达尔汉、噶尔马伊尔登、摆沁伊尔登

---

① 有关翁牛特和阿鲁部的研究主要有：贾敬颜《阿禄蒙古考》,《蒙古史研究》第三辑,内蒙古大学出版社,1989 年；宝音德力根《往流和往流四万户》,《蒙古史研究》第五辑,内蒙古大学出版社,1997年；胡日查、长命《科尔沁蒙古史略》,民族出版社,2000 年,第 140—149 页；乌兰《〈蒙古源流〉研究》,辽宁民族出版社,2000 年,第 337—339 页；齐木德道尔吉《四子部落迁徙考》,《蒙古史研究》第七辑,内蒙古大学出版社,2003 年；玉芝《蒙元东道诸王及其后裔所属部众历史研究》,内蒙古大学博士学位论文,2006 年,第 60 页。

② 张永江《从顺治五年蒙古文档案看明末清初翁牛特、喀喇车里克部的若干问题》,*QUAESTIONES MO NGOLORUM DISPUTATAE*, 1,东京,2005 年。

③ 《清太宗实录》卷七,天聪四年十一月壬寅条,中华书局本。

三贝勒率小台吉五十六人，遥拜行二叩头礼，三贝勒复近前，行一叩头礼，抱上膝相见。上令三贝勒坐御座下，众台吉依次列坐，大宴之。①

由此看来，伊苏特归附清朝的原因与察哈尔林丹汗袭击阿鲁部密切相关。据研究，天聪四年八月时察哈尔征讨阿鲁诸部。②据上述资料推测，伊苏特部被察哈尔部袭击后南下归附后金之后一直住牧于西拉木轮河流域，再也没有回到原牧地。

以往的研究中总是把伊苏特和喀喇车里克列为哈赤温后裔部落，又把伊苏特的噶尔马伊尔登和喀喇车里克的噶尔马混为一谈。③魏焕《皇明九边考》等书中虽然提到"冈流"三营，但没有具体营名，与蒙古文文献中出现的翁牛特、喀喇车里克、伊苏特三部对号入座，只是一种猜测。④其中存在诸多模糊之处。如有一份蒙古文档案就把噶尔马伊尔登说成和阿鲁部杜思噶尔济农同族。我们知道后者是成吉思汗异母弟别里古台的后裔，是为阿霸垓部之长。请看那份档案文书的原文和汉译：

γarma yaldang či iǰaγur aru-yin tusγar ǰinüng-in törül bölüge.aqa nar tegüü nar kiged ulus-iyan abču aru-yin aliba noyad-ača urida orbaǰu irelüge.tegüber γudaγar ǰerge ǰingkini qafan čula soyurqabai.ene čula-yi arban qoyar üy-e boltala ǰalγamǰilaqu boi. degedü erdemtü-yin terigün on jun-u domdadu sara-yin arban ǰirγuγana.

噶尔马伊尔登，尔原系阿鲁部杜思噶尔济农同族，同兄弟率领部属较其他阿鲁部诸颜们首先来归，授三等精奇尼哈番。准世袭十二次。崇德元年四月十六日。⑤

另外，《初集》名臣传里也说和噶尔马伊尔登同族的祁他特卫征（又写奇塔特魏征）为阿鲁杜思噶尔济农之族。⑥这就越发无法肯定当时噶尔马伊尔登率领的伊苏特部和翁牛特、喀喇车里克同是哈赤温后裔的属民。依照这些材料，伊苏特和阿霸垓（或译阿巴噶）两部的部长是同族，有血缘关系。我们知道，伊苏特从兴安岭山阴南下归附前的牧地，大概在呼伦贝尔以西克鲁伦河流域，和驻牧于鄂嫩河、克鲁伦河中间地区的阿霸垓等部落是近邻。但是，在没有发现其他史料可以佐证的情况下，依然难以推定这两个部落之间的进一步关系。我们也未能从蒙古文世系谱里找到论据证明伊苏特与翁牛特、喀喇车里克、阿霸垓部首领之间的同族关系。

伊苏特首领噶尔马伊尔登和喀喇车里克首领噶尔马不是同一个人，这是确定无疑的。

---

① 《清太宗实录》卷七，天聪四年十一月癸卯条。
② 玉芝《蒙元东道诸王及其后裔所属部众历史研究》，第 69 页。
③ 宝音德力根《往流和往流四万户》；玉芝《蒙元东道诸王及其后裔所属部众历史研究》，第 74 页。
④ 张永江《从顺治五年蒙古文档案看明末清初翁牛特、喀喇车里克部的若干问题》。
⑤ 中国第一历史档案馆、内蒙古自治区档案馆、内蒙古大学蒙古学研究中心编《清内秘书院蒙古文档案汇编》第二辑，内蒙古人民出版社，2003 年，第 201—202 页。
⑥ ［清］鄂尔泰等纂《八旗通志初集》卷一五〇《名臣列传一〇》，东北师范大学出版社，1985 年点校本。

清初的资料里也写得非常清楚,当时也是为了区别这两个拥有同名的阿鲁部首领而分别称之为噶尔马伊尔登(或汉译噶尔马叶尔登)和喀喇车里克的噶尔马。其实,喀喇车里克的噶尔马有时候也称之为噶尔马洪台吉。洪台吉和伊尔登都是称号,这类称号在当时蒙古各部首领中只有最高级别的人物才有资格拥有。

从前面的材料中还可以看到,和噶尔马伊尔登一起前来归附后金的伊苏特部首领有赛桑达尔汉、摆沁伊尔登二贝勒即二诺颜,他们率领着小台吉五十六人。看来,伊苏特的绝大部分人众当时已经和他们一同前来归附了。

有一部乾隆九年成书的旗人谱书,称为《八旗满洲氏族通谱》,到目前为止,蒙古史界很少利用。该书提供了一些清初编入八旗的蒙古人姓氏、世系和原住地(即原属部落)等信息。其中较详细介绍了噶尔马伊尔登家族的世系情况,从其内容可见和噶尔马伊尔登同时在天聪年间来归的是一些同族首领。其中,可以了解到,噶尔马伊尔登有一个叔祖叫古鲁格,还有一个亲叔叔叫布岱。再据《初集》名臣传提到一个镶蓝旗的巴特玛。首先应弄清楚的是这一巴特玛并不是《通谱》里所说的夸巴特马,而是"伊苏特贝子之孙也"。[①]他的伯父是寨桑和硕齐。当然,《初集》所说天命年间巴特玛和伯父来归后金之事明显是把天命与天聪弄混导致的。结合《初集》和《通谱》的资料来看,巴特玛祖父和噶尔马伊尔登祖叔古鲁格可能是指同一个人或者两人是兄弟关系。因此可以理解为巴特玛的祖父也是伊苏特部最高级别的首领之一。因为满语"贝子 beise"一词,是贝勒 beile 的复数形式,而贝勒相当于蒙古的诺颜。

《通谱》还记有和噶尔马伊尔登一同来归者有他的亲弟弟图尔噶图、从弟夸巴特马、祁他特卫征和额尔格尔珠尔等。另外提到的首领有寨桑达尔汉和硕齐、塞冷、琐诺木塔思瑚尔海、纳木等。[②]这些人应该就是属于《实录》中所言"小台吉五十六人"吧。

其中寨桑达尔汉和硕齐,原名为寨桑古英豁绍齐,有时也称为古英豁绍齐,在天聪八年三月才从天聪汗皇太极那里获得新号"达尔汉和硕齐"。据《实录》载:"丁亥朔。阿禄伊苏武部落古英和硕齐先为两国往来议和,后阿禄济农为察哈尔所侵,率族属来归。因赐号达尔汉和硕齐,令行军居前,田猎居中。及其子孙永照此行。赐以敕书。"[③]

另外,从一些零散的朝觐材料看,当时还有一些伊苏特部的首领一同来归后金。其中,有一个首领即贝勒(即诺颜)的名字称为"章",天聪九年时皇太极路经其坟墓旁边,"追念其贤,亦奠以酒"。[④]看来此人前来归附后金不久后死了。

综合以上信息,天聪四年伊苏特归附后金时,该部并没有一个首领统一领导。该部和翁牛特、喀喇车里克二部的关系也并非如以往所断定得那么密切。这些因素都影响了其未来的走向。

二、编入八旗与从征清初战争

天聪四年归附后金后至崇德初期间,伊苏特部的大部分人众似乎一直游牧在西拉木

① 《八旗通志初集》卷一六九《名臣列传二九》。
② [清]乾隆九年敕撰《八旗满洲氏族通谱》卷六六《克尔伦地方博尔济吉特氏》,四库全书本。
③ 《清太宗实录》卷一八,天聪八年三月丁亥朔条。
④ 中国第一历史档案馆译编《清初内国史院满文档案译编》上,光明日报出版社,第 158 页。

伦河流域。从一份满文档案看，天聪五年噶尔马伊尔登、寨桑和硕齐等首领两次前来盛京觐见皇太极。寨桑和硕齐还求得粮食等物品。[①] 当时，伊苏特的牧地应该离喀喇车里克部的牧地不远。天聪五年十二月，皇太极遣使蒙古各部时，派往孙达里往巴林、伊苏特、哈喇车里克、喀喇沁、土默特部诸台吉、塔布囊等处，所赍书云："汗谕曰：管旗诸台吉等，携所有交换之罪人，即于正月初六日，集于四子部落处。倘有如期不来齐集者，则盟长等令其下马，再遇驰驿之时，令台吉等自乘幼马，令其余罪人仍来牛、驼，切勿劳累壮马。明火执仗大盗有几何，均执之携来。倘有隐匿贼犯，或纵令逃跑者，则罪其主。"[②] 史料提到的这些部落的牧地相距应该不远。同时也显示了伊苏特部来归后，后金就开始对其进行法制管辖。

天聪六年后金西征察哈尔，皇太极驻兵西拉木伦河时伊苏特和喀喇车里克首领们率所部兵来会。[③] 这也可以旁证当时伊苏特就在西拉木伦河流域游牧这一事实。另外，一份天聪九年档[④] 也可以佐证，该年噶尔马伊尔登并没有驻牧于盛京及其附近地区，而是从较远的驻牧地前来觐见太宗皇太极。

崇德元年，阿鲁翁牛特等部编佐设旗时，伊苏特并没有像喀喇车里克一样并入翁牛特左右翼札萨克二旗。而太宗崇德时期伊苏特的首领们得到一些爵职，如上节档案文书所反映授噶尔马伊尔登三等子。《实录》的记载也证明伊苏特的其他首领也几乎同时得到爵职的事实。如《实录》崇德三年八月乙未条："授博琫、席讷布库、何尼齐俱为三等梅勒章京，阿拜泰巴图鲁、巴特玛、塞冷、托克托会俱为三等甲喇章京，以其自伊苏特部落来归故也。"[⑤] 史料中提到的巴特玛、塞冷，《通谱》中有其传记。托克托会是祁他特卫征的弟弟。又《实录》崇德八年戊辰条记载了寨桑和硕齐子安坦（或写安丹）病故后，其弟博斯希袭职的事情。[⑥] 还有一些首领以及其后裔任佐领、轻车都尉等爵职，而噶尔马伊尔登同族当中，祁他特卫征之弟喀兰图任过理藩院尚书，品秩最高。[⑦]

从以上的文献看，崇德末年前，伊苏特没有被设立单独的佐领，很可能是零散地编入各固山的。还有一条材料是从《初集》名臣传中找到的，即镶蓝旗巴特玛传略中："天聪二年，念巴特玛归诚之功，始授世职为游击，分隶大贝勒济尔哈朗下行走。太宗文皇帝曰：'尔在蒙古地方择地而居，今虽在大贝勒属下，然朝夕侍朕左右，朕必加恩恤。'"[⑧] 这一条史料亦可作为对以上的推论的旁证。

相关史料不成系统，只是《初集》旗分志里有一条有用的史料，提到崇德八年将各固山下伊苏特、喀喇车里克部落之闲散蒙古编入牛录即佐领的情形。记载如下：

---

① （台北）"故宫博物院"《满文原档》第七册，2005 年，第 366、382 页；中国第一历史档案馆、中国社会科学院历史所译注《满文老档》（以下简称汉译《满文老档》），中华书局，1990 年，第 1122、1173—1174 页。

② 《满文原档》第七册，第 399 页；汉译《满文老档》，第 1184—1185 页。

③ 《满文原档》第八册，第 142 页；汉译《满文老档》，第 1261 页。

④ 神田信夫、松村润、冈田英弘译注《旧满洲档·天聪九年》1，东洋文库，1972 年，第 111 页。

⑤ 《清太宗实录》卷四三，崇德三年八月己未条。

⑥ 《清太宗实录》卷六四，崇德八年三月戊辰条。

⑦ ［清］《八旗满洲氏族通谱》卷六六《克尔伦地方博尔济吉特氏》，四库全书本；［清］乾隆官修《清朝通志》卷六《氏族略六·蒙古八旗姓》，浙江古籍出版社，2000 年。

⑧ 《八旗通志初集》卷一六九《名臣传二九》。

崇德八年六月庚寅,谕户兵二部曰:"各固山下,所有伊苏忒、喀喇车里克部落之闲散蒙古,无得令其隐漏。户部宜清察人丁,编入牛录。兵部再加察核,俱令披甲。其现在满洲固山下察哈尔、喀尔喀等部落蒙古,亦当察其壮丁增减,勿令隐匿。至于诸王、贝勒、贝子、公等家下闲散蒙古,亦编为小旗,设壮大管辖。"①

需要说明的是,喀喇车里克部并非全部并入翁牛特札萨克二旗,其一小部分人众也和伊苏特部一同编入八旗各佐领中。我们从《初集》旗分志里又发现一条有关伊苏特编入八旗的非常有说服力的史料:

正黄旗满洲都统第四参领所属十八佐领之第十八佐领,系国初以阿霸垓地方来归人丁编立,始以噶尔玛管理。噶尔玛故,以其子伊纳穆管理。伊纳穆故,以其子班达尔沙管理。班达尔沙故,以其弟赛音查管理。赛音查退任,以其兄之子巴礼密管理。巴礼密缘事革退,以其弟阿尔纳管理。阿尔纳故,以其叔祖之子二等侍卫纳兰管理。②

这里所说阿霸垓地方是指伊苏特的原驻地,如前所述我们现在还不清楚把伊苏特和阿霸该联系到一起的原因。但是,在此提到的噶尔马就是伊苏特的噶尔马伊尔登无疑。因为,其子孙的世系情况和《通谱》中所记没有区别。这就证明正黄旗满洲都统第四参领所属十八佐领中的第十八佐领是为编立伊苏特部来归人丁而设立的。

另外,据光绪《大清会典事例》"察哈尔官制"所述:"顺治初年,伊苏特由阿巴噶地方率众来归,编设半分世职佐领一人,附隶正黄旗。"③ 又据嘉庆《大清会典》,当时在宣化、大同边外游牧的八旗察哈尔六十二佐领中就有一个伊苏特佐领。④ 就此可以理解,顺治初年的半分佐领人丁到嘉庆时滋生而成为一个佐领。这两项史料和上述《初集》史料相结合看,属于正黄旗满洲都统第四参领所属佐领和游牧八旗察哈尔的佐领应该是不同的两个佐领。看来,崇德末年至顺治初期间伊苏特部众分别编入八旗的两个系统之中。

当然,伊苏特部于天聪四年来归之后就有义务在军事上支援后金。天聪五年的大凌河之战,虽说阿鲁部参与其中但并未说明其带兵首领。不过从《通谱》来看伊苏特的祁他特卫征、额尔格尔珠尔等首领和其他蒙古部落首领们一同从征其役。⑤

天聪六年,皇太极再次组织蒙古各部兵与后金军一同出征察哈尔林丹汗。当年四月初十日,大军驻营于西拉木伦河。据满文档案记载:

喀喇车里克部落阿尔纳诺木齐,伊苏忒部落噶尔马伊尔登巴图鲁、伊绥、绰思熙、

---

① 《八旗通志初集》卷一《旗分志一》。
② 《八旗通志初集》卷四《旗分志四》。
③ [清]昆冈等纂《大清会典事例》卷九七七《理藩院·设官·察哈尔官制》,中华书局,1991年影印本。
④ [清]托津等纂《大清会典》卷五二年《理藩院·典属清吏司·游牧内属者》,嘉庆二十年刊本,台湾文海出版股份有限公司,1990年影印本。
⑤ 《八旗满洲氏族通谱》卷六六《克尔伦地方博尔济吉特氏》。

巴拜、塔实，扎鲁特部落内齐、色本达尔汉巴图鲁、马尼青巴图鲁、喀巴海、拜浑岱、喇巴泰、弼登图、巴牙尔图、额腾、根度尔、塞桑侯痕、济尔噶朗、恩克参、桑土、商佳布、额一德、额参德、戴青、桑噶尔寨、博尔济、昂阿、桑阿尔、猎烈忒、特精克、塔占诸贝勒各率所部兵来会。①

清前期大规模的战争除了天聪五年的大凌河之战和天聪六年的远征察哈尔之外，还有崇德元年的征伐朝鲜、崇德五年至七年的松锦大战、顺治元年入关定鼎燕京之战，以及入关后与南明、各路农民军的血战，追讨滕吉思叛逃事件，直至康熙三十五年昭莫多之役等诸多战争中都有伊苏特人跟从八旗兵征战。当然，有战争就有流血，伊苏特人也为清朝的征战付出了生命的代价。如祁他特卫征就是从征大凌河击锦州兵时阵亡的。②康熙三十五年昭莫多之战以后，在文献中就很少见到有关伊苏特的消息了。

三、结　语

通过以上的探讨，清初蒙古伊苏特部的有关史实逐渐清晰，试做如下结论：

第一，伊苏特部的噶尔马伊尔登和喀喇车里克部的噶尔马是两个不同的人物，清初天聪年间他们各自率领其部前来归附后金。

第二，伊苏特部并非和喀喇车里克一同编入翁牛特札萨克二旗。研究证明，伊苏特部被编入八旗满洲和八旗察哈尔两个系统之中。编入八旗的伊苏特部人众和其他八旗蒙古如早期归附的内喀尔喀的乌济业特、巴约特、扎鲁特三部和兀鲁特部，以及较后编入八旗的喀喇沁、察哈尔二部相比其人众并不多，这样自然就引不起史家的特别注意，导致史书很少有相关记述。

另外，伊苏特首领的早期世系很不清楚，蒙汉史书的著者可能始终没有厘清传承。再有，如《金轮千辐》的作者答里麻和《蒙古博尔济吉忒氏族谱》作者罗密，分别出自扎鲁特部和喀喇沁部，是本部人为自己的部落作史。正因如此，两位著者略知各自部落内编入八旗人众的情况。而伊苏特部没有出现这样的史家，这可能也是学界至今对其历史源流并不清楚的一个原因吧。

（2015 年 4 月 20 日收稿）

The Research of Yisud Tribe in the Early Qing Dynasty

Qas-Bagana, Beijing Academy of Social Sciences

Abstract: Based on recently published archives and resources, this paper aims to indicate that Garma of Yisud tribe in the Aru Monggol tribes and Garma in the Hara Cerig tribes were two different persons. During the Tian Cong reign period（the ruling of Hong Taiji of the

---

① 《满文原档》第八册，第 393 页。相同的内容编入《清太宗实录》卷一一，天聪六年四月丙子条。
② 《八旗满洲氏族通谱》卷六六《克尔伦地方博尔济吉特氏》。

Manchu-Qing) in early Qing era, they led their tribes and join themselves into the Later Jing Dynasty (the predecessor of Qing) respectively. Yisud tribe was not incorporated into the two banners of Ongnighud jasag with Hara Cerig tribes together. Instead, it was divided between the two system of Eight Manchu banner and Eight Chahar banner. After the submission in reign period Tian Cong four year (1630 A.D.), Yisud tribe had the obligation to give military support to the Later Jin. In the mean time, some Yisud people got noble titles for their surrender and military victory.

Key Words: early Qing; Yisud tribe; ongnigud

（本文作者为北京市社会科学院满学研究所副研究员）

清末新疆学堂教育行政机构研究*

王启明

提　要：文章利用新近影印出版的档案材料详细论述了清末新疆学堂教育的开展情况以及全省性教育行政机构的设立过程，并以吐鲁番为例，探讨了该地劝学所的内部构成及其实际社会功效。

关键词：清末 新疆 吐鲁番 学堂 教育行政机构

有关清末新疆学堂教育的研究，首推片冈一忠的《清末新疆省における学堂建设について》为开篇之作，[①] 其后中国学者大致从新政及教育两个角度开始关注这一课题，[②] 但无论对前人研究成果的吸收，还是资料的开拓，中国学者整体上都未能超越片冈的研究成果。由于此前资料的限制，中外学者的研究多为一些全疆性的成果，尤其在涉及地方学堂教育行政机构（劝学所）的构成、功能与成效；地方各类学堂的建设过程；学堂师资与经费、学生与教材及考生等方面，缺乏坚实可靠的细部研究与分析。不过现在随着晚清吐鲁番档案的公开出版，[③] 使我们能够针对以上薄弱环节进行比较深入细致的探讨。本文利用以吐鲁番资料为主的《清代新疆档案选辑》，先就推动清末学堂的教育行政机构做一探讨，不当之处，敬请方家指正。

一、清末新疆学堂教育的开展

光绪二十四年（1898），随着京师大学堂的设立，同年五月内阁奉上谕"前经降旨开办京师大学堂，入堂肄业，其由中学小学以次而升，必有成效可观，惟各省中学小学尚未一律开办，综计各直省省会暨府厅州县无不各有书院，着各该督抚督饬地方官各将所属书院坐办处所经费数目限两个月详查具奏，即将各省府厅州县现有之大小书院一律改为兼习中

　　＊　本文系作者主持的国家社科基金青年项目"政治体制转型下的晚清新疆区域社会治理研究（1877—1912）"（项目号：15CM2008）的阶段性成果。

　　①　（日）片冈一忠（KATAOK Kazutada）《清末新疆省における学堂建设について》，《社会文化史学》第 12 号，1975 年，第 38—56 页；后又收入氏著《清朝新疆统治研究》第六章第一节，東京：雄山閣，1991 年。

　　②　新政角度主要有赵云田《清末新疆新政述论》，《新疆大学学报》1997 年第 1 期；齐清顺《论清末新疆"新政"——新疆向近代化迈进的重要开端》，《西域研究》2000 年第 3 期；王鸣野《清季新疆二十八年——以军政一体化为中心》第七章第二节，中国社会科学院博士论文，2005 年。教育角度主要有马文华《新疆教育史稿》第一章第三节，新疆大学出版社，1998 年；朱玉麒《清代新疆官办民族教育的政府反思》，《西域研究》2013 年第 1 期。需要指出的是，中国学者在论文中并未注意到片冈一忠的贡献，这也是中外学术信息交流不畅的表现。

　　③　中国边疆史地研究中心、新疆维吾尔自治区档案局合编《清代新疆档案选辑》影印本，广西师范大学出版社，2012 年。

学西学之学校"，另外"至如民间祠庙，其有不在祀典者，即着由地方官晓谕居民一律改为学堂，以节靡费而隆教育，似此实力振兴，庶几风气遍开，人无不学，学无不实，用副朝廷爱养成材至意"，①可知清廷下令各省将书院改为兼习中西学堂及改建空闲祠庙为学堂是为了配套京师大学堂的建设工作。同年九月，吐鲁番厅收到新疆省府转发而来的这道谕令，②但新疆似乎并未有任何实质性的进展。

　　光绪二十六年底，由于八国联军占领北京，逃至西安的慈禧太后以光绪皇帝的名义宣布"变法"，从此开启了晚清最后十年的"新政"建设，而学校正是新政各项建设之一。次年八月，清廷在所谓的"兴学诏"中谕饬各地兴办学务，培养人才，内容如下：

　　　　人才为政事之本，作育人才，端在修明学术，历代以来学校之隆，皆以躬行道艺为重，故其时体用兼备，人才众多。近日士子，或空疏无用，或浮薄不实，如欲革除此弊，自非敬教劝学，无由感发兴起，除京师已设大学堂，应行切实整顿外，着各省所有书院，于省城均改设大学堂，各府及直隶州均改设中学堂，各州县均改设小学堂，并多设蒙养学堂。其教法当以四书五经纲常大义为主，以历代史鉴及中外政治艺学为辅，务使心术纯正，文行交修，博通时务，讲求实学，庶几植基立本，成德达材，用副朕图治作人之至意。着各该督抚学政，切实通饬，认真兴办，所有礼延师长，妥定教规，及学生毕业，应如何选举鼓励，一切详细章程，着政务处咨行各省悉心酌议，会同礼部复核具奏，将此通谕知之。③

"兴学诏"主要有三项要求：一整顿京师大学堂，二改建各类大中小学堂，三多设蒙养学堂，即从高到低兴办各类层次的学堂。至光绪二十八年，清廷正式颁布《钦定学堂章程》，但未及落实，就被次年颁发的《奏定学堂章程》（即《癸卯学制》）所代替，各地遂据此章程广泛设置各类新式学堂，中国近代学校教育政策就此确立。

　　光绪三十一年，清朝废除了科举制度，设立新的教育机构——学部，管理全国学堂教育。次年，学部即咨文新疆，"照得教育为富强之基，一国有一国之国民，即一国有一国之教育，匪惟民情、国情各有不同，即教育宗旨亦实有不能强合之处，现今振兴学务，各省地方筹建学堂责无旁贷"。④但新疆开办近代学堂教育仍稍显滞后，如上文所述，光绪二十七年"兴学诏"令各省改建大中小学堂，但新疆直到光绪三十一年才就原有之博达书院改为高等学堂，至"三十四年提学使杜彤到任，程度不及，改为中学堂，又以各属小学堂亟宜扩充，于是广储师范，选收缠生，并附设小学堂以为各属之倡"。⑤实际上，该高等学堂在杜彤到任之前充当着新疆学堂教育行政机构的功能。新疆学堂教育的真正大发展时期主要在杜彤到任之后，因而有必要探讨一下新疆提学使的设立问题。杜彤在其到任的

---

　　①　俱见《清代新疆档案选辑》第 31 册，光绪二十四年九月（所引档案具文或奉文时间，下同），广西师范大学出版社，2012 年，第 301 页。
　　②　《清代新疆档案选辑》第 31 册，光绪二十四年九月，第 300—302 页。
　　③　朱寿朋编《光绪朝东华录》第 4 册"光绪二十七年（1901 年）八月乙未"条，中华书局，1958 年，第 4719—4720 页。
　　④　《清代新疆档案选辑》第 33 册，光绪三十二年十月二十二日，第 386 页。
　　⑤　《新疆省财政说明书》，《清光绪二十二省财政说明书》"陕西新疆卷"第二册，全国图书馆文献缩微复制中心，2008 年，第 373 页。

奏折中报告道：

> 奏为恭报微臣到任日期叩谢天恩仰祈圣鉴事。窃臣于光绪三十二年四月奉旨署理新疆提学使，当即趋诣宫门具折谢恩。嗣于陛辞之日，仰蒙召见，跪聆圣训，钦感莫名。随即起程出京，航海赴日本求该国兴学之始基，以至近年发达之成效。内渡后取道直隶河南一带赴任。关山线邈，寒燠载移，于光绪三十三年八月初四日始抵新疆。奉抚臣联魁饬赴署任，因部颁印信未到，并札发木质关防一颗，以重职守。遵于初十日恭设香案望阙叩头祗领任事。伏念臣津沽下士，知识庸愚，簪毫芸馆，叨随侍从之班；晋秩兰台，愧乏涓埃之报，兹权学纂，深惕冰渊。查新疆地处边陲，学使职司教育，洗陋风而开文化，宜筹劝导之方；防流弊而慎初基，必戒浮华之习。举凡聘用教员，选任僚佐调查学务，甄别属官在在均关紧要。如臣愚昧，惧弗克胜，惟有勉竭驽忱，力图报称，随时禀承抚臣，悉心筹画，认真经理，不敢以职居摄纂，稍涉因循，以期仰答高厚鸿慈于万一。所有微臣到任日期并感激下忱理合恭折叩谢天恩伏乞皇太后、皇上圣鉴，谨奏。光绪三十三年十月初一日奉朱批，知道了，钦此。[1]

以往学者在引用《新疆图志·学校一》说明杜彤兴办新疆学堂教育时，总会提及他前往日本考查教育的经历，但未能说明考察是在任命之前，还是任命之后。现在可以确定杜彤是在接到署理新疆提学使的任命后前往日本的，因此从其任命到抵任，费时一年四个月的时间，除去路途时间，可以说杜彤前往日本考查就是专为开办新疆学务做准备。因系署任，待遇情况根据《新疆省财政说明书》的记载："按提学使光绪三十三年设置，系属试署，无俸银，养廉岁支库平银四千两，公费岁支库平银四千两，均照学部定章，按年由藩库支给报部，归内销。"[2]

杜彤上任后，首先"照章先设学务公所为全省教育提纲絜领之区"，[3] 而且"学务公所附设于学署之内"，并配备相应的一整套办事人员。[4] 其次，提出办学宗旨三原则，即"曰求普不求高、曰用学务人厚薪不兼差、曰以次渐进不惑种人难于见功之说"，[5] 新疆新式学堂教育就此全面展开。开办半年后，杜彤又"分遣视学，往南北两路察学务而黜陟之"，[6] 因为"其切实兴办者固有其人，而敷衍支吾者谅亦不少，现拟派省视学分区周历，详细查考"，[7] 为此专门拟定"省视学暂行简章十四条"，详细说明巡视学务的各种规定和要求，内容如下：

> 一、新疆通省分为六路。迪化府、迪化县、阜康县、孚远县、奇台县、镇西厅、哈密厅、鄯善县、吐鲁番厅为第一路；昌吉县、绥来县、乌苏厅、精河厅、伊犁府、绥定县、宁

---

① 《政治官报》（影印本第二册，台湾文海出版社，1965 年）光绪三十三年十月初六日第十七号，第 90—91 页。

② 《新疆省财政说明书》，第 370—371 页。

③ 《清代新疆档案选辑》第 35 册，宣统二年五月，第 56 页。

④ 《新疆省财政说明书》，第 371 页。

⑤ 王树枏《新疆图志》（东方学会重校本）卷三八《学校一》，天津博爱书局印刷，1923 年，第 5 叶。

⑥ 王树枏《新疆图志》卷三八《学校一》，第 6 叶。

⑦ 《清代新疆档案选辑》第 70 册，光绪三十四年六月，第 156—157 页。

远县、霍尔果斯厅、塔城厅为第二路；婼羌县、新平县、焉耆府、轮台县、库车州、沙雅县为第三路；拜城县、温宿府、温宿县、乌什厅、巴楚州、伽师县为第四路；疏勒府、疏勒县、英吉沙尔厅、莎车府、蒲犁厅为第五路；叶城县、皮山县、和阗州、洛浦县、于阗县为第六路；凡各视学人员周历各属，均应切勤谨将事，不得违漏稽延。

一、省视学每当离省之前，及查毕回省之后，均应在学务公所会议一次或数次，规定考查法及改良推广法。

一、省视学各员非特考查已也，其未设学堂者应劝令及时兴办，其已设学堂而规划未善者应劝令作速改良，在地方官同不得托故推延，任情违异，在视学员亦不得激烈偾事，有伤大体，总期和衷商酌，俾臻妥善。

一、巡视各属当查其学堂若干处，其课程规划适当与否，教员、管理员称职与否，讲堂光线足用与否，桌櫈尺寸合度与否，及学生之食宿有无利弊，经费之出入有无糜烂，均须查明列表呈本司察阅。

一、兴学为行政之先务，地方官办理善否，赏罚攸关，具有热心兴学成绩卓著者宜奖励之，其或业经禀明而实未开办，或虽已经禀明开办，俟开视学将至，始行招雇生徒，希图蒙蔽，及假兴学以牟利者，宜重惩之，均须查明专禀，由本司酌量办理。

一、教育之发达视乎小学，小学之发达资乎劝导，考查各属，如有未设劝学所者，亟应劝令筹设，照章开办，其已开办之处，则该处劝学所总董即应将各区学堂情形详细陈述，随即酌赴各区调查，分别优等中等下等据实禀报，其劝学员之优劣，即以小学之成效为准点。

一、小学以上之各项学校，考查所及每属每校均应填写表册，于表后酌加评论，亦分优等中等下等，并详述在该处如何计议，如何改良，为下次查视之地，所有各项表册除呈本司查阅外，由该视学附写一份为存根。

一、查毕一邑，应会集该地方印官绅董、关邑学校职员宣布教育要旨，并演述邑中学校可以效法，及某校应如何改良，俾资激劝而底完全。

一、考查各校固应详察学科，参核成绩，尤宜于课余试验生徒，以求实在。

一、具报日期限每查毕一处，具报一处，遇有重要事件，应专禀请示，办理尤重者密电禀报。

一、兴办学务筹款维艰，各属如有闲款，为仓吏劣绅侵吞把持者应访查明确，禀知本司提归学堂。

一、省视学周历各区，除函牍报告外，仍应将途日查办之事件及曾经考查地方风气之通塞另书大略于日记，俟查毕回省时呈本司查核。

一、凡于学务有关系之事均应认真考查，其于学务不相关者概不干涉。

一、省视学所到之处以该处学堂或劝学所为住足之地，并不受地方官绅供给延宴，其往返车马夫役伙食等费皆由省城学务公所支发，一切差费陋规概行禁绝，倘有需索馈赠之处与受同科。

以上各条系暂行简章，俟学部颁有视学专章再行遵照。[①]

[①] 《清代新疆档案选辑》第70册，光绪三十四年六月，第156—157页。

据上，杜彤将全省分为六个学区，分派人员考查各地学务兴办实况，并规定了视学人员调查的具体对象，并令视学人员劝导各地设立劝学所，此外还规定了这些人员的住宿及往来费用等，不令需索馈赠，以防滋扰地方。事实上，光绪三十二年六月学部就附片奏称"兴学为地方要政，久已列入考成，实与钱谷刑名并重，查各省地方官员补罚举核等事向由藩司会同臬司具详，现既添设学司，拟改为藩、学、臬三司会同具详，庶地方人员各顾考成等因，奉旨允准"。[①] 可见兴办学务早已列为地方官员的考成项目，但直到这份暂行省视学务章程的推行，才使得新疆兴办学务的工作真正落实，如"惟乌什同知彭玉章、焉耆知府张铣称最，达之学部得优叙"。[②] 但更多的是大批官员被革或者记大过，如光绪三十年档案中有诸如署孚远县知县魏令霖澍因玩视学务被撤任示警，[③] 镇西厅训导高耀南于学务漫不经心记大过一次[④] 等记载，这都是杜彤兴办学堂力度的体现。正是由于杜彤的大力推动，新疆各地学堂得以迅速建设，根据片冈一忠对《新疆图志·学校二》所列各地学堂建设时间的统计，[⑤] 在所有光绪三十三、三十四年，宣统元、二年建立的学堂中，绝大多数为光绪三十四年及其以后所建，这显然要归功于署理新疆提学使杜彤。

总之，至宣统二年底，全疆已建有学堂六百余所，学生一万五千人，其中南疆缠童学生居多，[⑥] 而州县层次的小学堂、半日学堂、汉语学堂、简易识字学堂、实业学堂就有430所，[⑦] 足见基础学堂教育之广泛。但具体到地方，学堂教育又是如何开展和推广的，这就不得不涉及各地劝学所、宣讲所的讨论，兹以吐鲁番为例，试加探讨。

二、吐鲁番劝学所、宣讲所的设置及其功效

光绪三十二年，学部颁发了《奏定劝学所章程》，规定"各厅州县应于本城择地特设公所一处，为全境学务之总汇，即名曰某处劝学所，每星期研究教育，即附属其中。凡本所一切事宜，由地方官监督之"，并且附设宣讲所一处。[⑧] 新疆省府同年便札饬吐鲁番厅，"查宣讲所之设，所以开通民智，启导通俗，收效甚捷，亟应一律速设"，[⑨] 但如上文所揭，当时新疆省级教育行政机构尚且未设，此项工作的推动要到杜彤上任以后，才在前引《省视学暂行简章十四条》中劝令各属设立。光绪三十四年六月吐鲁番直隶厅札文道：

> 为札饬事，照得本府新设劝学所、宣讲所，振兴学务，急应派劝学一员兼宣讲谕旨及一切章程规则，兹查有本城回民陈汉儒品学尚优，堪以派充，合行札饬，为此札，仰该员即便遵照定章挨户劝导实行宣讲，统归劝学所总董辖理，每月由账房发津贴银六

---

① 《清代新疆档案选辑》第35册，宣统二年十月，第100页。

② 王树枏《新疆图志》卷三八《学校一》，第6叶。

③ 《清代新疆档案选辑》第70册，光绪三十四年七月，第203页。

④ 《清代新疆档案选辑》第70册，光绪三十四年九月，第258—259页。

⑤ （日）片冈一忠《清朝新疆统治研究》，東京：雄山閣，1991年，第310—318页。

⑥ 同上书，第318页。

⑦ 同上书，第312—313页。

⑧ 戚名琇、钱曼倩等编《中国近代教育史资料汇编·教育行政机构和教育团体》，上海教育出版社，1993年，第60页。

⑨ 《清代新疆档案选辑》第33册，光绪三十二年十一月初一日，第188页。

两,该员务须勤慎从公,切实倡明,不得粉饰疏惰,致负委任,切切此札。右札劝学兼宣讲员陈汉儒准此。①

据上,吐鲁番直隶厅新设了劝学所及宣讲所,品学尚优的回民陈汉儒被任命为劝学所的劝学员兼宣讲所的宣讲员,统归劝学所总董管辖。那么,总董与劝学员及宣讲员三者之间有何区别?据《新疆省财政说明书》记载:"劝学所者,与学堂相辅相成者也,光绪三十四年通饬各属一律设立。(并附宣讲阅报所)遴选地方之素有声望者充当总董,并兼视学,月薪四十、三十、二十两不等;劝学员多寡靡定,按照区域之广狭酌量选派,有支薪水者(八两、十两、十二两不等),有尽义务者;宣讲员亦无定额,月薪十两、八两、四两不等。一切经费均由学堂经费中开支,并未另筹的款。"②可知,所谓劝学所的总董往往兼充各厅州县的视学,其地位较高,因此需要选用素有威望者充当。另外,"总董由县视学兼充,劝学员由总董选择本区土著之绅衿品行端正、夙能留心学务者,禀请地方官札派"。③而宣讲员则"遵照从前宣讲《圣谕广训》章程,延聘专员,随时宣讲……以师范毕业生及与师范生有同等之学力,确系品行端方者为合格,如一时难得其人,各地方小学教员亦可分任宣讲之责",④但是对于吐鲁番厅推荐的劝学所总董人选,省府认为"劝学总董定章就本地人选派,该厅请以湖南文童刘秉刚派充,未尽合宜,仰即照章另选妥员具报",所以吐鲁番厅"详查宣讲员陈汉儒系本地人,情形熟悉,堪充劝学所学员,所遗宣讲员,查有候选巡检陈丽斌系湖南□□,品学尚优,拟即派充,所需费用津贴现未筹有的款,暂由○厅捐廉发给",⑤可见劝学所总董原则上须本地人出任,不过吐鲁番劝学员、宣讲员的经费要靠官员捐廉支撑。光绪三十四年十一月,吐鲁番厅向省府申报了一份更为详细的劝学所建设情况:

> 查○厅学堂增设,仅陈汉儒一员为□视学,恐难兼顾,拟加派县丞职衔刘秉刚,湖南人,为厅视学;附生裴万福,吐鲁番人,为中区劝学员;候迁巡检陈丽斌,湖南人,为中区劝学员兼宣讲员。□厅官立私立学堂均在城内,四乡尚未设学,拟分老城新城为中区,东路二三堡分为东区,西路托克逊分为西区,现于该处各设一汉语半日学堂,暂派该管缠民乡约帮同劝学,俟风气开通,极力推广,再派东西劝学员以专责成,○厅查阅舆图,北倚祁连,南临盐泽,高山大漠,实限于地势,无从分区,所有派员分区是否有当,理合备文申复。⑥

据上,吐鲁番当局仍推荐省府认为"未尽合宜"的刘秉刚为厅视学,另选裴万福、陈丽斌为

① 《清代新疆档案选辑》第70册,光绪三十四年六月,第175—176页。
② 《新疆省财政说明书》,第383页。
③ 《中国近代教育史资料汇编·教育行政机构和教育团体》,第60页。
④ 同上注。
⑤ 俱见《清代新疆档案选辑》第70册,光绪三十四年八月初九日,第214—215页。
⑥ 《清代新疆档案选辑》第34册,光绪三十四年十一月二十日,第16页。谨案,本文所引档案中多有"缠民"、"缠回"与"缠童"等字样,实为清代官府对天山南路"维吾尔"居民的称谓,为照顾档案原文,本文不做更改,仍其旧,特此说明。

中区劝学员，并将全境划分为东、中、西三块学区，待东西乡庄设有学堂后再选派劝学员，暂时以当地乡约帮同劝学。公文虽未见直接批复，但从后文来看，至少刘秉刚的任命是肯定的。宣统元年（1909），吐鲁番厅又开始加强宣讲所的工作，据公文显示：

> 为札饬事，照得本府禀设劝学所、宣讲所振兴学务，急应派员赴所宣讲谕旨及一切章程规则，兹查有新城回民麻振帮情形熟悉，文理甚清，堪以派充，每月至本署账房领津贴银四两，从八月初一起，每逢一、四、七，从上午十点钟起，至下午二点钟止，该员务须明白指画，切实讲明，谆谆不倦，将书理反复印证，令师儒皆知，不得敷衍了事，致负委任，切切此札。右札仰宣讲员麻振帮准此。①

据上，可知宣讲员的津贴银两为每月四两，宣讲时间具体为一月三次，每次四个钟头。此外，吐鲁番厅也着意在劝学所下设立教员讲习科，②就地培养师资，以解决当时省城师范学堂毕业师资不足的问题。次年，鄯善县也修建了劝学所及讲习所，据该县造报具体费用为："一、地价湘平银二十六两。一、营缮房屋湘平银三百四十九两。一、制办器具湘平银五十两。查前项置方桌四张，合银二十两；茶几六个，合银七两二钱；平椅十六把，合银十二两八钱；炕桌一张，价银一两二钱；夹板门帘一块，价银六两四钱；板凳四条，合银一两二钱；案板一块，价银一两二钱，共用银两合符前数。以上共用湘平银四百二十五两。"③可见，此项劝学、讲习所的建设花费不少。但严格说来，以上劝学所、宣讲所的总董或者劝学员始终缺乏新式学堂教育背景的人才，至宣统二年，省府终于给吐鲁番厅派发了一位合格人选，档案显示：

> 钦命署理甘肃新疆提学使司提学使杜为札饬事，照得吐鲁番劝学所事务重要，亟应遴通晓教育之员总理其事，应于学务有裨。查有简易师范毕业生鱼学诗堪以派充该厅劝学所总董，每月由该厅支给薪水银四十两以资办公，并由该厅帮看，如果该总董办事廉能，即由该厅派充乡约，详报备案，将原乡约裁去，仰即照会前总董陈汉儒将所内一切事务移交清楚，另候委用。④

鱼学诗，一个非常熟悉的名字，实际上就是吐鲁番义塾教育阶段，当时省府与吐鲁番官府特别关照，并想造就的缠民人才，可惜后来被斥革出学塾。⑤时光辗转，他从省府简易师范学堂毕业，并被派发回乡，充当该地劝学所总董，并给予高额薪水，而且提学使一再叮嘱吐鲁番官府，如果鱼学诗办事廉能，即派充该地乡约，这其实是针对当时缺乏缠民师资的一种鼓励刺激措施。他的到来，确实令吐鲁番劝学所得到了一位既能与缠民社会沟通交

---

② 《清代新疆档案选辑》第34册，宣统元年七月二十三日，第219页。
③ 《清代新疆档案选辑》第34册，宣统元年七月二十六日，第223页。
④ 《清代新疆档案选辑》第35册，宣统二年六月二十二日，第43页。
⑤ 《清代新疆档案选辑》第35册，宣统二年三月，第14页。
① 参见拙著《晚清新疆吐鲁番社会史研究——以地方首领和官办教育为中心》（南京大学博士论文，2014年5月25日）第五章第二节内容。

流,又受过新式师范学堂教育的专门人才,实为难得。稍后进行风俗改良时,吐鲁番厅发现也只能由鱼学诗来担任,如"风俗改良,查劝学所总董鱼学诗年富力强,又系土著,风俗改良本与劝学相关,拟饬该总董实行调查,将调查事宜暂委该总董办理"。^① 即增添了总董的社会功能。

但是,劝学所、宣讲所的整体效果并不如意,如"宣讲所前设劝学所内,因地方偏僻,听讲人少",^② 更严重的还在于吐鲁番厅视学刘秉刚败坏学务的恶劣形象,据当时一份虽未署衔名,但可以判断为提学使呈给新疆巡抚的详文显示:

> 案据高省视学正忠密电禀称,查吐鲁番厅视学刘秉刚系在官钱局司簿记,兼充厅视学差,该视学嗜好赌嫖,不理学务,拟请撤其厅视学差,以节靡费。其遗差或派鱼总董学诗兼充,抑或由该厅另选任充当之处,伏祈钧裁,电饬王丞秉章遵照办理等情到司。据此窃查劝学所之设,所以辅地方官长之不及,为教育行政之枢纽,关系至为重要,地方有司宜如何慎选妥员认真举办,以谋地方学务之发达,乃该丞竟以如此劣员滥竽充数,实非教育之进行,大有妨碍。查该厅视学系由曾故丞炳煌加考评委,该丞业经身故,应免置议,惟王署丞秉章到任已久,无论其知而不言,有意敷衍,或系毫无闻见,失于觉查,究属贻误要政,拟请将该署丞王秉章记大过二次,以儆将来。除由署司电饬立将该厅视学刘秉刚撤差,仍饬该署丞另选妥员评委接充以重要务外,所有拟请将署吐鲁番同知王秉章记大过二次缘由是否有当,理合备文详请宪台鉴核示遵,为此具详,伏乞照详施行,须至详者。^③

据上,刘秉刚实际上为官钱局的簿记,还兼充吐鲁番直隶厅的视学,但他嗜好赌嫖,不理学务,严重影响劝学所的劝学功能,因此提学使建议将其视学差事撤销,由劝学所总董鱼学诗兼充,这样也符合州县劝学所的人员设置规定。并一再强调"劝学所之设,所以辅地方官长之不及,为教育行政之枢纽,关系至为重要",然而出现用人不当,本应追究举荐人曾炳煌之责,因其已经身故,不再追究,但在任的王秉章则毫无所闻,失于监督,拟将其记大过二次。虽然未见批复,但根据以往处理学务贻误的案例来看,此类事件往往都会被批准。

劝学所的首要功能当然是劝导学生入堂读书,省府在招收缠师范学生时,实际上也是由吐鲁番的劝学所来具体操作的。有时地方缺乏师资,也会临时由劝学员充当,如宣统二年吐鲁番创设实业学堂,就"暂以劝学员屋阴松代教国文汉语习字珠算",^④等等。但从全省的情况来看,劝学所的作用并不乐观,尤其表现在南疆地区,宣统三年新疆巡抚联魁认为,"至劝学员不过虚有其名,并无劝学之能力,亦无劝学之实际,若官府不加以强迫,乡约不加以勒派,虽有百劝学员,亦无如何,此亦南疆之通弊。惟各属劝学员及劝学总董多由省城缠师范毕业者,若辈不知事体之轻重,乐于有事,每倡为宽筹学费之说,而□顾地方

---

② 《清代新疆档案选辑》第 35 册,宣统二年七月初五日,第 46 页。

③ 同上注。

④ 《清代新疆档案选辑》第 35 册,宣统二年八月十七日,第 63—64 页。

① 《清代新疆档案选辑》第 35 册,宣统二年十月二十八日,第 119 页。

之生死，人情之向背，为地方官者亦喜□□□□□□也，甘心堕其术中而不知变计"。① 足见劝学所不仅不能发挥它应有的功能，反而不切实际地提出兴学倡议，往往加剧了地方社会的矛盾。

三、结　语

透过以上分析，新疆教育行政机构的设立对于新疆近代学堂教育的推广具有重大意义。在杜彤署任提学使后，其所采取的教育理念与办学策略使全疆的学堂教育得以迅速开展，在州县层面的基础学堂教育表现尤为突出。然而，官府虽然付出较大的人力、财力与物力，但就基层劝学所的实际运转情况来看，由于官府缺乏办学经费与师资，以及劝学官员脱离实际的兴学倡议，不仅未能使基层教育良性发展，反而加重了地方社会的矛盾，结果使学堂教育的兴盛仅仅停留在表面，实际效果则大打折扣，此点值得人们思考。

Study of School Educational Administrative Machinery of
Xinjiang in Late Qing Dynasty

Wang Qiming, The Institute of Chinese West Borderland, Shaanxi Normal University

Abstract: The paper uses the documents newly published to discuss the establishment of Xinjiang's school education in Late Qing Dynasty. It also studies the establishment process of province's educational administrative machinery, center for Turpan, discusses the inner composition and the actual social efficacy of the local department of encouraging learning.

Key Words: Late Qing Dynasty；Xinjiang；Turpan；School；Educational Administrative Machinery

（本文作者为陕西师范大学中国西部边疆研究院助理研究员）

---

② 《清代新疆档案选辑》第 35 册，宣统三年九月初三日到，第 303 页。

心战与兵战：谈作为"治边经验"的"七擒七纵"

刘砚月

提　要："七擒七纵"在我国是一个妇孺皆知的历史典故，尽管其真实性疑点重重，但对历史上一些官员的治边思路或多或少产生了影响。"七擒七纵"作为一种历史经验和文化资源，官员处理边疆民族事务时援引"七擒七纵"，其"攻心"和善于"羁縻"的内涵往往具有重要指导意义。本文认为这一现象的存在，反映了我国古代朝廷与边疆和民族"羁縻"关系多存在不稳定因素，官员们希望以诸葛亮成功"收服"孟获为榜样，以达到"南人不敢复反"的理想效果。

关键词：七擒七纵　治边经验　攻心　羁縻

"七擒七纵"在我国是一个代代传颂、妇孺皆知的历史典故。历史上不乏对其真实性持怀疑态度之人，如清代大学士刘统勋，言"'七纵七擒'为记载所艳称，无识已甚！盖蛮夷固当使之心服，然以缚渠屡遣，直同儿戏，一再为甚，又可七乎？"[1]20世纪以来，在学界和少数民族代表人物中，质疑之声更甚，如缪钺、[2]方国瑜、[3]罗荣泉、[4]江玉祥[5]等学者认为"七擒七纵"不合情理，为后来附会之说；民国时期彝族上层开明人士岭光电游武侯祠时曾作诗，言："七擒七纵我不信，南人悦服却是真。千古经边不嗜杀，屈指计来有几人？"[6]近年来也有彝族学者撰文替被"七擒七纵"的孟获鸣不平。[7]

笔者在翻检史料时发现，历史上不乏有官员和政治家将"七擒七纵"奉为成功处理边疆民族事务的典范，且在处理类似事件时喜欢加以援引，一定程度上将它奉为指导思想。"七擒七纵"的历史真实性固十分可疑，但在援引此条典故的官员心中必是信史。有虚构和附会色彩的"七擒七纵"，为何会成为一些官员和政治家处理边疆民族事务的重要参考，对他们有何种启示？鉴于此，本文试图梳理诸葛亮定南中的历史文本和"七擒七纵"衍生文本的源流以及官员和政治家喜好援引该典故的现象，进而探讨该现象产生的原因，

① ［清］刘统勋《诸葛亮生致孟获七纵七擒目》，《评鉴阐要》卷三，清文渊阁四库全书本。

② 缪钺《陈寿与〈三国志〉》，《历史教学》1962年第01期。

③ 方国瑜《诸葛亮南征的路线考说》，《思想战线》1980年第02期。

④ 罗荣泉《诸葛亮"五月渡泸，深入不毛"辨——兼论对孟获七擒七纵之不可信及传说失实之原因》，《贵州文史丛刊》1988年第01期。

⑤ 江玉祥《论彝族民间传说和故事中的孟获形象》，《西南民族学院学报》哲学社会科学版，2000年8月。

⑥ 岭光电《我对诸葛亮的看法》，中国人民政治协商会议越西县委员会文史资料征集委员会编《越西县文史资料选辑第1辑》，1987年。

⑦ 余宏模《蜀相南征与"七擒孟获"辨析》，雷波县语言文字工作委员会编《孟获文化研究文集》，云南民族出版社，2012年，第16页；吉克曲日《孟获是彝族历史上杰出的英雄人物》，同书，第93页；曲木里哈《诸葛亮"七擒七纵孟获"是以讹传讹》，同书，第114页等。

以及对其治边决策思路的影响。

一、虚与实："诸葛亮南征"的历史文本及其衍生文本辨析

"七擒七纵"是否确有其事，前人已多有讨论，在此不是本文的研究重点，但由于"诸葛亮南征"这一历史事件在后世出现了类型多样、繁复庞杂的衍生文本，为了理清源流、划定研究范围，下面先从"诸葛亮南征"到"七擒孟获"文本的产生及其演变脉络予以简要梳理。

"诸葛亮南征"文本的最早出处当推陈寿的《三国志》："三年春，亮率众南征，其秋悉平。"[①] 比起《三国志》的寥寥数语，东晋时期习凿齿著《汉晋春秋》就有了较长的篇幅，此段还被裴松之纳为《三国志》诸葛亮南征的注：

> 亮至南中，所在战捷。闻孟获者，为夷、汉所服，募生致之。既得，使观于营陈之间，问曰："此军何如？"获对曰："向者不知虚实，故败。今蒙赐观看营陈，若祇如此，即定易胜耳。"亮笑，纵使更战，七纵七禽，而亮犹遣获。获止不去，曰："公，天威也，南人不复反矣。"遂至滇池。南中平，皆即其渠率而用之。或以谏亮，亮曰："若留外人，则当留兵，兵留则无所食，一不易也；加夷新伤破，父兄死丧，留外人而无兵者，必成祸患，二不易也；又夷累有废杀之罪，自嫌衅重，若留外人，终不相信，三不易也；今吾欲使不留兵，不运粮，而纲纪粗定，夷、汉粗安故耳。"[②]

与习凿齿《汉晋春秋》差不多同一时期的常璩《华阳国志》中，对此事件的记载如下：

> 夏五月，亮渡泸，进征益州。生虏孟获，置军中，问曰："我军如何？"获对曰："恨不相知，公易胜耳。"亮以方务在北，而南中好叛乱，宜穷其诈，乃赦获使还，合军更战。凡七虏七赦。获等心服，夷汉亦思反善。亮复问获，获对曰："明公，天威也，边民长不为恶矣。"[③]

不难看出，《汉晋春秋》和《华阳国志》中的这两段记载，虽然文字有所出入，但"生擒孟获—军中对问—赦获更战—七纵七擒—获叹天威—南人不复反"的基本情节一致，推测二者同出一源。这一基本情节在后世文献中被多次引述，甚至被司马光编入《资治通鉴》，几成信史。

在裴注《三国志》中引习凿齿《襄阳耆旧记》，记载了收服孟获方略背后的决策思路：

> 建兴三年，亮征南中，谡送之数十里。亮曰："虽共谋之历年，今可更惠良规。"谡对曰："南中恃其险远，不服久矣，虽今日破之，明日复反耳。今公方倾国北伐以事强

---

① ［西晋］陈寿撰，［南朝宋］裴松之注《三国志·蜀书·诸葛亮传》，中华书局点校本，1959年，第919页。

② 同上书，第921页。着重号为笔者所加，下同。

③ ［东晋］常璩《华阳国志》卷四《南中志》，中华书局点校本，1984年，第48页。

贼。彼知官势内虚，其叛亦速。若殄尽遗类以除后患，既非仁者之情，且又不可仓卒也。夫用兵之道，攻心为上，攻城为下；心战为上，兵战为下，顾公服其心而已。"亮纳其策，赦孟获以服南方，故终亮之世，南方不敢复反。[①]

可见，马谡认为"攻心为上，攻城为下；心战为上，兵战为下"是一种"用兵之道"，从这段文献上来看，"七擒七纵"是以"攻心"策略为指导的军事实践。

诸葛亮南征确有其事，但"七擒"之事却疑点重重。首先，诸葛亮认为南中"春夏多疾疫，利在疾战，不可久师也"，[②]其南征时值夏季，蜀汉军队不可能在"多疾疫"的环境下对孟获耗费大量时间，一再宽纵。其次，方国瑜先生指出，《三国志》所记南中扛蜀之人有雍闿、高定等，并无"孟获"，"孟获"多出现于《华阳国志》中，[③]而此后诸葛亮定南中的故事中除了孟获，再无雍闿、高定等人。再次，即使要推翻《汉晋春秋》和《华阳国志》的记载缺乏更多旁证，但通过内证可以看出，"七擒七纵"不符合诸葛亮谨慎的用兵之道，学者罗荣泉已有论述；至于"七擒七纵"之后的"纲纪粗定，夷汉粗安"、"南人不敢复反"，这也是不符合史实的，蜀汉军队北归之后，建宁、越嶲、牂牁、兴右等郡接连发生叛乱。[④]

不过，"七擒"一事在史实上的可疑性，与众多衍生文献不厌其烦的言说形成有趣的对照。如果说从陈寿《三国志》、裴注《三国志》、《华阳国志》到《资治通鉴》，作为"诸葛亮南征"的衍生文本"七擒孟获"完成了"史料化"过程；那么在此基础上形成的文人咏史抒情、说理明志、品评人物、歌功颂德等文学作品，使"七擒孟获"由此"典故化"。元至治本《全相三国志评话》中出现了七次捉放孟获的简单情节，孟获叹"诸葛非人也，乃天神也"，于是献宝折箭，世不反汉；[⑤]罗贯中《三国演义》中用了第八十七至第九十回的长篇来详细描述"七擒孟获"的过程，最后孟获仍长叹"丞相天威，南人不复反矣"。[⑥]这便是"七擒孟获""文学化"的几处重要节点。有一点值得注意，即"文学化"完成之后，整个叙事并没有脱离《汉晋春秋》和《华阳国志》所奠定的"生擒孟获 — 军中对问 — 赦获更战 — 七纵七擒 — 获叹天威 — 南人不复反"情节发展逻辑。

在彝族民间也流传着彝族英雄人物与孔明作战的故事。流传于凉山地区有名为《勒格诗惹》的长篇传说，流传在云南宣威的有《孟获的故事》。学者江玉祥通过分析故事情节，认为它们的产生时间具体在明代之后，至少其中部分故事是在"七擒七纵"传说流行之后才增添的。[⑦]因此，在"三国故事"和《三国演义》的广泛传播后，"七擒孟获"进一步向周边民族渗透，进入了他们的口传文学。需要说明的是，"七擒孟获"的"史料化"，是其"典故化"、"文学化"的基础；其"典故化"、"文学化"之间是一种相伴相生的关系，二

① 《三国志·蜀书·马良传》，第983—984页。
② ［蜀汉］诸葛亮《诸葛亮集》，中华书局，1975年，第137页。
③ 方国瑜《诸葛亮南征的路线考说》，《思想战线》1980年02期。
④ 罗荣泉《诸葛亮"五月渡泸，深入不毛"辨——兼论对孟获七擒七纵之不可信及传说失实之原因》，《贵州文史丛刊》1988年第1期。
⑤ 《元至治本〈全相评话三国志〉》，香港：中外出版社，1976年影印本，第72—73页。
⑥ ［明］罗贯中《三国演义》，人民文学出版社，1979年，第780页。
⑦ 江玉祥《论彝族民间传说和故事中的孟获形象》，《西南民族学院学报》哲学社会科学版，2000年8月。

者并没有严格的时间顺序。

"七擒"之事纵然有诸多疑点，但经由历代故事演绎而广为流传，其深入人心的影响力，难以据其真伪来驳倒，历史上不乏文人和官员将"七擒七纵"奉为一种兵法韬略和治理边疆民族事务的决策思路。官员们在谈到如何治理边疆、处理民族关系时，好以此为例，意加效法。这一部分内容便是本文的中心议题，即通过整理历代官员处理边疆民族事务时援引"七擒七纵"、将其奉为典范的例子，探讨这一故事对官方决策所造成的影响，以及产生这些影响的原因。

二、作为治边经验的"七擒七纵"

"七擒七纵"的典故在历代官员处理边疆民族事务时多被提起，似已成为"羁縻"且使之"心服"的成功案例，对官员治边思路的影响不可忽视。那么，这一"成功经验"在历史上的治边实践中是否行之有效呢？笔者发现历史上援引该典故作为决策思路的案例，明、清两朝居多，建国初期也不乏有例。下面我们来逐一视之。

明万历九年（1581），朝廷调云南罗雄州土兵征缅，土官者继荣乘机弑其父者濬，与沾益州土司安世鼎遗孀安素仪之兵行至越州时，在越州土司资氏家中"淫乐不进"。知州越应奎欲擒者继荣，者继荣便聚众而反，攻破陆凉鸭子塘、陡坡诸寨。万历十三年（1585），云南巡抚刘世曾[①]请于朝，命参将刘綎等率兵进讨。[②]万历十四年（1586）五月，罗雄州事平。[③]大学士王锡爵在给刘世曾的信中提到：

> 年来滇中凯音络绎以至，而薄城当垒血战，斩馘之功，则未有如今日之殊，尤卓卓者也。省教分部夹攻，衔枚夜发，则信称神兵矣。而妙乃在幕府之用以夷攻夷，此武侯所以擒孟获也，南人岂复反乎？[④]

"以夷攻夷"指贵州巡抚舒应龙得知罗雄州事之后，曾调贵州土官、者继荣外弟隆有义之兵前往救援，隆有义部下在战斗中将者继荣斩首。[⑤]王锡爵将"七擒孟获"中读出的"以夷攻夷"的"经验"，与此番平定罗雄州的军事实践相印证。运用此种经验能够带来"南人不复反"的良好结果，恐怕已经成为王锡爵心中重要的"治边良策"。

不光是王锡爵，《西事珥》的作者明人魏濬在其《官司治猺獞不如土司能用其众》一文中，同样以诸葛亮收孟获为参照：

---

① 万历九年（1581）三月至万历十六年（1588）四月巡抚云南。见吴廷燮《明督抚年表》下册，中华书局，1982年，第613—614页。

② ［清］张廷玉等《明史·云南土司传》，中华书局点校本，第8085—8086页。

③ 《明神宗实录》卷一七四，万历十四年五月庚戌条。

④ ［明］王锡爵《王文肃公文集》卷十七，明万历王时敏刻本，四库禁毁书丛刊编纂委员会《四库禁毁书丛刊》集部第七册，北京出版社，2005年影印本，第387—388页。此条文献原题"刘凤坪巡抚"，刘世曾是否字"凤坪"缺乏文献支持，但"刘凤坪"只作为通信对象在陈有年、王锡爵、申时行的文集中出现，而同一时期的刘世曾在云南的活动有大量记载。这一时段《明督抚年表》中不见"刘凤坪"而有"刘世曾"，笔者推断"凤坪"可能为刘世曾的字。

⑤ 《万历武功录》卷六《罗雄者继荣必六列传》，明万历刻本。

诸葛武侯平南中，皆即其渠帅用之，悉收孟获等以为官司，云："吾欲不留兵，不运饷，使纲纪粗定，夷、汉粗安故尔。"①

其中，魏濬提到诸葛亮收服孟获之后封官，代蜀汉统治南中的"史实"，明确将此奉为治理猡猓地方的经验，即委任土司统治比派遣流官更为有效。

明天启、崇祯年间的"奢安之乱"中，明廷就如何对待起兵的土同知安邦彦和被安邦彦挟持的应袭土司安位有过多次讨论。对于土同知安邦彦，主张剿灭的意见较为一致；对于应袭土司安位，贵州巡抚王三善主张"剿"，而总督杨述中主张以"抚"为主，双方相持不下。天启四年（1624）二月，杨述中上疏，奏王三善因信安邦彦心腹陈其愚诈降而兵败。②王三善军事行动的失败，迫使明廷进行政策调整。兵部由此制定"战守善后九事"，其中提出以分化土司家族，收服为主，并设置军队的策略：

安邦彦之悖逆无道，陈其愚之诈降取事，皆神人所共愤，而王法所必诛者……外闻安位母子屡禀乞降，不妨相机牢笼之。党羽四十八枝中，亦当分别顺逆而收为用。亮之于孟获也，服之而已。自古未有绝其种类，而兵连不已者。③

"亮之于孟获也，服之而已"道出了明廷此时以"抚"为主的战略重心。但就奢安之乱的形势而言，年幼的安位被安邦彦所挟持，根本无力擒安邦彦；脱离军事较量的招抚，也徒具一纸空文而已。天启六年（1626）九月，参将杨明辉奉制书招抚安位，而"不云赦邦彦"，被安邦彦所杀，由此抚议遂绝。④崇祯二年（1629）八月，贵州巡抚朱燮元与四川总兵侯良柱经过激烈战斗，平定奢安之乱；尔后几经波折，终于将安位及其余党招降，贵州战事平息。在平息奢安之乱的过程中，明廷势力在贵州的每一步推进，无不伴随着艰难的军事胜利。脱离政治实力和军事后盾而谈"心服"，在此番较量中难以生效。

除了土司，贵州"语言不通、风俗各别"的诸多少数民族在不少官员看来治理难度较大。面对这种情况，不少官员自觉不自觉会想到诸葛亮南征的事迹：明代贵州巡抚郭子章有言"武侯纵孟获，宋艺祖不通滇南，何其虑之深长耶"；⑤清顺治十六年（1659）贵州巡抚赵廷臣就治理苗疆上疏言"故驭苗者，往往急则用威，威激而叛；缓则用恩，恩滥而骄……武侯纵孟获，非故宽之也，皆有深意存焉"，⑥如此种种。另外，不光是官员，文人如张岱在总结和点评前代治边经验时，也常以"七擒七纵"为参考：如提到明代平播之役时，他认为"古来名将，其御苗与御夷政异。御夷如逐虎，越境则已；御苗如教猱，不下杀手则其心不死服。五月渡泸七擒孟获，此武侯之所以大服乎南人也"；⑦点评朱燮元平定

---

① ［明］魏濬《西事珥》卷三，明万历刻本。
② 《明熹宗实录》卷三十九，天启四年二月己亥条。
③ 《两朝从信录》卷二十一，《续修四库全书》本第 357 册第 550 页。
④ 《明史·朱燮元传》，第 6443 页。
⑤ ［清］谈迁《国榷》卷十六，永乐十二年戊子条，注。
⑥ 《清世祖实录》卷一百二十六，顺治十六年五月壬午条。
⑦ ［明］张岱《石匮书》卷一七七《李化龙郭子章江铎列传》，稿本补配清钞本。

奢安之乱时,他再次提到"诸葛武侯七擒孟获,而南人不敢复反者"云云。[①]

不仅在古代,"七擒七纵"的理念在中国共产党的民族工作实践中也有体现。1953年8月,李达就贵州剿匪工作向毛泽东汇报,当谈到布依族女匪首程莲珍时,李达汇报说:"这个女匪首,下面要求杀。"但毛泽东认为不能杀:"人家诸葛亮擒孟获,就敢七擒七纵,我们擒了个程莲珍,为什么就不敢来个八擒八纵?连两擒两纵也不行!总之,不能一擒就杀……"贵州剿匪虽然接近尾声,但情况仍很复杂,有的地方"土匪问题与民族问题交织在一起",不杀程莲珍是为了"通过教育改造后让她将功赎罪"。[②]程莲珍被释放之后,进入深山劝降了二十余名匪首匪众,并带队击毙了一些顽固匪首,为肃清匪患做了一些有意义的工作。[③]

在对少数民族地区民主改革过程中也存在类似的情况。1956年7月22日中共中央讨论了四川甘孜藏区凉山彝区民主改革的工作问题,周恩来于1956年7月24日向在京的民族上层人士做了题为《稳步地实现少数民族地区的民主改革》的传达报告。在提及民主改革过程中四川凉山彝族自治州和甘孜藏族自治州发生叛乱的情形时,他提出了"力争实现和平改革"等几点建议,并强调了"对于现在还在山上叛乱的武装"应当停战和谈,"只要叛乱分子停止叛乱,一律宽大处理,一个不杀。三国时诸葛亮七擒七纵,我们要十擒十纵,百擒百纵。四川省的气魄应该大些,否则就要甘拜诸葛丞相的下风了"。[④]1957年4月,粟裕就民主改革工作在成都听取了成都军区和四川省委的情况介绍之后,发表了自己的见解:"古时孔明在这里施行的民族政策,都能够'七擒七纵'……封建阶级采取这个政策,使少数民族安定了下来。那么,我们要比孔明先进得多,我们更应该能够'八擒八纵','十擒十纵'",同时提出解决民族问题"必须从政治上来解决问题,不得已时才准使用军事力量。军事是政治的后盾,主要的是政治"。[⑤]

三、结　　语

从上文诸多例子不难看出,抛开"七擒七纵"的历史真实性,它对朝廷官员处理边疆民族事务都产生了一定的影响,尤以处理西南少数民族事务为甚。

谈到"七擒七纵"必离不开其"攻心"的要点。马谡"攻心为上"论和"七擒七纵"典故相结合,被后人奉为经典战例,即战胜对手以"攻心"、"服其心"为着力点,由此带来彻底制服对手、"不复反"的良好结局;同时暗示了"攻心"和"服其心"的成功,是以强大的实力和出奇的兵法为后盾的。"七擒七纵"典故作为一种历史经验与文化资源,它被后

---

① ［明］张岱《石匮书》卷二一八《奢寅奢崇明安邦彦》,稿本补配清钞本。

② 刘光荣主编《毛泽东的人际艺术》,中共中央党校出版社,1992年,第164—165页。

③ 王廷琛《记惠水县政协委员程莲珍》,中国人民政治协商会议贵州省委员会文史资料委员会编《贵州少数民族文史资料专辑》,中国文史出版社,1991年,第149页。

④ 中共中央统一战线工作部、中共中央文献研究室编《周恩来统一战线文选》,人民出版社,1984年,第327—328页。

⑤ 粟裕《解决民族问题要执行政策纪律重视政治工作》,粟裕文选编辑组编《粟裕文选》(1949.10—1984.1第3卷),军事科学出版社,2004年,第241—242页。

世不断重新认识，并且人们会根据当下形势解读出自己需要的内容。史书中的"纲纪粗定，夷、汉粗安"，"南人不敢复反"，成为治边官员的良好愿望。另外，委任当地民族头目进行间接统治，也是后人读出的一条"经验"。

"七擒七纵"典故之所以在古代官员处理边疆和民族事务时被反复提及，这反映了我国古代朝廷与边疆和民族"羁縻"关系多存在不稳定因素，时有动荡的边疆局势和某些"叛服无常"的民族群体使官员们颇为头疼，因此他们需要一个"成功案例"来做"榜样"——远在三国时代的、尽管有诸多疑点的"七擒七纵"典故，此时便作为历史经验和文化资源被发掘出来。

不过，"攻心"能成功的必要条件是"知彼"，具体到治理边疆民族事务上，则是要对异于汉文化的其他民族文化要有充分了解，知其所惧；并能知晓对待各种地方势力的不同方法，知轻重缓急。在汉地与边地整合程度有限的时代，频繁更动的边吏和庙堂之远的重臣仅从传统汉式"谋略"出发，对"他者"进行"攻心"，并非万全之策。

Psychological Warfare or Campaign: "Seven escapement" as the experiences of controlling the border areas

Liu Yanyue, Nanjing University

Abstract: The story of "Seven escapement" is well known in China. Although there are many doubtful points, it affected many governors when they were dealing with border areas in history. As a kind of historical experience and cultural resources, "psychological invasion better than warfare"and good at comfort control became significant for governors. It reflected that the relationship between ancient Chinese government and the border area was loosely ruled under comfort control and this relationship was often not stable. Zhuge Liang had set a good example for all governors becaused they hoped to maintain a peaceful order in the border areas.

Key Words: Seven escapement; decision-making; psychological attacks; comfort control

（本文作者为南京大学历史学院博士研究生）

《元史·刘宣传》勘误一则

常 莹

《元史》中华书局1976年点校本卷一六八《刘宣传》载："(至元)二十三年(1286)，(刘宣)入为礼部尚书,遂迁吏部。"[①]吴澄《吴文正集》卷八八《大元故御史中丞赠资善大夫上护军彭城郡刘忠宪公(宣)行状》则云："(至元)二十二年(1285),(刘宣)入为礼部尚书,迁吏部。"[②]

众所周知,但凡除授职官,自发布诏令至实际到任往往存在短暂时间差,此时间差有时会体现在文献记载中。然而,比照《刘忠宪公(宣)行状》,无论是文本内容,抑或是行文方式,《元史》刘宣本传当以之为史源。严格来讲,后者除对《行状》文段、辞句略作删节更易外,其余内容几乎完全征引吴文。因之,二书记述差异绝非官员上任滞后性所致。

查阅《元史·刘宣传》,我们可以看到如下文字:

> 刘宣字伯宣,其先潞人也。……(至元)二十三年(1286),入为礼部尚书,遂迁吏部。……二十三年(1286)十二月,中书传旨,议更钞用钱,宣献议曰："原交钞所起,汉、唐以来,皆未尝有。宋绍兴初,军饷不继,造此以诱商旅,为沿边粜买之计,比铜钱易于赍挈,民甚便之。稍有滞碍,即用见钱,尚存古人子母相权之意。日增月益,其法浸弊,欲求目前速效,未见良策。新钞必欲创造,用权旧钞,只是改换名目,无金银本称提,军国支用不复抑损,三数年后亦如元宝矣。宋、金之弊,足为殷鉴。铸造铜钱,又当详究。秦、汉、隋、唐、金、宋利病,著在史策,不待缕陈。国朝废钱已久,一旦行之,功费不赀,非为远计。大抵利民权物,其要自不妄用始,若欲济丘壑之用,非惟铸造不敷,抑亦不久自弊矣。"[③]

观是文,若刘氏供职礼部为至元二十三年(1286),那么在同一传记中两次标注同一纪年,就本传行文规范而言,似有叠床架屋之嫌。汪辉祖对此已有提及,然汪书仅将前述史料中"二十三年"四字视作衍文,并未就刘宣擢迁礼部尚书时间提出异议。[④]参照《刘忠宪公(宣)行状》,笔者私以为,该问题并非出自"(至元)二十三年(1286)十二月"这一分句,引文中首个"(至元)二十三年(1286)"或为"(至元)二十二年(1285)"误写。约

---

① 《元史》卷一六八《刘宣传》,中华书局,1976年,第3951页。

② [元]吴澄《吴文正集》卷八八《大元故御史中丞赠资善大夫上护军彭城郡刘忠宪公行状》,清文渊阁四库全书本。

③ 《元史》卷一六八《刘宣传》,第3951—3593页。

④ [清]汪辉祖《元史本证》卷二二《证误二二·刘宣传》,姚景安点校,中华书局,1984年,第237页。

言之，理由主要有以下四端：

第一，就史料价值来讲，距所记史事时代愈近，文字可信度愈高。鉴于此，与志主刘宣生活年代大体相当的吴文正公澄，其所撰行状相比洪武初叶仓促成书的官方正史而言，似乎更加接近事实。

第二，由前文可知，《刘忠宪公（宣）行状》为《元史·刘宣传》直接史料来源。《行状》载："一夫担五斗，往还自食外，官得其半；若十万石，用四十万人，止可供三月。"然《元史·刘宣传》却将其转录为"一夫担米五斗，往还自食外，官得其半；若十万石，用四十万人，止可供一二月"。① 据此，我们有理由认为，《元史》纂修之时，书工转抄不甚严谨。

第三，复览《元史》刘宣本传，是传存"（刘宣）除知松江府，未几同知浙西宣慰司事。在官五年，威惠并著。升江淮行省参议，擢江西湖东道提刑按察使"一语。② 依《元史·世祖纪》"[至元十七年（1280）四月]定杭州宣慰司官四员，以游显、管如德、忽都虎、刘宣充之"可知，至元十七年（1280）刘宣始仕杭州宣慰司。③ 又《世祖本纪》，至元十三年（1276）二月，元廷于原宋都临安设置浙东西宣慰司。④ 李治安先生曾在《行省制度研究》一书中指出，浙东宣慰司、浙西宣慰司是建立于同一年月的两个不同机构。⑤ 鉴于杭州路乃其时浙西宣慰司治所所在地，我们可以认为，杭州宣慰司、浙西宣慰司为同一官署不同名称。传主刘宣于至元十七年（1280）出任浙西宣慰司同知，在官五年卸任，则刘氏改授江淮行省参议、江西湖东道提刑按察使当在至元二十一年（1284）。《送刘伯宣尚书序》言："太原刘公亭刑江右之二年，政成化洽，治最上闻，遂以大宗伯。"据《中国历代官制大辞典》，大宗伯为礼部尚书代称。⑥ 由此推算，刘宣就任礼部尚书实为至元二十二年（1285）。

第四，《元史·张孔孙传》云："至元二十二年（1285），安童复入相，言于帝曰：'阿合马颛政十年，亲故迎合者，往往骤进，据显位；独刘宣、张孔孙二人，恬守故常，终始如一。'乃除宣吏部尚书，孔孙礼部侍郎。"⑦ 据《元史》刘宣本传，宣先为礼部尚书，寻更吏部。是故相比拜除礼部尚书一职而言，刘氏出仕吏部时间稍迟。这也就是说，传主刘宣担任礼部尚书应不晚于至元二十二年（1285）。该点恰与《刘忠宪公（宣）行状》相合。

综上所述，《元史》中华书局1976年点校本《刘宣传》所及传主刘宣出任礼部尚书一职时间有误。翻检南监本、北监本、武英殿本、百衲本《元史》，诸本均作"（至元）二十三

---

① ［元］吴澄《吴文正集》卷八八《大元故御史中丞赠资善大夫上护军彭城郡刘忠宪公行状》；《元史》卷一六八《刘宣传》，第3951页。

② 《元史》卷一六八《刘宣传》，第3951页。

③ 《元史》卷一一《世祖纪八》，第223页。

④ 《元史》卷九《世祖纪六》，第179页。

⑤ 《行省制度研究》一书认为，浙东宣慰司、浙西宣慰司均设立于至元十三年（1276）十二月，对于其史源，李氏明确指出，该则史料援引自《元史·世祖纪六》，核查是卷，至元十三年二月条载："戊申，立浙东西宣慰司于临安。"而十二月条目仅有"除浙西、浙东、江西、江东、湖北五道宣慰使"一语，因之，言上述二宣慰司肇建于岁末似存可商榷之处。参见李治安《行省制度研究》，南开大学出版社，2000年，第360页；《元史》卷九《世祖纪六》，第179、186—187页。

⑥ ［元］俞德邻《佩韦斋集》卷一〇《序·送刘伯宣尚书序》，《天禄琳琅丛书》景元本；吕宗力《中国历代官制大辞典》，北京出版社，1994年，第39页。

⑦ 《元史》卷一七四《张孔孙传》，第4067页。

年（1286）"。①因之,我们可以排除后出版本讹误及中华书局点校本漏校的可能。刘宣就职礼部尚书时间之讹盖为《元史》修撰之时书工转抄疏忽失察所致。

（本文作者为南开大学历史学院硕士研究生）

----

① 《元史》卷一六八《刘宣传》,南监本,第 31 册,第 14 页 a。《元史》卷一六八《刘宣传》,北监本,第 44 册,第 13 页 b。《元史》卷一六八《刘宣传》,武英殿本,第 43 册,第 13 页 b。《元史》卷一六八《刘宣传》,百衲本,第 50 册,第 60 页 a。

蒙古帝国成吉思汗先世的六世系[*]

（美）艾骛德（Christopher P. Atwood）^① 撰　罗玮 译^②

导　言

在《蒙古秘史》（下文简称《秘史》）179 节中，有一个对世系的简要叙述。在谈及薛扯·别乞（Seche Beki^③）、泰出（Tayichu）时，成吉思汗（Chinggis Khan）说："长辈中，我想到了把儿坛·把阿秃儿（Bartan Ba'atur）的儿子们，并说：'薛扯、泰出，你们做汗！'但是我没有实现我的目的。"^④ 在所有关于《秘史》的评论中，这一节被认为是有疑问的。根据《秘史》49 节和 122 节可以轻易地证实，薛扯·别乞、泰出并不是把儿坛·把阿秃儿的儿子，而是忽秃黑秃 / 莎儿合秃·禹儿乞（Qutuɣtu/Sorqatu Yörki）的儿子。^⑤ 注释者们指出这是一个错误，并向之后改动《秘史》文本的编者们指出了这一错误。正如田清波（Antoine Mostaert）写信给柯立夫（Francis Cleaves）所说："《秘史》的作者并不是按照我们现在所读的文本进行书写，他非常清楚薛扯和泰出并不是把儿坛·把阿秃儿之子，把儿坛·把阿秃儿是合不勒·合罕（Qabul Qan）的次子。而薛扯和泰出是忽秃黑秃 / 莎儿合秃·禹儿乞 [Qutuɣtu（~Sorqatu）Yörki] 之子，忽秃黑秃 / 莎儿合秃·禹儿乞是斡勤·巴儿合黑（Ökin Barqaq）之子，斡勤·巴儿合黑是合不勒·合罕的长子。他实际上在 49 节和 122 节中已经写明。"^⑥ 罗依果（Igor De Rache wiltz）则更进一步，认为这是一种"传统"，即"某些表述会跟《秘史》的多数表述有差异"；因此，最终是"'巴儿合黑·把阿秃儿（Barqaq Ba'atur）诸子'这一表述

---

　　*　本论文得到国家留学基金资助（编号：留金发［2014］3026 号）。

　　①　作者注：我想要感谢史伯岭（Elliot Sperling）和 Paul Losensky 各自在藏文和波斯文文本上对我的帮助。这篇论文的初版发布在"近数十年的蒙古人类学研究"学术会议上，由蒙古国立大学社会人类学系组织召开，乌兰巴托，2012 年 7 月 19 日。我对 Bum-Ochir 和 L. Munkh-Erdene 博士邀请我参会很感激，也感谢与会者们富有建设性的评论和建议。（下文注释不标明"译者注"者均为作者原注。）

　　②　译者注：在本文翻译过程中，我要感谢艾骛德教授和株洲市经信委梁权先生对我原文理解和译文表述的指导和帮助，还要感谢张帆教授、乌兰研究员、王一丹教授和马晓林博士提出的修改意见。

　　③　译者注：本文对于专有名称均还原为正式汉语译名，并在第一次出现的专有名称后用括号标出原文中对应的拉丁拼写，之后出现的同一专名，除有具体需要及因有多种转写情况，为防止混淆再次标出拼写外，一般不再标注。

　　④　《蒙古秘史》179 节（EU, 第 415—416 页）：de'ere-eche Bartan Ba'atur-un kö'ün Seche Tayichu qoyari ta qad boludqun ke'ejü yadaba je bi. 所有的蒙古语均为作者翻译，后边不再注明。

　　⑤　这个名字有两种写法：主儿勤［Jürki（n）］、禹儿乞［Yörki（n）］。虽然《秘史》中的汉字转写多用第一种，而其他材料则多用第二种，因此我使用第二种。

　　⑥　转引自柯立夫，第 107—108 页，注 44。

出了错"。① 但这真只是把薛扯、泰出叫做"把儿坛·把阿秃儿诸子"的错误吗？如果真是这样，为什么后世的文献如《世祖实录》会重复这一错误呢？

我将以蒙古帝国的一些世系作为本篇论文的着眼点，强调蒙古学研究中的现代学术性假设的突出特点，而一个例证就是《秘史》的注释者们对这一节的研究。三个假设要点如下：1. 蒙古帝国成吉思汗先世的世系是固定的，那么差异就意味着一些材料是错误的，而其他材料是正确的。2. 真正权威的史料就是《秘史》，特别是1—51节。3. 早期就已经固定下来了，所有与固定世系的不同之处都是由于无知造成的简单谬误，并无深刻的含义。当史料与《秘史》1—51节不一致时，编者的责任就是严厉斥责他们的错误并给予纠正，以防止误导粗心之人。这三种假设的潜在基础是谱系反映理论：即谱系反映了先存的现实；且对于该反映而言，谱系学家也具有重要性。谱系学家的重要性仅在于谱系学家或者是面干净平整的镜子，无扭曲地反映该现实；或者是面污垢扭曲的镜子，歪曲该现实。我将这种假设架构称为："《秘史》原教旨主义"。

在我进一步探讨之前，我会提供一些"《秘史》原教旨主义"存在的例证。众所周知，从孛儿帖·赤那（Börte Chino，"苍狼"）到朵奔·蔑儿干（Dobun Mergen）是一条很长的世系。与之可对应的是藏文文献《红史》（又译《红册》，*Debter Marbó* 或 *Hulan Debter*）中的世系。② 它来自蒙文史料：《也可·脱卜赤颜》（*Yeke Tobchiyan*，"国史"）。另一个世系来自拉施特（Rashīd al-Dīn）的《史集·蒙古史》（*Ghazanid History*，译者注：即《合赞汗祝福史》）。从孛儿帖·赤那开始的第四代，两个世系中藏文写作 Khyi-ji Mer–mkhan，波斯文写作 Qījū Mergen。手稿中的两个拼写都很固定。考虑到转写和蒙古语的变化，因此他们一定是相同的。然而这种同一性并没有得到认识，因为迄今为止拉施特作品所有的译本，甚至是最近的波斯语版本，都把实际手抄本中的 Qījū Mergen "改正"为《秘史》的 Qorichar Mergen（豁里察儿·蔑儿干）。③ 类似的是罗列赫（Roerich）的《青史》英译本中在引用《红史》世系的地方，也使藏文符合《秘史》，将 Qorichar Mergen 当做真正的名字放在括号里。同样，藏文与波斯文版本中相一致的 Qachu（Kha-chu~Qājū），在所有版本中也做了修改，以与《秘史》的 Qarchu（合儿出）相一致。④ 因为所有人"已知"只有《秘史》里有一个蒙古人的世系，并且是绝无错误的，因此一些连贯并且连续不同的世系内容必须被删除。

---

① 罗依果，第645页。除了这里罗依果所主张的某种书写协调的结果之外，请注意"巴儿合黑·把阿秃儿"的名字实际上也并不是没有问题的。而且巴儿合黑一直带着前缀性的称号"斡勤"："女孩"，而巴儿合黑也一直被称为"把阿秃儿"："勇士、英雄"。

② 此文中的藏文名字，我依据蒙古文系统进行转写，但元音和首字母 ng- 未做改动。这样就跟安多方言相对一致。以下面元音中，当 k, t, c, p 和 ts 变为 g, d, j, b, 和 dz 时，我加上了尖音符（´）。当 z 和 zh 变为 s 和 sh 时，我加上了沉音符（`）。

③ 斯米尔诺娃（Smirnova），第9、10页；萨克斯顿（Thackston），I，第114、115页；《青史》（*Blue Annals*），57页。若山（Rawshan）和穆萨维（Mūsawī）的波斯文版本是 Qurīchar Margān（第1卷，第218页，1.15；第219页，1.11.），虽然手稿实际写作 Qījū Markān（见第4卷，第1644页的索引注解）。

④ 斯米尔诺娃，第10页；萨克斯顿，I，第115页；《青史》，第57页。即使所有的手稿写作 Qālī Qājū 或从它明确派生出来的形式，如 Qālī Qājr 或 Qālī Qāḥū，若山和穆萨维的波斯文版本再次是 Qārchū（第1卷，第219页，1.14；参见第4卷，第1644页的索引注解）。

另一个更古老的此类篡改例子是在写于元世祖忽必烈（Qubilai Qa'an）时期的《圣武亲征录》（下文简称《亲征录》）中。这部著作包含一个与前述《秘史》179节相对应的世系。[①]《亲征录》是作为《元史·本纪》史料来源的元朝实录的后期简写本。因此写于1370年的《元史》也包含这一章节。但是在《元史》的编辑过程中，一位编撰者发现这一内容与加入《元史》的世系（下文将探讨）相矛盾。明显因为受到了矛盾的困扰，明初编撰者们在汉译中改动了一个汉字：将八儿坛·拔都（Bartan Ba'atur）改为八儿合·拔都（Barqaq Ba'atur）。然而这成了一个全新的名字。除了该争议章节之外，该材料一直写作 Ökin Barqaq 或 Bartan Ba'atur，从无 Barqaq Ba'atur。之后随着《亲征录》以抄本的形式在明代流传，抄写者们发现把这两人作为八儿坛·拔都的儿子是"错误"的，因此他们遵从《元史》把名字改为了八儿合·拔都。只有两个存世的抄本没有修改过，而是折中的版本。由于不能辨别 Bartan 与 Barqaq，他们就写作八儿·拔都（Bar Ba'atur）！[②]

正如我希望在这些例子中所展示的，成吉思汗先世的世系变化因为过于复杂，故而难以受到"《秘史》原教旨主义"的影响。本文中，我将展示蒙古帝国历史中流传的至少六个不同的书面世系，并且它们中无一个被接纳为最终权威论断。我将从最晚近的一个书面世系开始，回溯至最简短也可能是最古老的书面世系。最近的即是写成于14世纪第二个25年内的《十祖世系录》（下文简称《世系录》）；最简短也可能是最古老的是拉施特书中间或援引的世系，但也总是被拒用。

《十祖世系录》

元代史料中保存了两个蒙古宗室的世系，一个是《元史》卷一〇七，另一个是陶宗仪1366年写成的笔记《南村辍耕录》（下文简称《辍耕录》）卷一的《大元宗室世系》。在这两个现存世系之外，还可以参考其他两个世系的名字：（1）1329—1331年写成的《经世大典·帝系篇》；[③]（2）未注明时间的《世系录》。[④]这些不同的材料和其题名有着怎样的关系？

首先我们先来讨论这两份现存元代材料的关系问题。伯希和（Paul Pelliot）已经

---

① 由于《史集》中的对应世系写作 Bartān Bahādur，因此可以证明原文为 Bartan Ba'atur（斯米尔诺娃，第130页；萨克斯顿，I，第189页；若山和穆萨维，第391页，1.10）。

② 这一章节将在我未来的《圣武亲征录》评注版中进行探讨。这两个抄本是收藏于中国国家图书馆的，编号为6109/614的郑本，见北京图书馆善本部编《北京图书馆善本书目》，第2卷，叶30 b；北京图书馆编《北京图书馆古籍善本书目·史部》，第335页。该版本作为贾敬颜1979年《圣武亲征录校本》（下文简称《亲征录》[J]）的底本。Bartan/Barqaq Ba'atur 见《亲征录》[J]，第二卷，叶102b。其他抄本有我称为卢本的版本，收藏于东京的静嘉堂文库。见《静嘉堂文库汉籍分类目录》，东京：静嘉堂文库，1930年，第250页。王国维并没有见到这些版本，只是简单重复后期抄本的八儿哈·拔都这一形式。见王国维校注本《圣武亲征录》，（下文简称《亲征录》[W]），第54a/113页。

③ 见《元文类》[CP]，第40/6a-b 页；《元文类》[SC]，第40/530页。我认为该世系的实际内容可以在《元史》卷一〇七中找到，从成吉思汗或他的父亲一代开始。

④ 见《元史》卷一〇七，第2729页。参见韩百诗（Louis Hambis），伯希和（Paul Pelliot）注，*Le Chapitre CVII du Yuan che*，《通报》增刊，38卷，莱顿：E.J. Brill，1945，第44页。

指出，《元史》卷一〇七与《辍耕录》中的《大元宗室世系》明显来自同一个材料。[①] 两书中的宗室世系都从脱奔咩哩犍（Tobun/Dobun Mergen）和他的寡妻阿兰果火（Alan Gho'a）感天受孕开始，直至元顺帝（Toghan—Temür，1332—1370 在位）及其皇太子爱猷识理达腊（Ayushiridara），甚至还有爱猷识理达腊的幼子。（两者均省略了《秘史》与《史集》中朵奔·蔑儿干之前的十代左右世系，这点我将在下文探讨。）只要允许的话，该世系会用一切方式记录成吉思汗兄弟和子嗣的世系，也简要标注了源自成吉思汗父亲也速该（Yisükei）之前统治者们的不同部族。

在成吉思汗先世的部分，《元史》卷一〇七的世系和《大元宗室世系》是相同的，都使用了独特的极其生僻的汉字转写系统。这样选译明显是因为其便于记忆，并且不同于任何其他史籍或转写著作使用的转写系统，例如《亲征录》或该世系中的其他部分。[②] 这个新汉字转写系统的特点是：用"咩"译蒙古语 -me-，"拏"译 -no-，"笃"译 -tu，"直"译 chi-，"急"译 -gi-，"寒"译 qan，"葛"译 qa-。然而这一独特的转写系统很难立即确定时间，它似乎符合 1315 年之后的趋势，即使用越来越生僻的汉字转写蒙古人名。这一书面化的新转写系统也仅存在于这一世系的成吉思汗先世部分。

值得注意的是，《元史》卷一，1—3 页在叙述成吉思汗先世时也使用了这一转写系统，[③] 世系和《元史》卷一的所有名字都是相同的。《元史》卷一〇七世系没有记载的人名：莫挐伦（Monolun），在卷一中也使用了同样稀见和独特的汉字系统记载。[④] 而且这一世系跟《元史》卷一体现了成吉思汗先世的另一种形式：并不从孛儿帖·赤那—蒙古的苍狼神话祖先开始，而是从脱奔咩哩犍和阿兰果火开始。世系暗示，正如《元史》卷一〇七所阐明的，阿兰果火并没有五子而是三子，其中孛端叉儿（Bodonchar）是唯一一个感天而生的。（所有其他关于阿兰果火的现存材料说她有两个自然出生的孩子，三个感天而生的儿子。）最后不像很多其他材料，《元史》的成吉思汗先世世系和卷一的叙述都记载莫挐伦不是海都（Qaidu Qan）的母亲，而是祖母。[⑤] 因此一定可以得出结论：《元史》体系中对成吉思汗先世的记载，至少在框架上是来源于与《辍耕录》和《元史》卷一〇七同样的汉语文本。而且，如果它是作为《元史》卷一的史料来源的话，我们可以进一步得到结论：这个世系的史料来源无疑是从蒙古语译成汉语的，一定有一些叙述性的长注释附在世系谱上。

附在《元史》卷一〇七后边的一条结论性注释给出了包含有成吉思汗先世时代叙述性内容的来源世系的名字：

> 按《十祖世系录》云：始祖孛端叉儿收统急里忽鲁人氏民户时，尝得一怀妊妇人

---

① 对比《辍耕录》卷一，第 1—8 页和《元史》卷一〇七，第 2705—2729 页。见韩百诗，*Chapitre CVII*，第 1—2 页。

② 见韩百诗，*Chapitre CVII*，第 1 页。

③ 同上注。

④ 注意该"拏"字，抄本中应能找到"挐"字的一个笔误。

⑤ 世系和《元史》卷一都使用了非同寻常的部族名称写法。《元史》卷一，第 2—3 页，在莫挐伦（《秘史》称为"那莫伦"，Nomulun）的故事里，Jalayir 转写为"押剌伊而"（Yalayir），而《实录》（见《亲征录》）和其他世祖时期材料则一直使用"札剌儿"（Yalayir）作为同一个部族的名称。在转写 Tayichi'ud 时则有明显的差异：世系中写作"大丑秃"，而其他则写作"泰赤乌"或"太赤兀"。

日插只来,纳之,其所生遗腹儿,因其母名曰插只来,自后别为一种,亦号达靼。今以非始祖亲子,故不列之《世表》,附著于此云。①

这里插只来的故事较之《秘史》38节被轻微地改动过了:与达靼人(Tatars)的世系相联系,而非成吉思汗的对手札木合(Jamuqa)所属的札达兰(Jadaran)部。注释中提到的《世系录》与《元史》卷一〇七—《辍耕录》世系的文本传统是什么关系呢?当然它们的汉字转写是一致的。孛端叉儿与统急里忽鲁(Tünggilig Quru'u)的转写与《元史》卷一是相同的。而孛端叉儿在其他材料中的转写有些轻微差别。②其中源自部落名札达兰(Jadaran~Jajirad)的人名插只来(Chajirai)使用了汉字"插",这是其他材料都所没有的很不同的转写。③最后,用"达靼"表示Tatar在元代材料里是很少见的,虽然中国之前有这样的用法传统。④因此大概可以知道《元史》卷一〇七—《辍耕录》世系的成吉思汗先世部分和《世系录》实际上是来自同一个史源,都或多或少使用了同样书面化而又生僻的汉字转写体系。因此我们暂时可以认为《世系录》是《元史》卷一、卷一〇七和《辍耕录》卷一的成吉思汗先世世系的混合体。

然而尽管从广义上理解,《世系录》似乎是《元史》卷一〇七—《辍耕录》世系的成吉思汗先世材料的根本来源,但它不可能是整个《元史》卷一〇七—《辍耕录》世系的直接来源。这很明显,因为在《元史》卷一〇七和《辍耕录》世系中都对《世系录》进行了完全相同的删节,(可以《元史》卷一材料和卷一〇七的注释为证。)例如删除了所有关于插只来与其母亲莫挐伦等记载。因此,虽然《元史》编撰者有《世系录》摆在他们面前以供在结论注释里摘引,但由于中间史料已经包含了他们想传给后世子孙的所有重要信息,因此他们还必须与中间史料的删节情况相协调。

从"始祖"孛端叉儿开始,《世系录》的世系谱延伸到了什么程度?从该史料的名字,即"十祖"表明它只涵盖成吉思汗的先世;孛端叉儿被称为是成吉思汗的"十世祖"。⑤这样《世系录》并不包含成吉思汗之后的材料。然而《元史》卷一〇七和《辍耕录》世系的共同点就是远远超出成吉思汗,延伸到了后世多代,因此他们的后半部分必须依靠一个不同的常用史料。这样,《经世大典》就登上了舞台。这部元朝制度的百科全书是由虞集和赵世延在1329至1331年间编成的。⑥它包含有一卷《帝系篇》和一卷《宗亲岁赐》。由于岁赐是发给宗室成员的,因此该章也包含了宗室世系的信息。不幸的是,只有两卷

① 见《元史》卷一〇七,第2729页;参见韩百诗,*Chapitre CVII*,第144页。

② 见《秘史》24节等及《元史》卷一一九《博尔朮传》,第2945页,其中用"察"替换了"叉"。该传摘自阎复所写的博尔朮(Bo'orch)后裔玉昔帖木儿(Ös-Temür,又称月吕禄那演,Örlüg Noyan.)传记,苏天爵《元朝名臣事略》将其删节,见第41—43页,全文见《元文类》[SC],卷二三,叶3b—9a。

③ 《亲征录》中的这个部族名字转写是札达兰(Zhadalan),《秘史》中是札答㲄阑(Zhadaran)或者札只㲄剌歹(Zhazhiradai)。

④ 例如欧阳修《新五代史》卷七四,中华书局,1974年,第911页。实际上在蒙元统治下,用"达靼"称呼蒙古人是被禁止的,只因为蒙古人不喜欢被称为达靼人。对于成吉思汗敌人札木合的祖先,这个非亲子使用这个恶名并没有违反这一禁令。

⑤ 见《元史》卷一,第1页。

⑥ 《经世大典序录》全文和一些卷目收录于《元文类》[SC],40—42卷。《元史》的《志》也是对《经世大典》对应卷内容的简单删节。

的序言留存下来，保存在《元文类》中。然而，《元史》的绝大多数《志》是对《经世大典》对应卷内容的简单删节。由于《元史》卷九五《岁赐》确实是源于《经世大典》，因此我们可以推断《元史》卷一〇七《宗室世系表》至少是《经世大典》中《帝系篇》的删节版。《元史》卷一〇七的一则记录说明该卷编撰者们确实会定期检查他们收集的其他资料中与《帝系篇》和《宗亲岁赐》相抵触的信息。①

然而，有充足的理由相信正如《世系录》一样，《帝系篇》也间接被放入了《元史》卷一〇七中，而非直接放入。理由如下：

（1）正如我们已知，《世系录》作为成吉思汗先世世系的不同史源被引用。因为《辍耕录》和《元史》卷一〇七世系都与这两个文献有关，因此他们文字的相同性只能是直接同源的结果。因为不可能两个人会首先选择同样两个材料，并且编辑出完全一样的文本。

（2）这两个世系都持续到了《经世大典》编成数十年后的元朝末年。然而，不仅是《元史》卷九五《岁赐》，《元史》其他完全引自《经世大典》的卷目都没有更新的痕迹。②

（3）《元史》卷一〇七—《辍耕录》世系中的帝系和其他分支都同样延伸到了顺帝时期。其中包括可以准确定年份的金帐汗国史料。仅此两个材料提及了金帐汗国月即别汗（Özbeg Qan）之子札尼别（Jani-Beg）。这一定来自他继承金帐汗国汗位的信息，而这发生在 1342 年，恰好在《经世大典》编成之后。③《经世大典》对材料的更新还体现在补充佚失的名字方面；《岁赐》包含了不见于《元史》卷一〇七—《辍耕录》世系中的世祖皇子：合丹（Qadan）、阿鲁浑察（Alughuichaq）和霍里极（Qorchi）。④ 还有一说认为他们是早夭的皇子，因此被从世系中删除。

（4）转写系统可以给我们提供文本来源的有效信息。岁赐名单所使用的转写并没有《世系录》的特定生僻汉字，这不同于其他材料。Belgütei 写作孛鲁古觮（~歹），⑤ 而非更常见的别里古台；Temüge Odchigin 写作斡真那颜，而非铁木哥·斡赤斤；Cha'adai 写作茶合觮（~歹），而非察合台；Kölgen 写作阔列坚，而非果立干。《辍耕录》中的上述姓名形式与岁赐名单都不相同，但岁赐名单形式的孛鲁古觮、斡真那颜、阔列坚则作为备注名称加入其中。《元史》卷一〇七有时使用一种形

---

① 见《元史》卷一〇七，第 2717 页，参见韩百诗，*Chapitre CVII*，第 73 页。

② 卷九五的主要内容是岁赐的一系列名单，最完整的是 1319 年（延祐六年）的名单，例见《元史》，第 2412 页及各处。1324 到 1326 年间有一些记录（《元史》，第 2417、2419 页），从 1328 年（《元史》，第 2422、2444 页）之后再无记录。从元仁宗（Ayurbarwada Buyantu Qa'an，1311—1320 年）时期开始的赏赐清单原样得以保留；因为元仁宗和他的一系并不在诸王名单里，我们只能参考相关的支系，例如，真金（Jingim）的长子甘麻剌（Gammala），仁宗的兄弟阿木哥（Amuga）和侄子明宗和世琜（Qoshila），见《元史》第 2420—2421 页。

③ 关于札尼别，见《元史》卷一〇七，第 2715 页和《辍耕录》卷一，第 3 页。《元史》卷一一七，第 2906 页记载了他继承月即别之事。这个对尤赤（Jochi）家族的记述使用了与《元史》卷一〇七—《辍耕录》同样的汉字，无疑是来自相同材料。

④ 见《元史》卷九五，第 2421—2422 页。他们属于世祖家族是通过其在世系中的位置推断出来的：在明宗之后，豫王阿剌忒纳失里（Aradnashiri）之前，他是世祖第七子奥鲁赤（A'uruqchi）的后代。

⑤ Dai 使用简化形式 "歹" 与复杂形式 "觮" 替换使用。

式,有时使用另一种。① 这些事实尤其是双转写说明陶宗仪的世系是将两种使用了不同的转写系统的材料整合在了一起,其中一种转写系统明确地使用于《经世大典》。这两部分材料只在成吉思汗兄弟和诸子的世系中重叠[可能也在窝阔台(Ögedei)之子合失的世系中]。

以上证据有力证明了《元史》卷一〇七—《辍耕录》世系整合自两份汉文史料,一为《世系录》材料,一为《经世大典》材料。《世系录》从孛端叉儿到成吉思汗的兄弟和诸子。《经世大典》世系从也速该到1328年。1342年之后的某个时间,编辑者将两个世系材料整合,删去了《世系录》中的绝大多数叙述性文字,纠正了一些著名人物的名字转写,对《经世大典》的材料加以补充以反映元顺帝(Toghan- Temür Uqa'atu Qa'an)时代(1332—1370)的历史变化。

编辑者可能是陶宗仪本人吗? 似乎不可能。无论他是多么勤奋的民间学者,一个远离宫廷的人也绝无可能加入这些记载,例如在遥远的金帐汗国,札尼别继承了月即别的汗位,而这一人物在其他元代文献中都没有再被提及。也没有一部私家撰述有足够的权威被《元史》引用。即使陶宗仪的朋友宋濂领导着《元史》编修局,《元史》的编撰者们似乎仍然轻视《辍耕录》中的大量传记信息,更倾向于坚持官方材料。② 在对待像宗室世系这样的官方事物时,他们对使用一种私家撰述自然保持着同样的谨慎。而且,对比《元史》卷一〇七和《辍耕录》发现它们虽共有一些印刷错误,但《辍耕录》有着更多的谬误和遗漏。因此很难想象《辍耕录》世系就是《元史》相关内容的底本。③ 底本很有可能是1342

① 《辍耕录》卷一,第3—4页,《元史》卷九五,第2413、2415页。《辍耕录》中,备注名称写作"缺别坚"。"别"很容易还原为"列"。对于元太宗窝阔台(Ögedei)之子 Qashi(dai),《元史》编撰者采用了《经世大典·宗亲岁赐》的汉字形式"合失",而陶宗仪则用了一个不同的转写"合昔歹";见《元史》卷一〇七,第2718页,卷九五,第2416页和《辍耕录》卷一,第5页。

② 牟复礼(Mote),《陶宗仪》(*T'ao Tsung-i*),第153页。

③ 共同错误的例子是 Menen Tudun 转写为"咩麻笃敦"(咩捻笃敦,明代国子监刊本《元史》作"咩历笃敦"),Uru'ud 部[纳真(Nachin)的后裔]写作"兀察兀"(兀鲁兀),见韩百诗,*Chapitre*,*CVII*,第10页。《辍耕录》本身的错误例子是禹儿乞氏(斡勒·巴儿合黑的后裔)的名字的转写;《元史》中正确的转写"岳里斤",在《辍耕录》中则错写成"岳斯斤"。再举一例,有一个共有的印刷错误在《辍耕录》刻本中变得更加严重。Ökin-Barqaq 的名字最初应该转写为"斡斤八剌哈哈",但最初的"斡"转成了"窠",《元史》所有现存版本中就变成了"窠斤八剌哈哈"。见韩百诗,*Chapitre CVII*,第17页。《辍耕录》中,这个名字愈加变形:"窠"直接分解成了"笛"、"不"两个汉字,因此最初的"斡斤八剌哈哈"就变成了"笛不斤八剌哈哈"!我使用的《辍耕录》是中华书局1959年的版本(1997年重印),该本以1923武进陶氏影元刻本为底本。因此即使不是全部,那绝大多数印刷错误也要归结于元刻本,正如牟复礼(Frederick Mote)描述的(元刻本)那样:"汉字在大小和间隔方面是不规则的,在字形上也经常是生僻的。文字并不准确,看上去晦涩难懂。(牟复礼,《陶宗仪》,第115页)"关于《辍耕录》的版本,见牟复礼,《陶宗仪》,第114—122页,和中华书局序言,第1页。

《元史》卷一〇七世系比《辍耕录》完整的多。有些地方似乎是补充过的;搠只哈撒儿(Jochi- Qasar)的后裔到了第五代,哈赤温(Qachi'un)的后裔到了第四代。陶宗仪还省略了他处的大段世系;例如,他只包含了《元史》中铁木哥·斡赤斤(Temüge Odchigin)的两个最年长儿子。有些情况是遗失了世系;例如,在合失(Qashidai)一系,《辍耕录》直接从海都(Qaidu)子察八儿(Chabar)跳到了汝宁王忽剌台,而《元史》在这之间插入了汝宁王完者帖木儿(Öljei-Temür)。此外,我们还找到一例《辍耕录》保存了《元史》卷一〇七丢失的名字。在世祖第五子忽哥赤(Hükerchi)一系,《元史》卷一〇七,第2725页只记录了他的儿子也先帖木儿(Esen-Temür)的名字,而《辍耕录》卷一,第7页还列出了他的两个儿子。

年后不久用汉文写成的一个宗室世系，可能最初的题名就是陶宗仪在其书中所写：《大元宗室世系》。

综上所述，我们找到了两个 1342 年之前的元朝汉文世系。一个是编成于 1329—1331 年间的《经世大典·帝系篇》，世系从成吉思汗父亲也速该至少到 1328 年左右，还可能包含有岁赐的名单。另一个可能是直接由蒙古文译为汉文，题名为《十祖世系录》的世系，涵盖了从孛端叉儿到成吉思汗及其诸子等蒙古人。两者一定都是直接源于蒙古文世系。而《十祖世系录》的翻译者是一个博学的书呆子，熟悉古代经典并有使用生僻字的爱好，以炫耀其渊博的知识。它的转写系统一定是在世祖之后，很可能属于元中期（约 1310—1340 年）。[①] 1342 年之后的某个时间，这两个文本和其他世系材料合并成一个汉文的世系。因为陶宗仪和《元史》编撰者所使用的这个材料已经有一些文字错误，因此该文本的份数一定很少。《元史》编撰者一定还可以看到整合成吉思汗先世和之后材料的世系及其他材料：《十祖世系录》原本和《经世大典·帝系篇》。当发现《十祖世系录》的所有世系部分都已包含在整合的大世系中时，他们就非常轻视《十祖世系录》。只在一条单个注释里，编撰者引用了一条大世系里没有而《十祖世系录》中有的记载。但《元史》编撰者在卷一确实使用了《十祖世系录》的叙述性注释来充实对成吉思汗祖先们的记述。

蒙古帝国最后的成吉思汗先世世系：《十祖世系录》的现存内容将作为附录放在文后，并注出文字的差异。

《也可·脱卜赤颜》

可能成书于元成宗（Temür Öljeitü Qa'an）时期前半叶的第二个世系收录于元代及之后成书的三个西藏史籍中的蒙古帝系里。这些史籍从神话祖先孛儿帖·赤那到元朝末年，总结了蒙古皇帝的世系。不像《世系录》，而像《秘史》，这些西藏史籍是"两阶段"式的世系建构：第一阶段是从孛儿帖·赤那到朵奔·蔑儿干，第二阶段是从朵奔·蔑儿干的寡妻阿阑·豁阿（Alan Gho'a）到成吉思汗。然而，实际世系的"第一阶段"与《秘史》有相当大的不同：仅有九代，而非十二代，有几处名字也不同。阿阑·豁阿到成吉思汗的世系记载得非常简要，人名似乎非常接近《秘史》，但可能会有一些差异。

这三部史籍中最早的是《红史》（Debter marbó），蔡巴噶举派（Tsalbá）的贡噶多吉（Gúnga Dorje，1309—1364 年）著。[②] 贡噶多吉的世系经过少许修改和增补后收入广为人知的达仓宗巴·班觉桑布（Báljor-Sàngbó）所著《汉藏史集》（Ja-Bod yigtsang chenmo）中。班觉桑布在 1434 年编写时删去了《红史》中很多更吸引人的内容，增加了其他信息；

---

① 我们可以确定最后的可能的编写日期吗？让我们假定《元史》卷一〇七和《辍耕录》世系共享的材料是来自同一个文本。这样的话，应该定位在 1353 年，即顺帝次子出生之前。因为陶宗仪只提到了顺帝一子（见《辍耕录》卷一，第 7 页；对比《元史》卷一〇七，第 2729 页）。1366 年陶宗仪可能只是简单誊抄了原文并没有补充，因此只有一子。而《元史》编撰者则根据后来收集的材料进行了补充。

② 见《乌兰史册》（Ulaan dewter），第 59—62 页；《红史》（Deb-ther dmar-po），第 28—30 页。汉译本见蔡巴·贡噶多吉著《红史》，陈庆英、周润年译，第 23—25 页。

很难说他增补的内容,例如世祖十二子的完整名单,是直接来自贡噶多吉的蒙文史料或其他著作。[①]译者廓诺·迅鲁伯(Shònnubál,1392—1481)于1478年完成的《青史》(Debter ngonbó)概括了《红史》中的内容,但没有增加任何新信息。所有这三部史籍,人名都存在有意义的错误,不幸的是这几部书都没有校注本,虽然 Demchigmaa 有价值的研究收集了很多有关材料。不过,通过将出版的版本互相比对,并和已知的蒙古文对应材料进行比较,我们可以基本弄清其大致的本来面目。[②]

即使没有明确的声明,也可以猜出这一材料来自蒙文材料。幸运的是,贡噶多吉实际上告诉了我们他所依据材料的名字。其世系直到世祖诸子和察合台(Cha'adai)和窝阔台的孙辈,在总结完之后,他写到:"是从 Ye-ga thob-cen 一书中摘要抄录的。"即《也可·脱卜赤颜》或《国史》。[③]这一声明紧跟在他对世祖的统治、诸子以及中统(1260—1263)和至元(1264—1294)年号长度的记载之后。无论如何,这里所引用的《也可·脱卜赤颜》的蒙古世系已经延伸到了世祖时期,而且很可能成书于他的统治结束不久以后,即在他的皇孙成宗时期。[④]

关于《也可·脱卜赤颜》的成书时间、形式和内容范围,我们可以讨论什么呢?《红史》中关于《也可·脱卜赤颜》的说明是在叙述了成吉思汗的皇孙忽必烈的统治之后,说明这一史籍是成书于他的继承者成宗统治时期,并且包含了这一时期的材料。我们看到的《红史》中的这份《也可·脱卜赤颜》材料的形式应该表面上很像拉施特的《金册》(Altan debter)和元代后期的《十祖世系录》:蒙古皇室的世系并附有简要的注释。然而这部藏文材料更貌似是一部巨著的非常简要的概括。如果很多叙述性的材料都被删去了,那么最初的《也可·脱卜赤颜》应该在形式上更像《秘史》:一部包含有世系材料的历史。

《也可·脱卜赤颜》一定是拉施特《史集》的参考材料。这一事实让我们确认《也可·脱卜赤颜》确实是一部蒙古文的史书并且包含有比藏文材料已记录的更多的叙述内容。下面我将探讨,拉施特的三个主要世系材料都是"一阶段"式的世系:从阿阑·豁阿

---

① 《汉藏史集》(rGya-Bod yig-tshang),第254—256页;汉译本,第137—139页。

② 最明显的错误形式是音节的遗漏和(或)用来分隔世系名单中人名的 shad 的错误位置。因此,《红史》中 Ba'i-shing-khor Dog-shing(伯升豁儿·多黑申)被 shad 划分为 Ba'i-shing 和 Khor-dog-shing. 在《汉藏史集》中,第一个 shing 和后面的 shad 被省略了,这个名字还遗漏了音节:sBi'a-khor-dog-shing. 另一个特定特征的错误在对蒙古人名首字母 B- 的处理上。在出版文本中,有三种形式:sB-,Bh-,或 B'-。很清楚这些在不同地方错抄的变体都可以恢复成一个形式。Bh- 形式很清楚是次要的,但难以确定 sB- 和 B'- 是否是主要的。在后世藏文音标记录中,a-chung(音标记为')表示现代蒙古语的长元音。但是,中世纪蒙古语并无元音音位长短。另一种可能性在于:sB 用于表示发声的首个辅音,其中仅 B- 一项变成送气音。名单内其他抄本写者的错误也相当明显,例如将 a-(a-chen)写成 l-,将 y- 写成 p-,或者将 Ga-bi- 写成 Ga'i-~Ga-si。

③ 原文:'Di-nams ye-ka thob-cen-nas gal-che rim bshus-pa-nas, Demchigmaa,《乌兰史册》,第62页。《红史》(Deb-ther dmar-po),第30页将 dpe-ka thob-chen,即 "Thob–chen 册子" 看作《也可·脱卜赤颜》(ye-kathob-cen),将 rigs 看作 rim。参见汉译本,第25页。感谢艾略特·史伯岭帮助我翻译这些语句(电子邮件,2007年2月20日)。

④ 《红史》中这一声明之后是元朝皇帝和统治年数的简单列表,之后详细记述了元朝的灭亡。由于这些事情发生贡噶多吉去世之后,因此这一定是续写者根据从元大都回来的僧人的讲述增加进去的内容。

开始，并不包括从孛儿帖·赤那开始的阿阑先世世系。然而他对阿阑先世时代也有一个简述，他称这来自于突厥化的蒙古人史学家。他对朵奔伯颜（Dobun Bayan）和阿阑·豁阿先世的部分叙述如下：

> 诚实可靠的讲述历史的突厥讲述者（muvarrikhān-i atrāk-i şādiq al-qawl）说，所有的蒙古部落都是从［某时］逃到额儿古涅·昆（Arkūneh-Qūn）来的那两个人的氏族产生的。那两人的后代中有一个名叫孛儿帖·赤那（Būteh-Chineh）的受尊敬的异密，他是若干个部落的首领，朵奔伯颜（Dūbūn Bāyān）与妻子阿阑·豁阿（Alān-Qū'ā）以及若干其他部落都出自他的民族。他有许多妻子［哈敦］和孩子。名叫豁埃·马阑勒（Qūay -Marāl）的长妻为他生了一个在诸子中最有出息、后来登临帝位的儿子，这个儿子名叫巴塔赤合罕（*Batajī-Qā'ān）。[①] 巴塔赤合罕的儿子名叫塔马察（Tamāj），后来继了他的位。塔马察有五个儿子。长子名叫乞主蔑儿干（Qījū[②] Markān），成了他的继位者。据说，仿佛他的其余四个儿子想离开自己的营地与地方到别的地区去。途中有一条河支流经过。他们便拣了许多枯枝，编了一只我国［伊朗］他们称做"客列克"［kalak，波斯语中的"筏子"］的东西坐在上面，渡过河进入到别的地区。据说，朵儿边部（Dūrbān）就起源于他们的氏族。因为"朵儿边"是四的意思，它［指示了朵儿边部］与塔马察四个儿子的联系与关系。[③]

之后的世系中含有关于巴牙兀惕部（Baya'ud）如何成为帝系（imperial lineage）的奴隶（bandeh-i urugh）的故事，这与《秘史》中的故事类似但又不完全相同。之后是叙述成吉思汗家族生活于斡难［Onan（ᵃŪnān）］、怯绿连［Kelüren（Kilūrān）］、土兀剌［Tu'ula（突厥文版本写作 Tūghlā~Tūghleh）］三河的源头。[④]

这里提及的"诚实可靠的讲述历史的突厥讲述者"和"据说"说明我们在处理一个单一材料来源，虽然不清楚是口头的还是书面的。这一材料，无论是世系部分还是叙事部分，都与《秘史》中的故事类似但又不完全相同。但世系是与《也可·脱卜赤颜》中的世

---

① 他的名字在塔什干（Tashkent）抄本中写作"T?jī- Qāān"，在伊斯坦布尔（Istanbul）抄本中写作"Yatajī- Qīān"。Qā'ān 应该是正确的。因为这个后缀意为"Qā'ān"或"皇帝"，因此拉施特会写道他"登临帝位"。对于蒙古文的波斯文转写，我采用了比较紧密的直译方法。

② 这一名字在伊斯坦布尔、巴黎和东方学研究所图书馆抄本中都如此书写，是没有疑问的。（写作 Qīhū 的版本是塔什干和萨尔蒂科夫—谢德林〈Saltykov–Shchedrin〉图书馆抄本，伦敦抄本只是简单的音点漏写。）正如我提到过的，在"《秘史》原教旨主义"的影响下，所有的译本中都不幸地修改成了 Qorichar，这样就减弱了与引自《也可·脱卜赤颜》的 Khyi-ji Mer mkhan 的相似性。

③ 萨克斯顿，I，第114—115页；斯米尔诺娃，I.2，第9—10页；若山和穆萨维，第218—219页。译者注：汉语译文参考汉译本《史集》第一卷，第二分册，余大钧、周建奇译，第6—7页，并根据文章原英译修改。

④ 萨克斯顿，I，第115页；斯米尔诺娃，I.2，第10页；若山和穆萨维，第218—219页。汉译本，一，二，第8页。

系相同的（见下表）。① 因为拉施特直接引用藏文史料或贡噶多吉引用《史集》不可能，因此我们可以设想共同的信息来自于共同的蒙文史料。最简单的解释就是拉施特从《也可·脱卜赤颜》中摘抄了这一记载，但不是像其他材料一样直接阅读译本，而是间接来自"诚实可靠的讲述历史的突厥讲述者"提供的信息。

阿阑·豁阿之前的世系表

《蒙古秘史》	《也可·脱卜赤颜》的藏文译本	拉施特《史集》	汉译 **
Börte Chino'a	Bôr-ta-chi[-no]	Būrte-Chineh	孛儿帖·赤那
Batachiqan	Bâ-dâ-chî-gan	T?jī-Qāān（A）~Yatajī-Qīān（S）<*Batajī- Qā'ān	巴塔赤罕
Tamacha	Tham-chag	Tamāj	塔马察
Qorichar Mergen	Khyi-ji Mer mkhan	Qījū（S, P, B）Markān	豁里察儿·蔑儿干
Aqujam Boro'ul	A'u-jam Bô-ro-'ol	Qūjam-Būghrūl（S,L,P,B）	阿兀站·孛罗温勒
Sali Qacha'u			撒里·合察兀
Yeke Nidün	Yas-ka Ni-dun	Yikeh-Yīdūn（A）<Yikeh-*Nīdūn	也客·你敦
Sem Sochi	Sems- za'o-ji	Sam-Sāūjī	挦锁赤
Qarchu	Kha-chu	Qālī-Qājū	合儿出
Borjigidai Mergen			孛儿只吉歹·蔑儿干
Torgholjin Bayan			脱罗豁勒真·伯颜
Dobun Mergen	Do-bun Mer-khan	Dūbūn Bāyān	朵奔·蔑儿干

《史集》抄本带 * 号为依据俄译本拼写，见维尔霍夫斯基（Verkhovski）序言中的简表。** 译者注："汉译"栏为译者自加，译名依据乌兰校勘《元朝秘史》和余大钧译注《蒙古秘史》，下文《秘史》译名皆以此书为本。

将《史集》中的这一阿阑·豁阿之前的世系部分与作为史料来源的《也可·脱卜赤颜》相联系，我们可以增加几条关于《也可·脱卜赤颜》的重要信息。首先，它不可能成书于 1303 年之后，也许正好在那之前。该书写成于东亚，译本传到伊朗需要一年时间，则在 1304 年被引用，当拉施特完成了《史集·蒙古史》之后，他继续编写了《史集》中的世界史部分。

而且如我们看到的《史集》所引用的开始章节中有几个故事在藏文文本中被省略

①　由于存在着《史集》和藏文史籍的编撰者和翻译者们改动原来的拼写形式以与《秘史》相一致的趋势，这种相似性减弱了。因此在《史集》抄本中塔马察的儿子的名字写作 qījū 再加上蒙古语称号 mergen（qīhū 的形式是由于简单地漏写了音点）。斯米尔诺娃与后来的翻译者们将这个人名与《秘史》中的 Qorichar Mergen 相比较（第 2 节），因此猜测 qījū 一定是 Qorichar 的某种错写（参见斯米尔诺娃，第 9 页；萨克斯顿，I，第 114 页；）《红史》中的 Khyi-ji Mergan 跟 qījū 是可以很好地对应的（蒙古语的 j 和 ch 在波斯文中的转写是难于区别的）。类似的是 Sem-Sa'uchi（挦锁赤）的儿子，《史集》中写作 qālī qājū，藏文史籍中写作 Kha-chu~Kha-ju，都只联系到《秘史》中的 Qarchu（合儿出，2—3 节），而没有相互联系。因此斯米尔诺娃的波斯文俄译本、萨克斯顿的波斯文英译本和罗列赫的藏文英译本都在 Qachu 或 Qaju 中无理由地插入了 -r-（见斯米尔诺娃，第 10 页；比较萨克斯顿，I，第 115 页；《青史》，第 57 页）。

了：额儿古涅—昆（Ergüne-Qun）峡谷中蒙古人祖先的传说、朵儿边部（Dörben）的起源故事和作为"奴隶部族"的巴牙兀惕部的起源。包含这些故事的《也可·脱卜赤颜》更类似于《秘史》，尽管在特殊的人名和情节上存在差异。而且，不应该忘记《也可·脱卜赤颜》是一部"历史"（tobchiyan），而不是一部"册子"（debter）。在蒙古语中"脱卜赤颜（tobchiyan）"一直专指叙事史，而"迭卜帖儿"（debter）指"册子"或"表格"。（用 debter 指叙事史材料，是一个令人费解的藏文用法。）因此书名也证明《也可·脱卜赤颜》可能不是世系表格形式，而是类似于《秘史》：是世系表和叙事史的混合体，尽管在真实事件上有差别。

拉施特仅在朵奔（Dobun）先世的部分引用了这部书还是引用得更多？只有梳理对以后事迹的相应记载才能回答这一问题。由于西藏的著者们说在他们的著述中加入了他们自己编排概括的《也可·脱卜赤颜》内容，因此重要的是根据他们的声明或叙述内容，确认哪些内容是有蒙古文材料渊源的。有三处记载是明显有独特来源的（我仅找到以下记载并存于《红史》和《汉藏史集》中）：

（1）（朵奔·蔑儿干）死后，在黑暗中（nag-mo-la）阿兰·豁阿感太阳和月亮的光明（nyi-madang zla-ba'i zer）生了孛端察儿·蒙合黑（Bodonchar Mungqag）。①

（2）于阳火虎年秋七月十二日六十一岁时，（成吉思汗）在西夏尕（Mi-ñag Xia）地方升遐（gnam-du gshegs-so）。②

（3）当统治者（成吉思汗）在世时，让两个大的儿子不要争夺王位，给以文书（yi-ge）封给左右两翼的地方。他们的弟弟窝阔台当了国王，执政六年……拖雷那颜因先前未给文书，所以对皇位有所争执。③

这三处记载都有特点可以确认是来自于蒙古文材料（不像其他叙述很明显是有西藏渊源的）。

然而在这三个例子中，对应的内容更接近于《秘史》而非《史集》。

（1）"阿兰·豁阿感太阳和月亮的光明生子"的记载仅能在《秘史》21 节中找到："随着日、月之光"（naran sara-yin kil-iyer）。相反，拉施特在《史集》中只字未提"太阳"或"月亮"。但在《五族谱》（*Shu'ab-i panjgāneh*）中，她的一页的蒙古文标题中（可能直

---

① De'das rting, nag-mo-la a-lan khova-las nyi-ma dang zla-ba'i zer-las skyis-pa Bo-don-char mung-khag,《乌兰史册》，第 60 页。《红史》，第 29 页（译者注：译文参见汉译本，第 26 页，并根据英文修改）；《汉藏史集》，第 254 页（参见汉译本，第 153 页）。

② Me stag lo'I sngan- blo dang po'i tshes bcu - gnyis- la dgung-lo drug-cu-rtsa-gcig-ba Mi-nyag Gha-ru gnam-du gshegs；《乌兰史册》，第 60—61 页；《红史》，第 29 页（参见汉译本，第 26 页，并根据英文原文修改）；《汉藏史集》，第 255 页（参见汉译本，第 154 页）。他去世之地的名称在不同版本中写法不同，如 Mi-nyag-gha-ru（Demchigmaa），Mi-nyag-'ga'-ru（《红史》）和 Mi-nyag-gha'i-sa-char（《汉藏史集》）。

③ Rgyal-po rab-bshugs dus sras che-pa gnyis-kyis rgyal-sa mi rtsod-pa'I yi-ge byin-nasg. yas ru g.yon ru-la bskos. Nu-bo O-go-da'i rgyal-pos rgyal-sa lo-drug mdzad…To-lo no-yon-gyis sngar yi-ge mi byin-pas rgyal-sa-la brtsod-pa yod-cing；《乌兰史册》，第 61 页；《红史》，第 29 页（参见汉译本，第 26 页）；《汉藏史集》（dPal- 'byor bZang-po），第 255 页（参见汉译本，第 154 页）。

接引自《金册》),讲她"从太阳之光"(naran-u qili-dacha töregsed)中生子,并没有提到月亮。①

(2)成吉思汗"升遐"的叙述准确对应了《秘史》268节的"成吉思汗升天"(Chinggis Qa'an tenggeri-dür gharba),但《史集》中并没有找到。该处记录了时间之后,又提到了"夏"[党项(Tangut)王朝的汉文名字,藏文写作"Miñag"],但日期与《史集》所记不符。②

(3)最后,第三处记载是除了《秘史》外唯一一处解释成吉思汗选择继承人是因为尤赤(Jochi)和察合台(Cha'adai)的不合。最后传位给第三子窝阔台,但隐含了幼子拖雷(Tolui)之后即位的可能性(见《秘史》254—255节)。尽管提到了一些传统,拉施特大体遵从了(很荒谬)志费尼(Juvainī)提出的主张,即蒙古人有幼子继承制的固定制度,因此从某种意义上说拖雷应该继承成吉思汗。③

如果所有这三部分记载都不见于《史集》中,我们可以相当自信的说拉施特没有引用《也可·脱卜赤颜》,但也仅是在对阿兰·豁阿之前的记述里。

关于《也可·脱卜赤颜》的本来面目以及确认拉施特除了小部分外没有较多地引用过该书,我们可以从汉文材料中涉及一部未指明的《脱卜赤颜》的两篇文献中找到进一步的证据。第一个是关于史学家虞集和赵世延在元朝宫廷被令不得撰修一些历史文献的著名故事。其中提到一部以"国书"[即八思巴字(Pagbá)]书写的《脱卜赤颜》,记载了"太祖以来事迹"。因为这部史书"事关秘禁",因此"非可令外人传写"。④这一《脱卜赤颜》不会是《实录》,因为《实录》不会包含传记信息,并且对汉人史学家是开放的。它可能是《秘史》,但它似乎涵盖了成吉思汗后的几位大汗,而不像是《秘史》的简单续写。《秘史》也不是用八思巴字书写的。而《也可·脱卜赤颜》是完全符合这一描述的。如果是这样的话,那就给我们提供了重要的信息,即《也可·脱卜赤颜》是用来源于藏文的八思巴字书写的,这也解释了为什么西藏著作家们可以轻易读懂这部书。

第二个同样有些模糊,就是许有壬在为了纪念蒙古帝国早期的必阇赤长官镇海(Chinqai,1169—1252)所写的神道碑中提到了《脱卜赤颜》。碑文中直接断言"至秘"

① 托甘(Zeki Velidi Togan),《拉施特的蒙古史著作》(The Composition of the History of the Mongols by Rashī dal-Dīn),《中亚杂志》(Central Asiatic Journal),7卷,1962年,第69—70页,注28。

② 如艾略特·史伯岭对我指出的(电子邮件,2007年2月20日),藏文材料有规律得将Miñag称为"夏"(拼作Gha,' Ga'等)。因此这一记载不一定来自于蒙古文材料。记载的成吉思汗去世的准确时间恰好能与被《元史》·太祖本纪》所引用的一篇材料对应,并不是来自于《太祖实录》,并不同于《史集》所记的第七月十五日。见《元史》卷一,第5页;萨克斯顿,I,第152,263页。有一种意见认为成吉思汗出生和去世都在猪年,因此有60岁(杨维桢)、72岁(《史集》)去世之说。似乎还有关于忽必烈的说法(也生于猪年),但在他去世后被从官修史书中删去。

③ 见维尔霍夫斯基,第107—108页(参见斯米尔诺娃,第231页;维尔霍夫斯基,第8页);萨克斯顿,II,第384页(参见第261、303—304页);若山和穆萨维,第784—785页;(参见第537,618—619页);志费尼,波伊勒(Boyle),II,第549页。这里的"文书"(yi-ge)实际上是拉施特多次提到过的möchelge(波斯语mujilkā ~mū jilkā,汉译为"保证",汉译本,第二卷,第254页):发给领主的文书以确认其对自己和子孙一直效忠,并去完成一些特定的任务。关于这个词,见TMEN,370节,第502—505页;使用的例子,见萨克斯顿,II,第408—409、492、545、549页等;维尔霍夫斯基,第138页;阿伦德斯(Arends),第39、97、100页等;若山和穆萨维,第839、1007、1117、1126页等;见Subtelny,《约束的承诺》一文。

④ 两处类似的记载见《元史》卷三五,第784页;《元史》卷一八一,第4179页。元代的"事迹"不仅是历史记录,还特指贤能官员的官方传记。

的《脱卜赤颜》中记载了镇海的名字。它暗示《脱卜赤颜》中提到了著名的"班朱尼河（Baljuna）盟誓"，即成吉思汗对与他共饮浑水的部下们承诺将来共享富贵的事迹，还暗示了镇海也在场饮了浑水：

> （镇海）子孙繁衍，碑不具载。世有恒言，饮水黑河，最为勋旧。公实与焉。《国史》曰《脱必赤颜》，至秘也，非有功不纪，公名在焉。[1]

正如洪业（William Hung）所指出的，这里的《脱卜赤颜》不会是《秘史》的现存文本，《秘史》既没有提到镇海，也没有提到"班朱尼河盟誓"，更没有把两者记在一起。尽管他关于《实录》的观点是不大正确的，但《亲征录》里记载了"班朱尼河盟誓"和镇海却是事实，虽然彼此是没有关联的。《亲征录》的内容是对《太祖实录》略有删节并对《太宗实录》较多删节后得来的。[2]但是《亲征录》对二者的记载都相当简略，而且镇海和"班朱尼河盟誓"之间并无实际关联，《实录》也很难认为是"至秘"的。因此即使《脱卜赤颜》被生硬地认为是《实录》，也很难说通。很可能《脱卜赤颜》是世祖时期修成的《秘史》的续作，用八思巴字书写，并有对"班朱尼河盟誓"的长篇叙述；当然元代的蒙古语传记文学中多有这一情节。[3]

总之，我们知道《也可·脱卜赤颜》是元中期（约1295年左右）的著作，并且拉施特引用的很有限。《也可·脱卜赤颜》（"国史"）这一名称说明它是一部叙事史，是元朝皇帝下旨所修的著名史籍。也许《也可·脱卜赤颜》是元成宗时期成书的《秘史》的蒙古语修订和续写之作，使用八思巴字书写。它的编撰完全与《实录》没有关系，并且对非蒙古官员保持了秘密性。因此当增修以加入新内容和新的世系、编年史和其他类型历史的研究成果时，这部修订版的"《秘史》"会包含一些敏感材料，而《实录》往往会删去这些敏感内容，以适于向更多的官员公开。这一史籍一定被带到了西藏，可能由一位高级僧侣携带。西藏史书以其作为元朝末年历史的史料来源而征引。[4]只有在元朝灭亡之后，西藏的非蒙古史学家们才能自由引用这一绝密的史籍。

另一个副本在约1300年左右被带到中东。拉施特显然看不到全部书的译本，而是通过"诚实可靠的讲述历史的突厥讲述者"（即合赞汗的宫廷中可以阅读八思巴字的博学蒙古人）告诉他朵奔·蔑儿干—阿阑·豁阿时期历史的概要。除此之外他再也得不到这部分蒙古史的有关信息。因为这些信息与他有关，但并非他亲眼所见——他的"安全审查"

---

① 见许有任《元故右丞相怯烈公神道碑铭》，成化刻本，《圭塘小稿》[SY] 卷十，叶 7a；《四库全书》版刊刻精良，但使用了失真的乾隆时代转写系统；见《圭塘小稿》[SK]，1211 册，第 658 页。参见洪业《〈蒙古〈秘史〉〉源流考》（Transmission of the Book Known as The Secret History of the Mongols），《哈佛亚洲学志》（*Harvard Journal of Asiatic Studies*）第 14 卷第 3、4 期合刊，1951 年，第 465、484—485 页。

② 见《亲征录》[W]，叶 59b/124 和 100a/205；《亲征录》[J]，叶 114a 和 230a。

③ 柯立夫（Francis Woodman Cleaves），《班朱尼河盟誓的真实性》（The Historicity of the Baljuna Covenant），《哈佛亚洲学志》18 卷，1955 年，第 357—421 页。

④ 贡噶多吉引用了《觉卧巴教法史》（*Baqshi Gúnga-Rinchen of the Dágtsangbá*）作为史料来源（《红史》，第 31 页；汉译本，第 28 页），而班觉桑布只提到了不知名的"从乌斯藏（Ui-Dzáng）到朝廷去的法师们"（《汉藏史集》，第 260 页；汉译本，第 158 页）。

（security clearance）级别并不够高,尽管他公开宣称很高（译者注:这里指拉施特地位并不够高,不足以看到合赞汗宫廷的绝密历史档案）——他没有提到这部著作,只提到了协助他的历史学者们。

附录展示了所有来源于《也可·脱卜赤颜》的文字内容。

《蒙古秘史》

《秘史》众人皆知,不需要介绍。该书的卷首写着“成吉思汗的根源（Chinggis Qa'an-u huja'ur）”,之后的内容一直被认为是权威的世系。虽然这一史料主要是叙事史,但世系也涵盖到了成吉思汗的孙辈,至少是他们中比较重要的。我想指出两点。第一点已暗含在我的解释中,即虽然《蒙古秘史》世系在世祖初年作为最新的系谱仍然留存,但是后来的两个世系,即《十祖世系录》和《也可·脱卜赤颜》却使用与《蒙古秘史》谱系明显矛盾的素材撰写而成。

《十祖世系录》中矛盾的内容如下:（1）世系从阿阑·豁阿开始（《秘史》则从孛儿帖·赤那开始）;（2）只给阿阑·豁阿分配了三个儿子,并且只有一个是神生的（《秘史》中阿阑·豁阿有五个儿子,三个是神生的）;（3）记载蔑年·土敦（Menen Tudun）[1]的诸子几乎被扎剌亦儿部（Jalayir）杀绝（《秘史》里并没有扎剌亦儿部的故事,他的七个儿子都生存了下来并成为很多其他部族的祖先）;（4）敦必乃（Tumbina〈i〉）[2]是很多蒙古部族的祖先（《秘史》中,这一角色给了蔑年·土敦）。

《也可·脱卜赤颜》中矛盾的内容如下:（1）孛儿帖·赤那和豁埃·马阑勒（Gho'a Maral）来自于额儿古涅·昆,而不是渡过腾汲思（Tenggis）湖;（2）在孛儿帖·赤那和朵奔·蔑儿干之间只有九代,而非十二代;（3）在世系主干上朵儿边部的分歧问题上,将其作为乞主·蔑儿干（Qijū Mergen）的子孙而非都蛙·锁豁儿（Du'a Soqor）的子孙;（4）包含了镇海和“班朱尼河盟誓”的材料;（5）将拖雷家族和其他家族即位之争的原因解释为拖雷没有被授予继承王位的“保证文书”（möchelge）。这些不同之处表明《世系录》并不是《秘史》的简单摘要,而《也可·脱卜赤颜》也不是《秘史》的简单续写。两者正是对于《秘史》的世系和叙述内容的认真修订之作。

第二点是《秘史》的成书年代问题。最近我跟罗依果在这一问题上有所争论。这场争论中,我支持实质成书于1252年,而罗依果则捍卫他的观点:认为《秘史》主体部分写成于1228年,之后经历了长时间的整体修改和补充。[3]这里不适于讨论这一问题,但在下文对《史集》中三个书写世系材料的讨论中将会提及成书年代问题。正如我将提出的,

---

[1] 《史集》中写作“土敦—蔑年”（Dutum Menen）。很明显 Dutu-~Tudu- 的读法在史料中发生了变化。- m~- n 的互换与类似的 m~Ø 互换和 -n 和 -m 互换有关,m~Ø 互换是出现在称号 lingqu(m)“邻忽”中,-n 和 -m 互换出现在称号 Senggün（《圣武亲征录》和《史集》,即“桑昆”）~Senggüm（《蒙古秘史》）中。

[2] 关于 Tumbina（i）和 Charaqa（i）“察剌哈”,这里表示了 -a 和 -ai 的互换。这种互换在中世纪蒙古语中相当普遍。

[3] 艾骛德《〈蒙古秘史〉成书时间再论》（The Date of the 'Secret History of the Mongols' Reconsidered）,《宋元研究学刊》（*Journal of Song and Yuan Studies*）,37期,2007年;罗依果《〈蒙古秘史〉成书年代重释》（The Dating of the Secret History of the Mongols —A Re-interpretation）,《乌拉尔—阿尔泰学年鉴》（*Ural - Altaische Jahrbücher*）,新集（new series）,22卷,2008年,第150—184页。

至少这些材料中的一个是与《秘史》所引用的独立书写材料有关系的，但这些材料中的一个或更多个也记载了与《秘史》49—50 节、139—140 节十分矛盾的禹儿乞（Yörkin）氏世系。把《秘史》成书年代定在 1252 年，则那时距离蒙古帝国开国已过去约 50 年时间，用这段时间来收集和书写众多世系传统。如按《秘史》主体内容确定年份，则从蒙古帝国开国到《秘史》诞生只有约 25 年时间，而罗依果在其中也包含了世系写成的时间。读者可以判断这一时间是否足够。

拉施特的三个书写世系

研究拉施特的学者们经常将《史集》的蒙古史源指认为一部著作或某另外一部著作，或某个历史口述者。孛罗丞相（Bolod Chingsang）、合赞汗、《金册》：这些都在一段时期或另一段时期被学者们吹捧为《史集》的主要史料来源。然而，拉施特关注的重点并不在于当时存在的某一部单一的系统性蒙古史料或历史口述者，而在于广泛多样的书写材料，这些材料"未经编纂且杂乱无序"，且"散落在史籍珍宝中"。只在对其辩真、筛选和研读之后，他才用来构建自己的历史。[1]

这也是他所写的世系信息的状况。正像我将要说的，拉施特用相当长的篇幅来讨论三个不同的成吉思汗先世的书写世系。最初他相信其中一个，稍后在他的书中，他却认为另一个不同的世系更具有权威性。最后在他的写作接近尾声的时候，他得知了《也可·脱卜赤颜》的内容并加入了对该书的一个概要介绍，并没有将其补入之前书写的部分。因此拉施特的［成吉思汗先世世系］有着与众不同的层次，通过研究他对不同世系问题的特定陈述，可以将其分离出来。凭借这种方法，我们将给出一个例子，以展示多样化的世系材料所呈现的面貌并不是一部单一且整体一致的历史，而只是一场没有结果的争论。

在《成吉思汗纪》的前言中，拉施特列出了仅在一系上有所差别的两个世系，作为互换方案：

> 成吉思汗的世系及历代祖先的称呼（laqab）如下：
>
> 成吉思汗的父亲为也速该把阿秃儿（Yīsūkāy Bahādur），在蒙古语中父亲被称做额赤格（ªijkeh）。
>
> 成吉思汗的祖父为把儿坛把阿秃儿（Bartān Bahādur），在蒙古语中祖父被称为额不格（ābūkeh）。成吉思汗的曾祖为合不勒汗（Qabul Khān），在蒙古语中曾祖作额林赤黑（ālīnjīk）。成吉思汗的高祖为屯必乃合罕（Tūmbineh Qā'ān），在蒙古语中高祖曰不都秃兀（būdūtū）。成吉思汗的五世祖为伯升豁儿（Bāy-Sinkqūr），在蒙古语中五世祖为不迭·兀古儿（*būdeh-a ūkūr'）。成吉思汗的六世祖为海都汗（Qāydū Khān），在蒙古语中六世祖为禹儿乞［?］（būrqay）。成吉思汗的七世祖为土敦·蔑年（Dūtūm Manan），在蒙古语中七世祖曰都塔浑（dūtāqūn）。
>
> 成吉思汗的八世祖为孛端察儿（Būdunjār）。自七［世］以上无专门术语，一律称

---

[1]　赫塔古罗夫（Khetagurov），第 67 页；萨克斯顿，I，第 18 页。

做额赤斤·额不干（ᵃījkīn-ābūkan）。

　　万人的始祖（jaddeh）是阿阑·豁阿。另一种传说则认为阿阑·豁阿为十世［祖］，因为据说孛端察儿有两个儿子，即不合（Būqā）和纳臣（Nājīn），土敦·蔑年为不合的儿子。由于各种传说互有出入，为了不忽略任何一种传说，在以前各纪中［我们］按照一种传说进行叙述，此外［我们又］记载了另一种传说。就是这些了。[①]

　　两个世系版本的关键不同之处是把不合放在孛端察儿和土敦·蔑年（《秘史》、《也可·脱卜赤颜》和《世系录》中称为蔑年·土敦〈咩捻·笃敦〉）之间。孛端察儿因此不是成吉思汗的八世祖而是九世祖。这个略长的世系（我称之为"九祖世系"，以与"八祖世系"相区别）[②]只是拉施特编撰该部分时的一个"报告"，也许是口述给他的《也可·脱卜赤颜》的一小部分内容，之后由他加以还原。拉施特在其认同的世系中所使用的一长列晦涩不清的蒙古世代术语说明他见到的八祖世系是书面形式的，这一假设将在后面直接证实。

　　当拉施特刚开始撰写《史集》时，按照他的内容目录计划，这一被他认为权威的八祖世系实际上是附加的记录。[③]内容目录列出成吉思汗列祖名称如下：

八祖材料中的成吉思汗列祖表

世　代	列祖名称	汉译名称
10	Dūbūn-Bāyān 和 Ālān Qū'ā	朵奔伯颜和阿阑·豁阿
9	Ālān Qū'ā 和其三子	阿阑·豁阿和其三子
8	Būdunjār Qā'ān	孛端察儿汗
7	Dūtūm Manan	土敦·蔑年
6	Qāydū Khān	海都汗
5	Bāy-Sinkqūr	伯升豁儿
4	Tūmbineh Qā'ān	屯必乃汗
3	Qābul Khān	合不勒汗
2	Bartān Bahādur	把儿坛把阿秃儿
1	Yīsūkāy Bahādur	也速该把阿秃儿
	Jīnkkīz Khān	成吉思汗

　　[①]　斯米尔诺娃，第63—64页；萨克斯顿，I，第143页；若山和穆萨维，第292—293页。（译者注：汉语译文参考汉译本《史集》第一卷，第二分册，第79—80页。）在世代名称的术语上，我遵从道尔菲（Doerfer）的复原：父亲，ai jkeh（TMEN，63节，第187—188页）；祖父，ābūkeh（TMEN，5节，第110—111页）；曾祖，ālīnjīk（TMEN，29节，第147—148页）；高祖，būdūtū（TMEN，卷1，97节，第217—218页）；五世祖，*būdeh-a ūkūr '（99节，第218—219页）；六世祖，*būrqay（103节，第225—226页）；七世祖，dūtāqūn（202节，第329页）；八世祖及以上，aī jkīn-ābukan（63节，第187—188页和4节，第109—110页）。

　　[②]　在本文的初版里，我以阿阑·豁阿一代来对世系进行确定。但在《世系录》的例子里，标题就说明从孛端察儿开始计数。因此我决定参考孛端察儿而不是阿阑·豁阿，来分类和确定世系，以减少混乱。

　　[③]　赫塔古罗夫，第54页；萨克斯顿，I，第10页；罗马斯凯维奇（Romashkevich），第31页；若山和穆萨维，第16页。

这一列表与《成吉思汗纪》前言里的八祖排序很明显是一样的。（根据我从孛端察儿开始的计数，实际上是八祖。虽然一直从朵奔伯颜计算的话，拉施特更倾向于认为是"本编包括十纪"。）[1] 这个版本在八祖世系的文本特性上增加了更多的一些成分。（1）qa'an 的称号（波斯语 qā'ān，与 khān 相反）似乎只是用于叙述性的内容，如列表中的孛端察儿合罕和《成吉思汗纪》里的屯必乃合罕。因为拉施特在正文的其他地方使用了 khān（汗）称号，而非 qā'ān（合罕），而这样的用法也仅见于他的这一材料。因此，这个世系原本就写作 qā'ān，而非 khān。（2）这个世系中列祖的称号与他处不同。与《秘史》、《世系录》和《也可·脱卜赤颜》相比，朵奔被授予了"伯颜"（富人）的称号，而非"篾儿干"（神箭手），孛端察儿被授予"合罕"，而非"蒙合黑"（mungqaq，愚鲁者）。屯必乃被授予了"合罕"称号，而非"薛禅"（sechen，贤明者）。还有土敦·篾年在《秘史》、《世系录》和《也可·脱卜赤颜》里写作篾年·土敦。这些特殊的称呼在《史集》里却是很标准的；这两个列表可以确认是拉施特从八祖世系里抄录出来的。

当拉施特撰写成吉思汗先世的历史时，他对于这一材料的估计改变了。在书中他写道："如上所述，孛端察儿有两个儿子——不合和不黑台（Būqatay）。不合的儿子是土敦·篾年。成吉思汗的一支即起源于他。"[2] 因此以前一个提及只是为了完整性的备选方案，现在成为了被青睐的版本。这一观点的变化似乎是由于拉施特看到了九祖的版本。在列出孛端察儿、不合、不黑台和土敦·篾年一系的系表中，拉施特实际上是遵从了八祖方案，把不合、不黑台和土敦·篾年作为三兄弟，都一样是孛端察儿的儿子。显然他的系表反映了较早的修改，并不像文本那么容易修改。但在系表中，在土敦·篾年的名字之下，他增加了如下注释："他是成吉思汗的都塔浑，即七世祖，另一种说法为：这个土敦·篾年为孛端察儿的儿子，但认为他是不合的儿子较为正确。因为在古老的册籍中有同样的［记载］（chih dar nuskhah-yi qadīm nīz chunīn yāftah'and）。"[3] 这最终说明拉施特看到了九祖的手稿，它既与另一个八祖世系不同，也与《秘史》、《也可·脱卜赤颜》和世系录不同，它们都是孛端察儿和成吉思汗之间有十代。在确认了这一手稿之后，他将其作为权威的材料，并依据其修改世系。

但拉施特看到了不止两个世系手稿。在海都汗（Qayidu Khan）之后的一代，他记录了另一个差别：即有没有伯升豁儿（Bai-Shingqor）。在目前所有探讨过的世系里，方案是海都——伯升豁儿——屯必乃——合不勒——把儿坛——也速该，成吉思汗的父亲。[4] 这些世系中的旁支说明（《秘史》，《世系录》、拉施特的八祖和九祖世系），伯升豁儿有两个

---

① 拉施特"本编包括十纪"的叙述出现在《成吉思汗纪》的标题中。见斯米尔诺娃，第 63—64 页；萨克斯顿，I，第 143 页；若山和穆萨维，第 292—293 页。见斯米尔诺娃，第 7 页；萨克斯顿，I，第 113 页；若山和穆萨维，第 215 页，汉译本，第一卷，第二分册，第 3 页。

② 斯米尔诺娃，第 17 页；萨克斯顿，I，第 118 页；若山和穆萨维，第 228 页，汉译本，第一卷，第二分册，第 17 页。

③ 斯米尔诺娃，第 17 页；萨克斯顿，I，第 118 页；若山和穆萨维，第 229 页；汉译本，第一卷，第二分册，第 17 页。注意只有斯米尔诺娃的译本是来自于一部更古老的抄本，保留了文本和系表的矛盾。而萨克斯顿译本所依据的抄本抹平了这一矛盾，使系表和文本相一致。

④ 多数这些名字，在不同材料中附加的称号变化会很大（例如，屯必乃薛禅、屯必乃合罕和屯必乃汗等等）。为避免混淆，我尝试只使用不变的本名。

兄弟,抄真(Cha'ujin)和察剌合(Charaqa〈i〉),①是旁系部族"赤那思"(Chinos,"狼"的复数形式)部和"泰亦赤兀惕"(Tayichi'ud)部的祖先。但在他的世系中给出主流方案之后,拉施特又讨论了另一种可供选择的书面版本的存在。在伯升豁儿的系表中,他写道:

> 在有些册籍中(dar ba'ẓī nusakh)没有伯升豁儿和[抄真-]旭古儿([Jāūjīn]-Hūkar)②的名字,只说屯必乃汗为海都之子。但在一些古老的册籍中,我所见如下:伯升豁儿和抄真·旭古儿都是海都的儿子,而屯必乃汗是伯升豁儿的儿子,这个记载最为正确,故我们将伯升豁儿记载于此。③

因为拉施特在八祖世系中包含了伯升豁儿,在九祖世系中也隐含了他(否则如果海都直接生屯必乃的话,阿阑·豁阿就不是成吉思汗的十世祖),可以确认这两个材料都来自于手稿,即被拉施特认为是"古老的册籍"。但这段记载也说明至少有一个手稿记载了比八祖更短的方案,我们可以称作"七祖世系"。④(拉施特说"有些册籍"有这种更短的方案。但因为他的记载只能复原出一个没有伯升豁儿的世系,因此我更倾向于假设可能多个文本中都只是同一个七祖世系)

这些世系不同的另一点(或者至少拉施特讨论的差异之处)是纳臣(Nachin)的位置。拉施特对于这个人物的世系位置有过多次讨论,纳臣在扎剌亦儿部的故事里扮演了关键性的角色(见于《世系录》和《史集》引用的世系中,但不见于《秘史》)。在《成吉思汗纪》前言里,当拉施特不想遵从九祖世系时,他说纳臣是孛端察儿的一个儿子,不合的兄弟。然而在他叙述孛端察儿诸子的时候,他已经采用了九祖方案,因此他修改了观点,将纳臣作为不黑台(不合的兄弟)的儿子。实际上他承认:"[纳臣]其分支情况不详。"⑤

---

① 对于 Charaqa(i)和 Tumbina(i),材料中表现了 -a 和 -ai 形式的互换,这种互换在中世纪蒙古语人名中相当普遍。类似的是察剌合的称号 lingqu(m)"邻昆"或"邻忽"表现了 -n 和 -m 互换,出现在称号 Senggün(《圣武亲征录》和《史集》,即"桑昆")~Senggüm(《蒙古秘史》)中和 Tudun(《秘史》、《也可·脱卜赤颜》和《世系录》)~Dutum(《史集》)。

② Cha'ujin 是《史集》中最常见的形式,而没有第二个成分 Örtegei("斡儿帖该")。但在拉施特关于海都汗诸子的注释中,出现了第二个成分,然而很难与 Örtegei 相调和,塔什干本中写作 hūkr,若山和穆萨维本中作 jāūjīn hūrkūz(X 本)和 jāūrjīn hūrkūr(Q 本)(若山和穆萨维本,第 238、1649 页,1.9)。在注释的下一处,塔什干本作 jāūjīn hūkr(判断来自于斯米尔诺娃本的"Chaodzhin Khukur");若山和穆萨维本作 jāūrjīn(Q、Y 本),jāwūrčīn(BY 本),jāūrjīn(D 本),jāūrjīn hūrkūz(X 本),jāūrjīn hrkz(Q 本)…mūrkz(Y 本)(若山和穆萨维,第 238 页,1.14);贝勒津(Berezin)将此读作"Chaudzhin hūkūūz"。依据塔什干抄本的 hūkr 才能唯一可信地恢复为一个正确蒙古语词汇:hüker "牛",但这个跟《秘史》中的"斡儿帖该"没有任何关系。根据其 Hör[tä]gäi 的读法,萨克斯顿暗中修改成了 hūr[t]ky 以与《秘史》一致。这有可能,但却太简单。鉴于这种情况,我简单地遵从了萨克斯顿本的读法,没有提出任何解决方案。

③ 斯米尔诺娃,相反的系表,第 26 页;萨克斯顿,I,第 122 页;若山和穆萨维,第 238 页;汉译本,第一卷,第二分册,第 31 页。萨克斯顿并没有提到这个册籍是"古老的",但在波斯文本中可以找到(dar ba'ẓī nusakh qadīmī;俄译:v nekotorykh starykh spiskakh)。

④ 为简单起见,我假设这一短方案中,在海都之上还有一个更短的八代方案,而不是更长的九祖方案。

⑤ 斯米尔诺娃,第 17 页;萨克斯顿,I,第 118 页;若山和穆萨维,第 2 页;汉译本,第一卷,第二分册,第 17 页。

或者如他两次记述的，他信任的材料中实际上没有关于纳臣祖先或子孙的记载，就只写了他是蒙古人的婚姻盟友和从扎剌亦儿人手下救了海都（世系录中这一故事被稍作改动）。在同一个章节里，他实际上提到了他信任材料的名字，称之为《金册》（Altān daftar，蒙古语：Altan debter），即"由大异密们经常守护着的汗的金匮中的《金册》"。[①] 结果，这部拉施特最初只是听闻，在他看到后成为主要依据史料的九祖世系实际上就是著名的《金册》（Golden Register）。[②]

在《金册》中，纳臣并不作为成吉思汗先世世系谱的一个分支，而是一个协助蒙古人的女婿。拉施特的八祖和七组世系怎么记述纳臣呢？拉施特写道："在蒙古人的某些编年史抄本中（naskhah'hā-yi tāvārīkh-i Mughūlān），泰亦赤兀惕部落起源于土敦·蔑年次子纳臣。"[③] 他也写道："关于察剌合·邻昆（Jaraqeh Līnqūm），有些抄本中说他是纳臣的儿子。"综上所述，我们得到了如下世系：土敦·蔑年——纳臣——察剌合——泰亦赤兀惕。

这一方案是用于七祖世系还是八祖世系或两者都用？虽然证据有些间接，但拉施特声称两者都用了。有人甚至可能辩称：既然拉施特表示"有些册籍"中有备选方案，那么他会拒绝将该体系用于这两个世系。但依据他这里的复数表达是很危险的，因为他可能针对一种世系而实际引用多种手稿。其实可以找到更有力的证据。就七祖世系而言，我们要回想拉施特将其定义为这样一种世系：在该世系中，伯升豁儿、抄真和察剌合三者中，并没有伯升豁儿或抄真。暗示证明它确实包含了察剌合。然而拉施特并没有明言或暗示七祖世系里察剌合是海都的儿子。这样世系中察剌合在一个不同的位置，可以完美地适应于其为纳臣的儿子，而纳臣是土敦·蔑年的儿子。关于八祖世系，在探讨世系中伯升豁儿、抄真和察剌合的位置时，拉施特提到了其他更古老的（因此是更加可靠的）抄本（即八祖和九祖世系）记载伯升豁儿、抄真和察剌合是海都的儿子。有一种暗示是察剌合并不作为海都之子。由于九祖《金册》这样写了，那就是暗示八祖世系没有这样写。

但下文是一个更有力的暗示。拉施特把下面的事实作为证据来证明察剌合一定是海都之子，而非纳臣之子：

> 但认为他是海都的儿子更为可能，因为他被列入他们的系谱中（sabab ānkih dar shajarah-yi īshān dar āmadah'ast），其原因是：察剌合娶了自己的嫂子（bīrkān）、伯升豁儿的妻子，她为他生了两个儿子，一个叫坚都·赤那，另一个叫兀鲁克臣·赤那。由此可见，他当然应该是伯升豁儿的弟弟，因为如果他是纳臣的儿子，伯升豁儿就该是他的侄儿，伯升豁儿的妻子就该是他的侄媳，按照蒙古习惯是不能娶侄媳为妻的。[④]

---

① 赫塔古罗夫，第180页；斯米尔诺娃，第16—17页；萨克斯顿，I，第99页；若山和穆萨维，第186、227页；汉译本，第一卷，第一分册，第294页。

② 关于 Altān daftar，见 TMEN，卷 I，26 节，第142页。

③ 赫塔古罗夫，第180页；萨克斯顿，I，第99页；罗马斯凯维奇（Romashkevich），第480页；若山和穆萨维，第186页；汉译本，第一卷，第一分册，第294页。

④ 斯米尔诺娃，相反的系表，第26页；萨克斯顿，I，第122—123页；若山和穆萨维，第239页；汉译本，第一卷，第二分册，第31页。

　　拉施特这里论证的是他所信任的材料，即"系谱"，这一定是九祖《金册》，其记载察剌合按照收继婚娶了伯升豁儿的妻子。而同样的记载也见于《世系录》中。[①] 这样的收继婚在兄弟或父子之间进行，一般是晚辈娶已故长辈的妻子。[②] 故事中一个不变的主题就是在扎剌亦儿人的进攻之后，纳臣是幼年海都的年长保护人（有时纳臣是海都的叔父，有时是哥哥，有时是姐夫，总之他一直是长辈）。但是如果纳臣和海都都是土敦·蔑年之子的话，按照可供选择的世系，察剌合作为纳臣之子就比海都之子伯升豁儿辈高。这样的话，察剌合收继伯升豁儿的寡妻就将是被禁止的。但这一主张的全部观点是主张察剌合不可能娶伯升豁儿的寡妻；正如七祖世系一样，该观点不可能有任何力度反对仅仅完全否定伯升豁儿存在的世系。显然拉施特的论证被作为一个原因，来否定在确实包含察剌合和伯升豁儿的世系中，土敦·蔑年＞纳臣＞察剌合＞泰亦赤兀惕的父子关系，那这只能是八祖世系。

　　最后在纳臣问题上还有一个情况，拉施特对于他否定纳臣与察剌合、泰亦赤兀惕有任何联系所依据的史料是非常明确的。他两次提到了《金册》的书名以显示其权威性，一次提到了"系谱"。如果只有《金册》记载了纳臣的新位置的话，那这部材料的特殊性是很有意义的。拉施特曾经创制了不同的世系，在看到新材料之后他改变了观点。因为在看到九祖世系之前，拉施特更倾向的是八祖世系，至少是这一个世系，甚至更好的是七祖和八祖两者都青睐，这些都本应当支持已经否定的关于纳臣位置的观点。简言之，假设七祖和八祖世系都是土敦·蔑年＞纳臣＞察剌合＞泰亦赤兀惕的父子关系的话；那么只有九祖世系（也被称为"古老的册籍"和"系谱"，注意两者的单数形式）记载了与此父子关系矛盾的内容是总体上理解拉施特对于他的材料观点的最自然方式。

　　综上所述，拉施特的三个世系抄本可以在下列表格中进行比较（因为三个世系中从屯必乃到成吉思汗是一样的，因此不再列入）：

拉施特引用的三个书写世系表

成吉思汗以上的世代	1.七祖世系（从未被首选）		2.八祖世系（在《史集·成吉思汗纪》中首选）			3.《金册》九祖世系（在《史集·成吉思汗列祖纪》中是首选）		
10世						阿阑·豁阿		
9世			阿阑·豁阿			孛端察儿		
8世			孛端察儿			不合		不黑台
7世	［孛端察儿？］		土敦·蔑年			土敦·蔑年		
6世	土敦·蔑年		纳臣	海都		海都		
5世	纳臣	海都	察剌合	伯升豁儿	抄真	伯升豁儿	抄真	察剌合
4世	察剌合	屯必乃	到泰亦赤兀惕		屯必乃		屯必乃	到泰亦赤兀惕
	到泰亦赤兀惕	到成吉思汗			到成吉思汗		到成吉思汗	

---

　　① 《元史》卷一○七，第2709页；参见韩百诗，Chapitre CVII，第12页，注3；《辍耕录》卷之一，第2页。

　　② 长辈与晚辈（儿子或弟弟）的妻子之间的关系是被传统禁忌严格限制的。例如，对这一禁忌的打破就成为了传说中蒙古—斡亦剌战争爆发的主要导火索。

　　把这三个材料当做世系表来探讨，实际是在研究十分模糊不清的事物。而在拉施特所没有引用的三个世系中，我们知道第一个（《秘史》）主要是包含有大量世系内容的叙事史，第二个（《世系录》）据描述是附有叙述性注释的世系，而第三个（《也可·脱卜赤颜》）也可能是含有世系内容的叙事史。这样在史料中能找到的世系内容主要是叙述性的，在史料中能找到的叙述内容也主要是世系性的。那拉施特的这三个材料的类型是什么呢？值得注意的是，在只能指他所肯定的九祖世系的语境里，拉施特提到了"系谱"，也即指《金册》。这样著名的《金册》实际上并不是一部叙事史，而是一个世系谱。的确，在成吉思汗时代之后的世系部分里，再也没有引用《金册》，这说明它的类型和范围是与《世系录》十分相似的：一部范围从阿阑·豁阿到成吉思汗诸子的世系表，并附有叙述性注释。[①] 相反，至少七祖和 / 或八祖世系中的一个似乎被加入了叙事史的内容。这一暗示来自于拉施特对于泰亦赤兀惕部繁衍自纳臣的陈述，这一观点是出自"蒙古人的某些编年史抄本中（dar ba'żī naskhah'hā-yi tāvārīkh-i Mughūlān）"。（同样再一次，拉施特所用的复数，既可以从字面上理解，也可以不从字面上理解。）[②]

　　而八祖世系似乎就是一个世系谱。我这样说是因为在《成吉思汗纪》的开篇他概述这部分内容的章节里，他给各世代写出了特定的蒙古语名称（如七世祖曰"都塔浑"等等）。这些术语也一直在拉施特给其世系所加的系表中反复出现。例如，用以标识同一世代、像在句子"为成吉思汗诸子氏族长（qu'dūd）的亲属"中出现的 qu'dūd 一词，这些称呼创造了一个一以贯之的世代附属关系网。[③] 同样的观点也可从《十祖世系录》得出，它的题名"十祖"本身和它开篇的叙述，两者都明确认定孛端察儿是成吉思汗的十世祖。[④] 这一清晰的世代网络似乎非常适合于一个世系，而不会出现在叙事史中。考虑到它与八祖方案是明确联系在一起的，而八祖方案是拉施特的世系谱第一稿的史料来源，因此这说明八祖方案是世系性质的，从而也证明七祖世系主要是历史性质的。

---

　　① 正如在我即将出版的对《亲征录》的研究中所阐明的，请原谅我跟伯希和不同的看法：《金册》并不是《亲征录》和《史集·成吉思汗纪》所共同使用的蒙古文材料的名字。所有提到它的内容都与成吉思汗先世世系有关，仅有一处例外：他将其作为千户长名单的材料来源。如果《金册》只是成吉思汗先世世系，那为何拉施特称其为千户长名单的材料来源呢？我看有如下可能性：（1）《金册》如同《五族谱》一样，以千户长名单作为成吉思汗先世世系的结尾；（2）拉施特只是引用了《金册》中一些异密的细节信息，如苟吉那颜（Geügi Noyan/Kūkī Nāyān）和蒙格秃把阿秃儿（Mūkatū Bahādur/ Mūkatū Bahādur）的祖先，他们来自于成吉思汗家族的旁系，并出现在拉施特的成吉思汗先世世系表里（斯米尔诺娃，第46、49、270页；萨克斯顿，Ⅰ，第132页，Ⅱ，第275页；若山和穆萨维，第268、598页。）（3）《金册》成吉思汗诸子的部分是以分配给他们的异密名单结束的。在这三个选项中，金浩东（Kim Hodong）即将发表的对异密名单的研究说明其不可能是抄录自一个单一材料的，这样就对第一种可能性产生了怀疑。《史集》的文本更直接暗示是最后一种可能，但我感觉第二种可能更会是真的。当然，拉施特对于能够使用《金册》是非常自豪的，但他也没有过度夸大其对于自己著作的重要性。
　　② 斯米尔诺娃，第180页；萨克斯顿，Ⅰ，第99页，Ⅱ，第275页；若山和穆萨维，第186页。
　　③ 该例子见于对屯必乃旁系子孙的叙述中（斯米尔诺娃，第29—30页；萨克斯顿，Ⅰ，第124—125页；若山和穆萨维，第245—246页；汉译本，第一卷，第二分册，第35页）。在 TMEN 中我找不到任何用术语 qu'dūd 意指同代中人的记载。
　　④ 《元史》卷一，第1页；卷一〇七，第2729页。

阿阑·豁阿诸子

这种对多种世系传统的认识是怎样改变我们对于成吉思汗先世世系的处理的？为了阐明这种不同的处理方法，我会举两个世系争议部分的例子，它们都可以追溯出来源。一个是阿阑·豁阿诸子的问题：他们有几个，其中几个是神生的祖先？在这之后，我会探讨本文开篇提到过的禹儿乞的世系问题。

《秘史》和《史集》正文都记载了相同的诸子数目以及其中神子和凡人的各自数目：五子中，别勒古讷台（Belgünütei）和不古讷台（Bügünütei）是阿阑·豁阿和朵奔（称号"蔑儿干"或"伯颜"）所生的普通一代。而三子是朵奔去世后所生的神圣一代：不忽·合答吉（Buqu Qatagi）、不合秃·撒勒只（Buqatu Salji）和孛端察儿·蒙合黑（愚鲁者）。孛端察儿成为了成吉思汗直系祖先。我们可以将此称作阿阑·豁阿诸子的2+3方案。而在《世系录》中有一个不同的并且更加节约笔墨的叙述性方案：阿阑·豁阿有三子，其中博寒葛答黑（Buqan Qadaqï）、博合睹撒里吉（Boqatu Salgi）是由凡人所生，只有孛端叉儿·蒙合黑是神生。这个是2+1方案。

《世系录》是文献记载的这些世系文本中的最后一个。2+1方案仅是一种后期合理化的结果吗？因为《秘史》和《史集》叙述中的某些线索都是建立在之前阿阑·豁阿只有三子的解释之上的，因此我否定这种观点。《秘史》中，特别的是别勒古讷台和不古讷台指责所有三个神生子都是私生子（18节）之后，等到了分家产时，他们只把孛端察儿当做愚者逐出家门，而没有提及其他两人（23节）。我们可以很自然地猜测到这种继承权的排除是来源于对其是私生子的指责。在30—36节，当他的兄长后悔赶走了孛端察儿并去找他时，这位兄长是不忽·合答吉，而非更年长的别勒古讷台和不古讷台。在后来的叙述中，不忽自始至终扮演着兄长们的首领和代言人的角色，而别勒古讷台和不古讷台再也无处可寻。最后在42节中，虽然所有五个兄弟都被说成是部族祖先，但只有不忽·合答吉、不合秃·撒勒只和孛端察儿的子孙是在别处可以证实的。别勒古讷台和不古讷台的子孙在别处也没有出现。而同是神生的不忽·合答吉和不合秃·撒勒的子孙合答斤氏（Qatagin）和撒勒只兀惕氏（Salji'ud）并不比其他任何部族与孛端察儿子孙孛儿只斤氏（Borjigid）有任何更紧密的联系。换言之，作为一个世系，2+3方案保存了两个无用的名字，并会给出关于合答斤氏、撒勒只兀惕氏和孛儿只斤氏之间关系的误导信息。从这些迹象判断，我或可猜想：《蒙古秘史》之前存在至少一个版本，这个版本中的2+1方案后来在世系录中被重复。

在《史集》中，有迹象表明某种不同的"三子"方案。首先，拉施特记录了一场争论，这场争论涉及不古讷台和别勒古讷台是否是神所选定，抑或不是：

> 上述朵奔伯颜有一个名叫阿阑·豁阿的豁罗思（Qūrūlās）部（qawm）的十分贞节的妻子。她为他生了两个儿子，一个名叫别勒古讷台（Bilkūnūt），另一个名叫不古讷台（Būkūnūt）。[①] 从这两个儿子的后裔中产生了两个蒙古部落。有人将这

---

① 我的拼读是基于斯米尔诺娃的"Belgunut"和"Bugunut"，以及若山和穆萨维的手稿拼读，分别在第1644页，在第220页，II，第5、6页。

两个蒙古部落算做尼伦（nīrūn）部落，因为她们的母亲是阿阑·豁阿，也有人将它算做迭儿列勤部落，理由是：尼伦部落被认为毫无疑问应出自阿阑·豁阿在丈夫死后所生的三个儿子。[尽管]这方面诸说纷纭，但第二种说法是尽人皆知的，也较接近于[事实真相]。在我国[即伊朗]除了某千人队（hazāreh）中被指出来的一人而外，就再也没有这两个儿子的支系了。据说，他们的支系在蒙古（Mughūlistān）也不多。①

由上，拉施特寓意争议不在于世系内容（谁是谁所生，过程是什么），而在于对他们的理解。但朵奔和阿阑之子被真正看做属于神所选定的尼伦部落难道不是似乎可信的吗？而且拉施特的阿阑故事还有另外一个特点。在《秘史》和《世系录》中，是阿阑·豁阿正常所生诸子质疑她的贞节和神生诸子的父亲身份。而在《史集》里是"她丈夫的兄弟和族人们"做了这件事。②之后，《史集》的文本中根本没有记载兄弟不合和孛端察儿被当做"愚者"逐出的主题。确实正如我已经提到过的，八祖方案根本没有用"蒙合黑"（mungqaq，愚者）这一称号来称呼孛端察儿，而是代之以"合罕"。这暗示着阿阑·豁阿的儿子们相处融洽，大概因为他们共享着同样的父系——都生自天神祖先。

《史集》中最后一个不一致的信息是孛端察儿两个神生兄弟和他两个儿子名字奇怪的相似性。不合（Buqa）和不黑台（Buqatai）在八祖世系和九祖《金册》中都作为孛端察儿的儿子。（两个世系的区别在于土敦·蔑年是孛端察儿另一子还是不合之子。）值得注意的是除此之外，关于这个不合和不黑台完全是一无所知的，在两个世系中他们中的一个或两个都是奇怪的无意义人物。③他们来自哪里？对于这些名字的异常相似，我认为这一问题唯一可信的答案就是他们实际上简单对比了不忽·合答吉和不合秃·撒勒只。在材料中，合答斤氏和撒勒只兀惕氏祖先名字上已经有了 Buqu（鹿）和 Buqa（牛）之间的一种互换[例如《秘史》中的不忽·合答吉（Buqu Qatagi）和《世系录》中的博寒葛答黑（Boqan Qadaqï）]，而蒙古语中 -tu 和 -tai 之间的互换是非常普遍的。④在《史集》的语境中，两对 Buqu~Buqa 兄弟在连续世系中的重复体现了并行的两套世系的所有表象，或者表现了一名编者整合两份材料时所生成的合并段落的所有特征。因为正如我已经注意到的，《史集》中的系表明确记载后一对 Buqu~Buqa（tai）兄弟来自八祖世系，以土

---

① 斯米尔诺娃，第10—11页；萨克斯顿，I，第115页；若山和穆萨维，第220页；汉译本，第一卷，第二分册，第8页。

② 斯米尔诺娃，第14页；萨克斯顿，I，第116页；若山和穆萨维，第224页；汉译本，第一卷，第二分册，第12页。

③ 如我提到过的，拉施特主张的纳臣是不黑台儿子的说法实际上在别处已经被否定了。这似乎是在根据其他世系的记载否定纳臣是泰亦赤兀惕部祖先之后，使他能够进入《金册》世系的一种尝试。然而，在别处拉施特明确说过《金册》中没有记载纳臣的祖先；而在十祖方案的另一个概述中，他又把纳臣当做不合的兄弟，而不是侄子。事实上，他的材料中并没有记录纳臣的名字；而拉施特实际是在猜测把纳臣放在哪里好，在不同时候猜的结果并不一样。

④ 甚至在《史集》中的诸抄本都存在这种变化：塔什干本作 būqūnqa?aqī（<*būqūnqataqī），东方学研究所本作 tūqūmqataqī（<*būqūnqataqī），伊斯坦布尔和伦敦本作 qayaqī（<*būqānqataqī）。

敦·蔑年为第三个兄弟,这说明在八祖世系中,Buqu~Buqa(tai)兄弟不是孛端察儿的兄弟,而是儿子。

考虑所有这些信息,我认为拉施特所依据的材料中至少有一个世系是阿阑·豁阿诸子的0+3方案,即她与朵奔伯颜无子,但代之以仅有感天而生的三子。如此她神生的诸子便不会被其正常所生诸子(她没有)所非难,非议只来自于她丈夫的亲属们。这三子就是别勒古讷台(Belgünüd)、不古讷台(Bügünüd)① 和孛端察儿合牢。孛端察儿就成为了没有明显事迹的首领,并有自己的三子:不合·不忽(Buqa·Buqu),合答斤氏祖先;不合秃·不黑台(Buqatu~Buqatay),撒勒只兀惕氏祖先和土敦·蔑年,孛儿只斤氏祖先。

《秘史》和《史集》复合方案中的2+3方案因此可以看到是来自于经证实在《世录》中的2+1方案和经证实在《史集》中的0+3方案的组合。面对两种叙述,一种是不忽和不合秃是阿阑·豁阿的"其他"儿子(与成吉思汗祖先孛端察儿并列);另一种是别勒古讷台[Belgünüd(ei)]和不古讷台[Bügünüd(ei)]是她的"其他"儿子,简单地把四人都安排成她的儿子是较容易的处理方式。与此同时,"别勒古讷台和不古讷台是孛端察儿的兄弟,而不合·不忽和不合秃·不黑台是他的儿子"的这一版本也构建了一层含义,即不合·不忽和不合秃·不黑台比别勒古讷台和不古讷台更接近帝系。那当四人都是她的儿子时,怎样重新产生这一意思呢?最简单的答案就是让不合·不忽和不合秃·不黑台成为神圣祖先之子,而别勒古讷台和不古讷台只是普通的孩子。这一简单的解决方案会导致把不合·不忽和不合秃·不黑台从孛端察儿诸子世系中完全移出。因为只有2+1方案才有兄弟不和与驱逐孛端察儿的主题,因此包含别勒古讷台和不古讷台的0+3方案就不会记载这一主题,这正是我们所寻找的。但是如果一个是含有以不合·不忽和不合秃·不黑台为孛端察儿同辈的2+3方案的材料,另一个是以他们为孛端察儿之子的材料,两者相互重复交叉,则结果可能是并行的两套世系,这与我们在拉施特的两种混合叙述中所见类似。

假设拉施特的一个材料是像《秘史》一样的简单2+3方案,另一个材料是以不合·不忽和不合秃·不黑台为孛端察儿之子的方案,这会很吸引人。但我认为合并书写文本和形成并行内容的过程至少在一个拉施特的材料中已经完成了。我们可以确定八祖世系和九祖《金册》都给孛端察儿诸子命名为不合·不忽和不合秃·不黑台。这样《金册》就有了并行的不合·不忽和不合秃·不黑台。然而可能拉施特最初的主要材料——八祖世系实际包含的是一个纯0+3方案,其中把不合·不忽和不合秃·不黑台放在了孛端察儿后边的世代里。如果这样的话,那拉施特在他的探讨中留下了如此少的替换性的痕迹是较为值得关注的。另一种可能性是在并行的不合·不忽和不合秃·不黑台方面,八祖世系已经与《金册》十分类似了。但无论哪种可能,似乎他的两种主要材料都保存了0+3叙事结构的思想主旨:阿阑·豁阿诸子保持了团结,她的外戚亲家们才是猜忌者。

那么正如上文分析所展示的,拉施特的《金册》远非他称为"古老的册籍"所指的最古老的史料,实际上是两个连续世系实例整合的结果,一个将阿阑·豁阿之子从三个增加

---

① 注意其与《秘史》中形式的区别,这可能反映了八祖方案中的形式。

到了五个，另一个创造了并行的两代名为不合·不忽和不合秃·不黑台兄弟。《秘史》的世系方案也是这一整合的结果，但对于共同源史料的叙事性引用是很不一样的。虽然他们都改变了具体的方案，但《史集》仍然保留了 0+3 的叙述逻辑：强调兄弟团结；而《秘史》即使在吸收内化了别勒古讷台和不古讷台之后，仍然保存了兄弟冲突和驱逐的主题，这是 2+1 方案的叙事主旨。

禹儿乞世系

作为多种世系传统的第二个例子，我想回到本文开篇提到的问题：成吉思汗的对手禹儿乞氏的首领，薛扯·别乞和泰出的世系。正如我提到过的，《秘史》中的一节将薛扯·别乞作为把儿坛·把阿秃儿之子，而《秘史》的正式世系将他和其盟友泰出作为莎儿合秃（或忽秃黑秃）·禹儿乞的儿子，[1] 而后者是斡勤·巴儿合黑的儿子、把儿坛·把阿秃儿的兄长。与堂兄弟阿勒坛（Altan）与忽察儿（Quchar）一起，薛扯·别乞和泰出是早期崛起时期成吉思汗远亲中的四名最重要成员。如此我们会以为他们的祖先应该是明确的，然而正如评注者们注意到的一样，材料中他们的世系信息有明显的不同。但是正如我将展示的，这些差异并不是一种错误，而是由连贯且可供选择的世系所造成的，这些世系可以与在此分析的世系史料联系起来。

我并不从《秘史》世系开始，而从《秘史》179 节那个例外的"错误"开始。原因是179 节安排的世系似乎要早于《秘史》。正如我在东京发布的一篇论文所主张的，《秘史》的这一内容是被吉田顺一称为"王汗（Ong Qan）诉状"的一部分，而我则叫作"成吉思汗的诉状"。《秘史》177—181 节中这一诉状的内容几乎是从《亲征录》24 节逐字照搬过来的，虽然还经过了较多重排和修改。这两部书的其他地方也有对该部分内容的简述。它跟其他文本相比，不同之处不仅只在薛扯和泰出的世系上，还在于授予也速该"合罕"称号，而非"把阿秃儿"；授予泰出（译者注：《亲征录》作"太出"，后出处相同）"乞鲁"[2]（qiru）称号；授予阿勒坛（按摊）突厥语"者温"（je'ün，折温）称号，即"弟弟"；还突出了其他地方几乎没有提到的人物，如雪格额台·脱斡邻勒［Sö'ekedei To'oril，即速客虔氏（Sö'eken, 雪干）人脱斡邻勒（脱怜），不要与同名为脱斡邻勒的王汗相混淆］。因为这个文本是已经成文的《秘史》的史料来源，因此它一定早于《秘史》。因此它所载的薛扯·别乞和泰出·乞鲁为把儿坛·把阿秃儿之子，他们也就是成吉思汗的叔叔，而非堂兄弟，这一世系内容并不是一个后来的错误，而是以书面证明薛扯·别乞和阿勒坛的最早世系。

虽然这个材料中的世系并不完整，但它也提供了六条明确的信息：（1）薛扯和泰出是把儿坛·把阿秃儿（八儿合拔都）之子（《秘史》179 节；《亲征录》24 节 8）；（2）他们是成吉思汗、（暗示）阿勒坛和忽察儿（火察儿）的长一辈（《秘史》179 节；《亲征录》24 节 8）；（3）薛扯的辈分要比成吉思汗一系高，而泰出辈分低些（《亲征录》24 节 2）；（4）忽察儿是

---

① 对这种替换的解释是莎儿合秃意为："有天花伤疤"。这种类型的避祸之名在成吉思汗先世时代的蒙古非常普遍——大概因为儿童起了这种名字之后，传播天花的恶魔会认为其已被传染了而将其放过。但也会经常触犯提起天花的禁忌，因此会被委婉的说法替换。

② 译者注：实际上，"乞鲁"称号只出现在《亲征录》中，并不见于《秘史》。

捏坤太师（Nekün Tayishi，涅群太石）之子（《秘史》179节；《亲征录》24节8）；（5）阿勒坛是忽图剌汗（Qutula Qa'an，忽都剌可汗）之子（《秘史》179节；《亲征录》24节8）；（6）屯必乃（统必乃）和察剌孩［Chara-qa（i），察剌合］是同一辈（《秘史》180节；《亲征录》24节9）。最后一条信息是很关键的。只在七祖世系方案中，屯必乃和察剌孩是同辈。因此可以将"诉状"的世系跟七祖方案联系起来。将以上人物放在一起，再加入设想的捏坤太师和也速该·把阿秃儿，我们可以得到如下的一张表格：

"诉状"中的禹儿乞世系表

（"诉状"中的相关人物为斜体字；《史集》的七祖世系中的人物为正常字体）

蔑年·土敦					
纳臣	海都				
察剌孩	*屯必乃*				
	合不勒·合罕				
	把儿坛·把阿秃儿				?
	薛扯·别乞	捏坤太师	也速该·合罕	泰出	忽图剌汗
		忽察儿	帖木真（*Temüjin*）		阿勒坛

第二个世系来自于《史集》。正如我展示过的，拉施特看到过至少三个世系材料。他的最终世系似乎最初是以八祖世系为依据的，但后来根据《金册》的一个九祖方案进行了重新编辑。因为修改是不完全的（我已经提到过），因此不可能删除存留在材料中的八祖方案的特征；而另一方面，任何已给出的信息也可能来自于《金册》。因此，《史集》信息准确的来源关系是无法完全确定的，应该将其看做八祖世系和《金册》的合并产物。

《史集》合并八祖世系和《金册》所得之禹儿乞氏世系表

伯升豁儿				察剌孩
屯必乃汗				
合不勒汗				
速儿合秃·禹儿乞①	把儿坛·把阿秃儿		忽秃黑秃·蒙古儿（Qutuqtu-Möngne）	忽图剌合罕
薛扯·别乞	捏坤太师	也速该·把阿秃儿	泰出	阿勒坛
	忽察儿	帖木真		

按照这一纪录（见上表），薛扯·别乞确实是速儿合秃·禹儿乞之子；正如他的名字说明的，他是家族中的"别乞"（氏族长）。而泰出也不再是薛扯·别乞的兄弟，但这两位禹儿乞首领在世系中的总体位置仍然横跨在也速该·把阿秃儿一系的两侧，薛扯为尊长，泰出为幼辈，且泰出为把儿坛·把阿秃儿弟弟忽秃黑秃·蒙古儿之子。②同时，阿勒坛和察剌孩的世系位置发生了变动。

在这个问题上，《秘史》对禹儿乞氏世系的记述是比较容易理解的，给这个老问题提

---

① 译者注：速儿合秃·禹儿乞即莎儿合秃·禹儿乞（Sorqatu Yörki）。

② 斯米尔诺娃，第33、34页；萨克斯顿，I，第126页；若山和穆萨维，第248、249页。

供了一个新的解决方案（见下表）。

《秘史》49—50、122和139—140节中的禹儿乞世系表

伯升豁儿					察刺孩
屯必乃汗					
合不勒·合罕					
莎儿合秃·禹儿乞	把儿坛·把阿秃儿		忽秃黑秃·蒙古儿	忽图剌·合罕	
薛扯·别乞和泰出	捏坤太师	也速该·把阿秃儿	不里·孛阔（Böri Böke）	阿勒坛	
	忽察儿	帖木真			

《秘史》不仅结合上下文介绍了禹儿乞氏世系，并且实际上在139至140节再次回到了这一世系，并还特别提到了不里·孛阔的世系。《秘史》著者评论的语气，并非是阐述一个已被接受的主流立场，而是推广一个崭新且截然不同的观点。那么《秘史》撰述者面临的问题是什么呢，他的解决方案又新在何处呢？问题显然是在禹儿乞首领们没有通过血缘关系维系团结的情况下，如何能使禹儿乞氏成为一个集团，这一问题跟所有三个世系都有关。在《秘史》50节和140节中，作者强调不里·孛阔怎样"不去亲近把儿坛·把阿秃儿的子孙，而去与（斡勤·）巴儿合黑的勇猛的子孙为伴"，[①]即使他是忽秃黑秃·蒙古儿之子。在139节关于禹儿乞（主儿勤）部如何形成的叙述中，作为所有世系中禹儿乞氏族长公认的祖父，合不勒·合罕从各部众中挑选强壮有力的人交给禹儿乞氏创始人（是否莎儿合秃·禹儿乞或薛扯·别乞）。这两个解释都针对这一问题，该问题在所有三个世系中都能找到，即禹儿乞部首领们即有比明确的成吉思汗先祖（是否把儿坛·把阿秃儿或也速该·把阿秃儿）居长的，又有居幼的。

另一个问题似乎是薛扯·别乞和泰出是否是亲兄弟。考虑到在所有故事中两人极其紧密的联系，认为他们是亲兄弟似乎是个自然而然的行为。虽然在七祖世系中，他们在成吉思汗父亲也速该左右的不同位置。但在《史集》世系中，他们仍旧分列在成吉思汗祖先把儿坛·把阿秃儿的左右，且这也是禹儿乞氏崛起的故事所需要的，但这样做的代价是这两个紧密相连的人物不再是亲兄弟。《秘史》作者明显是在寻找一个不同的解决方法，并在不里·孛阔这个人物身上找到了。

《秘史》世系的巨大创新之处就是在比把儿坛·把阿秃儿辈低的禹儿乞氏首领不是泰出，而是不里·孛阔。在其他材料里，不里·孛阔甚至根本不是成吉思汗的孛儿只斤家族的一员；拉施特在他的书中明确没有记载他的祖先。[②]成吉思汗十三翼名单中的忽秃黑秃·蒙古儿（《亲征录》作"忽相徒忙纳儿"）之子并不是《秘史》中的不里·孛阔，而是

---

① 《秘史》140 节（EU，第 264 页）：Bartan Ba'atur-un kö'ün-eche alus Barqaq-un omoqsad kö'üd-tür nököchejü bolun. 汉译本，第 180 页。

② 见斯米尔诺娃，第 92 页；萨克斯顿，I，第 164 页；若山和穆萨维，第 336 页；汉译本，第一卷，第二分册，第 120 页，其中记载不理（汉译本作"播里"）"与薛扯别乞一条心"，是"泰亦赤兀惕异密"（这似乎是拉施特对于任何他不确定世系关系的首领的所使用的惯用套话）。

我们除此处外一无所知的蒙哥怯只儿哥（Möngge Kejiger）。① 其他世系秉持的观点是把薛扯·别乞和泰出置于把儿坛·把阿秃儿的两侧,但《秘史》内容中却将二者置于尊长的位置。因此要坚持禹儿乞氏在把儿坛·把阿秃儿两侧的思路的话,那就需要一个新的晚辈禹儿乞首领。因此不里·孛阔在故事里就成为了禹儿乞部人,并被《秘史》作者用来补在了《史集》世系中泰出的位置。对《秘史》著者而言,不里·孛阔的世系似乎是一个特殊且具有推测性的环节：著者在50节提及该世系并将之与他随后讲述的故事相联系；讲述完故事后,著者再次在140节中重复该世系,并附加注释称不里疏远了把儿坛·把阿秃儿的子孙,而去和禹儿乞人联合。为什么这个注释是必要的？可能因为这是一个读者不熟悉的新的推测性世系解决方案。无论如何,《秘史》的禹儿乞氏世系显然是对传统观点的一种挑战。

以上分析可以初步得出以下结论:（1）《秘史》绝不会是最早的世系,而且肯定晚于七祖世系。拉施特将八祖世系和《金册》合并得到的世系似乎是一套并行的解决方案,可能早于或跟《秘史》时间接近。但无论如何,一定独立于并且不知道《秘史》的存在。②（2）对世系进行解释与分辨的推动力可能是调和潜在矛盾的特定叙述主题的需求。例如,禹儿乞氏世系有三个确定的叙述主题:

1. 薛扯·别乞和泰出是禹儿乞部首领；

2. 薛扯·别乞和泰出是兄弟（或亲如兄弟）；

3. 禹儿乞人既有比“我们”（即成吉思汗家族）一系辈分尊长的,也有辈分低幼的。

潜在的矛盾是如果薛扯·别乞和泰出被分置在成吉思汗一系的左右,他们就实际上不能作为兄弟。在这三个确定的、不同的且或多或少令人满意的观点中,存在解决方案是可能的。这三个世系也勾勒出这些可能性的一部分。最后,有关成吉思汗的引述显示,对世系的调查总是以成吉思汗直系为基点展开的。以成吉思汗直系为聚焦点,针对世代序列和长幼的所有评估就可以直观化。

结　　论

下面的表格汇总了我从六世系中得出的结论。第一个表格简单列出了每一个材料中成吉思汗直系祖先的姓名。第二个表格对比了这六个世系在独特类型、附带叙述、旁系关系等方面的异同。这六种世系的存在说明:在整个蒙古帝国时期,世系一直是知识分子争鸣和著述的一个主要阵地。没有任何一种世系能够超脱于评论指责之上。但所有世系都代表了一系列解决方案。这些方案都是针对各类问题的。而这些问题是由成吉思汗崛起故事中存在的众多叙事主题和叙事传统所产生的。只有立足这一观点进行研究,而不是只基于任何一个叙述角度,如作为经典故事的《秘史》,才能更多揭示并更忠实于蒙古帝国时期世系产生和修改的实际情况。

---

② 《亲征录》3节3；这可能说明这一重要名单中的世系信息比其他材料更与七祖世系相合。但《史集》对应文本位置中莎儿忽黑秃·禹儿乞（Sorqatu Yürki）的出现可能是与这一结论矛盾的（见斯米尔诺娃,第87页；萨克斯顿,I,第161页；若山和穆萨维,第329页；汉译本,第一卷,第二分册,第113页）。

③ 在上文中对阿阑·豁阿传说的初步研究也可以得出关于这一复杂主题的相同观点。

六世系概览表

七祖世系	八祖世系	《金册》	《蒙古秘史》	《也可·脱卜赤颜》*	《十祖世系录》
			(12)孛儿帖·赤那（Börte Chino'a）	(9)孛儿帖·赤那（Börte Chino'a）	
			(11)巴塔赤汗（Batachiqan）	(8)巴塔赤罕（Batachi Qa'an）	
			(10)塔马察（Tamacha）	(7)塔马察（Tamach）	
			(9)豁里察儿·蔑儿干（Qorichar Mergen）	(6)乞主·蔑尔干（Qiju Mergen）	
			(8)阿兀站·孛罗温勒（Aqujam Boro'ul）	(5)阿兀站孛罗温（A'ujam Boro'ul）	
			(7)撒里·合察兀（Sali Qacha'u）		
			(6)也客·你敦（Yeke Nidün）	(4)也客·尼敦（Yeke Nidün）	
			(5)挦锁赤（Sem Sochi）	(3)萨木挦锁赤（Sam Sa'uchi）	
			(4)合儿出（Qarchu）	(2)合儿出（Sali Qachu）	
			(3)孛儿只吉歹·蔑儿干（Borjigidai Mergen）		
			(2)脱罗豁勒真·伯颜（Torgholjin Bayan）		
	朵奔伯颜和阿阑·豁阿（Dobun Bayan 和 Alan Gho'a）	朵奔伯颜和阿阑·豁阿（Dobun Bayan 和 Alan Gho'a）	(1)朵奔·蔑儿干；阿阑·豁阿（Dobun Mergen; Alan Gho'a）	(1)朵奔蔑尔干；阿兰豁阿（Dobun Mergen; Alan Gho'a）	脱奔咩哩犍；阿兰果火（Tobun Mergen; Alan Gho'o）

（续表）

七祖世系	八祖世系	《金册》	《蒙古秘史》	《也可·脱卜赤颜》*	《十祖世系录》
7. [孛端察儿（Bodonchar）]	8. 孛端察儿（Bodonchar）	9. 孛端察儿（Bodonchar）	10. 孛端察儿（Bodonchar）	9. 孛端察儿 蒙合黑（Bodonch-ar Mungqaq）	10. 孛端叉儿（Bodonchar）
	8. 不合（Buqa）		9. 把林·失亦剌秃·合必赤（Barim Sïqïratu Qabichi）	8. 合必赤把林失亦剌秃 [Qabichi Berim Sïqïr (?)]	9. 八林昔黑剌秃哈必畜（Barim Sïqïratu Qabichi）
6. 土敦·蔑年（Dutum Manan）	7. 土敦·蔑年（Dutum Menen）	7. 土敦·蔑年（Dutum Menen）	8. 蔑年·土敦（Menen Tudun）	7. 蔑年·土敦（Menen Todon）	8. 咩捻笃敦（Menen Tudun）
			7. 合赤·曲鲁克（Qachi Külüg）		7. 既拏笃儿罕（Ginadur Qan）
5. 海都（Qayidu）	6. 海都（Qayidu）	6. 海都（Qayidu）	6. 海都（Qayidu）	6. 海都汗（Qayidu Qa'an）	6. 海都（Qayidu）
	7. 伯升豁儿 Bai-Shingqor）	5. 伯升豁儿（Bai-Shingqor）	5. 伯升豁儿·多黑申（Bai-Shin-gqor Doqshin）	5. 伯升豁儿（Bai-Shin-gqor Doqshin）	5. 拜姓忽儿（Bai-Shingqor）
4. 屯必乃汗（Tumbina Qan）	8. 屯必乃汗（Tumbina Qan）	4. 屯必乃汗（Tumbina Qan）	4. 屯必乃·薛禅（Tumbinai Sechen）	4. 屯必乃汗（Dumbina-i Qan）	4. 敦必乃（Tumbinai ）
3. 合不勒汗（Qabul Qa'an）	9. 合不勒汗（Qabul Qa'an）	3. 合不勒汗（Qabul Qa'an）	3. 合不勒·合罕（Qabul Qa'an）	3. 合不勒·合罕（Qabul Qa'an）	3. 葛不律寒（Qabul Qa'an）
2. 把儿坛把阿秃儿（Bartan Ba'atur）	10. 把儿坛把阿秃儿（Bartan Ba'atur）	2. 把儿坛把阿秃儿（Bartan Ba'atur）	2. 把儿坛·把阿秃儿（Bartan Ba'atur）	2. 把儿坛·把阿秃儿（Bartan Ba'atur）	2. 八里丹（Bardan）
1. 也速该把阿秃儿（Yisükei Ba'atur）	11. 也速该把阿儿（Yisükei Ba'atur）	1. 也速该把阿秃儿（Yisükei Ba'atur）	1. 也速该·把阿秃儿（Yisükei Ba'atur）	1. 也速该·把阿秃儿（Yisükei Ba'atur）	1. 也速该（Yisükei）
成吉思汗	成吉思汗	成吉思汗	成吉思汗	成吉思汗	成吉思汗

*《也可·脱卜赤颜》汉译名主要依据《红史》汉译本,但与通用译名差别较大者改为通用译语。

六世系主要异同对比表

	七祖世系	八祖世系	《金册》	《蒙古秘史》	《也可·脱卜赤颜》	《十祖世系录》
主要类型	历史	世系	世系	历史	历史	世系
阶段数	1	1	1	2	2	1
孛端察儿的世代数			5	5	5	3
是否有札剌亦儿故事？	有	有	有	无	？	有
纳臣之父	土敦·蔑年	土敦·蔑年	无	蔑年·土敦	？	既挐笃儿罕
纳臣的后代	泰出	泰出	无	兀鲁兀歹、忙忽台（Uru'ud, Mangghud）	？	兀鲁兀（Uru'ud）

附　　录

1.《十祖世系录》。 在这一部分中，我总结了《元史》卷一、一〇七和《辍耕录》中所有直接或间接引自世系录的材料。我用《元史》中表格的形式来表达世系内容。叙述性信息写在相应的方格里。为方便阅读表格，成吉思汗以前的世系均以数字标注。该表原本或许载于相当大开本的纸张上。引自《元史》卷一〇七和《辍耕录》的材料用大号和小号字标注，引自《元史》卷一的材料用中号字标注。

脱奔咩哩犍妻阿兰果火后 [1]		
（成吉思汗）其十世祖孛端叉儿，母曰阿兰果火，嫁脱奔咩哩犍，生二子，长曰博寒葛答黑，次曰博合睹撒里直。既而夫亡，阿兰寡居，夜寝帐中，梦白光自天窗中入，化为金色神人，来趋卧榻。阿兰惊觉，遂有娠，产一子，即孛端叉儿也		
博寒葛答黑 [2]	博合睹撒里吉	**10. 始祖孛端叉儿 一子** 孛端叉儿状貌奇异，沉默寡言，家人谓之痴。独阿兰语人曰："此儿非痴，后世子孙必有大贵者。"阿兰没，诸兄分家赀不及之。孛端叉儿曰："贫贱富贵，命也，赀财何足道。"独乘青白马，至八里屯阿懒（Baltun-Aral）之地居焉。食饮无所得，适有苍鹰搏野兽而食，孛端叉儿以缗设机取之，鹰即驯狎。乃臂鹰猎兔禽以为膳，或阙即继，似有天相之。居数月，有民数十家自统急里忽鲁（Tünggilig Quru'u）之野逐水草来迁，孛端叉儿结茅与之居，出入相资，自此生理稍足。一日，仲兄忽思之，曰："孛端叉儿独出而无赀，近者得无冻馁乎？"即自来访，邀与俱归。孛端叉儿中路谓其兄曰："统急里忽鲁之民无所属附，若临之以兵，可服也。"兄以为然。至家，即选壮士，令孛端叉儿帅之前行，果尽降之

---

[1] "后"字，见于《辍耕录》。
[2] 《元史》卷一〇七和《辍耕录》都省略了"答黑"，《元史》卷一中保留。

10. 始祖孛端叉儿	
9. 八林昔黑剌秃哈必畜 一子 　　孛端叉儿殁,子八林昔黑剌秃合必畜嗣,生子曰咩撚笃敦	始祖孛端叉儿收统急里忽鲁人氏民户时,尝得一怀妊妇人曰插只来,纳之,其所生遗腹儿,因其母名曰插只来,自后别为一种,亦号达郌①
8. 咩撚② 笃敦 七子	

8. 咩撚笃敦

　　咩撚笃敦妻曰莫挐伦(Monolun),生七子而寡。莫挐伦性刚急。时押剌伊而(Yalayir)③部有群小儿掘田间草根以为食,莫挐伦乘车出,适见之,怒曰:"此田乃我子驰马之所,群儿辄敢坏之邪。"驱车径出,辗伤诸儿,有至死者。押剌伊而忿怨,尽驱莫挐伦马群以去。莫挐伦诸子闻之,不及被甲,往追之。莫挐伦私忧曰:"吾儿不甲以往,恐不能胜敌。"令子妇载甲赴之,已无及矣。既而果为所败,六子皆死。押剌伊而乘胜杀莫挐伦,灭其家。唯一长孙海都(Qayidu)尚幼,乳母匿诸积木中,得免

7. 既挐都儿罕 一子	某	某	某	某	某	纳真 今兀鲁兀④(Uru'ud),其子孙也。
						先是,莫挐伦第七子纳真,于八剌忽(Barghu)民家为赘婿,故不及难。闻其家被祸,来视之,见病妪十数与海都尚在,其计无所出。幸驱马时,兄之黄马三次掣套竿逸归,纳真至是得乘之。乃伪为牧马者,诣押剌伊而。路逢父子二骑先后行,臂鹰而猎。纳真识其鹰,曰:"此吾兄所擎者也。"趋前给其少者曰:"有赤马引群马而东,汝见之乎?"曰:"否。"少者乃问曰:"尔所经过有凫雁乎?"曰:"有。"曰:"汝可为吾前导乎?"曰:"可。"遂同行。转一河隈,度后骑相去稍远,刺杀之。縶马与鹰,趋迎后骑,给之如初。后骑问曰:"前射凫雁者吾子也,何为久卧不起耶?"纳真以鼻衄对。骑者方怒,纳真乘隙刺杀之。复前行至一山下,有马数百,牧者唯童子数人,方击髀石为戏。纳真熟视之,亦兄家物也。给问童子,亦如之。于是登山四顾,悄无来人,尽杀童子,驱马臂鹰而还,取海都并病妪,归八剌忽之地止焉
6. 海都 一子⑤						

　　① 　此段文字引自《元史》卷一〇七,第2729页,是直接摘自世系录的材料。
　　② 　《元史》卷一〇七和《辍耕录》作"麻",正确的拼写在《元史》卷一中。
　　③ 　Yalayir等同于Jalayir,《元史》中还作"札剌儿"(Jalar)。
　　④ 　这一修正见于韩百诗,*Chapitre CVII*,第10页,注9。译者注:《元史》作"兀察兀秃"。
　　⑤ 　根据可见的世系,海都实际上有三子。这只是一个错误吗?它是否代表了七祖世系方案的一种遗存?这种方案记载了海都有一子,敦必乃。

6. 海都

海都稍长，纳真率八剌忽怯谷[①]（Ke[se]güd）诸民，共立为君。海都既立，以兵攻押剌伊而，臣属之，形势寖大。列营帐于八剌合黑河上，跨河为梁，以便往来。由是四傍部族归之者渐众

5. 拜姓[②] 忽儿 一子 海都殁，子拜姓忽儿嗣	察剌哈宁昆 （Charaqa Lingqun） 收兄拜姓忽儿妻，生一子	擦忽真兀儿迭葛[③]（Cha'ujin-Ürdege）今昔只兀惕[④]（Siji'ud），其子孙也
4. 敦必乃 六子 拜姓忽儿殁，子敦必乃嗣	直拏斯（Chinas）今太丑秃[⑤]（Tayichi'ud），其子孙也	

4. 敦必乃

葛尤虎（Qachuqu）今那牙斤（Noyakin），其子孙也。	葛忽剌急哩（Qaqula Girten）今大八鲁剌斯（Great Barulas），其子孙也	合产（Qachan）今小八鲁剌斯（Little Barulas），其子孙也	哈剌喇歹（Qaraladai）今博答[⑥] 阿替（Boda'ad），其子孙也	葛赤浑（Qachiqun）今阿答里急（Adarki），其子孙也	葛不律寒 七子 敦必乃殁，子葛不律寒嗣

3. 葛不律寒

窝[⑦]斤八剌哈哈 今岳里斤（Yörkin），其子孙也	2. 八哩丹（Bardan）四子 葛不律殁，子八哩丹	忽都都[⑧]咩聂儿（Qutuqtu Megner[⑨]）	忽都剌罕（Qutula Qan）	合丹八都儿（Qadan Ba'atur）	掇端斡赤斤（Dödö'en Odchigin）	忽阑八都儿（Qulan Ba'-atur）庶子也

---

① 《元史》卷一作"怯谷"（<Kê-gu）。"怯谷"一定对应于《史集》中的 knbut~ksūt，是对 Kanbaut 或 Känbä'üt 的翻译。

② 《元史》卷一〇七和《辍耕录》作"住"，《元史》卷一为正确拼写。

③ 我遵从韩百诗，*Chapitre CVII*，第 12 页，注 3，将《元史》卷一〇七和《辍耕录》中的"獠"改为"擦"，"秃"改为"儿"。

④ 我将《元史》卷一〇七和《辍耕录》中"刺"修改为"惕"。韩百诗，Chapitre CVII，第 12 页，注 3，改为"秃"但不大可能。《辍耕录》中以"即"代替"只"。

⑤ 我遵从韩百诗，*Chapitre CVII*，第 12 页，注 3，将《元史》卷一〇七中"大"改为"太"，"兀秃"为"秃"；《辍耕录》则分别作"大"和"兀兀"。

⑥ 我将《元史》卷一〇七和《辍耕录》中"歹"改为"答"。

⑦ 我遵从韩百诗，*Chapitre CVII*，第 17 页，注 12，将《元史》卷一〇七"窠"改为"窝"；《辍耕录》更错误为"笛不"。

⑧ 我遵从韩百诗，*Chapitre CVII*，第 17 页，注 12，将《元史》卷一〇七和《辍耕录》中"鲁"改为"都"。

⑨ Qutuqtu-Megner 正确应该读作 Qutuqtu-Mengner。

2. 八哩丹			
蒙哥睹黑颜 （Mönggetü Qiyan）	聂昆太 ① 司 （Nekün Tayishi）	1. 列祖神元皇帝，讳也速该，姓奇渥温氏 ② （Qiya'un） 八哩丹殁，子也速该嗣，并吞诸部落，势愈盛大	答里台斡 ③ 真 （Daritai Ochin）
		五子 ④	太 ⑤ 纳耶耶 （Tayinal Yeye）

1. 列祖神元皇帝				
太祖皇帝 六子	搠只哈撒儿 （Chochi Qasar）	哈赤温 （Qachi'un）	铁木哥斡赤斤 （Temüge Odchigin）	别里古台 （Belgütei）
（1）尤赤（Jochi）太子 ⑥ （2）察合台（Chaghadai）太子 （3）太宗皇帝 （4）睿宗皇帝 （5）兀鲁赤（Uruchi）太子 （6）果里干（Kölgen）太子				

2.《也可·脱卜赤颜》。 这一部分中，我总结了《红史》和《史集》中所有引自《也可·脱卜赤颜》的材料。摘自《红史》的材料用正常字体，⑦ 摘自《史集》的用斜体。⑧ 注释展示了藏文转写的各种文本变体，以及不被考虑的材料和可能要增加的材料。⑨

　　蒙古的王统（rgyal- rabs），最初是天之儿子孛儿帖赤那（sBor-ta-che）。⑩ 诚实可靠的讲述历史的突厥讲述者说，所有的蒙古部落都是从［某时］逃到额儿古涅·昆来

---

①　我将《元史》卷一〇七和《辍耕录》中"大"改为"太"。

②　这一注释出自《辍耕录》，给出了 Qiyad 的转写（又稍有不同），这一转写也出现在《元史》卷一，第 1 页。"渥"在八思巴字汉语里读 'yaw。［柯蔚南（Coblin）《八思巴字汉语手册》（*A Handbook of 'Phags-pa Chinese*），543 节，第 153 页。］

③　我遵从韩百诗，*Chapitre CVII*，第 19—20 页，注 22，给《元史》卷一〇七和《辍耕录》中的转写增加"台斡"。

④　从该世系之后，我认为：凡是带"王"或"大王"称号的名字，均来自《经世大典》岁赐名单，我将他们删除了。

⑤　我遵从韩百诗，*Chapitre CVII*，第 20 页，注 1，将《元史》卷一〇七和《辍耕录》中的"大"改为"太"。

⑥　《辍耕录》中的"太子"是世系录世系中使用的一个术语，而《经世大典》岁赐名单使用"大王"这一词汇。

⑦　译者注：这里《红史》的译文依据陈庆英、周润年译本，并根据英文原文修改《红史》中译名与通用译名有较大不同者，在括号中加入通用译名。

⑧　译者注：这里《史集》的译文依据余大钧、周建奇译本，并根据英文原文修改。

⑨　使用以下缩写：DMD:《红史》，Demchigmaa 版（第 59—62 页）；DMB:《红史》，北京版（第 28—30 页）；DMS:《红史》，锡金版（第 27—28/14a—b 页）；JB:《汉藏史集》（第 254—256 页）；DN:《青史》（第 57—58 页）。

⑩　DMD: sBo-tha-che; DMB: sBor-ta-che; DMS: sBor-tha-che; JB: sBor-ta -che; DN: sBor-ta-che.

的那两个人的氏族产生的。那两人的后代中有一个名叫孛儿帖·赤那的受尊敬的异密，他是若干个部落的首领，朵奔伯颜与妻子阿阑·豁阿以及若干其他部落都出自他的民族。他有许多妻子[哈敦]和孩子。

孛儿帖赤那的儿子是巴塔赤罕（*Ba'a-da'a-chi-ga'an）。① 名叫豁埃·马阑勒的长妻为他（孛儿帖赤那）生了一个在诸子中最有出息、后来登临帝位的儿子，这个儿子名叫巴塔赤合罕。②

巴塔赤罕的儿子是塔马察（Tham-chag）。③ 巴塔赤合罕的儿子名叫塔马察，后来继了他的位。

塔马察的儿子是齐吉蔑尔干（译者注：即乞主·蔑儿干，* Khyi-ju Mer-khan）。④⑤塔马察有五个儿子。长子名叫乞主蔑儿干（Qīju⑥ Markān），成了他的继位者。据说，仿佛他的其余四个儿子想离开自己的营地与地方到别的地区去。途中有一条河能支流经过。他们便拣了许多枯枝，编了一只我国[伊朗]他们称做"客列克"[kalak，波斯语中的"筏子"]的东西坐在上面，渡过河进入到别的地区。据说，朵儿边部（Dūrbān）就起源于他们的氏族。因为"朵儿边"是四的意思，它[指示了朵儿边部]与塔马察四个儿子的联系与关系。

四个儿子中最小的那个前裔[有一个]名叫秃伦·撒合勒的人，有一次杀死了一头马鹿。巴牙兀惕部有一个名叫巴牙里黑的人，带来自己的儿子卖给了他，换了些马鹿肉。由于他[秃伦]是阿阑·豁阿丈夫的亲族，他又将这个强子送给了阿阑·豁阿。巴牙兀惕部的大多数人就是这个孩子的后裔（nasl）。他们是成吉思汗兀鲁黑的奴隶。

齐吉蔑尔干的儿子是阿兀站孛罗温（*A'u-jam sBo-ro-'ol）。⑦豁里察儿蔑儿干（齐吉蔑尔干）有一个名叫忽站·孛勒忽勒（Qūjam-Būghrūl）的儿子，[后来]继了他的位。

阿兀站孛罗温的儿子是也客尼敦（*Ye-ka Ni-dun）。⑧ 忽站·孛勒忽勒有一个儿子，名叫也客·你敦，继了他的位。

---

① DMD: Pa-da-chi-gan ; DMB: Ba'a-da'a-chi'a-gan ; DMS: Ba-da-chi-gan ; JB: Bha-ta-che-gan ; DN: Ba-da- chi- gan.

② 他的名字在塔什干本中写作 T?jī- Qāān，在伊斯坦布尔本中写作 Yatajī- Qīān。

③ DMD: Tham-chag ; DMB: Tham-chag ; DMS: Thams-cad-chag ; JB: Thams-cad-cha'i; DN: Tham-chag.

④ DMD: Khyi- ji mer-mkhan; DMB: Khyi-ji mer-khan ; DMS: Byi-ji mer-mkhan; JB: Chi-ge Ma-regs-gan ; DN: Chi-ji mer-gan.

⑤ 《红史》此处增加了一个注释："现在据说他是镇伏魔怪（lha-srin-po）的白玛迥乃（莲花生，Badma- Jungnai）大师。""现在（da）"和"据说（zer）"的组合表明这是西藏译者为使蒙古世系适应西藏语境而加入的材料。

⑥ 这一名字在伊斯坦布尔、巴黎和东方学研究所图书馆抄本中都写作如此，是没有疑问的。（写作 Qīhū 的版本是塔什干和萨尔蒂科夫—谢德林〈Saltykov–Shchedrin〉图书馆抄本，伦敦抄本只是简单的音点漏写。）

⑦ DMD: La'ur-byang sPo-ro'ol; DMB: La'u-byang sBo-ro'ol; DMS: La'u-jang sBe-re'ol ; JB: A'u-jam Po-re- wol; DN: La'u-jang Bhe-re'ol.

⑧ DMD: Pas- ka Ni-dun; DMB: Pas-ka Ni-dun; DMS: Pas-ka-Ni-dun; JB: Ye-gra No-dun; DN: Pas-ka Ni-dun.

也客尼敦的儿子是萨木苏齐（译者注：即拶锁赤，Sems-za'u-ji）。① 也客·你敦的儿子名叫拶锁赤（Sam-Sāūjī），[后来]成为他的继位者。

萨木苏齐的儿子是喀楚（译者注：即合儿出，Kha-chu）。② 拶锁赤的儿子合里·合儿出（Qālī-Qājū，Sālī-Qājū 的错误③），又继承了拶锁赤。

喀楚的儿子是朵奔蔑尔干（Do-bun Mer-khan）。④ 合里·合儿出生下了朵奔伯颜。他们的禹儿惕[yurt，营盘、牧场]位于斡难、怯绿连与土兀剌河[流域]。这三条河全都发源于不儿罕·哈勒敦山。

他死后，在黑暗中（nag-mo-la）阿兰·豁阿（A-lan Khwo）⑤ 感太阳和月亮的光明（nyi-madang zla-ba'i zer）生了孛端察儿孟干（*sBo-don-char Mung-khag）。⑥

孛端察儿孟干的儿子是格齐（译者注：即合必赤，*Ga-bi-chi）⑦<; 格齐的儿子是>伯格尔（Be[rim-Sï]qïr，sBe-khir）；⑧⑨

伯格尔的儿子是玛兰图丹（译者注：即蔑年·土敦，Ma-nan Tho-don）；⑩

玛兰图丹的儿子是海都汗（*Ga'i-du gan）；⑪

海都汗的儿子是伯升（译者注：即伯升豁儿，Ba'i-shing）<; 伯升的儿子是>科多克新（译者注：即豁儿·多黑申，khor Dog-shing）；⑫⑬

科多克新的儿子是屯必乃汗（Dum-bi-na'i Khan）；⑭

---

① DMD: Sems Za-'o-ji；DMB: Sems Za-'u-ji；DMS: Sems Dza'o-ji；JB: Sems Za'o-che'i；DN: Sems Dza'o-ji.

② DMD: Kha-chu；DMB: Kha-chu；DMS: Kha-chu；JB: Gra-chung；DN: Kha-ju.

③ Qālī-Qājū. 这里的 Qālī 实际上是蒙古语 Sali 的误读；qa- 和 sa- 非常相似，经常混淆，见乔伊玛（Choimaa）的"对比研究"一文。

④ DMD: Do-bun Mer-khan；DMB: Do-bun Mer-khan；DMS: Do-bun Mer-khan；JB: Tho-bun Mer-gan；DN: Du-ban mer-gan.

⑤ DMD: A-lan Khwo；DMB: A-lan Kho；DMS: A-lan Khwo；JB: A-nan Khro；DN: A-lan Kho.

⑥ DMD: Bo-don-char Mung-khag；DMB: Bo-don-char Mung-khan；DMS: Bo-don-char Mung-khag；JB: sBo-thon-char Mung-khan；DN: Bo-don-char Mu-gan.

⑦ DMD: Ga'i-chi；DMB: Ga'i-chi；DMS: Ga'm-chi；JB: Ga-si-chi；DN: Ga'i-chi.

⑧ DMD: sBi-khir；DMB: sBe-khir；DMS: sBe-kher；JB: sBi-khor；DN: sBi-khir.

⑨ 虽然这个例子并不像下文的伯升豁儿·多黑申分离地那么明显，但它似乎是蒙古语中的单个名字在《红史》的总结中因疏忽大意而被分为两个名字。《秘史》和《世系录》都存在这样一种情况：在孛端叉儿蒙合黑和咩麻笃敦之间，存在一个名为八林昔黑剌秃哈必畜（Barim Sïqïratu Qabichi）的人。这里似乎把这两个名字颠倒了，并将 Barim Sïqïratu 简化和异读为 Berim Sïqïr 或 Berim Sïqïratu。然而这也可能意味某个完全不同的名字。

⑩ DMD: Ma-nan Tho-don；DMB: Ma-nan To-don；DMS: Ma-nan To-don；JB: Ma-nan；DN: Ma-nan Tho-don.

⑪ DMD: Ga'i-thu gan；DMB: Ga'i-thu gan；DMS: Ga'm-thu-gan；JB: Kha'i-du gan；DN: Ga'i-thu gan.

⑫ DMD: Khor Thog-shing；DMB: Khor Dog-shing；DMS: Khor Thog-shing；JB: Khor Dog-shing；DN: Khor Thog-shing.

⑬ 这里是蒙古语中的一个单一名字在《红史》的文本中被无意地一分为二。Ba'i-shing-khor Dog-shing 代表了蒙古语中的 Shingqor Doqshin（伯升豁儿·多黑申）。

⑭ DMD: Dum-ba'i-na'i Khan；DMB: Dum-bi'i-na'i Khan；DMS: Dum-bi-ha'i Khan；JB: na'i Khan；DN: Dum-bi-ha'i Khan.

屯必乃汗的儿子是葛不律寒（译者注：即合不勒·合罕，Ga-bu-la Gan）；①

葛不律寒的儿子是把儿坛·把阿秃儿（Bar-than Ba-dur）；②

把儿坛·把阿秃儿的儿子是也速该·把阿秃儿（*Ye-su-ga Ba-dur）。③也速该巴图尔和夫人（bdzun-mo）诃额仑（Ho-lun）④所生的儿子为太祖成吉思汗（Tha'i-dzu Jing-gi）。⑤成吉思汗生于阳水虎年，有兄弟五人。

成吉思汗三十八岁时，聚集百姓，登上王位，在位二十三年，于阳火虎年秋七月十二日六十一岁时在西夏汆（Gha）⑥地方升遐（gnam-du gshegs-so）。

成吉思汗的儿子有术赤（'Jo-chi）、⑦察合台（Cha-ga-da'i）、⑧窝阔台（O-ga-da'i）、⑨拖雷那颜（Tho-lo No-yon）⑩等九人。成吉思汗在世时，让两个大的儿子不要争夺王位，给以文书（yi-ge）封给左右两翼的地方

他们的弟弟窝阔台当了国王，执政六年。术赤有八个儿子，察合台的儿子有都哇（Du-ba）⑪等九人。

窝阔台王的大儿子是贵由王（Go-yug），⑫他在位六个月，贵由王的弟弟是阔端（Go-dan）、⑬合失（Ga-shi）、⑭合丹等七人。

拖雷那颜因先前未给文书，所以对皇位有所争执，后由他和赛音额客唆鲁禾（译者注：即唆鲁禾帖尼，Za-yin E-ka So-rog-da'i）⑮的儿子蒙哥汗（*Mong-go Gan）⑯即位执政九年。他们的第四个儿子名叫忽必烈，忽必烈即是元世祖薛禅汗（Go-be-la Shi-dzu Se-chen Gan），⑰生于阴木猪年，第六个儿子为旭烈兀（Hu-la-hu），⑱第七个

---

① DMD: Ga-bu-la gan ; DMB: Ga-bu-la khan ; DMS: Ga-bu-la gan ; JB: Ga-bu khan; DN: Ka-bu-la gan.

② DMD: Bar-than ba-dur; DMB: bar-than ba-dur; DMS: Bar-than Ba-dur; JB: Bha-dan Bha-dur; DN: Bar-than Ba-dur.

③ DMD: Ye-sun-ka Pa-thur ; DMB: Ye-sur-ga Ba-dur; DMS: Ye-phur-gang Pa-thur ; JB: Ye-su-ga dur; DN: Ye-phur-ga Ba-dur.

④ DMD: Hu-lun ; DMB: Ho-lun ; DMS: Hu-lun ; JB: Hu-lun ; DN: Hu-lun.

⑤ DMD: Tha'i-ju Jing-gi ; DMB: Tha'i-dzu Jing-gi ; DMS: Tha'i-dzung Jing-gi ; JB: Tha'i-dzung Jing-gir; DN: Tha'i-dzung Jing-gin.

⑥ DMD: Gha ; DMB: 'Ga' ; DMS: Ga ; JB: Gha ; DN: Gha.

⑦ DMD: Jo-chi; DMB: 'Jo-chi; DMS: Jo-chi; JB: rDzo-chi.

⑧ DMD: Cha-ga-da'i ; DMB: Cha-ga-ta'i ; DMS: Cha-ga-ta'i ; JB: Cha-ga-ta'i.

⑨ DMD: O-ga-da'i ; DMB: O-go-ta'i ; DMS: O-go-ta'i ; JB: O-ko-ta'i ; DN: O-ga-ta .

⑩ DMD: Tho-lo No-yon ; DMB: Tho-lo No-yon ; DMS: Tho-lo no-yon ; JB: Tho-lo No-yon.

⑪ DMD: Du-ba; DMB: Du-ba; DMS: Du-ba.

⑫ DMD: Go-yug ; DMB: Go-yug ; DMS: Go-yug ; JB: Go-yug ; DN: Go-lug.

⑬ DMD: Go-dan ; DMB: Go-dan ; DMS: Go-dan ; JB: Go-dan.

⑭ DMD: Ga-shi; DMB: Go-shi; DMS: Ga-shi . DMB 后边作 Kha-shi.

⑮ DMD: Za-yin E-ga So-rog-da'i; DMB: Za-yin E-ka So-rog-ta'i ;DMS: Za-yin E-ka Zo-rog-ta'i ; JB: Za-yin E-ga Zo-rog-ta'i.

⑯ DMD: Mo gan; DMB: Mong-gol gan; DMS: Mo-go gan; JB: Mong-gor gan; DN: Mong-gol gan.

⑰ DMD: Go-be-la Shi-ju Se-chen Gan ; DMB: Go-be-la Shi-dzu Se-chen Gan ; DMS: Go-bo-la Shi-dzu Se-chen gan ; JB: Go-be-la shi-dzung Se-chen gan; DN: Se-chen Gan.

⑱ DMD: Hu-la-hu; DMB: Hu-la-hu; DMS: Hu-la-hu; JB: Hu-la-hu.

儿子为阿里不哥（A-ri sBo-ga），① 拖雷那颜共有十一个儿子。②

薛禅汗和察必（Cha-bu）③ 皇后二人的儿子有朵儿只（rDo-rje）、真金（*Jin-gim）、④ 忙哥剌（Maṅghala）、⑤ 那木罕（No-mo-gan）⑥ 等四人，他与偏妃涉恭玛（zhwa-gon-ma）⑦ 所生的儿子六人，共计薛禅汗有十个儿子。⑧ 此外，他与南必（Nam-bu）⑨ 皇后生有一子，早天。薛禅汗从阳铁猴年起在位执政三十五年，年号中统（*Jong-thung）⑩ 五年，至元（Ci-dben）⑪ 三十年，于阳木马年去世。阔端的儿子是只必铁穆耳（Ji-big The-mur）⑫ 等三人，合失的儿子是海都（Ga-du），⑬ 其余难以尽数。

以上是从《脱卜赤颜》（Ye-ka thob-cen）⑭ 一书中摘要抄录。

史料缩写

《红史》（*Debter marbó*）。依据以下版本和译本：

汉译本：《红史》，蔡巴·贡噶多吉（Tshal-pa Kun-dga' rDo-rje）著，陈庆英、周润年译，东噶·洛桑赤列校注，西藏人民出版社，1988 年。

DMB：*Deb-ther dmar-po*，Tshal-pa Kun-dga' rDo-rje 著，民族出版社，1981 年。

DMS：《红册》（*Deb-ther dmar-po*），第一卷，Kun-dga' rDo-rje，甘托克（Gangtok），锡金（Sikkim）：南加藏学研究所（Namgyal Institute of Tibetology），1961 年。

DMD：《红色史册》（*"Ulaan dewter"-iin negen Töwd bichmel ekhiin orchuulga, ekh bichgiin sudalga*），Demchigmaa Oyuunkhandyn 著，乌兰巴托（Ulaanbaatar）：蒙古国立大学，2002 年。

DN：《青史》（Debter ngonbó）。依据以下译本：

---

① DMD: A-ri sBo-kha ; DMB: A-ri sBo-ga; DMS: A-ri sBo-ga ; JB: A-ri Bho-ga.

② 《汉藏史集》中记录了拖雷诸子不同的数目和顺序：（1）蒙哥汗；（2）额沁哈丹（E-chen Ga-dan）；（3）忽必烈世祖薛禅汗；（4）阿里不哥；（5）旭烈兀。并写出了他们中每个人与寺庙僧侣形成的施主福田（priest -patron）关系。额沁哈丹应该对应于《史集》中列为拖雷第三子的忽睹都（Qutuqtu）。"忽睹都"（有福）很可能是一个避免禁忌的名字。由于顺序的不同，似乎这些信息是来自于不同于《也可·脱卜赤颜》的其他材料。

③ DMD: Cha'u; DMB: Cha-bu; DMS: Cha'u; JB: Cha-bu.

④ DMD: Jing-gim; DMB: Jing-gim ; DMS: Jing-gim ; JB: Jim-gin.

⑤ DMD: Maṅghala; DMB: Maṅghala; DMS: Mamghala; JB: Mangghalaṅ.

⑥ DMD: No-mo-gan ; DMB: Na-mo-gan ; DMS: No-mo-gan ; JB: No-mo-gan.

⑦ DMD: Zhwa-gon-ma; DMB: Zhwa-gon-ma; DMS: Zhwa-gon-ma; JB: Zhwa-gon-ma.

⑧ 《汉藏史集》说忽必烈有十二子，并列出了王妃所生之子的名字：（1）忽哥赤（Hu-kar-cha）；（2）奥鲁赤（A-rog-che）；（4）忽都鲁帖木儿（Go-lug Thi-mur）；（5）爱森不哥（E-sen sBo-ga）；（6）脱欢（Tho-gan）；（7）阔阔出（Go-go-chu）；（8）朵罗（rDo-lo）。（妃生第三子失其名。）不同的总数说明这些信息是来自于不同于《也可·脱卜赤颜》的其他材料。

⑨ DMD: Nam-bu; DMB: Nam-bu; DMS: Nam-bu.

⑩ DMD: Jo-thung ; DMB: Jo-thung ; DMS: Jo-thung.

⑪ DMD: Ci-dben ; DMB: Ci-dben ; DMS: Ci-dben.

⑫ DMD: Ji-big Thi-mur; DMB: Ji-big Thi-mur; DMS: Ji-big The-mur.

⑬ DMD: Kha-thu ; DMB: Ga-du; DMS: Kha-du.

⑭ DMD: Yi-ga thob-can ; DMB: dBe-ka Thob-chen ; DMS: Ye-ka Thob-can.

The Blue Annals. 罗列赫（Roerich，George）译，1949 年；再版，德里（Delhi）：Motilal Banarsidas，1976 年。

JB：《汉藏史集》（Ja-Bod yigtsang）。依据以下版本和译本：

《汉藏史集—贤者喜乐赡部洲明鉴》，达仓宗巴·班觉桑布（sTag-tshangr Dzong-pa dPal-'byor bZang- po）著，陈庆英译，西藏人民出版社，1986 年。

rGya-Bod yig-tshang. dPal-'byor bZang-po 著，四川民族出版社，1983 年。

志费尼（Juvaini）/ 波伊勒（Boyle）：

《世界征服者史》（*The History of the World Conqueror*），两卷，志费尼（Juvaini，'Ala-ad-Din 'Ata-Malik）著，波伊勒（John Andrew Boyle）译，剑桥：哈佛大学出版社，1958 年。

《辍耕录》：

《南村辍耕录》，陶宗仪撰，中华书局，1997 年。

拉施特《史集》（Rashīd al-Dīn's *Compendium of Chronicles*），依据以下诸版本和译本：

阿伦德斯（Arends）：*Sbornik letopisei.* 第三卷，拉施特著，阿伦德斯（A. K. Arends）译，罗马斯凯维奇（A. A. Romashkevich）、别尔捷利斯（Ye. E. Bertel's）和雅库博夫斯基（A. Yu. Yakubovskii）校注，莫斯科：苏联科学院出版社，1946 年。

赫塔古罗夫（Khetagurov）：*Sbornik letopisei.* 第一卷，第一分册，拉施特著，赫塔古罗夫（L. A. Khetagurov），谢麦诺夫（A. A. Semenov）校注，莫斯科：苏联科学院出版社，1952 年。

若山（Rawshan）和穆萨维（Mūsawī）：*Jāmi'al-Tawārīkh.* 4 卷，拉施特（Rashīdal- Dīn Fazlāllāh Hamadānī）著，若山（Muḥammad Rawshan）和穆萨维（Muṣṭafī Mūsawī）校注，德黑兰（Tehran）：Nashr-i Alburz，1373/1994 年。

罗马斯凯维奇（Romashkevich）：*Dzhāmi'at-Tavārīkh*，第一卷，第一分册，拉施特（Rashīd ad-Dīn, Fazlallākh）著，罗马斯凯维奇、赫塔古罗夫和阿里札德（A. A. Ali-Zade）校注，克拉奇科夫斯基（Kriticheskii）本，莫斯科：苏联科学院出版社（Nauka），1968 年。

斯米尔诺娃（Smirnova）：*Sbornik letopisei.* 第一卷，第二分册，拉施特（Rashid ad-Din）著，斯米尔诺娃（O. I. Smirnova）译，潘克福（B. I. Pankratov）和斯米尔诺娃注释，谢麦诺夫校订，莫斯科：苏联科学院出版社，1952 年。

萨克斯顿（Thackston）：《史集·蒙古史》（*Jami'u't- Tawarikh: Compendium of Chronicles:A History of the Mongols*）. 3 卷，拉施特（Rashiduddin Fazlullah）著，萨克斯顿（W. M. Thackston）译注，连续页码，剑桥：哈佛大学出版社，1998-1999 年。

维尔霍夫斯基（Verkhovskii）：*Sbornik letopisei.* 第二卷，拉施特著，维尔霍夫斯基（Yu. P. Verkhovskii）译，维尔霍夫斯基和潘克福注释，莫斯科：苏联科学院出版社，1960 年。

汉译本：《史集》，拉施特著，第 1 卷、第 2 卷，余大钧、周建奇译；第 3 卷，余大钧译，商务印书馆，1983—1986 年。

《秘史》：《蒙古秘史》（Secret History of the Mongols）。依据以下版本、索引和译本：

柯立夫（Cleaves）：《蒙古秘史》（*The Secret History of the Mongols*）. 柯立夫（Francis Woodman Cleaves）译，剑桥：哈佛大学出版社，1982 年。

罗依果（Igor De Rachewiltz）：《蒙古秘史：13 世纪蒙古史诗编年史》（*The Secret*

History of The Mongols: A Mongolian Epic Chronicle of the Thirteenth Century），罗依果（Igor de Rachewiltz）译注,2 卷,莱顿（Leiden）: E.J. Brill, 2004 年。

EU:《蒙古秘史校勘本》,额尔登泰（E'rdengtai）、乌云达赉（Wuyundalai）校勘,内蒙古人民出版社,1980 年。

汉译本:《蒙古秘史》,余大钧译注,河北人民出版社,2001 年第一版,2007 年重印。

《元朝秘史》（校勘本）,乌兰校勘,中华书局,2012 年。

《亲征录》:《圣武亲征录》。依据以下版本:

《亲征录》[J]:《圣武亲征录校本》,贾敬颜校注,中央民族大学油印本,1979 年。

《亲征录》[W]:《圣武亲征录校注》,王国维校注,"蒙古史料四种"本,1—220 页（1a—107b）,1926 年; 正中书局重印,1962 年。

TMEN:

《现代波斯语中的突厥语和蒙古语成分》（*Türkische und mongolische Elemente in Neupersischen*）,3 卷,格尔哈特·道尔菲（Gerhard Doerfer）,连续页码,威斯巴登（Wiesbaden）: Otto Harrassowitz, 1963、1965 和 1967 年。

许有壬《圭塘小稿》。依据以下版本:

《圭塘小稿》[SY]:《圭塘小稿》,许有壬撰,张凤台校注,三怡堂丛书,卷 19—24,成化刻本; 1922 年重印; 中国书店重印,1990 年。

《圭塘小稿》[SK]:《圭塘小稿》,许有壬撰,许有孚别集,许颙续集,《景印文渊阁四库全书》1211 册,579—728 页,台湾商务印书馆重印,1983 年。

《元文类》。依据以下版本:

《元文类》[CP]:《元文类》标点本,苏天爵编,国学基本丛书,1936 年; 商务印书馆重印,1958 年。

《元文类》[SC]:《元文类》,苏天爵编,1342 年; 台北: 世界书局重印,1962 年。

参考文献

1.《北京图书馆善本书目》,5 册,北京图书馆善本部编,书目文献出版社,1987 年。

2.《红史》,蔡巴·贡噶多吉著,陈庆英、周润年译,东噶·洛桑赤列校注,西藏人民出版社,1988 年。

3.《〈蒙古秘史〉一节原始文本的对比研究》（Comparative Analysis of Original Texts on One Verse Composition in the Secret History of the Mongols）,乔伊玛（Sharav. Choimaa）撰,载于《早期蒙古: 语言、文化和历史》（*The Early Mongols: Language, Culture and History*）,芮跋辞（Volker Rybatzki）、Alessandra Pozzi、昌彼得（Peter W. Geier）和 John Krueger 编,布卢明顿: 印第安纳大学,2009 年,47—52 页。

4.《班朱尼河盟誓的真实性》（The Historicity of the Baljuna Covenant）,柯立夫（Francis Woodman Cleaves）,《哈佛亚洲学志》18 卷,1955 年,357—421 页。

5.《蒙古秘史》（*The Secret History of the Mongols*）. 柯立夫译, 剑桥: 哈佛大学出

版社,1982 年。

6.《汉藏史集—贤者喜乐赡部洲明鉴》,达仓宗巴·班觉桑布著,陈庆英译,西藏人民出版社,1986 年。

7.《红色史册》(*"Ulaan dewter"-iin negen Töwd bichmel ekhiin orchuulga, ekh bichgiin sudalga*). Demchigmaa Oyuunkhandyn 著,乌兰巴托：蒙古国立大学,2002 年。

8.《现代波斯语中的突厥语和蒙古语成分》(*Türkische und mongolische Elemente in Neupersischen*),3 卷,格尔哈特·道尔菲(Gerhard Doerfer),连续页码,威斯巴登(Wiesbaden)：Otto Harrassowitz,1963、1965 和 1967 年。

9.《汉藏史集》(*rGya-Bod yig-tshang*). dPal-'byor bZang-po 著,四川民族出版社,1983 年。

10.《蒙古秘史校勘本》,额尔登泰(E'rdengtai)、乌云达赉(Wuyundalai)校勘,内蒙古人民出版社,1980 年。

11.《译注〈元史〉第一〇七卷：元代宗室世系表译注》(*Le Chapitre CVII du Yuan che*),韩百诗(Hambis, Louis)著,《通报》(*T'oung Pao*)增刊,38 卷,莱顿(Leiden)：E.J. Brill, 1945 年。

12.《〈蒙古秘史〉源流考》(Transmission of the Book Known as *The Secret History of the Mongols*),洪业(Hung, William)撰,《哈佛亚洲学志》(*Harvard Journal of Asiatic Studies*)第 14 卷第 3、4 期合刊,1951 年,433—492 页。

13.《圣武亲征录校本》,贾敬颜校注,中央民族大学油印本,1979 年。

14.《世界征服者史》(*The History of the World Conqueror*),两卷,志费尼(Juvaini, 'Ala-ad-Din 'Ata-Malik)著,波伊勒(John Andrew Boyle)译,剑桥：哈佛大学出版社,1958 年。

15.《〈史集〉"千户长名单"再探》(Reappraisal of the 'Register of Chiliarchies' in *Jāmi'al-Tawārīkh*),金浩东(Kim Hodong)撰,载于《"伊儿汗国伊朗时期作为文化交流使者和媒介的拉施都丁"会议论文集》,Anna Akasoy、Ronit Yoeli-Tlalim 和 Charles Burnett 编,伦敦：瓦特堡学院(Wartburg Institute),2013 年。

16.《静嘉堂文库汉籍分类目录》,诸桥辙次编,东京：静嘉堂文库,1930 年。

17.《陶宗仪和他的〈辍耕录〉》(*T'ao Tsung-i and His Cho Keng Lu*),牟复礼(Mote, Frederick W.)撰,博士论文,华盛顿大学(University of Washington),1954 年。

18.《新五代史》,欧阳修撰,中华书局,1974 年。

19.《蒙古秘史：13 世纪蒙古史诗编年史》(*The Secret History of The Mongols: A Mongolian Epic Chronicle of the Thirteenth Century*),罗依果(Rachewiltz Igor de)译注,2 卷,莱顿(Leiden)：E.J. Brill, 2004 年。

20.《史集》(*Sbornik letopisei*). 第一卷,第一分册,拉施特著,赫塔古罗夫(L. A. Khetagurov),谢麦诺夫(A. A. Semenov)校注,莫斯科：苏联科学院出版社,1952 年。

21.《史集》(*Dzhāmi' at-Tavārīkh*),第一卷,第一分册,拉施特(Rashīd ad-Dīn, Fazlallākh)著,罗马斯凯维奇、赫塔古罗夫和阿里札德(A. A. Ali-Zade)校注,克拉奇科夫斯基(Kriticheskii)本,莫斯科：苏联科学院出版社(Nauka),1968 年。

22.《史集》(*Sbornik letopisei*). 第一卷,第二分册,拉施特(Rashid ad-Din)著,斯米尔

诺娃（O. I. Smirnova）译，潘克福（B. I. Pankratov）和斯米尔诺娃注释，谢麦诺夫校订，莫斯科：苏联科学院出版社，1952 年。

23.《史集》（*Sbornik letopisei*）. 第二卷，拉施特著，维尔霍夫斯基（Yu. P. Verkhovskii）译，维尔霍夫斯基和潘克福注释，莫斯科：苏联科学院出版社，1960 年。

24.《史集》（*Sbornik letopisei*）. 第三卷，拉施特著，阿伦德斯（A. K. Arends）译，罗马斯凯维奇（A. A. Romashkevich）、别尔捷利斯（Ye. E. Bertel's）和雅库博夫斯基（A. Yu. Yakubovskii）校注，莫斯科：苏联科学院出版社，1946 年。

25.《史集》（*Jāmi'al-Tawārīkh*）. 4 卷，拉施特（Rashīdal- Dīn Fazlāllāh Hamadānī）著，若山（Muḥammad Rawshan）和穆萨维（Muṣṭafī Mūsawī）校注，德黑兰（Tehran）：Nashr-i Alburz, 1373/1994 年。

26.《史集·蒙古史》（*Jami'u't- Tawarikh: Compendium of Chronicles:A History of the Mongols*）. 3 卷，拉施特（Rashiduddin Fazlullah）著，萨克斯顿（W. M. Thackston）译注，连续页码，剑桥：哈佛大学出版社，1998—1999 年。

27.《史集》，拉施特著，第 1 卷、第 2 卷，余大钧、周建奇译；第 3 卷，余大钧译，商务印书馆，1983—1986 年。

28.《青史》（*The Blue Annals*）. 罗列赫（Roerich , George）译，1949 年；再版，德里（Delhi）：Motilal Banarsidas, 1976 年。

29.《合赞汗与〈合赞祝福史〉：以其与《史集·蒙古史》关系为中心》（*Ghâzân Khan and the Ta'rîkh- i Ghâzânî: Concerning Its Relationship to the "Mongol History" of the Jâmi ' al- Tawârîkh*），志茂智子撰，《东洋学报》（*Memoirs of the Toyo Bunko*），54 卷，1996 年，93—110 页。

30.《元史》，宋濂等撰，中华书局，1976 年。

31.《元朝名臣事略》，苏天爵辑撰，1342 年；中华书局重印，1962 年。

32.《元朝名臣事略》，苏天爵辑撰，姚景安点校，中华书局，1996 年。

33.《元文类》，苏天爵编，1342 年；台北：世界书局重印，1962 年。

34.《元文类》标点本，苏天爵编，国学基本丛书，1936 年；商务印书馆重印，1958 年。

35.《约束的承诺：萨法维伊朗一个成吉思汗式的行为及其留存》（The Binding Pledge（Möchälgä）: A Chinggisid Practice and Its Survival in Safavid Iran.），Subtelny, Maria E. 撰，载于《萨法维伊朗的新视角：帝国与社会》，Colin P. Mitchell 编，阿宾顿（Abingdon）：Routledge 出版社，2011 年，9—29 页。

36.《南村辍耕录》，陶宗仪撰，中华书局，1997 年。

37.《拉施特的蒙古史著作》（The Composition of the History of the Mongols by Rashī dal-Dīn），托甘（Zeki Velidi Togan），《中亚杂志》（*Central Asiatic Journal*），7 卷，1962 年，68—71 页。

38. *Deb-ther dmar-po*, Tshal-pa Kun-dga' rDo-rje 著，民族出版社，1981 年。

39.《圣武亲征录校注》，王国维校注，"蒙古史料四种"本，1—220 页（1a-107b），1926 年；台北：正中书局重印，1962 年。

40.《圭塘小稿》，许有壬撰，张凤台校注，三怡堂丛书，卷 19-24，成化刻本；1922 年重印；中国书店重印，1990 年。

41.《圭塘小稿》,许有壬撰,许有孚别集,许颙续集,《景印文渊阁四库全书》1211 册,579—728 页,台北：台湾商务印书馆重印,1983 年。

本文原载于《中世纪欧亚内陆研究文献》(*Archivum Eurasiae Medii Aevi*)19 卷,2012 年

（本文作者现为美国宾夕法尼亚大学东亚系教授,曾任美国印第安纳大学中央欧亚研究系蒙古学副教授、系主任,译者为中国社会科学院历史研究所博士后流动站研究人员）

乌珠穆沁某些民间故事的历史根源

——关于民间故事和历史研究的关系问题[*]

乌云毕力格 撰　　曹金成 译

一、口头文学与历史的关系：以乌珠穆沁为题

在蒙古学领域,历史与文学这两门学科都取得了长足进展,但是历史学家从文学遗产中所汲取的精神食粮以及在其丰富内容中所获取的历史信息,则是相当匮乏的;而在文学研究领域中,也未能充分利用相关史料与历史研究成果。其实,历史是文学滋长的土壤,文学则是历史直接或间接的反映。历史并非仅靠文字传承,也并非只凭史家借历史文献使其得以流传。文学,尤其是口头文学,绝大多数是为了满足人们的审美需求而进行的艺术的抽象化,而这种抽象是建立在当时史实基础之上的,因而具有真实历史的投影;但口头文学并非皆为艺术化的抽象,其中反映着很多历史人物、事件和时间的信息。当然,它们不像在编年史和档案文书中的历史记载,而是文学化的叙事,在这里时间和空间这二者可自由更替,人物和事件这两大主体也能随意转换,并呈现出清晰而又模糊、真实却又荒诞的特色,所以,口头故事既不能被当作原原本本的历史,尤其更不能被视为空洞虚无的东西。

笔者的这一拙作,从乌珠穆沁的民间故事中选取若干事例,通过民间口头文学来补证历史,并以史实解读口头文学,尝试提出笔者本人的相关拙见,望学界贤哲不吝批评指正。

二、乌珠穆沁的三个民间故事及其解读

1. 关于乌珠穆沁（Üjümüčin）故土的传说

故事的梗概：

先前,乌珠穆沁人畜有单峰驼,生活在噶拉布商凯戈壁（Γalab šangqai-yin γobi）,阿尔泰、杭爱之乌珠穆察罕山（Altai qangγai-yin üjüm-ün čaγan aγula,意为"有葡萄的白山"）,朵罗杭基纳克其（Döröge qangginaγči）,霍尼迈拉克其（Qoni mayilaγči）等地,他们在一次慌乱中迫于无奈,背井离乡迁到了现在的这一居住地生存繁衍。在迁徙中,他们经过两个形似梃子（qadabči）的山口,径直向南从两个貌似门（egüde）的山口中间而出,故将其命名为 egüde 与 qadabči。在乌珠穆察罕山,长有茂盛的葡萄,葡萄汁将木车的车辋染成了葡萄色。来到新地区后,出于对乌珠穆察罕山之地的思念,他们将部落命名为"乌珠穆沁",并把马鞍的鞍鞒朝西北方向放置。为了在新地方上收住心思,才把这

---

　　* 按,此文原为蒙古文,经乌云毕力格先生百忙之中耐心审稿并同意发表,故特志于此,以示感谢。

个习惯慢慢改掉了。但每当听到从阿尔泰、杭爱之乌珠穆察罕山随其而来的飞鸟的熟悉的鸣叫，老人们还是不禁潜然泪下；乌珠穆沁人将酿酒笼的嘴子朝向西北，其中也是有故土之思的原因的。由于噶拉布商凯戈壁的单峰野骆驼奶水很多，以致流落遍地，这些流落的奶水经过发酵、凝固、挤压和风干，形成像酸奶渣、熟奶豆腐之类扁平、压缩的物品，人们将其收集起来以备食用，据此，又模仿制作了酸奶干、酪酥、熟奶豆腐和生奶豆腐等食品。[①]

故事的解读：

"乌珠穆沁"一名出现于罗藏丹津《黄金史》这部蒙古文史籍中。1509年，达延汗在镇压右翼三万户叛乱时，"乌珠穆沁的额勒通格·巴克什"是大汗的重要谋士。[②]显然，最晚在此时乌珠穆沁已经成为独立的一部。迁徙到现在的乌珠穆沁旗一带后，出于对故土的怀念而采用了乌珠穆沁一称这个说法，并非历史事实。那么，乌珠穆沁人究竟是如何起源的呢？有趣的是，在这一故事中说，乌珠穆沁人原来居住之地有"单峰驼"，在学会制作酸奶干、酪酥、熟奶豆腐和生奶豆腐之前，他们食用晒干、压缩的骆驼奶；在其生活习惯中，有将鞍鞯和酿酒笼的嘴子朝西北方向放置的习俗，对故土的追思与怀念应是个中原因，在他们的回忆中，乌珠穆沁的故土在西北方向的噶拉布商凯戈壁，阿尔泰、杭爱之乌珠穆察罕山，朵罗杭基纳克其，霍尼迈拉克其等地。

众所周知，单峰驼不是中亚物种，而是生活在非洲和西亚的沙漠、戈壁、荒漠一带，分为野生和豢养两种。在西亚，阿拉伯人豢养野生的单峰驼，至少已有四千年的历史。乌珠穆沁传说中的这条回忆录可上溯到很早以前，这是显而易见的。所以，其祖先应与西亚的游牧民有联系。他们进入蒙古的历史，大概与蒙古帝国时期对波斯、阿拉伯的武力征服有关。这一过程可能与阿速、喀喇沁、康里等部融入蒙古的历史相似，这从乌珠穆沁部内部的部族构成中可以得到佐证。乌珠穆沁中有"撒儿塔兀勒"（Sartaγul）、"西喇努特"（Siranud）等几大部族。撒儿塔兀勒是对源于阿拉伯、波斯或西亚的穆斯林的称谓；西喇努特属于喀喇沁部，具有钦察血统。乌珠穆沁最早的祖先，应是蒙古帝国时期从西亚征讨降附而来的，这一推测应大致不误，毕竟类似的事件在当时屡见不鲜。从食用骆驼奶到学会制作酸奶干和酪酥的转变，大概可视作他们从西亚沙漠用骆驼迁徙的状态转变为蒙古草原地区游牧生活的一种追忆。

那么，其故土西北方向的噶拉布商凯戈壁，阿尔泰、杭爱之乌珠穆察罕山，朵罗杭基纳克其，霍尼迈拉克其等地，又所指何处呢？在这一追忆中，民间故事的特点是颇为明显的，其中把不同时期的诸多迁徙地点混为一谈。首先看一下噶拉布。这一有名的大戈壁，位于蒙古国南戈壁省的东南部，为 N42 — 44°、E106 — 108° 范围内的大戈壁，是内外蒙古的自然分界"大戈壁"（yeke γobi，汉文作"大漠"或"瀚海"）的一部分，它与乌珠穆沁的故土没有关系，这是毋庸赘述的。商凯戈壁中的"商凯"是山名，此山位于 E106°、N43.4°，东西横亘 50000 米，海拔 1600—1700 米。《大清一统舆图》中用汉文记有"商凯山"，[③]商凯

---

① Na. 布克哈特（Na.Büke-qada）、Ba. 札丹巴（Ba.jadamba）编《乌珠穆沁传说》，《锡林郭勒日报》社印刷厂，1989 年，第 1—5 页。

② 罗藏丹津《黄金史》，乔吉校注本，内蒙古人民出版社，1983 年，第 627 页。

③ 《大清一统舆图》北三卷西三，同治二年。

戈壁位于此山之南,谭其骧所编汉文历史地图上作"上海山"。[①] 下面再看一下霍尼迈拉克其之地。幸运的是,我们有把握在文献中就能将其辨明,并从相关地名中找到我们的线索。清代乾隆年间,曾派遣地理学家到西域绘制西部边疆地图;后来,在徐松亲自经过勘察而绘撰的《西域水道记》一书中,霍尼迈拉克其被清晰地绘制下来。据此可知,霍尼迈拉克其一地在当时是清朝的边疆卡伦,此词在科布多一边作霍尼迈拉呼(qoni mayilaqu),在卫拉特一侧则为"辉迈拉呼"(qoi(= qoni)mayilaqu)。此地位于斋桑湖北部额尔齐斯河的岸边。在斋桑湖与霍尼迈拉呼之间,有科尔沁河与布昆河从东、西两个方向汇入额尔齐斯河。徐松记道:"额尔齐斯既会布昆,北流经札哈苏淖尔东(淖尔在布昆河北岸百里)。札哈苏二淖尔,皆周数十里,南北相去里许。两淖尔之间置卡伦。淖尔东北八十里,为辉迈拉呼卡伦,卡伦临河西岸,其东岸为那玛岭,岭道崎岖,攀援乃能上。每岁夏,塔尔巴哈台置辉迈拉呼卡伦于河西,科布多置霍尼迈拉呼卡伦于岭间,临河以几禁俄罗斯之通商者。"[②] 此地包括现在哈萨克斯坦的东哈萨克斯坦州的东部,其名现被改为"魁干"。魁干东南不远之地为阿克杜拜,是一座海拔663米的高山。"阿克"为突厥语,意即白,"杜拜"则意为山。根据霍尼迈拉呼的位置,此阿克杜拜很可能就是传说中的乌珠穆察罕山。

我们不能仅根据地名进行推断。内蒙古研究英雄史诗的前辈学者宝音贺希格(Buyankesig),将乌珠穆沁英雄史诗与卫拉特史诗进行比较研究,认为这两大草原的史诗与故事具有相同的一面。[③] 迄今并未发现乌珠穆沁是卫拉特之一部的相关史料,但二者在其史诗和故事方面,呈现出较早时期的文化基本形态与心理特征上的相同点,这足以证明乌珠穆沁和卫拉特具有多年的联系与往来。卫拉特属于林木中百姓,最初居于贝加尔湖和色楞格河的中间地区,后来迁到叶尼塞河上游一带,随后又向南到达杭爱与阿尔泰二山的间地,此后继续向额尔齐斯河流域以及中亚地区发展。乌珠穆沁则一直居于阿尔泰山的西部草原、斋桑湖以北地区,沿着额尔齐斯河中游而成为卫拉特的西邻,某一时期又曾向东迁移。我们现在虽然并未掌握这一时期的确切年代,但不论如何可以肯定的是,他们自元代以后就进入了蒙古大汗所属的察哈尔万户。在乌珠穆沁的口头传说中,经常提到阿尔泰与杭爱,但他们是最初从故土迁徙时就来到杭爱山一带,还是只将阿尔泰、杭爱联系起来并称,这是很难确定的。

在故事中,乌珠穆沁人离开故土来到现在的居地时,"他们经过两个形似楗子(qadabči)的山口,径直向南从两个貌似门(egüde)的山口中间而出,故将其命名为egüde与qadabči"。这显然把最初的迁徙与后来的迁徙混为一谈。乌珠穆沁在成为察哈尔的一部时,居住在现在的达里岗噶一带。17世纪20年代林丹汗征战时,乌珠穆沁的诺颜多尔济车臣济农为了躲避战争,与浩齐特、苏尼特两部一起迁入喀尔喀东部,投靠了硕垒济农,并推举后者为车臣汗。[④] 清朝建立后,他们于1637年归附满洲,来到现在的地区居住。今东乌珠穆沁旗北部的呼布钦高毕苏木有山名为"两个楗子"(qoyar qatabči)和"两

---

① 谭其骧主编《中国历史地图集·清代卷》,地图出版社,1987年,第55—56页。

② 徐松《西域水道记》卷五,朱玉麒整理,中华书局,2005年,第319—320页。

③ 宝音贺希格《乌珠穆沁的〈贺里耶台墨尔根可汗之子贺尼特古斯〉史诗与卫拉特史诗》,载仁钦道尔吉、乌嫩奇、齐木德道尔吉编《丰碑》,内蒙古文化出版社,1993年,第438—447页。

④ 乌云毕力格《喀尔喀三汗的登场》,《历史研究》2008年第3期,第23—33页。

扇门"（qoyar egüde），即此处所提 egüde、qatabči 两地。毋庸置疑，故事中出现的噶拉布商凯戈壁也是这一时期的记忆。据清代内秘书院档案所载，噶拉布戈壁位于喀尔喀与清朝的边界，康熙年间，清廷致信喀尔喀的车臣汗与丹津喇嘛，曾要求喀尔喀不要越过噶拉布戈壁进入清朝的疆域。① 从文献记载可知，从车臣汗部来到戈壁以南，要经过噶拉布戈壁。乌珠穆沁从喀尔喀南下时，就是经过这一戈壁的豁口向南迁徙的。

2. 关于布利耶沁（Büriyečin）氏与噶乞勒（akil）氏的传说

故事梗概：

（1）布利耶沁人最初是为合汗吹奏号角的，其号角发出像牛哞哞而叫的声音，故被称为牛声号角（üker büriy-e）。因此，布利耶沁氏族之人也随之被称作 üker büriyečin（即"吹牛声号角的人们"）。布利耶沁部的真正读音为 ergigüd büriyečin。现在还不知道究竟为何称为 ergigüd。有些人认为，ergigüd büriyečin 是由 ergüdeg büriyečin［ergüdeg 意为"扶起（瘦弱而不能自己站起来的）牛马的人——引者]转变而来，所以布利耶沁人也被称为 üker ergüdeg（"扶牛的"），后来，人们把 ergüdeg 误作 ergigü（意为"愚蠢"——引者），而将其理解为 ergigü büriyečin（愚蠢的布利耶沁）。

（2）乌珠穆沁古代居地 gün γalaγutu、naγu nabčitu 的七十户牧民和猎户，很早就迁入现在的地区居住，所以后人把此地称为"七十户牧民和猎户的谷地"。每年秋季，这七十户牧民和猎户都有拜天祈福、举行盛大宴会的习惯。在这七十户牧民和猎户迁来之前，此地盛行佛教，可是这些牧民和猎户并不拜佛。出于对宗族中断的担忧，他们严禁子孙信佛为僧。由于大家全都信奉佛教，这七十户牧民和猎户却乖异顽固，故被人们讥讽为"怪人族"（γaiqal-un kin），这一绰号后来就演变为噶乞勒一词。这七十户老人后来皈依了佛教，建立寺院，还迎请了十六罗汉像和蒙古文佛经《般若波罗蜜多经》，但他们并不跪拜佛像，而代之以亲吻。在饭食不足时，他们还把供奉佛像的祭品羊的尾巴和胫骨取来食用，这逐渐约定俗成，后来在每年正月拜佛时，就会割取羊的尾巴根和胫骨上的肉。②

故事的解读：

布利耶沁是乌珠穆沁的一大氏族，现今在乌珠穆沁仍有很多布利耶沁氏人。在故事中，布利耶沁一称被解释为合汗的吹鼓手，这是相当准确的。乌珠穆沁是察哈尔的一个大部，察哈尔又是蒙古大汗的直属万户，从这一史实来看，布利耶沁应该就是汗廷中的吹鼓手，这是毋庸置疑的。布利耶沁和撒儿塔兀勒、西喇努特一样，很早就是乌珠穆沁的一员，这一故事反映的就是此种情况。可是，为何将布利耶沁称为 ergigüd 呢？后人把 ergigüd 理解为 ergüdeg büriyečin 或者进一步释为 ergigüü büriyečin，皆误，显然对此词的本意缺乏理解。erkigüd 是蒙古人对中亚早期盛行的基督教的一个分支聂斯托利派的称谓，汉文写作"也里可温"。这一教派很早就在蒙古流传，忽必烈汗的母亲唆鲁禾帖尼即信此教，在察哈尔部中就有祭祀她宫室的具有特别习俗的也里可温人，其中一些人在林丹汗以后留在了鄂尔多斯，迄今仍生活于此。据衮布扎布的《恒河之流》与答哩麻的《金轮千辐》

---

① 中国第一历史档案馆、内蒙古历史档案馆、内蒙古大学蒙古学研究中心编《清朝内秘书院蒙古档案汇编》，第六编，内蒙古人民出版社，2003 年，第 261—265 页。

② Na. 布克哈特、Ba. 札丹巴编《乌珠穆沁传说》，《锡林郭勒日报》社印刷厂，1989 年，第 5—7 页、第 11—12 页。

所记,达延汗以其长孙不地纳剌汗统领察哈尔万户,后者则让其第三子翁衮都喇尔领有乌珠穆沁,其中有乌珠穆沁、额儿乞固惕(Erkigüd)、罗斯沁(Luosčin)、西喇努特和塔布特(Tabud)等五部。① 布利耶沁即此 Erkigüd 之一部,所以,乌珠穆沁内有信奉聂斯托利派的布利耶沁,这应与其归察哈尔万户统辖的历史密切相关;此外,布利耶沁的祖先与乌珠穆沁一样,都源于西亚,这也是毋庸置疑的。

接下来我们进一步对噶乞勒部的传说作一历史推断。γakil-un kin 其实应作 γayiqal-un kin。由于与其他蒙古人信奉的宗教不同而遭到排斥,故被冠以“怪人族”一称。这一称呼,是源于他们从中亚作为聂斯托利派信徒而来之时,还是从喀尔喀迁到现今所居地之时,这就很难判断了。在这个传说中则说,这是他们从原居地 gün γalaγutu、naγu nabčitu 迁徙而来时的事。gün γalaγutu 位于喀尔喀的土谢图汗部,在清代地图上记作衮湖、噶鲁台湖,1646 年,清军与喀尔喀的土谢图汗、车臣汗战于衮噶鲁台(gün γalaγutai)。② 乌珠穆沁从 17 世纪 20 年代到 1637 年在喀尔喀期间,就居于衮噶鲁台(今乌兰巴托东南土兀剌河南)周围一带。很可能,直到很晚的时候,乌珠穆沁人中的一部分仍然保留着他们的聂斯托利派信仰。

三、结论与启发

乌珠穆沁为察哈尔万户八大鄂托克中北方四鄂托克之一。据历史记载,它归不地汗第三子翁衮都喇尔统领,其内分为乌珠穆沁、额儿乞固惕、罗斯沁、西喇努特与塔布特等五部。据《黄金史》,最迟至 1509 年,乌珠穆沁已单独成为一部,但关于乌珠穆沁的来源及其故土的情况,在文献中不见任何记载。而乌珠穆沁的口头故事,则对此问题的解决提供了更有价值的证据。据此,我们完全可以相信,乌珠穆沁起源于中亚,曾经是一群在驼背上迁徙游牧的具有另一种信仰的百姓。根据他们关于其故土的回忆,似乎可以确认,他们的故土原在额尔齐斯河中游、斋桑湖北部一带。但我们还不清楚乌珠穆沁融入察哈尔万户的历史及其时间。乌珠穆沁在 17 世纪 20 年代至 30 年代居于喀尔喀时,即从衮嘎鲁台一带来到克鲁伦河,途经噶拉布戈壁,通过形似两个桄子和两扇门的山,来到现在的乌珠穆沁旗一带。

乌珠穆沁的口头故事是民间传说反映历史的很好例证。这一故事融入了乌珠穆沁从拥有单峰驼的时代到 17 世纪 30 年代的历史,时间与空间这二者在其中自由交替。上述乌珠穆察罕山、霍尼迈拉克其、噶拉布戈壁、衮噶鲁台等迁徙而居之地,涉及到几个世纪中不同时期的历史,但在乌珠穆沁人的记忆中似乎却发生在同一时期。所以,这一故事反映出的乌珠穆沁的历史清晰而又模糊,其中所提之事没有依照历史编年顺序,而完全是前后颠倒,杂乱无章。笔者认为,这个个案研究说明,在如何将口头文学和历史文献联系起来进行综合研究方面,其方法与路径还是比较清楚的。

在没有任何历史知识的基础上尝试进行文学研究,这是相当大胆的行为。我们是否

---

① 衮布扎布《恒河之流》,乔吉校注本,内蒙古人民出版社,1980 年,第 109—110 页;答哩麻《金轮千辐》,乔吉校注本,内蒙古人民出版社,1987 年,第 204—205 页。

② 齐木德道尔吉《腾机思事件》,载《明清档案与蒙古史研究》第二辑,内蒙古人民出版社,2002 年,第 135—136 页。

应该考虑,这种大胆无畏的精神对学术研究的适合度。当然,另一方面,不了解文学的性质特点,将其全部视为信史,这是另一种极端,没有人会坚持这样做。曾经有人把江格尔史诗视作秘史,认为其中的英雄勇士皆为 17、18 世纪卫拉特的历史人物,显然完全混淆了历史与口头文学的关系,这是研究误入歧途的一个例证。但总体看来,我们文学研究者在历史知识上的匮乏,难道不是文学研究进步缓慢的一大原因吗!

本文原载于《蒙古学问题与争论》(*Quaestiones Mongolorum Disputatae*)2010 年第 6 期
（本文作者为中国人民大学国学院西域历史语言研究所教授,
译者为北京大学历史学系博士研究生）

图书在版编目(CIP)数据

元史及民族与边疆研究集刊. 第三十一辑／刘迎胜
主编. —上海：上海古籍出版社，2016.6
 ISBN 978-7-5325-8145-0

Ⅰ.①元… Ⅱ.①刘… Ⅲ.①中国历史—研究—元代
—丛刊②边疆地区—民族历史—研究—中国—丛刊 Ⅳ.
①K247.07-55②K28-55

中国版本图书馆 CIP 数据核字(2016)第 140041 号

元史及民族与边疆研究集刊

（第三十一辑）

刘迎胜　主编

上海世纪出版股份有限公司出版

上 海 古 籍 出 版 社

（上海瑞金二路 272 号　邮政编码 200020）

（1）网址：www.guji.com.cn

（2）E-mail：guji1@guji.com.cn

（3）易文网网址：www.ewen.co

上海世纪出版股份有限公司发行中心发行经销

启东人民印刷有限公司印刷

开本 787×1092　1/16　印张 17.25　插页 4　字数 398,000

2016 年 6 月第 1 版　2016 年 6 月第 1 次印刷

ISBN 978-7-5325-8145-0

K·2221　定价：68.00 元

如有质量问题,请与承印公司联系